한유
평전

● 韓愈 評傳 ●

한유 평전

노장시 지음

연암서가

지은이 노장시(魯長時)

경남 의령에서 태어나 영남대 문과대학 중어중문학과를 졸업하고 동 대학원에서 석사학위와 박사학위를 받았다. 서라벌대학 중국어통역과 교수를 역임하였고, 현재 영남대 중국언어문화학부에서 강의하고 있다.

주요 저서로『중국문화통론』,『중국문화의 이해와 탐방』,『구양수 산문의 분석적 연구』등이 있고, 역서로는『신역 구양수 산문선』,『당송팔대가문초-소순』,『퇴계시』등이 있다.

한유 평전

2013년 7월 1일 초판 1쇄 인쇄
2013년 7월 5일 초판 1쇄 발행

지은이 노장시
펴낸이 권오상
펴낸곳 연암서가

등록 2007년 10월 8일(제396-2007-00107호)
주소 경기도 고양시 일산서구 호수로 896번지 402-1101
전화 031-907-3010
팩스 031-912-3012
이메일 yeonamseoga@naver.com
ISBN 978-89-94054-39-1 03820

값 18,000원

서문

한유(韓愈, 768~824)는 성당(盛唐)시대에 태어나 중당(中唐)시대를 살았던 정치가요 사상가이기도 하지만 문인으로서 이름이 더 높다. 특히 당송 팔대가(唐宋八大家)의 한 사람으로 중국 산문사를 대표하는 문장가이다.

한유는 유학을 숭상하고 유가의 도통(道統) 계승자로 자칭하며, 불교와 도교를 강력히 배척하였다. 그는 유가의 인정(仁政)을 제창하여 당 왕조의 통일과 강력한 중앙정부 체제의 유지를 희망하였다. 그는 또 인재를 억누르는 문벌정치를 반대하며 젊은 인재를 양성하는 데 힘을 기울이기도 하였다.

특히 문학 방면과 관련하여 그는 복고를 주장하면서 당시에 널리 사용되던 변려문(駢儷文)을 반대하여 새로운 산문운동, 즉 고문운동을 이끌어 중국 문학사의 한 페이지를 장식하기도 하였다. 물론 고문운동이 성공할 수 있었던 요인은 한유 주위에 모여

들었던 맹교(孟郊)·장적(張籍)·이고(李翱)·노동(盧仝)·이하(李賀)·가도(賈島)와 같은 많은 친구와 문인(門人)들이 문학 집단을 형성하여 당시의 문학 동향에 크게 영향을 끼친 점도 있지만, 무엇보다 중요한 것은 자신이 옳다고 믿는 주장을 문장을 통해 용감하게 실천하였기 때문이다.

이처럼 한 시대의 뚜렷한 족적을 남긴 인물이어서 그에 대한 연구 또한 다양한 방면에서 다양한 각도로 이루어지고 있다.

특히 한유 전기에 관한 자료로는 한유의 제자 이고(李翱)가 쓴 「증예부상서한공행장(贈禮部尙書韓公行狀)」, 황보식(皇甫湜)이 쓴 「한문공묘지명(韓文公墓誌銘)」과 「한문공신도비(韓文公神道碑)」가 있으며, 『구당서(舊唐書)』와 『신당서(新唐書)』에 각각 「한유열전(韓愈列傳)」이 있다.

한유 전기와 관련한 전문서적으로 중국인이 쓴 것으로는 나연첨(羅聯添)의 『한유(韓愈)』와 『한유연구(韓愈硏究)』, 마기화(馬起華)의 『한문공연보(韓文公年譜)』, 염기(閻琦)·주민(周敏)의 『한창려문학전론(韓昌黎文學傳論)』, 진신장(陳新璋)의 『한유전(韓愈傳)』 등이 있고, 일본 사람이 쓴 것으로는 마에노 나오아키(前野直彬)의 『한유의 생애(韓愈の生涯)』와 마에노 나오아키와 사이토 시게루(齋藤茂)가 함께 쓴 『한퇴지(韓退之)』 등이 있다. 『한유의 생애』가 한유의 시보다는 주로 산문을 인용하여 씌어진 책이라면, 『한퇴지』는 주로 한유의 시를 인용하여 씌어진 것으로 내용이 객관적이고도 평이하다. 필자는 이 두 책을 저본으로 하고 일부 내용을 보충해서 『한퇴지 평전(韓退之評傳)』이란 제목으로 책을 낸 적도 있다. 그러나 내용이 다소 소략하여 부족한 느낌을 지울 수가 없었고, 또 한유에 관한 연구들이 계속 진행되면서 새롭게 밝혀진 내용도 있어서 다시 한 번 정리하는 것이 좋을 것 같았다. 이에 필자는 『한퇴지 평전』의 내용을 일부 수정하고, 염기·주민의 『한창려문학전론』, 진신장의 『한유전』, 변효훤(卞孝萱)·장청화(張淸華)·염기(閻琦)의 『한유 평전(韓愈評傳)』 등 많은 책을 참고하여 『한유(韓愈)』라는 제목으로 내었지만, 지금은 이 책 모두가 절판되어 시중에서 구해 보기 어렵다.

이번에 연암서가의 제안으로 새로이 한유의 문학적 성취를 담은 장을 추가하고 내용을 대폭 수정·보완하여 『한유 평전』이란 이름으로 출판하게 되었다. 이 자리를 빌려 진심으로 감사드린다.

2013년 5월
노장시

차례
......

서문 … 5

|제1장| **한유 가문의 내력과 집안사람들** … 11
   1. 한유 가문의 내력 … 11
   2. 한유 집안사람들 … 29
      1) 아버지와 어머니 … 29
      2) 한유의 형제들 … 38

|제2장| **장안에서의 수험 생활** … 53
   1. 관리의 꿈을 안고 상경(上京) … 53
   2. 세 번의 진사시험 낙방과 급제 … 72
   3. 세 번의 이부시험 낙방과 귀향 … 89

|제3장| **절도사의 막료 생활** … 139
  1. 변주(汴州)에서의 막료 생활 … 139
  2. 서주(徐州)에서의 막료 생활 … 159

|제4장| **관리 임용과 첫 유배** … 171
  1. 상경하여 다시 수험 생활 … 171
  2. 사문박사(四門博士)로 임용 … 188
  3. 감찰어사(監察御史) … 204
  4. 양산(陽山)으로의 첫 유배 … 215
  5. 강릉법조참군(江陵法曹參軍)으로 사면 … 237

|제5장| **장안과 낙양을 왕래하며** … 253
  1. 장안과 낙양에서의 국자박사 … 253
  2. 낙양의 하남현령(河南縣令) … 273
  3. 장안의 국자박사로 강등 … 288
  4. 「학문 증진에 대한 해명(進學解)」 … 291
  5. 사관수찬(史館修撰) … 301

|제6장| **회서의 난과 성공** … 317
  1. 회서(淮西)의 난에 공을 세우고 … 317
  2. 「회서평정 기념비(平淮西碑)」 … 330

| 제7장 | **시련의 조주 팔천 리** … 351

　　1. 「불골을 논하는 표(論佛骨表)」 … 351

　　2. 조주자사(潮州刺史)로 유배 … 373

　　3. 원주자사(袁州刺史)로 이동 … 389

| 제8장 | **화려한 부활과 만년** … 411

　　1. 사면되어 다시 장안으로 … 411

　　2. 국자감 총장 … 415

　　3. 병권과 인사권을 쥐고 … 424

　　4. 수도를 총괄하는 경조윤 … 433

　　5. 만년(晩年) … 438

| 제9장 | **한유의 문학적 성취** … 459

　　1. 고문운동과 유학부흥 … 460

　　2. 한유의 시 … 469

한유 연보 … 473
참고문헌 … 479
찾아보기 … 481

|제1장|
한유 가문의 내력과 집안사람들

1. 한유 가문의 내력

한유(韓愈)는 당나라 대종(代宗) 대력(大曆) 3년, 서기 768년에 장안(長安)에서 태어났다. 당시 아버지 한중경(韓仲卿)은 장안에서 비서랑(秘書郞)으로 근무하고 있었다. 이 무렵 큰형인 한회(韓會)는 강남에 있었고, 둘째형 한개(韓介)는 아마도 한유가 태어나기 전이나 후에 죽은 것 같으며, 셋째형은 그가 태어나기 전에 죽은 것 같다. 따라서 아버지 한중경에게는 네 아들이 있었지만, 만년에 그의 곁에는 젖먹이 한유밖에 없었다.

한유가 태어난 해는 시기적으로 성당(盛唐) 때로, 이백(李白)이 가난과 신병에 시달리면서 만년을 보내다가 당시 당도현령(當塗縣令)으로 있던 집안 아저씨인 이양빙(李陽氷)의 집에서 쓸쓸히 병으로 죽었던 그해로부터 바로 6년 뒤이며, 같은 시기에 이백과

쌍벽을 이루었던 두보(杜甫)는 쉰일곱 살의 나이로 가족을 데리고 사천(四川)에서 나와 유랑 길에 접어들었던 때이다. 두보도 이해로부터 두 해 남짓 호북성(湖北省)과 호남성(湖南省) 일대를 떠돌다가 장사(長沙)에서 악양(岳陽)으로 가는 상강(湘江)의 배 안에서 불행했던 일생을 마쳤다. 또 「장한가(長恨歌)」의 시인으로 유명한 백거이(白居易)가 태어난 것은 이해로부터 4년 뒤이다.

그러면 먼저 한유 집안의 내력을 살펴보자.

한유의 집안의 내력에 대해서 정확히 알 수는 없지만, 『당서(唐書)』「재상세계표(宰相世系表)」 등을 통해서 어렴풋이 더듬어 볼 수 있다.

일찍이 귀족사회를 꽃피웠던 육조(六朝)시대에는 사람이 출세하려면 그 사람의 재능보다는 그 사람의 가문이 훨씬 더 중요하였다. 관리의 신분이 세습화·귀족화되어 대대로 고위 관리를 배출한 이른바 명문(名門)·명족(名族)이 고정되어 버렸기 때문이다.

당대(唐代)에도 육조 이래의 명문 집안이 여전히 뿌리 깊게 남아있었지만, 고급관료를 선발하기 위한 과거제도가 시행되어, 적어도 표면적으로는 능력 있는 사람이라면 가문에 관계없이 과거(科擧)라는 관문을 통과함으로써 출세를 기대해 볼 수가 있었다. 다시 말해 육조시대에는 가난하고 미천한 신분의 자제라면 아무리 능력이 있어도 평생 출세하기 어려웠지만, 당대에는 과거시험에서 좋은 성적을 얻기만 하면 출세할 수도 있었던 것이다. 그러나 과거에 합격한다는 것 자체가 너무 어려웠고, 또 조금이라도 가문이 좋으면 그만큼 과거시험에 유리한 점이 있었기 때문에, 과거 응시자들은 자신의 가문을 어떻게 해서든 명문가와 연관 지으려 애썼다.

가문이라고 하면 당연히 성씨(姓氏)가 문제가 된다. 중국의 성씨는 그 종류가 매우 많다. 우리나라와 마찬가지로 장(張)·이(李)·왕(王) 등 한 자로 된 성들이 압도적으로 많고, 사마(司馬)·구양(歐陽) 등과 같이 두 자로 된 복성(複姓)도 적지 않다. 그러나 세 자 이상의 성은 이민족에서 나온 것을 제외하면 거의 없다. 게다가 우리나라도 마찬가지지만, 중국에서도 같은 성을 가진 사람이 아주 많다. 성이 같을 때 먼 조상까지 거슬러 올라가면 단일 조상일 가능성도 있지만, 꼭 그렇지만은 않다. 그럼에도 불구하고 수백 년 전의 조상이 같았다는 것만으로도 친근감을 불러일으키기도 한다.

그래서 같은 성이라도 계통을 밝혀 서로 구분할 필요가 생기게 되면서 '군망(郡望)'이라는 것을 중시하게 되었다. '군망'이란, 성 위에 그 가문의 본거지인 지명을 붙여서 같은 계통인지 아닌지를 구별하는 것을 말한다. 우리나라의 본관(本貫)과 같다 하겠다. 중국의 왕씨를 예로 들면, 낭야 왕씨(琅邪王氏)·태원 왕씨(太原王氏)·경조 왕씨(京兆王氏)로 크게 나뉘는데, 이 가운데서 명문 집안으로 치는 것은 태원 왕씨이다. 따라서 같은 왕씨라도 태원 왕씨가 아니면 명문 집안 출신으로 쳐주지 않는다. 가문이 대대로 뚜렷하고 내력이 있으면 두말할 나위 없이 명문 집안이라 할 수 있다. 그러나 명문 집안이 그렇게 많을 리 없고, 또 훌륭한 인재가 명문 집안에서만 나오는 것도 아니다. 하지만 당대 사회에서 명문 집안의 출신이 아닌 인재가 자신의 꿈을 이루고자 하면, 어떤 방법으로든 자신을 명문 집안과 결부시킬 필요가 있었다. 명문 집안의 여자를 아내로 맞이하는 것도 하나의 방법이기는 하지만, 처가의 힘을 빌려 출세한다는 것은 남자의 체면이 서지 않았고, 또 세상 사람들의 눈초리도 따가웠다. 사실 명문 집안의 여자와 결혼하자면 남자 쪽에서도 그만한 정도의 신분이 되어야만 가능하였다. 따라서 위험이 따르기는 하지만, 명문 집안 출신이 아닌 사람이 명문 집안과 결부시키는 가장 간단한 방법은 족보를 위조하는 것이다. 당나라 왕실은 이씨지만 실제 계보는 그다지 뚜렷하지 않다. 그런데도 당나라 왕실은 늘 농서 이씨(隴西李氏)라고 자칭하였다. 농서 이씨는 틀림없는 명문 집안이었다. 당나라 왕실이 스스로 농서 이씨라고 하니, 사람들이 거기에 대해 의심하면서도 왕실이라는 권위를 배경으로 하고 있는 이상, 그 누구도 트집 잡을 수는 없었다.

당나라 사람들이 스스로를 조금이라도 좋은 가문과 결부시키려 한 흔적은 곳곳에 보인다. 능력만 있으면 된다는 생각은 사실 후세 사람들의 생각이고, 당대에 살았던 사람들은 가문을 무시하고 성공하기란 실제로 지극히 어려웠던 것이다.

후세 사람들의 인상에는 이백이 시와 술을 벗 삼고 세속에 얽매이지 않았던 인물로 강하게 남아 있지만, 이런 이백도 농서 이씨 혹은 산동 이씨(山東李氏)라 칭하면서 다녔다. 물론 이백 자신이 말한 것 이외에 그의 가문에 관한 자료는 없다. 그러나 이백의 아버지가 촉(蜀: 지금의 사천성四川省) 땅에 거주한 상인이었다는 것은 지금으로서는 거의 정설이다. 명문 집안의 후예가 몰락하여 상인이 되었다는 것이 전혀 있을 수 없는 일은 아니지만, 농서 이씨라면 틀림없이 당나라 왕실과 먼 친척이 되는데, 이백의 생애를 통해 왕실로부터 먼 친척의 대우를 받았던 흔적은 그 어느 곳에도 보이지 않는다. 따라서 이백이 의도적으로 자신의 가문을 농서 이씨와 결부시켰을지도 모르고, 그렇다고 해서 그것을 증명할 만한 가보(家譜)가 있는 것도 아니다. 하지만 말만으로 이름 있는 가문의 후예라고 자랑한다 해서 믿어 줄 사람이 과연 얼마나 있었을까?

두보도 양양 두씨(襄陽杜氏)임이 거의 통설이다시피 하지만, 두보 자신은 양양 두씨라고 하지 않고, '소릉의 시골 노인(少陵野老)' 등으로 자칭하면서, 마치 본관이 소릉(少陵)인 것처럼 행세하였다. 소릉은 당나라 수도 장안 부근의 지명으로, 당시 장안은 경조부(京兆府)에 속해 있었다. 따라서 소릉을 본관으로 한 두씨란 바로 경조 두씨(京兆杜氏)를 두고 한 말이다. 당시 "경조 위씨(京兆

韋氏)와 경조 두씨는 왕실과 매우 가까웠다"라고 말할 정도로 경조 두씨는 이름 있는 집안이었다.

그러면 이제 여기서 한유의 가문으로 이야기를 돌려보자. 한유의 본관은 행정구역상 그가 살았던 당대에는 하남부(河南府) 하양현(河陽縣)이었다. 즉 지금의 하남성 맹주시(孟州市)이다. 그러나 한유는 자신을 소개할 때 자주 창려 한씨(昌黎韓氏)라고 하였다. 그렇다면 한유 가문의 본관 또한 문제가 있음을 알 수 있다. 한유의 본관에 대해 알려진 바로는 창려(昌黎)와 남양(南陽) 그리고 하양(河陽)이라는 설이 있다.

본관이 창려라는 설은 한유 자신의 말에서 유래하였다. 그는 「송이원귀반곡서(送李愿歸盤谷序)」에서 자칭 '창려 한유(昌黎韓愈)'라고 하였다. 당시 사람의 습관으로는 사람 이름 앞에 본관을 붙여 부르기를 좋아하였기 때문에, 한유도 자신의 이름 앞에 창려라는 본관을 붙였던 것이다. 본인이 직접 창려라고 하였으니, 당연히 창려 사람으로 믿어야 할 것이다. 창려라는 곳은 지금도 같은 이름의 현(縣)이 하북성(河北省) 해안가 북쪽 끝 근처, 산해관(山海關) 약간 서남쪽에 있다.

남양이라는 설은 이백이 한유의 아버지 한중경의 업적을 칭송하여 쓴 「무창재한군거사송비서(武昌宰韓君去思頌碑序)」에서 유래한다. 이백은 이 글에서 "군(君)의 이름은 중경이고, 남양 사람이다(君名仲卿, 南陽人也)"라고 하여 한유 부친의 본관을 남양으로 소개하였던 것이다. 만약 아버지가 남양 사람이라면 한유 또한 남양 사람임에 틀림없다. 우리가 흔히 아는 남양이라는 지명은 현재 하남성 남양시로 그 유명한 삼국시대의 제갈공명(諸葛孔明)이 은거했던 곳이다. 남양 한씨라고 할 때의 남양은 그곳이 아니다. 송대(宋代) 주희(朱熹) 등의 고증에 의하면, 물론 현재에도 하남성에 속하기는 하지만 황하(黃河) 북쪽 옛날 하내(河內)라 불리던 수무현(修武縣) 근처이다.

본관이 하양이라는 설도 한 한유의 말에서 비롯되었다. 그는 「딸 나 묘지명(女挐壙銘)」에서 딸의 시신을 '하남의 하양 한씨 선영'으로 보내어 장사지내게 하였다고 썼다. 옛날 사람들은 죽은 뒤 고향에 묻히는 것을 아주 중시하였다. 한유는 한씨 가족의 묘가 하남 하양에 있었기 때문에 죽은 딸을 고향으로 이장하였던 것이다. 그렇다면 한유는 분명 하양 사람이 되는 것이다.

예전에는 이상의 몇 가지 설 때문에 일치된 결론을 내리지 못하고 의견이 분분하였다. 그러나 지금은 문헌자료를 통한 고증이나, 실제 조사를 위한 방문과 문물유적 등의 연구를 통하여 한유의 본관이 하남 하양[맹주시]으로 밝혀진 상태이다. 그런데도 한유 스스로는 '창려'라고 하고, 아버지 한중경은 '남양'이라고 한 것은 한씨 중에서 창려와 남양이 가장 이름 있는 두 개의 본관, 즉 군망이었기 때문에 한유 부자가 각각 하나씩 골라 사용한 것으로 보아야 할 것이다.

한유가 창려 한씨든 남양 한씨든 하양 한씨든 간에 한(漢)나라의 한퇴당(韓頹當)이라는 사람으로부터 그 가문이 시작된다. 한퇴당이라는 이름이 약간 이상한데, 거기에도 그만한 이유가 있다.

그러면 잠시 한퇴당에 관련된 이야기를 살펴보기 위해서 기원전 한대(漢代)로 돌아가 보자. 한 고조(高祖)의 건국공신으로 항우(項羽)와 싸워 공을 세운 뒤 한왕(韓王)에 봉해진 신(信)이라는 사람이 있었다. 같은 시대의 같은 이름이긴 하지만, 남의 가랑이 사이로 빠져나가면서까지 굴욕을 참으며 훗날의 뜻을 펴려 했던 그 유명한 한신(韓信)과는 다른 사람이다. 그래서 한유의 조상이 되는 한신을 보통 한왕신(韓王信)이라 부른다. 당시 한왕신은 흉노족을 방위하고 있었는데, 한 고조가 건국공신들을 차례로 죽이는 것을 보고 신변의 위험을 느낀 데다 고조에게 의심받을 사건이 생기자 그만 적국인 흉노로 가족을 데리고 망명해버렸다. 망명하는 도중에 남자아이 하나가 태어났는데, 이 아이가 태어난 곳이 퇴당(頹當)이라는 곳이었다. 그래서 그 지명을 따서 아이의 이름을 한퇴당이라 하였다.

한왕 신은 흉노로 망명한 후, 흉노의 장군이 되어 한나라와 싸우다가 패하여 죽고 말았다. 흉노에 남아 있던 아들 한퇴당은 그 사이 어떤 사정이 있었는지 알 수 없지만, 아버지가 죽은 후 20년 뒤쯤, 즉 한나라 3대 임금인 문종(文宗) 때 부하를 거느리고 다시 한나라로 투항하였다. 아버지는 한나라에서 흉노로 망명하고, 아들은 거꾸로 흉노에서 한나라로 망명하니 결국 원래대로 돌아간 셈이다. 사건의 경위야 어떻든, 당시 한나라에서는 흉노에서 귀순해 온 사람에게 상을 주는 예가 있었으므로 한퇴당은 궁고후(弓高侯)에 봉해졌다.

그 뒤 오초 7국의 난(吳楚七國亂 : 서한西漢 경제景帝 때, 오吳·초楚·조趙·교서膠西·교동膠東·치천菑川·제남濟南의 일곱 나라가 연합하여 일으킨 난)이 일어났을 때, 궁고후 한퇴당은 관군(官軍)의 한 부장(部將)으로 출전하여 큰 공을 세웠으므로 그가 받았던 작위와 영지를 자손 대대로 물려줄 수 있었다. 그러나 한퇴당의 손자 대에 이르러 정실에서 난 자식이 없어 작위와 영지는 몰수되어 버렸다. 중국에서는 양자를 인정하지 않는 것이 원칙이어서 자기 대에 자식이 없으면 가문이 단절되어 버린다. 그러나 대를 이을 자식은 정부인이 낳은 아들이 아니어도 상관없었기 때문에, 당시 남자들이 여러 부인을 둔 것은 아마도 본인이 여색을 좋아한 것이 가장 큰 이유였겠지만, 겉으로는 가문의 단절을 막는다는 큰 명분이 있었다. 사실 한퇴당에게도 첩에서 난 아들이 있었고, 또 그 아들에게서 열(說)이라는 손자가 태어났다. 바로 이 손자 한열(韓說)이 한씨 가문을 이었으므로, 비록 궁고후의 작위는 몰수되었지만 선조의 제사는 끊임없이 이어갈 수 있었다. 한열이라는 사람은 무장(武將)의 자질이 있어 흉노와 싸워 공을 세우기도 하였고, 또 횡

해장군(橫海將軍)이라는 직함으로 남방을 원정하여 군공을 세우기도 하였다.

이상은 『한서(漢書)』「한왕신전(漢王信傳)」을 근거로 약간의 추측을 가하여 서술한 것이다.

이로부터 한(漢)·위(魏)·진(晉)·남북조(南北朝)에 이르기까지 궁고후 한퇴당 가문의 사람들이 가끔 역사의 표면에 나타나기는 하였지만, 역사를 바꿀 만한 훌륭한 정치가나 악인은 없었다. 특히 한유와 결부시켜 볼 때 학자·문인이라고 할 만한 인물이 한 사람도 없었다는 것이 특징이라면 특징일 수도 있다.

창려와 남양 그리고 하양의 한씨가 다 한퇴당을 조상으로 하면서 어떻게 나뉘어졌는지는 명확하게 알 수 없다. 창려 한씨는 북조의 후위(後魏)시대에 종사낭중(從事郎中) 벼슬을 지낸 한영(韓穎)이라는 사람이 창려에 이주하여 정착하면서 시작되었다는 것이 『당서』「재상세계표」에 보인다.

이미 앞에서 살펴보았듯이 한유는 하양 한씨의 혈통임에는 틀림없다. 지금까지 하남부 하양현, 즉 지금의 하남성 맹주시에는 한유 선조인 한무(韓茂)에서부터 한유와 그 아들 한창(韓昶) 그리고 종손(從孫)인 한상(韓湘)에 이르기까지 모두 9대의 무덤이 있기 때문이다. 그런데도 한유 자신은 출신을 말할 때에 늘 창려라고 하였다. 그래서 후세 사람들도 그를 한창려(韓昌黎)라고 불렀던 것이다. 이 때문에 그의 가문을 조사할 때에 혼란이 생기지만, 그렇다고 해서 그것이 심각할 정도의 문제는 아니다. 창려 한씨는 태원 왕씨(太原王氏) 등에 비하면 명문 집안 축에 끼지도 못하지만, 한씨 가운데서는 가장 유서 있는 가문이어서 한유가 조금이라도 나은 창려 한씨에 자신을 결부시킨 것은 당시로는 지극히 당연한 것인지도 모른다. 게다가 하양 한씨가 창려 한씨에서 파생되어 나온 것이므로 한유의 행위가 족보를 위조한 엄청난 행위도 아니다. 그러나 한유 일가는 창려라는 지역과 아무런 관계도 없었고, 한유 자신도 일생을 통해 한 번도 창려를 방문한 적이 없었다.

한씨 일족 가운데 북위(北魏) 초기에 한무(韓茂)라는 사람이 있었다. 바로 이 한무가 처음으로 가족을 데리고 하남 하양으로 이주하여 하양 한씨를 열었던 사람이다. 그는 힘이 세고 말을 잘 타고 활을 잘 쏘아 군공을 많이 세워서 정남대장군(征南大將軍)으로 임명되었고, 행정적인 수완도 있어 상서령(尙書令)을 지내기도 했다. 학식은 없었지만 자기의 의견을 펼 때는 조리가 있었다고 한다. 그가 죽은 뒤에는 안정왕(安定王)으로 추중(追贈)되고 환왕(桓王)이란 시호를 받았다. 그래서 그를 안정환왕(安定桓王)이라 부르기도 한다. 무인으로서 재상까지 지냈으니 남북조시대를 통해 이 사람이 한씨 일족 가운데 가장 출세한 사람이라 하겠다. 훗날 한유가 군대와 관련된 의론을 좋아하고, 또 배도(裵度)의 참모로 회서(淮西)의 난 토벌에 참여하여 공을 세울 수 있었던 것도 어쩌면 그의 먼 조상인 이 한무의 기질을 물려받은 것인지도 모른다.

한무에게는 한비(韓備)와 한균(韓均)이라는 두 아들이 있었지만, 한비가 일찍 죽었기 때문에 한균이 가문을 계승하였다. 한균도 활을 잘 쏘아 장군의 기개가 있었고, 청주자사(靑州刺史)·기주자사(冀州刺史) 등 지방장관을 역임하면서 업적이 있었다고 한다. 한유의 고조부는 한준(韓晙)이라는 사람으로 당(唐)에서 아주자사(雅州刺史)를 지냈고, 증조부 한인태(韓仁泰)는 조주사마(曹州司馬)를 지냈다.

한유가 쓴 「괵주사호한부군묘지명(虢州司戶韓府君墓誌銘)」을 보면, "안정환왕(安定桓王)의 5세손인 예소(叡素)께서는 계주장사(桂州長史)를 지냈다(安定桓王五世孫叡素, 爲桂州長史)"라는 말이 있다. 바로 한예소라는 이 사람이 한유의 조부가 된다.(이 묘지명의 주인공인 한부군韓府君이라는 사람은 한유의 사촌형 한급韓岌이다.) 계주는 현재의 광서(廣西) 계림(桂林)으로, 당대에는 이민족이 많이 거주한 지역이어서 중도독부(中都督府)를 설치하여 행정과 군사를 관리하였다. 도독부의 장관을 도독(都督)이라 하고, 부장관을 별가(別賀)라 하였으며, 장사(長史)는 별가 다음의 지위이다. 궁중의 벼슬 등급으로 치자면 정5품에 해당하여 꽤 높기는 하지만, 사실 변방의 장사 같은 벼슬을 중앙 요직의 정5품 벼슬과 비교할 수는 없다.

뒤에 다시 서술하겠지만, 이백이 쓴 글 가운데에 한유의 아버지를 위해 쓴 「무창재한군거사송비서(武昌宰韓君去思頌碑序)」라는 글이 있다. 이백은 이 글에서 한예소에게는 중경(仲卿)·소경(少卿)·운경(雲卿)·신경(紳卿)이라는 네 아들이 있었다고 쓰고 있다. 이백은 바로 이 네 사람들과 같은 시대를 살았으므로 그가 쓴 글은 믿을 만하지만, 중국 사람이 아들의 이름을 지을 때 흔히 맏이에게 맹(孟), 둘째에게 중(仲), 셋째에게는 숙(叔), 막내에게는 계(季) 자로 형제의 서열을 매긴 점을 고려해 볼 때, 한예소가 장남을 맹경(孟卿)이라 해야 할 것을 중경(仲卿)이라 하였으니 조금은 의문스럽기도 하다. 물론 중경에게 형이 있었지만, 일찍 죽어서 실질적으로 중경이 장남 노릇을 하였던 것으로 추측할 수도 있다. 한유도 사촌형인 한급의 묘지명 「곽주사호한부군묘지명」에서 "안정환왕의 5세손인 예소께서는…… 네 아들이 있었는데, 막내가 신경이셨다(安定桓王五世孫叡素…… 有子四人, 最季曰紳卿)"라고 쓰고 있다. 한유가 사촌형의 묘지명을 쓰면서 그 조부의 아들, 즉 아버지 형제들이 몇 명인지도 모르고 썼을 리는 없을 것이다. 따라서 이름의 항렬로는 좀 어색하지만 한예소에게 네 명의 아들이 있었다는 것은 틀림없는 듯하다.

그런데 이백의 문장과는 달리 『신당서』「재상표(宰相表)」에는 한예소의 아들로 일곱 명의 이름이 기록되어 있다. 즉, 진경(晋卿)은 동주사법참군(同州司法參軍), 계경(季卿)은 의왕부주조참군(義王府冑曹參軍), 자경(子卿)은 섬부공조참군(陝府功曹參軍), 중경(仲卿)은 비서랑(秘書郎), 운경(雲卿)은 예부낭중(禮部郎中), 신경(紳卿)은 경조부사록참군(京兆府司錄參軍), 승경(升卿)은 역주사법참군(易州司法參軍)으로, 그들의 이름과 함께 역임했던 벼슬 가운데 가장 높은 관직이 기록되어 있어, 그들 형제 가운데 일찍 죽은 사람은 아무도 없는 것 같다. 이『신당서』의 기록으로는 중경이 중간에 위치해 있어서 중경에 대해서는 별문제가 없지만, 통상 막내아들이 되어야 할 계경이 중경의 형으로 되어 있는 이상한 현상을 발견할 수 있다. 물론 계경을 막내아들이라 생각하고 그렇게 이름을 붙인 뒤 새로운 아들들이 태어났을 가능성도 있지만, 둘째아들을 막내아들로 믿고 이름을 지었는데, 그 뒤에 다섯 명의 새로운 아들이 태어났다는 것은 조금은 이상하다.

『신당서』의 증거가 될 만한 자료가 없으니, 이백의 증언보다는 신빙성이 적다고 여기고『신당서』의 기록이 잘못된 것으로 단정해 버리면 문제는 간단해질 것이다. 그러나 잘못이 생긴 데는 그만한 원인이 있을 것이다.『신당서』에는 한예소에게 형제가 없는 것처럼 기록되어 있지만, 실제로는 형제가 있어 조카들이 그의 아들과 함께 기록되었다고 보는 것이다. 즉, 한예소의 아들은 이백이 쓴 문장에서처럼 네 명인데, 거기에 그의 조카 세 명이 함께 기록되었다고 보는 것이다. 물론 이렇게 되면『신당서』의 기록이 정확하지 않게 된다.

어떻든 간에, 이처럼 기록에 모순이 생겼다는 것은 적어도 한

중경이 살았던 시대까지는 한씨 일족이 명문 집안이 아니었음을 짐작할 수 있다. 명문 집안이라면 계보가 완비되어 이처럼 잘못될 가능성이 거의 없기 때문이다.

한예소는 계주장사로 벼슬을 마쳤다. 자식들 가운데 먼저 이백이 쓴 네 사람을 보면, 한유의 아버지 중경은 무창현령(武昌縣令)·파양현령(鄱陽縣令)을 역임하고, 최후에는 비서랑(秘書郎)을 지냈다. 지방관을 지내다가 중앙으로 진출한 것이다. 비서랑이란 궁중도서관에 근무하는 직책으로 도서·학문·문화에 상당한 지식을 갖고 있지 않으면 맡을 수 없기 때문에 비서랑에 임명되었다는 것은 하나의 명예였다. 그러나 행정상의 수완이 요구되는 것도 아니고, 품계가 종6품상이어서 그렇게 높은 자리도 아니다. 장래가 촉망되는 젊은 관료가 비서랑을 지낸 뒤 요직으로 진급한 경우는 더러 있지만, 중경의 경우는 그것이 마지막 관직이었으므로 관리로서 크게 출세했다고는 볼 수 없다.

소경은 당도현승(當塗縣丞)을 지냈다. 승(丞)이란, 현령(縣令) 아래의 직책으로, 요즘 우리나라로 치면 부군수(副郡守) 정도인 셈이다. 이백의 문장에 의하면, 그는 비분강개할 줄 아는 사람이며 의를 중시하여 절의(節義)를 위해 죽었다고 한다. 상세한 사정은 알 수 없지만, 어떤 사건에 연루되어 죽었거나 아니면 피살된 것 같다. 한유도 다른 두 숙부에 대해서 언급한 적은 있지만 이 소경 숙부에 대해서만은 언급한 적이 없다. 어쩌면 서른을 넘기 전에 죽었고, 또 남긴 자식도 없었던 것 같다. 『신당서』「재상표(宰相表)」에도 유독 소경이란 이름이 없는 것으로 보아서 한예소의 네 아들 중에 이 소경만은 명확하지 않은 점이 있다.

운경은 감찰어사(監察御使)를 거쳐 예부낭중(禮部郞中)을 지냈는데, 예부낭중은 행정관이라 하겠다. 예부는 국가의 문교·제사 등을 관장하는데, 장관을 예부상서(禮部尙書), 차관을 예부시랑(禮部侍郞)이라 하며, 그 아래가 예부낭중이다. 다시 말하면 예부 안에 몇 개로 나뉘어져 있는 각 부서의 장이 낭중이다. 지금의 국장이나 부장급이라고 생각하면 될 것이다. 품계는 종5품상(從五品上)이지만, 그의 형제들 가운데 가장 출세한 사람이라 할 수 있다. 이백의 「거사송비(去思頌碑)」에서도 풍류 있고 호방한 사람으로 기록되어 있어, 이백의 기질과 잘 맞는 그런 사람인 것 같다. 이백의 시에도 더러 등장하고 있다.

신경은 양주록사참군(揚州錄事參軍), 경양현령(涇陽縣令)을 역임하였지만, 마지막 벼슬은 경조부사록참군(京兆府司錄參軍)으로 기록되어 있다. 경조부는 당시의 수도 장안을 중심으로 한 지방 행정 단위인데, 다른 지방이면 주(州)라고 불렀던 것을 특별히 부(府)라고 불렀다. 이 직책에 종사하는 사람도 지방관이기는 하지만 장안에서 근무하였으므로 일반 지방의 관리보다는 격이 높았다. 사록참군(司錄參軍)은 지금의 지방관청 서무계장 정도로 생각하면 될 것이다. 등급은 정7품상(正七品上)으로 고급관료 가운데서는 맨 끝자리에 가깝다.

이상의 한씨 가문에 관한 내용을 요약해 보면, 한유 집안이 속한 한씨 일족은 남북조시대에는 북조에서 활동하였다. 북조는 이민족이 세운 왕조로 그 문화는 오늘날 재평가할 수도 있겠지만, 일반적인 통념으로 한(漢)민족이 세운 남조의 문화에 미치지 못하였다. 남북조 말엽에 남조의 유명한 시인 유신(庾信)이 북조에 사신으로 갔을 때, 북조의 시인들이 그를 크게 환영하였으며, 그로 인해 북조의 시풍(詩風)이 바뀔 정도로 영향이 컸다고 전해지고 있으니, 하나의 증거가 될 것이다.

북조시대의 한씨는 한무·한균 부자에게서 볼 수 있듯이 무인(武人)의 가문으로 존속해 온 것 같다. 앞에서도 서술하였듯이 한무는 무인에 그치지 않고 세상을 다스릴 만한 재략을 품고 재상까지 지냈지만 학식은 없었다. 그러나 당대(唐代)와 같은 태평시대에는 무인으로는 출세할 수 없으므로, 한씨 일족은 문관의 길을 택했을 것으로 보인다. 그러나 한유 전대까지는 조정에서 천하의 일을 의론할 정도의 높은 관직에 오른 사람은 없었던 것 같다.

물론 창려 한씨 중에 당 현종 때에 재상을 지낸 한휴(韓休 : 실제 태어나 살았던 곳은 경조 장안이었음) 같은 사람은 있다. 한유 가계의 한씨는 대개 고급관료의 말석을 차지하여 지방에서 아주 평범한 관료 생활을 하였던 것으로 보인다. 이러한 한씨 가문의 예외적인 인물이 예부낭중을 지냈던 운경이라 할 수 있다. 이백은 운경의 문장에 대해서 "문장은 세상에서 으뜸(文章冠世)"이라 하였는데, 이 말은 결국 문학 방면에서 당대의 제일인자라는 말과 같다. 물론 이것은 사람을 칭찬할 때 과장해서 표현한 말이므로 액면 그대로 받아들일 필요는 없다. 중국 문학사에서 한운경이라는 사람이 그 정도로 큰 존재로 인식되었던 흔적은 어느 곳에도 보이지 않는다. 그렇지만 그 정도로 칭찬하였을 때는 그만한 근거가 있었을 것이다. 한유도 운경 숙부를 매우 흠모하여 「과두서후기(科斗書後記)」에서 "저의 숙부께서는 대력 연간에 조정에서 (비교할 만한 사람이 없을 정도로) 문장이 홀로 우뚝하였습니다. 천하 사람들 중에 선친의 공적과 덕행을 서술한 묘지명을 지어 후세까지 그 증거를 전하고자 하는 사람들은 모두 운경 숙부이신 한씨께 집필을 의뢰하였습니다(愈叔父當大曆世, 文辭獨行中朝, 天下之欲銘述其先人功行取信來世者, 咸歸韓氏)"라고 쓰고 있다. 그러나 한유가 이 숙부와 직접적으로 접촉한 흔적은 남아 있지 않다.

하여튼 한씨 가문도 당나라 중엽부터 북조 이래에 존속되어 온 무인의 가문에서 벗어나 문인의 길로 눈을 돌린 사람이 조금씩 나온 것 같다.

2. 한유 집안사람들

1) 아버지와 어머니

한중경(韓仲卿)에게는 세 아들이 있었다. 장남이 한회(韓會), 차남이 한개(韓介), 그리고 막내가 한유(韓愈)이다. 한중경의 출생 연도가 분명하지 않기 때문에, 한유가 태어났을 때 그 아버지의 나이가 몇 살이었는지 알 수가 없다.

중경은 동제현위(銅鞮縣尉)에서 무창현령(武昌縣令)으로 승진하였고, 무창현령으로 있으면서 선정을 베풀었던 것 같다. 그래서 중경이 무창현령에서 파양현령(鄱陽縣令)으로 자리를 옮기자 무창 사람들이 중경의 덕을 비석에 새겨 영원히 기리고자 하였다. 이때 비문(碑文)을 쓴 사람이 이백이다. 「무창현령 한중경이 전출간 뒤 그를 기리는 송덕비(武昌宰韓君去思頌碑)」라는 문장이 『이태백집(李太白集)』에 아직도 남아 있다. 앞에서 자주 인용한 이백의 「무창재한군거사송비서」라는 문장이 바로 이 비문이다.

문장의 내용은 비문의 통례대로 중경의 덕을 칭송한 말로 가득 차 있다. 전출간 뒤에도 그곳 주민들로부터 존경받고 있는 점으로 보아 상당히 선정을 베풀었던 것으로 보인다. 그러나 이러한 예는 별로 진귀한 것이 아니다. 이백의 문집에는 다른 사람의 「거사송비(去思頌碑)」가 또 하나 실려 있어, 이처럼 송덕비를 세우는 것은 당시 하나의 관례가 아니었나 생각된다. 현령이 다른 곳으로 전출갈 때, 주민들이 수레를 가로막으며 이별하지 않으려 하였다는 이야기는 역대의 인물 전기에서 얼마든지 발견할 수 있다. 그렇다고 해서 모든 현령에게 「거사송비」를 세워 준 것이 아니므로, 중경은 분명 훌륭한 현령이었음에 틀림없었을 것이다. 그러나 한 고을 안에는 보통 선비·농부·공인·상인이 함께 살고 있어, 중경이 현령으로 있으면서 어느 계층을 주요 대상으로 선정을 베풀었는지 알 수 없으며, 또 이백의 글이 명문임에도 불구하고 쓰여 있는 찬사를 액면 그대로 받아들일 수도 없다.

이 비문만을 통해 볼 때, 이백은 중경과 특별한 개인적 교제는 없었던 것으로 추측된다. 그의 글에는 중경을 일방적으로 칭찬한 말은 있어도 이백 자신이 본 중경에 대한 서술은 어디에도 보이지 않는다. 이러한 점으로 보아 이백이 자진해서 쓴 것이 아니라 누군가의 의뢰를 받아 쓴 듯하다. 여기에는 그만한 추측의 근거가 있다. 이백은 무창현 주민이 아니었다. 늘 방랑하며 다녔던 그의 행적을 정확하게 몇 월 며칠이라고 단정짓기는 어렵지만, 이백의 연보 연구에 의하면 이백이 759년(乾元 2) 겨울부터 다음 해 760년(上元 원년) 봄까지 무창을 방문한 것은 거의 확실한 것으로 보여진다. 이보다 앞서 758년(乾元 원년)에도 무창을 방문한 적이 있다. 안녹산(安祿山)의 난 때, 현종(玄宗)의 열여섯째 왕자인 영왕(永王)이 다른 뜻을 품고 반란을 일으켰다가 숙종(肅宗)의 군대에

평정된 일이 있다. 그때 이백은 영왕 쪽에 가담하였다가 영왕의 난이 평정되자, 반역에 가담하였다는 죄목으로 야랑(夜郎)으로 유배되었다. 바로 그가 야랑으로 유배가는 도중에 무창을 지나게 된 것이다. 758년 이때에는 이백이 유배가는 죄인의 신분이었으니, 죄인에게 비문을 의뢰했을 리는 없을 것이다. 아마도 760년 사면을 받고 돌아오는 도중에 이 비문을 의뢰받아 썼다고 보는 것이 타당하다. 유배로 인해 경제적으로 아주 궁핍했을 이백으로서는 원고료를 넉넉히 받아 좀 더 풍족한 여비를 마련하고 싶었을 것이다.

중경의 전출을 가장 늦게 잡아도 760년 봄이었을 것이다. 그 전 해일 가능성은 그다지 크지 않다. 겨울에서 다음 해 봄까지 겨우 반년도 안 되는 기간 동안 무창에 머물렀던 이백이 중경의 집정(執政)을 직접 보지 못한 상태에서 이 비문을 썼으리라는 것은 거의 의심의 여지가 없다.

한중경의 이력에 대한 자료가 없어, 무창에서 파양으로 전출 갔다가 정확히 언제 비서랑이 되어 다시 장안으로 소환되었는지는 알 수가 없다. 여기에서 한유의 출생지에 대한 문제가 제기되기도 한다. 한유 자신도 이에 대해서 아무런 말을 하지 않았다.

결론부터 이야기하자면, 한유가 태어난 곳은 아버지가 비서랑으로 근무하고 있었던 수도 장안이었을 것으로 생각된다. 왜냐하면 한유가 세 살 되던 770년(大曆 5)에 아버지가 세상을 떠났기 때문이다. 그렇지만 비서랑으로 옮겨간 것이 늦었다면 앞 임지인 파양이 될 수도 있다. 그러나 파양현령으로 옮겨간 해가 760년이니, 한유가 태어난 768년(大曆 3)까지 그곳에서 근무했다고 한다면 재임 기간이 무려 9년이나 되므로 특별한 사정이 없는 한 이례적인 기간이 된다. 이 밖에 한유가 태어난 또 하나의 후보지로는 한씨의 고향인 하양(河陽)일 수도 있다.

그러면 여기에서 그 당시 지방관의 성격에 대하여 간략하게 살펴보자.

현령이든 현승(縣丞)이든 고급관료(말단에 속하기는 하지만)의 지위에 오른 사람 치고 상인이나 영세농민 출신은 거의 없다. 대개는 고향에 약간의 토지가 있어 소작인에게 농사를 짓게 하여, 가정의 생계 전부 혹은 일부를 거기에 의존하였다. 대대로 벼슬을 한 가문 가운데 더러는 현령으로 재임 중에 적당한 토지를 구입하여 소규모이지만 장원(莊園)을 마련하여 생활 본거지를 그곳으로 옮기기도 하였다. 송대(宋代)에는 후자 쪽이 더 많았던 것 같다. 지방관이 상당히 높은 고관으로 승진하거나 악랄한 수법으로 뇌물을 거두어들이지 않는 한 월급만으로는 일가권속의 생계를 유지해나가기란 쉽지 않았다.

따라서 한 가정의 가장이 지방관으로 각 지방을 전전하거나 수도로 올라가 조정에서 벼슬을 하더라도 가지고 있던 토지를 누군가에게 맡겨 수입을 올려야만 하였다. 대호족(大豪族 : 재산이 많고 세력이 강한 일족)인 경우는 집사를 따로 두어 집안일을 관리하게 하였지만, 한 집안의 생계를 겨우 유지할 정도의 토지를 가진 지방관이라면 집사 같은 전문 관리인을 둘 형편이 못 되었고, 또 인건비 한 푼이라도 낭비할 수가 없었다. 이런 경우에 관리책임을 맡은 사람이 대부분 그 집안의 주부였다. 그래서 지방관의 부인은 밥을 짓거나 빨래하는 집안일보다 농업생산을 관리·운영하여 가족을 먹여 살릴 수입을 올리는 것이 임무이다시피 하였다. 남편의 월급 같은 것은 생각지도 않았다. 따라서 남편이 다른 지방으로 발령을 받으면, 대부분의 부인은 임지로 동행하지 못하고 남편 혼자 부임하는 것이 일반적이었다. 이런 경우 남편의 입장에서는 일상생활에 불편함이 따르게 되고, 특히 고급관료라면 체면 손상을 염려하지 않을 수가 없었다. 거기에서 자신의 신변을 돌보아줄 여자가 필요하게 되어 제2, 제3의 부인을 거느리게 되었다. 남편이 임지에서 얻은 첩을 시기하는 본처의 이야기가 적지 않게 전해 오는 것은 당연한 일이라 하겠다. 그러나 감정상의 문제만 별개로 여긴다면, 남편이 첩을 몇 명을 얻든 본처의 위치가 흔들리는 것은 아니었다. 남편의 잔심부름 따위는, 가난한 사람이라면 몰라도, 적어도 고급관료의 부인이라면 그런 일을 몸소 하지 않았다. 본처에게는 남편의 월급 이외의 모든 수입·지출을 관리할 권한과 책임이 있었는데, 경우에 따라서는 그 액수가 남편의 수입보다 많기도 하였다. 게다가 그것은 부인의 권리였으므로 첩이 아무리 총애를 받고 있다 하더라도 재산관리에 대해서만은 간섭할 수가 없었다. 본처와 첩이 함께 살았던 것은 옛 중국에서는 아주 흔한 일이었다. 이러한 경우 첩은 본처의 지휘 아래 베를 짠다든가 하는 등등의 잡다한 일을 하였다.

이처럼 많은 관리들이 처자를 임지로 데리고 가지 않았다. 처자를 데리고 간 경우를 보면, 아주 젊은 관리이거나(이 경우는 모친이 아직도 한 가정의 주부 위치에 있어서 아내에게는 아무런 권한이나 책임이 없을 때다. 그러나 주부 훈련을 시킨다 하여 아내를 집에 남겨두는 경우는 있었다), 대지주로서 가계를 집사에게 맡겨둔 경우이다. 하지만 어느 정도 연령이 찬 자식들만은 관리로서의 훈련을 위해 아버지가 임지까지 데리고 간 일은 흔히 있었다.

다시 원래의 주제로 돌아오면, 여기에서 한중경 가정의 생활 본거지가 어디였는가 하는 것은 또한 한유의 어머니가 한유를 어디에서 낳았는가 하는 문제와 연관된다. 그렇지만 한유는 그의 시문(詩文) 어디에서도 자신의 어머니에 대해서 직접적으로 언급한 적이 없다. 그리고 이고(李翶)가 지은 한유의 행장(行狀)이나 황보식(皇甫湜)이 쓴 한유의 신도비(神道碑)와 묘지명(墓誌銘)에도 한유의 어머니에 대한 언급은 없다.

그런데 한유에게는 유모 이씨(李氏)가 있었다. 이씨는 한씨 집안에 고용되어 재혼도 하지 않고 한씨 가족으로 일생을 마쳤다. 그래서 한유는 이 유모에게 늘 감사하고 있었다. 유모가 죽었을 때, 한유가 그녀를 위하여 써준 「유모묘명(乳母墓銘)」이 한유의 문집에 실려 있다. 이 묘지명 속에 "나는 태어난 지 두 달도 안 되어 부모를 잃고 고아가 되었다(愈生未再周月, 孤失怙恃)"는 구절이 있다. 『시경(詩經)』 「소아(小雅)·요아(蓼莪)」에 "아버님 안 계시면 누구를 의지하고, 어머님 안 계시면 누구를 믿나?(無父何怙, 無母何恃)"라는 구절이 있는데, 이로 인하여 후대에는 '호(怙)'를 아버지로, '시(恃)'를 어머니로 대신하여 부를 때 썼다. 따라서 한유의 이 묘지명 원문의 '실호시(失怙恃)'란 말은 양친을 모두 잃었다는 말이 된다. 이 때문에 유모는 차마 어린 한유를 버리지 못하고 뒷바라지를 하느라 재혼할 기회를 잃고, 한씨 집안에서 일생을 보내게 되었다고 하는 설명이 계속 이어지고 있다. 그러나 앞에서 서술한 것처럼, 한유의 아버지는 한유가 세 살 때 죽었다고 여러 곳에서 언급하고 있으므로 확실한 것 같다. 그렇다면 두 달도 안 되어 양친을 다 여의었다고 하는 기술은 이상하다. 한유 문집의 옛 주(舊注)에서는 이 기술이 사실과 다르므로 "자세히 알 수 없음(未詳)"이라고 적고 있다.

그러나 '부모(怙恃)'라는 본래의 말뜻에 그다지 구애받지 않고 쓴 것으로 본다면, 단순히 "어머니를 여의었다"고 해석할 수도 있다. 자신을 헌신적으로 돌봐주었던 유모를 칭송한 문장이기 때문에, 어머니를 여읜 어린 자신을 헌신적으로 돌보아준 점을 특별히 강조하고, 또 어머니의 일을 중심으로 유모를 묘사하다 보니, 아버지에 대해서는 별로 고려하지 않았을 것이다. 이와 같은 사실들을 종합해 보면, 한유의 어머니는 한유를 낳은 뒤 산후병으로 세상을 뜬 것 같다.

태어난 지 겨우 사오십 일쯤 되었을 때 어머니가 죽었으니, 한유에게는 어머니에 대한 아무런 인상도 남아 있지 않았을 것이다. 따라서 그의 어머니에 대한 언급이 없다고 해서 크게 이상할 것도 없고, 또 이고의 행장이나 황보식의 신도비와 묘지명에 한유 모친에 대한 언급이 없는 것도 이상할 것이 없다. 그것은 당시 행장이나 묘지명을 쓰는 하나의 통례였기 때문이다. 한유도 남들의 행장과 비지문(碑誌文)을 칠팔십 통이나 쓰면서, 그 사람 처의 성씨 정도만 언급하였지 다른 구체적인 것은 거의 언급하지 않았다. 그렇다고 해서 한유가 써준 이 사람들의 부인들이 다 무슨 문제가 있었던 것은 아니다.

뒤에 다시 서술하겠지만, 한유의 큰형인 한회(韓會)는 778년(大曆 13) 마흔두 살에 죽었다. 이때 한유는 열한 살이었으므로 한회는 한유보다 서른한 살이 많다. 같은 어머니 밑에서 난 형제 가운데 이렇게 나이 차가 나는 것은 흔한 일은 아니지만, 그렇다고 불가능한 것도 아니다. 두우(杜佑)가 지은 『통전(通典)』을 보면, 당대(唐代)에는 결혼할 수 있는 남녀 연령이 남자는 스무 살, 여자는 열다섯 살 이상으로 규정되어 있다. 여자 나이 열다섯이라면 지금의 관점으로 보면 미성년의 나이이지만, 사실 생산 능력으로 보면 충분히 자식을 낳을 수 있는 나이이다. 물론 그 당시에도 결혼하기에는 아직 어린 나이였을 것이다. 하지만 이백이 「장간행(長干行)」이란 시에서 "열네 살에 그대의 아내 되어, 수줍은 얼굴 미처 펴지 못하였네(十四爲君婦, 羞顔尙未開)"라고 한 것으로 보아, 열다섯이 되기 전에도 시집을 갔음을 알 수 있다. 한씨 집안도 조혼의 풍속이 있었던 것 같다. 이고(李翶)는 한유의 사촌형인 한엄(韓弇)의 딸과 결혼하였다. 한엄의 처(이고의 장모) 위씨(韋氏)는 나이 열셋에 한엄에게 시집왔고, 그녀의 딸도 만 열넷이 되기도 전에 이고에게 시집을 갔다. 한중경의 부인도 이러한 경우라면 한유를 낳았을 때의 나이가 마흔대여섯 정도였을 것이다. 그 나이에 자식을 보는 것이 그렇게 드문 일은 아니다.

그러나 오히려 이것으로 인해 큰형 한회와 한유는 동복이 아닌 이복형제라고 추측하는 사람도 있다. 이 경우 아버지 한중경이 한회를 낳은 아내와 사별하고 후처를 얻어 한유를 낳았거나, 혹은 만년에 첩을 얻었는데 이 첩이 한유의 생모가 될 수도 있을 것이다. 이럴 경우 한유의 출생지도 바뀔 수 있지만, 현재 남아 있는 자료가 없어 쉽게 결론을 내릴 수가 없다.

게다가 770년(大曆 5), 한유가 세 살 때 아버지가 세상을 떴다. 그때 아버지의 나이는 분명하지 않지만, 3년 전에 아이를 낳았던 것으로 보아 그렇게 고령은 아니었던 것으로 판단된다. 아울러 병으로 관직을 사임한 흔적이 없기 때문에 비서랑으로 재임하면서 병으로 죽은 것으로 생각된다.

비서랑은 높은 관직도 아니고 일반 행정관과 달라서 부수입도 없다. 따라서 평소에 모아둔 재산 없이 세 살 된 어린 아들까지 남겨놓았으니, 생계는 급격히 어려워졌을 것이다.

한중경이 죽은 뒤, 한씨 가정을 꾸려간 사람은 말할 나위 없이 장남인 한회였다. 이때 한회의 나이는 서른넷이었고, 이미 처자가 있었다. 관직명은 분명하지 않지만 벼슬을 하고 있었다. 따라서 한회는 한씨 일족을 지탱할 만큼의 충분한 수입은 되지 않았겠지만, 한씨 일족을 떠맡을 수밖에 없었을 것이다.

2) 한유의 형제들

한유의 어린 시절에 대해서 훗날 한유 자신이 기억을 더듬어 써서 남긴 몇 편의 문장이 있는데(「感二鳥賦」·「復志賦」·「祭鄭夫人文」·「祭十二郎文」), 그 내용이 거의 일치하고 있다. 특히 한유는 자신의 형제들에 대해,「제십이랑문(祭十二郎文)」에서 "내 위로 세 분의 형님이 계셨는데, 다 불행히도 일찍 돌아가셨다(吾上有三兄, 皆不幸早死)"라고 하여, 친형이 세 사람이었음을 말하고 있다. 그러나 세 사람 가운데 이름을 알 수 있는 사람은 큰형 한회와 둘째형 한개뿐이다. 나머지 한 형은 이름도 알 수 없고 남긴 자식도 없어 일찍 요절한 것 같다. 친형 외에 또 세 사람의 사촌형도 있었다. 한유(韓

兪)와 한엄(韓弇) 두 사촌형은 세 번째 숙부 운경의 아들이다. 일찍이 개봉위(開封尉)를 지낸 사촌형 한유는 성격이 호탕하고 주색잡기를 좋아하였다. 두 딸과 세 아들을 두었으며 쉰 살 정도에 죽었다. 한엄은 진사급제 후 비서성 교서랑을 지냈고, 786년(貞元 2)에 토번과의 화친사절단의 일원으로 참여하였다가 피살되었다. 한급(韓岌)은 막내 숙부 신경의 아들이다. 한급은 괵주사호참군(虢州司戶參軍)을 지내고, 관직을 떠난 후 더 이상 벼슬하지 않았다. 그는 괵주(虢州)의 산수를 좋아하여 그곳에 정착하였다가 806년(元和 2)에 죽었다. 죽은 뒤 괵주에 묻혔다가 나중에 조상의 선영이 있는 하양(河陽)으로 옮겨졌다. 아들 하나와 딸 둘을 두었는데, 다 어려서 한유가 데려다 길렀다. 그리고 앞에서 이미 언급했지만, 둘째 숙부 소경은 자식이 없었다.

774년(大曆 9) 한유가 일곱 살 때, 한회는 가족과 함께 당시 임지인 낙양(洛陽)에서 장안으로 전임하였다. 장안으로 옮겨올 때 제수 받은 한회의 관직은 기거사인(起居舍人)이었다. 기거사인은 종6품으로 중서성(中書省)에 소속되어 있었다. 문하성(門下省)의 기거랑(起居郎)과 함께 황제의 말을 기록하는 직무였다. 황제가 어전에서 백관들의 조회를 받을 때, 기거사인과 기거랑이 좌우로 나뉘어 계단 아래에 서서, 황제의 명이 있으면 귀 기울여 들었다가 물러나 그것을 기록하였다. 조회가 끝나고 황제와 재상이 시정을 의논할 때에도 참석하여 그 내용을 상세히 기록하였다. 따라서 고관은 아니지만 황제 가까이에서 근무하는 직책이었기 때문에 경우에 따라 장래의 출세를 기약할 수도 있었다. 서른여덟 살의 한회로서는 그렇게 빠른 출세는 아니었지만 낮은 직책도 아니었다. 게다가 그에게는 든든한 후원자도 있었으니, 바로 당시 막강한 권력을 행사하고 있던 재상 원재(元載)였다. 그가 한회의 재능을 인정해 주었던 것이다.

원재는 가난하고 미천한 집안 출신이었지만, 지혜가 있고 말을 잘하였다 한다. 현종 때만 해도 하급관료였으나, 숙종 때에 환관 이보국(李輔國)을 등에 업고 급성장하여 숙종 말년에는 호부시랑(戶部侍郞)에서 동중서문하평장사(同中書門下平章事), 즉 재상으로 발탁되었고 아울러 탁지사(度支使)와 제도전운사(諸道轉運使)를 겸직하여 재정권까지 장악하였다.

정치적 수완이 있는 권력자에게 흔히 있는 일로, 재상 원재도 유능한 젊은 관료를 발탁하여 뒤를 보살펴주는 한편 그들을 이용하여 자신의 세력을 확장하고 유지하였던 것이다. 이때 한회도 원재의 마음에 들어 그의 비호를 받으며, 미래의 희망에 부풀어 있었다. 한회는 최조(崔造)·노동미(盧東美)·장정칙(張正則)과 함께 미래의 황제 보좌역으로 자임하고 있었으므로, 세상 사람들은 그들을 '사기(四夔)'(원래 기夔는 순舜임금의 악관樂官인데, 석경石磬을 연주하면 백수百獸까지 일어나 춤을 추게 하였다 한다. 여기서는 네 명의 훌륭한 신하란 뜻)라고 불렀다. 확실히 미래 재상의 지위까지 바라볼 수 있는 환경이 마련되었던 것이다.

이 무렵부터 한유는 책 읽고 글 짓는 공부를 시작하였다. 사대부들 사이에 끼어 장차 형처럼 관계(官界)로 나아가기 위한 수업을 시작한 것이다. 장안에 거주하면서 형의 출세를 눈으로 직접 목격한 것도 하나의 자극이 되었겠지만, 당시 사대부 자제들의 평균적인 취학 연령으로 보아 한유가 그렇게 빨리 공부를 시작한 것은 아니었다. 하여튼 한유가 학문을 시작하게 된 중요한 동기는 형의 영향이 컸으리라 생각된다.

그러나 한씨 일족의 안정된 생활은 그리 오래가지 않았다. 777년(大曆 12), 한유의 나이 열 살 되던 3월에, 재상인 원재가 실각을 하고 자살하고 만다. 원재는 대종(代宗) 황제가 즉위한 후에도 여전히 이보국과 동수(董秀)들과 결탁하여 온갖 방자하고 분수 넘는 권력을 행사하였다. 이에 황제의 권위에 불안감을 느낀 대종은 황후의 동생과 공모하여 원재를 체포하여 자결명령을 내리고 그의 처와 세 아들도 다 사형에 처하였다. 그리고 이해 4월에 조정 관료들 가운데 원재에 의해 등용된 사람과 그의 측근들을 모두 변방으로 좌천시켜 도성을 떠나게 하였다. 이부시랑(吏部侍郎)인 양염(楊炎)을 필두로 간의대부(諫議大夫) 한회(韓洄)·포길(包佶), 기거사인(起居舍人) 한회(韓會) 등 무려 수십 명이 여기에 포함되었다. 처음 대종은 이들도 사형을 시키려 하였었지만 간곡히 변론해 준 사람이 있어 겨우 좌천으로 그치고 사형은 면하였다.

물론 이들 가운데 한회 같은 능력 있고 훌륭한 사람도 많았다. 그러나 이러한 일련의 사정으로 좌천되었기 때문에 실질적으로는 귀양이나 다름없었다. 그렇지만 형식상으로는 먼 지방관청에 임명하여 보낸다는 내용의 사령장이 내려졌다. 이때 한회는 소주자사(韶州刺史)의 직함으로, 당시로서는 미개지로 생각되었던 곡강(曲江)이라는 곳에 발령을 받았다. 함께 좌천된 사람들 중에서 가장 먼 곳이었다. 유종원(柳宗元)은 「선군석표음선우기(先君石表陰先友記)」에서 한회에 대해, "한회는······ 곧은 말을 잘 하고 문장이 뛰어나 이름이 가장 높았지만, 그러나 그것 때문에 비방도 많았다. 기거랑(기거사인起居舍人을 잘못 적은 것임)에 이르렀다가 폄직되어 죽었다(韓會 ······ 善淸言, 有文章, 名最高, 然以故多謗, 至起居郞, 貶官, 卒)"라고 기록하고 있다. 바로 한회가 "곧은 말을 잘 하고 문장이 뛰어나 이름이 가장 높았던(善淸言, 有文章, 名最高)" 것이 가장 멀리 좌천된 원인이었을 것이다.

한회는 가족을 거느리고 먼 임지로 떠났다. 이런 경우 대부분은 혼자 부임을 하지만, 죄가 무거울 때에는 가족도 함께 추방되었다. 대종이 한회를 사형시키려 했던 점으로 보아 다분히 중죄에 해당되었을 것이므로, 아마 한회의 가족도 장안에서 추방되었을 것이다. 가족이 추방된 이상, 가족 전원이 따라갈 수밖에 없다. 한회의 경우 가족은 장안에 남아도 좋다는 허락을 받았다 하더라도 실제로 장안에 남아 있을 수 있었을까 하는 의문이 생긴다. 앞에서 서술하였듯이 가족이 남아 있으려면, 생계를 유지할 정도의 농토가 있어야 한다. 그런데 한씨 일족에게는 그만한 여유가 없었던 것으로 보인다.

곡강은 현재의 광동성(廣東省) 북부에 있다. 장안에서 남쪽으로 내려가면 호남성(湖南省)·강서성(江西省)과 광동성을 나누는 큰 산맥이 있고, 거기에 또 다섯 개의 산마루가 있어 보통 오령(五嶺)이라고 부르는데, 오령을 넘으면 영남(嶺南) 지방이다. 이 영남 지방으로 조금 들어가면 마을이 있는데, 이곳이 바로 곡강이다.

오령을 경계로 남북의 기후와 풍토가 달라지는데, 특히 영남 지방은 고온 다습하기 때문에 북쪽 사람이 이주해 오면 적응하기 힘들어 병에 걸리기 쉬웠다. 한회는 곡강에 도착한 다음 해인 778년(大曆 13) 마흔두 살에 죽었다. 아마도 그곳의 풍토와 긴 여행에서 쌓인 피로, 그리고 좌천으로 인한 심한 정신적인 충격 때문에 죽은 것 같다. 한회에게는 아들이 없었기 때문에, 동생 한개(韓介)의 둘째아들 노성(老成)을 양자로 삼았었다. 한개는 한유의 둘째형으로, 동궁(東宮)의 속관인 솔부군좌(率府軍佐)라는 낮은 관직을 지내다 한유가 태어나기 전에 죽었다. 그에게는 백천(百川)과 노성 두 아들이 있었는데, 장남인 백천도 일찍 죽었던 것 같다. 그리하여 곡강에 남겨진 한씨 직계 가족은 한회의 부인 정(鄭)씨, 열한 살 된 한유와 한유보다 어린 한노성이 전부였다. 정씨는 늘 이 어린 시동생과 조카를 쓰다듬으며 "한씨 가문 두 세대의 후손이 오직 이들뿐(韓氏兩世, 惟此而已)"이라고 말하며 슬퍼하였다.

이 두 고아를 데리고 정씨는 남편의 시신을 고향으로 옮겨 장례를 치렀다. 객지에서 죽은 사람은 반드시 선조들이 묻혀 있는 고향으로 옮겨 장례를 치르는 것이 당시의 관습이었다. 예를 들어 어떤 한 지방관이 고향에서 멀리 떠나 벼슬살이를 하다 죽으면, 그 유족은 시신을 고향까지 운구하여야만 하였다. 당시에는 화장하는 관습이 없어, 시신을 관(棺)에 넣어 운구하는 데는 상당한 비용이 들었기 때문에, 당장 비용이 없는 유족들은 가까운 사찰 등에 시신을 맡겨두고 비용을 마련하기도 하였다. 그러나 비용을 마련하지 못해, 맡겨두고 찾아가지 않는 관이 몇 구씩 사찰에 있기도 하여, 사찰을 중심으로 괴이한 귀신 이야기들이 만들어져 전해지기도 하였다.

두보는 잘 알려져 있듯이 방랑하던 도중에 죽었다. 두보 집안의 묘지는 낙양 동쪽인 언사(偃師) 근교에 있었다. 두보 자신뿐만 아니라 그의 가족도 매우 궁핍하였으므로 동정호(洞庭湖) 근처에서 죽은 두보의 시신을 고향으로 운구할 비용이 있을 리 없었다. 그래서 그의 아들 두종무(杜宗武)는 아버지의 관을 악주(岳州 : 현재 호북성湖北省 악양岳陽)에다 임시로 매장을 하고 언사까지 운구할 비용 마련에 분주하였다. 두종무란 인물은 업적도 없고 전기도 분명치 않아 두보의 아들이라는 것을 제외하면 이름 없는 가난한 선비일 뿐이다. 그는 후반생을 죽은 아버지의 관을 악주에서 언사까지 운구하는 데 거의 소비했던 듯한데, 결국은 실현하지도 못하고 죽었다. 두종무는 임종을 맞아 그의 아들에게 할아버지의 관을 고향으로 운구하라는 유언을 남기고 죽었다. 두종무의 아들도 이름 없는 선비였지만, 가까스로 운구 비용을 마련하여 고향땅에 할아버지 두보를 모실 수 있었다.

이러한 예에서 볼 수 있듯이, 한회가 곡강에서 죽은 뒤 곧바로 유족에 의해 고향인 북쪽 하양 땅으로 옮겨졌던 것은 참으로 행운이라 할 수 있다. 유족이 아무리 열의를 갖고 있다 해도 경제적인 뒷받침이 없으면 아무것도 할 수 없음은 앞의 두종무의 예에서 충분히 알 수 있다. 그러나 정씨 부인이 어떻게 운구 비용을 마련하였는지에 대해서는 자료가 없어서 자세히 알 수가 없다.

죄를 지어 유배간 뒤 지방 근무지에서 죽었기 때문에 조정에서는 자업자득이라 여겨 동정하지 않았을 것이고, 임지인 곡강에서도 공식적으로 경제적인 원조를 해준 사람은 없었던 것 같다. 한회에게 재산을 다루는 재능이 있어 생전에 상당한 재산을 모아놓았더라도(이것은 다소 가능성이 있는 추측이다. 한회가 원재의 일당으로 지목되어 먼 지방으로 좌천되었다는 것은, 거꾸로 말하면 원재가 살아 있는 동안 한회가 그 일파 가운데서도 상당한 인물이었던 것을 의미한다. 그렇다면 원재에게 접근하려고 했던 사람들이 한회를 중개자로 내세우고 거기에 상응하는 대가를 지불하여, 한회의 생활은 상당히 여유가 있었을 것으로 생각해 볼 수도 있다), 그 재산 가운데 어느 정도를 유배지까지 가져갔을지에 대해서도 의

문이 생긴다. 정씨 부인이 유족인 열한 살의 시동생 한유에게 필요 경비를 모으게 할 수도 없었을 것이고, 한 가정의 재정을 관리하는 충실하고 유능한 집사가 있었다 하더라도 이러한 변고 때에 그 사람을 부릴 수 있을 정도라면 상당한 수완을 가진 부인이라 해야 할 것이다. 어지간히 큰 가정이라면 모르겠지만, 부인이 눈물로 밤을 새며 오로지 죽은 남편에 마음을 쏟을 때 다른 사람들이 움직여 줄 리가 없기 때문이다.

표면상으로는 당연히 이처럼 원조자가 없었지만, 자금을 모을 방법이 전혀 없었던 것은 아니었다. 첫째로, 원재 일파는 큰 세력을 가지고 있었으므로 곡강 주변에도 한회와 같은 파벌(한회보다는 낮은 지위의 인물이었겠지만)의 지방관이 있었을 것이고, 이들이 한회를 동정해 주었을 가능성이 있다. 둘째로, 원재 일파는 아닐지라도 벼슬아치들이 다음에 처해질 자신의 입지를 미리 생각하고 도와준 경우이다. 원재는 죽고 없지만 그 일파가 조만간에 조정에서 세력을 회복하지 못하리라는 보장이 없다. 세력이 없어진 원재 일파를 냉대하는 것만이 상책이 아니라, 오히려 이때 어느 정도 은혜를 베푸는 것이 머지않아 자신을 위하는 길인지도 몰랐다.

실제로 덕종(德宗)이 즉위하면서 원재의 사건에 연루되어 좌천되었던 사람들 가운데 차츰 재기용되어 한회(韓洄)는 병부시랑·국자좨주(國子祭酒: 국립대학 총장)를, 포길(包佶)은 형부시랑·국자좨주를, 양염(楊炎)은 재상 등을 지냈다. 이러한 이유로 부인 정씨가 은밀히 부탁만 하면, 어느 정도의 협력은 받을 수 있었을 것이다. 이러한 점에서는 천애의 외톨이로 방랑 끝에 죽었던 두보의 경우와는 상황이 많이 달랐다 하겠다.

이러한 가능성을 찾아 정씨가 얼마만큼 분주히 뛰어다녔는지에 대해서는 앞에서 말한 대로 일체 기록이 남아 있지 않다. 그러나 한회가 죽은 그해에, 지체하지 않고 정씨가 남편의 시신을 단속하여 어린 시동생과 조카를 데리고 북쪽 하양 고향 땅으로 돌아와 시신을 안장한 것을 보면, 남자보다 강인한 여성이었음에 틀림없다. 한유는 이러한 형수에 대해 진심으로 감사하고 있고, 훗날 형수가 죽었을 때 그녀를 위해 제문을 지어 애도하였다.

일단 한유 가족이 고향인 하양으로 돌아오기는 하였지만 거기에서 정착할 수는 없었다. 한유가 이때의 일을 회상하여 쓴 글이 남아 있다. 먼저 「정부인을 조상하는 글(祭鄭夫人文)」에서는 다음과 같이 회상하고 있다.

> 장례를 지내러 중원으로 돌아왔습니다. 이미 장사를 지내고 나니, 어려운 시국을 맞아 온 식구〔百口〕는 이곳을 떠나 강남으로 갔습니다(返葬中原, 旣克反葬, 遭時艱難, 百口偕行, 僻地江濆).

'백구(百口)'라는 말은 '100 사람'이라는 뜻이지만, 꼭 100명을 뜻하는 것이 아니라 '많은 가족'이란 뜻으로 해석하면 된다. 한유의 직계 가족은 물론이고, 유모를 포함한 하인까지 포함된 것으로 보면 된다.

또 「복지부(復志賦)」에서는 "중원에서 일을 만나 먹을 것을 찾아 강남으로 갔습니다(値中原之有事兮, 將就食於江之南)"라고 적고 있다. 요컨대 하양으로 돌아온 후 중원 지방에 어떤 일이 일어난 것 같다. 그래서 어려운 때를 맞이한 한씨 일족은 모두 강남으로 이주하게 되었다는 말이다. '일(事)'이 일어났다는 말이 어떤 일을 지칭한 것인지 분명하게 알 수는 없지만, 아마도 779년(大曆 14)에 일어난 회서절도사(淮西節度使) 진영의 반란사건이거나, 혹은 거기에 수반된 치안상의 혼란이었던 것 같다. 또 이 무렵 북방에서는 이민족의 침입이 있었다. 물론 하양에서는 직접적인 영향을 받지 않았겠지만, 안녹산의 난 같은 전례도 있었으므로, 사람들이 불안해하였으리라는 것은 별로 이상할 게 없다. 그러나 그것보다 더 큰 이유는 "먹을 것을 찾아 강남으로 갔다"는 한유의 말에서처럼 하양에서는 한유 일가의 생계를 유지하기 어려워 다른 곳으로 이주하지 않으면 안 되었던 것 같다. 이러한 현상은 농민들에게서 자주 볼 수 있는데, 가령 기근이 들었을 때 많은 농민들은 농지를 버리고 유랑민이 되어 식량이 있는 곳으로 이주한다. 물론 한유의 가족이 이런 농민들처럼 유랑민으로 강남으로 간 것은 아니다. 아무리 몰락한 선비 가문이라고 하더라도, 선조의 땅을 버리고 유랑민으로 전락하였다는 것은 이상하기 때문이다.

참고로 두보를 인용해 보면, 안녹산의 난 뒤, 두보는 장안과 낙양 중간 부근 화주(華州)에서 사공참군(司功參軍)이라는 지방관으로 근무하고 있을 때, 대기근이 들었다. 그는 식량을 구하기 위하여 결국 관직을 버리고 현재의 감숙성(甘肅省) 지방으로 가족을 데리고 이주하였다. 그렇지만 생계를 꾸려나갈 만큼의 충분한 땅을 얻지 못했기 때문에 결국은 만년에 다시 방랑 생활을 시작하였던 것이다.

앞에서도 설명했지만, 관리가 될 정도의 사람은 주로 고향에 많든 적든 농지를 가지고 있었던 것이 하나의 통례였다. 비록 고향에는 보잘것없는 농지가 있다 하더라도, 관리로서 꽤 신분이 있으면 장원을 손에 넣을 수도 있었다. 두보와 같은 시대에 살았던 왕유(王維)가 종남산(終南山)에서 경영했던 망천장(輞川莊) 같은 것은 기본적으로 장원의 성격을 지니고 있었다. 물론 현대의 별장과는 다른 것이다.

이와 같은 장원을 가지지 못하였고, 가질 여유조차 없었던 두보로서는 생계를 오직 월급에만 의존하였으므로, 기근이 들어 곡물가가 오르면 당연히 금방 곤궁해졌을 것이다.

두보와 같은 상황을 한씨 일족에 맞추어 본다면, 중원에 다소 일이 생겼다 하더라도 대대로 내려온 땅을 버리고 타향으로 갈 결심을 한다는 것은 예삿일이 아니다. 추측건대 한씨 일가가 하양에 소유하고 있던 농지는 극히 적어서, 평시에 미망인 정씨와 두 고아, 즉 한유와 한노성, 그리고 몇 명의 고용인과 함께 알뜰하게 생활하면 겨우 굶주림을 면할 정도였을 것이다. 그러므로 사회적 경제적으로 불안한 상황이 발생하면 지탱하기가 매우 힘들었을 것이다.

그렇다면 강남에는 한씨 일족이 생계를 꾸려갈 기반이 있었을까? 여기에 대한 확실한 증거는 없지만, 그러한 기반이 어느 정도 있었던 것으로 보인다. 한유가 만년에 지은 「상에게 보임(示爽)」이란 시(한유의 일족인 '상'이란 사람이 선주宣州 지금의 안휘성安徽省 선성宣城에서 장안에 있는 한유를 찾아온 것을 적은 작품)가 있는데, 이 시를 읽고 종래의 사람들은 한씨 일족의 별업(別業 : 왕유의 망천장과 같은 종류의 장원)이 선주(宣州)에 있었다고 추측하였다.

한씨 일족은 높은 관직을 지내지는 않았지만 대대로 벼슬을 해왔다. 그래서 이 장원도 한유의 일가, 즉 아버지 한중경을 중심으로 한 사람들의 소유라기보다는, 할아버지인 한예소나 혹은 그보다 더 먼 조상의 소유라고 생각하면 될 것이다. 대가족제도였던 당시에는 일족 사이에 상호부조(相互扶助) 의식이 강하여 일족 가운데 궁핍한 자가 있으면 적절한 원조를 아끼지 않았고, 또 어려울 때를 위하여 공동소유의 장원을 경영하기도 하였다. 한유의 가정처럼 '모자가정(母子家庭)'인 경우, 자식들이 성장할 때까지 생활할 수 있는 기반으로 이와 같은 장원을 제공해 주었을 가능성도 충분히 고려해 볼 수 있다.

어쨌든 강남으로 이주한 후부터 생활은 안정된 듯하다. 이곳은 생활의 안정이라는 이유 외에도 또 하나 중요한 것이 있다. 훗날 한유의 추억에 의하면, 이때 본격적으로 학문을 시작한 것으로 보인다. 특히 강남 선주에서 학문을 할 수 있었다는 것은 어떤 의미로는 행운이었다. 남북조 때에 북조는 이민족이 지배한 반면, 한족이 지배한 남조 그 가운데 특히 강남땅은 문화의 중심지였다.

문학 방면에서도 『문선(文選)』으로 대표되는 화려한 작품들이 강남에 널리 퍼져 있었다. 선주는 그 중심지의 하나였다. 그곳은 남조시대에는 유명한 시인인 사조(謝朓)가 태수로 근무한 지역이었고, 당대에는 사조를 경모(敬慕)하였던 이백이 방랑 생활을 하던 본거지의 하나로서 많은 시를 남겼던 곳이다. 한유가 살았던 그때에도 사조나 이백의 작품이 선주 주변에 많이 남아 있었을 것이다. 즉, 선주의 선술집 벽에는 여전히 이백이 술에 취해 붓을 휘둘러 쓴 시들이 남아 있었을 것이고, 사조의 시집을 구하기는 어려웠겠지만, 한두 수쯤 외우고 있는 노인들이 생존하고 있었을지도 모른다. 이처럼 전통적인 중국 문화가 물씬 풍기는 선주에서의 생활은, 북방에서 태어나 북조의 신하를 지냈던 집안의 후손인 한유로서는 새로운 경험이었을 것이다.

|제2장|
장안에서의 수험 생활

1. 관리의 꿈을 안고 상경(上京)

한유는 대여섯 살 무렵부터 큰형 한회의 도움 아래 공부를 시작하여 일곱 살이 되어서는 상당한 수준에 이른 것으로 파악된다. 황보식(皇甫湜)이 쓴 한유의 신도비에서는 "일곱 살인데도 문장을 지으면 뜻과 언사가 자연스럽게 나왔다(七歲屬文, 意語天出)"고 하였고, 또 한유의 묘지명에서는 "일곱 살인데도 공부하기를 좋아하여 말을 하면 문장이 되었다(七歲好學, 言出成文)"고 한 것을 보면, 어느 정도 과장해서 표현한 말이겠지만 그 수준을 짐작할 수 있다. 그러나 그가 열 살 때에 큰형의 유배와 이듬해 형의 죽음 등으로 인해 얼마 동안은 학문에 전념할 수가 없었다.

강남으로 이주해 온 이후에 한유는 본격적으로 학문을 시작한 것 같다. "처음으로 학문을 익히는 데 전력하여 옛 해석이 아니면 자신의 마음을 쏟지 않았다(始專專於講習兮, 非古訓爲無所其用心)"라고 한 말은 「복지부(復志賦)」의 한 구절로, 뒷날 한유가 강남에서 학문하던 일을 회상하여 쓴 것이다. 여기에서 말한 '옛 해석(古訓)'이란 주로 경서 해석에 관한 문제로, 위진남북조(魏晉南北朝) 때에 새롭게 흥성한 학풍·해석에 반발하여, 후한(後漢) 이전의 '옛 해석'에 뜻을 두었음을 가리킨다. 그가 '옛 해석'에 뜻을 두었다 하여 마치 남조 문화의 전통에 둘러싸여 지내면서 거기에 반발한 것처럼 보이지만, 당대(唐代)의 전반적인 경학의 흐름을 보면, 『오경정의(五經正義 : 왕의 칙명으로 편찬됨)』에서 볼 수 있듯이 남조의 학문을 무조건 부정한 것은 아니다. 기본적으로 옛사람의 학설을 본받아 '옛 해석'을 밝히는 태도를 취하는 것이 당시의 경향이었으므로, 어떤 시류(時流)에 특별히 반발한 것은 아니었다. 그러나 이것이 한유가 '고문운동(古文運動)'을 일으키게 된 중요한 계기가 되었다는 것을 간과해서는 안 된다.

그렇지만 강남에는 여전히 남조의 학문 전통이 남아 있었을 것이고, 한유가 남조의 학문을 배우지 않았다고는 볼 수 없다. 오히려 남조의 학문을 배웠기 때문에 '옛 해석'을 몸소 실천할 뜻을 가지게 되었을지도 모른다. 「복지부」 이외에 한유가 뒷날 회상하여 쓴 글에서도 그는 '옛 도(古道)'에 처음부터 뜻을 두었다고 자주 술회하고 있다. 단순히 그렇겠지 하고 이해할 수도 있지만,

그가 처음 학문을 시작하면서부터 '옛 글(古文)'과 '옛 도'에 뜻을 두었다고 하는 것은 조금은 믿기 어렵다.

한유는 8년에 걸쳐 학문을 연마하였다. 그 뒤 786년(德宗 貞元 2) 열아홉 살이 된 한유는 가족의 생계와 가문을 위하여 관리가 되고자 단신으로 상경하였다. 강남에서의 생활은 일단 안정되었던 것 같지만, 선비 신분의 청년이 언제까지 지방에 틀어박혀 있을 수는 없었다. 그도 아버지나 형처럼 출세를 위해서는 관리가 되는 길 외에 다른 방법이 없었다. 관리가 된다는 것은 황제를 보좌하여 선정을 베풀어 국가와 사회에 봉사한다는 유교정신을 실현하는 길이기도 하였다.

당대에는 선조 가운데 큰 공을 세워 특별히 관직이나 작위를 받아 후손에게 세습된 것을 제외하면, 일반 독서인으로서 관리가 될 수 있는 길은 대체로 세 가지가 있었다. 첫 번째는 과거시험을 통한 방법, 두 번째는 권세가 혹은 고위관리를 찾아가거나 황제에게 글을 올려서 그들의 특별추천을 통하여 임용되는 방법, 세 번째는 황제가 친히 거행하는 부정기 시험, 즉 제거(制擧)에 참여하는 방법이었다. 그런데 세 번째 제거(制擧)는 중당시대 이후로는 이부에서 주관하는 박학굉사과 같은 정기시험으로 바뀌었기 때문에, 실제로 관리가 될 수 있는 것은 두 가지 길 외에 없었던 셈이다. 그러나 당대에는 이 가운데 과거를 통하여 관리가 되는 것이 가장 보편적인 방법이었으므로, 대부분의 사람이 여기에

도전하였다.

한유도 관리가 되기 위해서는 과거를 통한 길 외에 다른 길은 없었다. 따라서 관리가 되기 위해서는 과거시험에 합격해야만 하였다. 과거시험은 가문·문벌에 상관없이 시험을 통하여 널리 천하의 영재를 선발한다는 것이 주목적이었다. 과거시험은 수대(隋代)에 설치되어 당대(唐代)에 완비된 제도이지만, 그 뒤에도 계속 보완해가며 청말(淸末)까지 이어졌다.

과거시험은 여러 개의 과정으로 나누어져 있었는데, 과정에 따라 시험과목이나 문제 수가 달랐다. 당대의 과거의 과정은 통상적으로 수재과(秀才科: 비범한 재능과 능력 위주의 시험)·진사과(進士科: 시詩·부賦·송頌·경의經義·책론策論 위주의 시험)·명경과(明經科: 시·詩·서書·역易·춘추春秋·예기禮記 등 경전시험)·명법과(明法科: 율령 위주의 시험)·명서과(明書科: 서법 위주의 시험)·명산과(明算科: 산학, 즉 수학 위주의 시험)·삼전과(三傳科: 좌전左傳·공양전公羊傳·곡량전穀梁傳의 춘추삼전春秋三傳 시험)·동자과(童子科: 열 살 이하의 천재아를 대상으로 한 시험) 등이 있었다.

수험생은 이 몇 개의 과정 가운데 하나를 택하여 원서를 낼 수 있었고, 과정에 따라 합격의 난이도도 달랐다. 따라서 어렵고 경쟁이 치열한 과정에 합격하면 그만큼 인재로 인정받았을 뿐만 아니라, 관리가 된 뒤 진급하는 데도 훨씬 유리하였다. 즉, 어려운 과정을 통과한 사람만이 엘리트로 인정받아 출세의 길을 달릴 수 있었다. 따라서 자신의 재능이 뛰어나다고 자신하는 사람은 당연히 어려운 과정에 도전하려 하였고, 어려운 과정일수록 지원 수험생이 많았을 뿐만 아니라 질적으로도 치열한 경쟁을 치러야 하였다. 물론 경쟁이 치열하면 할수록 그 합격자는 엘리트로 대우받는다.

당대에 과거가 처음 재개된 622년(고조高祖 무덕武德 5)에 진사과·명경과와 함께 설치된 수재과(秀才科)는 사안에 대한 해결책을 논문으로 진술하는 책시(策試)의 시험이어서 과목 중 가장 어려운 과목이었고 합격자의 수도 아주 적어서 다른 과목보다는 훨씬 우대되었다. 그러나 시험이 너무 어려워 응시자가 줄면서 개원(開元) 이후로는 사실상 폐지되었다. 따라서 한유가 살았던 당시의 가장 어려운 시험 과정은 '진사과(進士科)'였다. 한유는 「증장동자서(贈張童子序)」에서 "천하의 두 가지 이상의 경전에 능통하여, 예부에서 주관하는 명경과에 응시하는 선비들이 매년 삼천 명에 이르렀는데, …… 합격하는 사람은 이백 명도 되지 않았다(天下之以明二經擧於禮部者,歲至三千人 …… 歲不及二百人)"라고 하였다. 이처럼 명경과도 삼천 명이 응시하여 이백 명도 합격하지 못할 정도로 어려웠는데, 명경과보다 선발 인원이 훨씬 적고(통상 20~40명) 더 중시되었던 진사과에 합격하기란 얼마나 어려운 일이였는지 짐작하고도 남음이 있을 것이다. 이것은 그 이후에도 마찬가지였다. 따라서 한유뿐만 아니라 큰 뜻을 품은 청년들은 '진사과'를 통과하는 데 전력을 기울였다.

한유는 선배였던 「최립지에게 답한 편지(答崔立之書)」의 한 부분에서 이렇게 회상하고 있다.

> 내 나이 스물이 되었을 때, 집이 가난하여 입고 먹는 것이 부족해 매우 고통스러웠습니다. 친한 사람에게 상의해 본 뒤에, 관리가 되는 것이 남을 위한 것만이 아니라는 것을 알았습니다. 서울에 올라와 진사에 합격한 사람이 있으면 많은 사람들은 그를 칭찬하며 귀중히 여기는 것을 보고서 저도 진심으로 그렇게 되고자 하였습니다. 그 시험 방법을 구하여 찾아다니니, 어떤 사람이 예부에서 친 부·시·논문 등의 문제를 저에게 보여 주었습니다. 저는 그것을 보고 공부하지 않고도 합격할 수 있겠구나 생각하였습니다. 이에 주현으로 가서 선발시험을 거쳤습니다.
>
> (及年二十時, 苦家貧衣食不足, 謀於所親, 然後知仕之不唯爲人耳. 及來京師, 見有擧進士者, 人多貴之, 僕誠樂之, 就求其術, 或出禮部所試賦詩策等以相示. 僕以爲可無學而能, 因詣州縣求擧.)

이 글에서 한유는 시험에 대한 나름대로의 자세가 있었던 것처럼 보인다. 그는 친한 선배인 최립지에게 자신은 어려서부터 시험공부를 목표로 힘써 공부한 것이 아니라 자신의 신념을 좇아 '옛 해석'을 배웠는데, 그렇게 해도 과거시험 같은 것은 무난히 합격할 수 있으리라는 자신감을 일단 보였다.

확실히 시험공부와 같은 틀에 박힌 공부는 한유에게는 적당하지 않았을 것이다. 그러나 당시 사대부들의 자제교육은 과거 응시를 전제로 한 것이었다. 한유가 가야 할 길도 그의 집안 대대로 그래 왔듯이 관리가 되는 것이었다. 그러한 그가 수도 장안으로 오기까지 진사과에 대해 잘 몰라 시험방법을 알아보려고 찾아다녔다는 것은 어쩐지 믿어지지가 않는다.

그런데 진사과에 응시하려면 하나의 자격이 필요하였다. 과거시험은 천하의 영재에게 널리 문호를 개방한다는 것이 원칙이었으므로, 처음에는 누구에게나 시험 칠 자격을 인정하였지만, 응시자가 많아지면서 시험장소라든가 채점시간 등의 불편이 생겼기 때문에 수험자격을 규정하였다. 규정은 여러 가지가 있었는데, 예를 들면 국자감이나 태학 같은 학교의 과정을 마친 학생은 예부에서 주관하는 시험에 바로 참여할 수 있지만, 한유와 같이 독학으로 공부한 수험생의 경우는 먼저 그가 소속한 주(州)·현(縣)의 추천장이 필요하였다. 이렇게 하면 중앙에서 시험을 치르기 전에 수험생의 수도 제한할 수가 있고, 미리 한 번 걸러서 인재를 골라낼 수도 있다. 또 주·현 장관의 입장에서도, 평소에 자신의 관할구역에서 유능한 젊은이를 찾아내는 것이 자신의 임무 가운데 하나였지만 모든 사람들에게 다 눈을 돌릴 수가 없었으므로, 추천을 희망하는 수험생을 한 군데 모아 직접 시험을 주재하여 합격자를 뽑아 추천하면 업무가 한결 가벼워진다.

그러면 한유의 경우를 살펴보자. 그는 관리가 되고자 장안으로 올라왔다. 그리고 진사과에 합격한 사람이 존경받는 것을 보고, 자신도 진사과에 응시하려고 생각하였다. 그러나 자신의 생각만으로 시험에 응시할 수 없고, 주·현의 추천장이 반드시 필요하였다. 그래서 "이에 주현으로 가서 선발시험을 거쳤습니다(因詣州縣求擧)"라는 표현으로 보아 다시 주·현으로 내려가 시험을 보고서 주·현의 추천을 받아 온 뒤 시험을 본 것으로 보인다. 그러나 이 점에 대해서는 의심스러운 부분이 많다.

주·현의 추천장이 필요한 것은 틀림없지만, 여기에 대한 규정도 반드시 명확한 것만은 아니다. 과거제도가 더욱 완비된 청대에는 수험생은 원칙적으로 본적지인 주·현에서 예비시험을 치러야만 한다는 규정이 있었다. 바꾸어 말하면, 수험생이 임의로 주·현을 선택하여 시험을 치를 수 없다는 이야기이다. 이러한 경우라면 한유는 고향인 하남부나 하양현에서 예비시험을 치러야만 한다.

당대에도 원칙은 같았다. 그러나 실제 거주하고 있는 현주소의 주·현 장관의 추천장을 받은 일도 있었으므로, 당대에는 어느 정도 예외가 있었던 것 같다. 그렇다면 한유는 하양이나 선주 어디에서든 추천장을 받을 수가 있다. 그러나 수도인 장안은 한유에게는 여행지였지 현주소라고 보기 어렵기 때문에, 거기에서 추천장을 받는다는 것은 상식적으로 생각할 수 없다. 만약 한유가 진사과의 응시조건을 모르고 상경한 후 진사과에 응시하려고 하였다면, 한 번은 장안을 떠나 하양이나 선주로 가서 추천장을 받아 왔어야만 하였다.

그러나 선주에서 장안으로 왔다가 다시 선주나 하양까지 추천장을 받기 위해 왕복한다는 것은 쓸데없는 시간과 돈을 낭비하게 된다. 아주 벽촌에 사는 사람이라면 과거의 규칙 등을 몰라 소홀히 한 점도 있겠지만, 선주는 강남 굴지의 대도시였다. 이런 대도시에서 거주한 한유가 관리가 되겠다는 뜻을 품고 상경한 이상, 과거에 대한 예비지식이 어느 정도는 있었을 것이다. 그러니 한유는 처음부터 진사과에 응시할 작정이었고, 시험자격인 주현의 추천장을 획득하여 상경하였을 것이다.

한유처럼 진사과의 수험자격을 가진 사람을 '진사'라 부르고, 진사과에 합격한 사람도 또한 '진사'라고 불렀다. 후대의 과거제도에서는 이 둘을 구별하기 위해서 별도의 명칭을 붙였지만, 당대에는 구별이 없었다. 그래서 수험자나 합격자가 똑같은 명칭을 사용함으로써 혼란이 생길 우려가 있었다. 여기에서 아직 합격하지 못한 사람을 일반적으로 '향공진사(鄕貢進士 : 지방장관이 추천한 진사)'라고 하여 구별하였다.

그러나 '향공진사'에게는 직함만 있었지 별도의 봉급이나 수당은 지급되지 않았다. 장안에 친척이라도 있으면 거기에서 기식하며 수험공부에 전념할 수 있을 것이고, 집이 부유한 사람이라면 생활비를 넉넉히 받아 왔을 것이다. 당대의 걸작소설 『이와전(李娃傳)』에는 여유 있게 생활비를 가지고 상경한 향공진사가 그만 장안의 기생거리에서 기생에게 유혹되어 가진 돈을 모두 탕진하고 빈털터리가 된다는 이야기를 상세히 묘사하고 있다.

한유가 "나의 집은 가난하여"라고 한 것은 여유 있는 수험생에 비하여 가난하다는 말이지, 검소한 생활을 하는 이상 굶주릴 정도는 아니었을 것이다. 하지만 장안에서의 생활은 매우 궁핍했을 것이다. 생활비를 충분히 보내 줄 정도로 집이 여유 있는 것도 아니었고, 아버지와 형까지 죽고 없었으며, 그렇다고 장안에 의지할 사람이 있었던 것도 아니었다.

여기에서 과거제도에 관한 당시의 통념에 대해 간략히 언급해 볼 필요가 있다. 과거가 경쟁시험이었다는 것은 말할 필요가 없고, 경쟁을 공정하게 하기 위해서 여러 가지 장치도 아끼지 않았다. 그러나 경쟁시험이라는 관념이 지금의 대학 입학시험과 같은 그런 관념과는 상당히 달랐다. 한 번의 시험만으로 확실하게 인재를 선발할 수 있느냐의 여부도 분명 의문스럽다.

진사과를 예로 들자면, 진사과의 시험과목은 경서에 대한 지식과 이해를 묻는 경의(經義), 시와 부를 짓게 하는 시부(詩賦), 정치와 경제 등에 대한 논문을 쓰게 하는 책론(策論)의 세 분야가 있었지만, 그 모두가 채점자의 주관적인 판단에 의해 평가된다. 따라서 시험이 수험생의 능력을 평가하는 것이지만, 이와 동시에 시험관의 판단력도 평가된다. 예를 들면, 어느 해의 과거시험이든 세상 사람들이 확실히 우수한 성적으로 합격될 거라고 평가하는 학생이 있게 마련이다. 그러나 시험인 이상 아무리 우수한 학생이라도 반드시 합격한다고 장담할 수는 없다. 그런데 공교롭게도 이 수험생이 운이 나빠서 낙방하였다고 하자. 이 경우 본인의 실망은 물론이겠지만, 주위 사람들은 수험생의 학력이나 재능이 모자라서 낙방했다고 생각하기보다는 틀림없이 채점을 맡은 시험관이 안식(眼識)이 없어 유능한 선비를 어이없이 낙방시켰다고 여길 것이다. 거꾸로 그와 같은 수험생이 우수한 성적으로 합격했을 경우에는 본인의 명예는 물론이지만, 시험관 또한 사람 보는 눈이 있어 인재를 제대로 뽑았다고 칭찬을 받게 될 것이다. 완전히 주관적인 방법에 의해서 시험되는 것이므로, 테스트를 받는 것은 수험생의 능력뿐만 아니라 시험관의 주관도 포함되었다.

   시험관은 과거시험 때마다 매 번 새로 임명되지만, 예부의 관리를 중심으로 하고, 예부의 추천을 받은 약간의 채점위원이 가담하는 것이 원칙이다. 시험관들로서는 과거시험이 그들의 능력을 시험받는 장이기도 하였기에 좀 과장해서 말하자면 자기들의 장래 세력 확장에도 영향을 받을 수가 있었다. 그래서 그들은 그 해의 수험생 가운데 누가 우수한 수험생인지 사전에 정보를 얻으려 하였다. 선입관을 가지고 채점하는 것은 불공평하다 하여 예비지식도 없이 채점을 하였다가, 요행수로 잘 쓴 답안지를 수석 합격이라도 시키면, 그것은 훗날 자신들의 치욕이 될 수도 있었기 때문이다.

그러나 정보를 얻는답시고 시험관 자신이 직접 수험생들을 찾아다닐 수는 없었다. 그들의 주요한 정보망은 장안에 거주하는 고위관리들이었다. 과거시험을 목적으로 상경한 수험생들은 일반적으로 고위관직에 있는 고향 선배의 집을 찾아가 인사를 한다. 고위관리 쪽에서도 그 수험생이 합격하여 관계에 들어오면 자신을 지원하는 세력이 되므로 냉정히 대하지 않는다. 이러한 고관들이 조정에 모이면 자연스럽게 이번 과거 수험생들에 대한 세상의 풍문이라도 서로 이야기를 나누게 된다.

그러나 만사가 그렇게 깔끔하게만 해결되지 않는 것이 세상의 습속이다. 아주 자신 있는 수험생이야 예외이겠지만, 일반 수험생들은 요행수라도 좋으니 합격하고 싶을 것이다. 그러니 시험관이 정보를 찾는다는 것은 수험생의 입장에서 보면 자신을 선전할 절호의 기회가 된다. 그래서 고향 선배인 고위관리에게 인사하는 것은 물론이고, 소개장을 가지고 연고가 닿는 고관들 집을 두루 다 방문한다. 만약에 그 고관들 가운데에서 한 사람이라도 그 수험생은 아주 우수한 사람이라고 자신의 이름을 시험관에게 귀뜸이라도 해주면 바라던 목적이 달성되는 것이고, 혹 몇 사람의 고관이 입이라도 맞춘 듯 자신을 추천해 주면 더욱 강력한 후원이 될 것이다.

앞에서 서술했듯이 고관들 입장에서도 자신의 지지 세력을 키울 기회도 되고, 또 당시의 관계가 연공서열제(年功序列制)가 아니었으므로, 지금의 수험생이 어쩌면 장래에 자신의 상관이 될지도 모르기 때문에 소홀히 대할 수만도 없는 입장이었다. 매우 우수한 수험생으로 큰 인물이 될 소질이 있다고 판단되면, 시험관이나 기타 고관들에게 귀띔해 주는 것은 물론이고, 자기 집에 거주시켜 뒷바라지를 해주며 수험공부에 전념할 수 있도록 친절하게 대해 주기도 한다. 즉, 그 수험생은 고관집의 식객으로서 시험장에 나가게 되는 것을 의미하므로 가장 은혜를 입는 경우이다.

그러나 수험생들 가운데 그런 것을 바라고 방문하는 사람이 지나치게 많아지자, 고위관리들 쪽에서도 응대하기가 번거롭고 귀찮게 여기게 되었다. 또 자신의 파벌을 키우자고 아무 능력도 없는 수험생을 추천하였다가, 끝내는 자신의 명예마저도 손상될 수 있었다. 저 사람이 추천한 수험생들은 합격한 후 모두 유능한 관료가 되었다는 소리를 듣지 못하면, 고관으로서의 체면도 말이 아닐 뿐만 아니라 그의 추천마저 효과가 없게 된다. 그렇게 되면 수험생들에게도 좋지 못한 인상을 주게 될 것이다.

여기에서 언제부터인가 고관과 수험생 사이에 하나의 관습이 생겼다. 즉, 아주 힘 있는 사람의 소개장이 없으면, 고관은 수험생을 잘 만나 주지 않았다. 수험생도 이러한 사실을 알고, 미리 자기가 지은 시문(詩文) 가운데서 자신 있는 작품을 책으로 묶어 가지고 간다. 문 앞에서 거절될 것을 알면서도 찾아가, 틈이 있으면 읽어보아 달라고 부탁하고 자신의 시문집을 두고 돌아온다. 그 사람의 시문을 읽어보면 그 사람에 대한 대강의 인품이나 재능을 알 수 있다는 일반적 관념에서 기인한 것이다. 고관은 한가한 시간에 그 시문집을 읽어보고 우수하다고 생각이 들면 따로 수험생을 집으로 초대한다. 그리고 그와 함께 대화를 나눠보고 정말로 우수하다고 판정이 되면, 자신의 집에 거주하게 하든지 아니면 자주 집으로 놀러 오라고 한다.

그러나 시문집을 두고 왔음에도 불구하고 좀처럼 불러 주지 않을 때가 있다. 그것은 시문집을 읽고 난 후 이 수험생은 별 가망이 없다고 여겨 저버렸던가, 아니면 일이 바빠 미처 읽어보지 못한 경우이다. 이럴 경우 수험생은 일반적으로 전자라고 생각지 않기 때문에, 다시 적당한 시간에 다른 시문을 한 권 묶어서 한 번 더 찾아간다. 이러한 것을 '온권(溫卷)'이라 한다. 두 번째 가지고 가면 상대방이 그 열의에 감동하여 우선적으로 읽어 줄 것이라는 기대 때문이긴 하지만, 실제로 거의 모든 수험생들이 이와 같이 하기 때문에, 고관의 집에는 수험생의 시문집이 산더미처럼 쌓여 있어서 얼마만큼 효과가 있었는지는 사실 의문스럽다.

그러면 한유의 경우는 어떠했을까? 한유는 충분한 생활비도 없이 상경했으리라는 것은 앞에서 이미 서술하였다. 게다가 고관의 저택을 방문할 연줄조차 없었다. 느닷없이 고관의 집을 찾아가 시문집 한 권을 두고 와도 상관이야 없겠지만, 가장 중요한 소개장이 없으니, 열심히 온권을 만들어 보낸들 뻔한 것이었다. 이렇게 해서는 시험합격은 제쳐 두고라도, 장안에서 하루하루를 버텨나가는 것조차도 쉽지 않았을 것이다. 특히 장안은 물가가 비싸기로 유명하였다. 한유보다 네 살 아래인 백거이(白居易)도 과거를 보기 위해 처음 상경하여 유명한 시인인 고황(顧況)을 찾아갔을 때에, 고황은 백거이에게 장안은 '거주하기가 쉽지(居易)' 않다며 자신의 이름 자(字)를 가지고 농담을 할 정도였다. 이처럼 장안의 물가고는 지방에서 올라온 사람에게는 예상외의 고통이었다.

그래서 한유는 자신이 생각해낸 방법을, 훗날 「전중소감마군묘지(殿中少監馬君墓誌)」에서 이렇게 쓰고 있다.

나는 스무 살의 약관으로, 진사시험을 보기 위하여 지방의 천거를 받아 수도인 장안에 있었습니다. 그러나 궁핍하여 스스로 생존할 수 없는 상태였습니다. 그런데 옛 친구의 어린 동생이라 하여 말 앞에서 북평왕 마수님을 배알하였습니다. 북평왕께서는 저에게 안부를 물어보시고 가련히 여겨 주셔서 그 길로 안읍리 저택으로 찾아뵐 수가 있었습니다. 북평왕께서는 저의 춥고 배고픔을 마음 아파하시면서, 음식과 의복을 주시며 두 아들을 불러 저를 잘 접대하도록 하였습니다.

(始余初冠, 應進士貢在京師, 窮不自存, 以故人稺弟, 拜北平王於馬前, 王問而憐之, 因得見於安邑里第. 王軫其寒餓, 賜食與衣, 召二子使爲之主.)

 진사과에 응시하기 위하여 향공진사로 지방의 추천을 받아 장안으로 온 것까지는 좋았지만, 궁핍하여 생활할 수가 없었다. 그래서 북평왕(北平王)의 행렬이 지나갈 때, 그 앞에 서서 "저는 당신의 옛 친구(故人)의 어린 동생입니다"고 인사를 하고 도움을 바란다고 직소한 것이다.

 북평왕이란 숙종(肅宗)·대종(代宗)·덕종(德宗) 3대에 걸쳐 벼슬하여 명장(名將)으로 이름난 마수(馬燧)이다. 그의 공적에 따라 북평왕에 봉해졌고, 이때에는 재상의 지위에 있으면서 부원수(副元帥)를 겸하고 있었다. 더할 나위 없는 대관(大官)이었다. 당신 친구의 어린 동생이라고 자칭한 것으로 보면, 형 한회와 친구가 아니었을까 생각해 보는 것이 자연스럽지만, 그것을 증명할 자료는 없다. 마수는 무관이고, 한회는 순수한 문관이었으므로 두 사람이 서로 교제하였다면 어떤 특별한 인연이 있었을 것인데, 아무런 기록이 없다. 따라서 한유가 말한 '옛 친구'란 바로 한엄(韓弇)을 두고 한 말이다. 한엄은 앞에서 말한 셋째 숙부 운경의 차남으로 한유에게는 사촌형이다. 한유가 상경했던 786년(貞元 2) 마수는 서북에서 침입한 토번족 정벌에 나섰다가 적에게 속아 화친조약을 맺기로 약속을 했었다. 이듬해 삭방절도사(朔方節度使) 혼감(渾

城)이 회맹사(會盟使)가 되어 60여 명의 화친사절단을 이끌고 토번으로 갔다가 생각지도 않게 토번족의 기습을 받아 혼감을 비롯한 몇 사람만 탈출하고 나머지 60여 명의 화친사절단 전부가 살해되었다. 한엄도 사절단의 일원으로 참가하였다가 살해되었다고 한다. 이때 한엄의 나이 서른다섯 살이었고, 그의 처 경조 위씨(京兆韋氏)는 열세 살에 시집와서 겨우 열일곱 살이었다.

한유가 마수를 '말 앞에서 배알한' 것은 그가 상경한 다음 해 787년 마수가 토번과 화친을 약속하고 장안으로 돌아온 뒤로 보는 것이 타당할 것이다. 장안의 물가가 높았더라도, 틀림없이 한유는 넉넉하지는 못하지만 얼마간의 생활비를 가지고 상경하였을 것이므로, 상경한 해에 바로 생활이 궁핍하였으리라는 것은 지나친 추측일 것이다. 물론 다음 해라면 별 무리가 없다. 게다가 787년에 화친사절단이 출발하였는데, 이 사절단의 인선 구성에 마수가 관여하여 친분이 있던 한엄을 추천하였을지도 모른다. 그런데 그 사절단이 전멸한 뒤라면, 한엄에게는 참으로 불행한 일이지만, 한유에게는 오히려 마수를 뵐 적절한 기회였을 것이다. 마수는 한엄이 전사한 데 대해서 정신적으로 빚을 진 입장에 있었기 때문에, 한엄의 친척을 냉정하게 대할 수는 없었을 것이다.

한엄의 사촌동생인 한유가 '어린 동생'이라고 자칭하더라도 당시의 관념으로서는 이상할 것이 없다. 한회·한엄·한유는 연령 차이는 있지만 한씨 일족 가운데에서 같은 항렬에 속하였다. 엄밀히 구별한다면 형제와 사촌형제는 다르지만, 당시 대가족제에서 외부 사람에게 사촌형을 '형제'라고 한다 해서 무슨 문제가 되는 것은 아니다. 그러나 한엄과 한유는 사촌형제였지만, 특별히 가깝게 지낸 적은 없었던 것 같다. 그러면서도 한엄을 끌어다 '어린 동생'이라고 한 한유로서는 조금은 겸연쩍었을지도 모르지만, 이처럼 곤궁할 때에 다른 생각을 할 여유가 없었을 것이다.

'말 앞에서 배알한' 것은 비상수단이다. 원칙적으로는 그 사람의 집을 방문해야 한다. 어쩌면 한유가 이미 마수의 집을 방문하였지만, 가난한 서생이 소개장도 없이 찾아갔으므로 보기 좋게 문전박대를 받고 돌아왔을지도 모른다. 그래서 직접 호소할 길을 택하였을 것이다. 일이 잘못되어 행렬을 어지럽힌 무뢰한으로 포박 당할 가능성도 있었지만, 결과적으로는 성공이었다. 마수는 한유를 가련히 생각하였지만, 길에서 무어라고 말할 수 없었으므로, 따로 안읍리(安邑里 : 장안 동쪽 모서리 근처에 있는 마을)의 자택으로 찾아오게 해서 대면하였다.

마수는 한유의 곤궁함을 한눈에 살펴보고 의복과 음식을 지급해 주었다. 북평왕과 같은 사람이 직접 가난한 일개 서생에게 사소한 점까지 보살펴준다는 것은 사실 어울리지 않는 일이다. 집안 관리인에게 적당히 보살펴주라고 명령해도 좋을 것을, 마수는 특별히 두 아들을 불러 접대하게 했다. 아무리 '옛 친구의 어린 동생'이라도 무명의 청년에게 이렇게 접대한 것은 아주 특별한 경우라고 하겠다.

그러나 마수의 머릿속에는 다른 생각이 있었을지도 모른다. 그는 원래 무관 출신이었고, 당시의 무관은 일반적으로 학문이나 문학 같은 것과는 별 관련이 없었다. 마수의 집도 아마 학문과는 관련이 거의 없었을 것이다. 그러나 당시 사회는 문관 우위의 원칙이 철저했으므로 마수는 두 아들이 문관이 되기를 바랐을 것이다.(이 희망이 이루어져 차남은 소부감少府監의 지위에 올랐고, 사후에 태자소부太子少傅에 추증되었다.) 그러자면 학교도 별로 없는 시대였으므로, 특별히 가정교사를 고용해서라도 자식들에게 학문을 가르칠 필요가 있었을 것이다.

두 아들은 아마 한유보다 나이가 많았던 것 같다. 한유의 회상에 의하면, 그가 마수의 집에서 신세를 지고 있을 때 마수의 차남에게는 이미 두 아이가 있었는데, 둘째아이는 유모에게 안겨 있었다고 한다.(이 어린 아이가 한유가 묘지명을 쓴 전중소감마군殿中少監馬君으로 서른일곱 살에 죽었다.) 물론 북평왕의 집에서도 이미 적당한 학자를 가정교사로 초빙하여 자식들을 교육시켜 어느 정도 학식이 있었을지도 모르지만, 개인교수 방식에는 한계가 있었을 것이다. 앞에서도 설명했듯이 마수의 집은 원래 학문과 인연이 없는 무인의 집이였다. 따라서 마수가 한유의 학문을 얼마만큼 올바르게 평가하였는지는 알 수 없지만, '향공진사'인 이상 실력을 인정하였을 것이고, 이와 같은 청년이 자식들의 공부 친구가 되어 주는 것도 결코 무의미하지 않다고 여겼을 것이다.

이렇게 하여 마침내 한유는 가장 어려운 문제였던 장안에서 자고 먹고 입는 의식주를 해결하였던 것이다. 그렇지만 이것이 과거시험에 유리하게 작용하지만은 않았다. 앞서 언급하였지만, 마수는 무인이었고, 이러한 사람이 한유를 시험관에게 추천해 주더라도 그 효과는 크지 않았다. 마수보다 지위가 더 낮더라도 학문이나 문학에 대해 안목이 있는 문관의 추천이 오히려 더 강한 영향력을 끼칠 수 있었기 때문이다.

2. 세 번의 진사시험 낙방과 급제

서기 787년(貞元 3), 한유는 처음으로 시험장에 들어갔다. 진사시험 정도라면 공부하지 않고도 합격할 수 있을 거라 자신했지만, 결과는 자신했던 것과는 달리 낙제였다. 다음 해 그리고 또 그 다음 해 세 번에 걸쳐 연달아 시험을 보았지만 다 낙제였다.

이 무렵의 일을 뒷날 그는 「복지부(復志賦)」라는 글에서 다음과 같이 술회하고 있다.

좋은 날을 택하여 서쪽으로 출발하여,

또한 이미 경성에 이르렀네.

임금 계신 문을 곧바로 들어갈 수 없어,

마침내 시험관에게 시험을 보았네.

명성과 이익이 모이는 곳이어서,

뭇사람들이 달려와 참여하는 곳이네.

다투어 시기를 틈타 권세에 영합하고,

어지럽게 바꾸니 그 마음 헤아리기 어렵네.

순박하고 어리석음 보전하여 조용히 처신하며,

그들과는 태도를 달리하고자 하였네.

분주히 고관들 찾아가 일 이루어보려 하였으나,

처음 마음 돌아보며 잘못임을 깨닫네.

(擇吉日余西征兮, 亦旣造夫京師. 君之門不可逕而入兮, 遂從試於有司. 惟名利之都府兮, 羌衆人之所馳. 競乘時而附勢兮, 紛變化其難推. 全純愚以靖處兮, 將與彼而異宜. 欲奔走以及事兮, 顧初心而自非)

"서쪽으로 갔다(西征)"고 한 것은 강남에서 상경한 일을 가리킨다. 지리적으로 장안은 강남의 서북쪽에 위치하였지만, 당시에는 일반적으로 서쪽이라 하였다. 그러나 상경한다고 해서 즉시 관리가 되어 임금님이 계시는 문[조정]으로 들어갈 수 없었기 때문에 시험관이 주재하는 진사시험을 쳐야만 했다. 그러나 과거는 명성과 이권이 존재하는 마당이므로 많은 사람들이 이것을 향하여 전념할 수밖에 없었다. 그리고 누구든지 권세에 영합하여, 본마음이야 어쨌든 온갖 방법으로 자신의 모습을 바꾸어 좋게 꾸몄다. 그런 가운데도 한유는 순수하고 고지식하게 자신의 직분을 지키며 아무런 로비도 하지 않고 일반 수험생과 다른 태도를 견지하였다. 때로는 자신도 자신의 뜻을 펴기 위하여 고관들을 찾아 뛰어다녀 볼까도 생각하였지만, 처음에 먹었던 마음을 되돌아 반성하면서 그렇게 하는 것은 잘못된 것이라 판단하곤 하였다.

여기에서 한유는 추상적이기는 하지만, 과거에 합격하기 위해서 수단방법을 가리지 않고 광분하는 수험생들의 작태를 묘사하였다. 그러나 한유 자신도 어떻게 해보고 싶었겠지만, 앞에서 서술했듯이 그에게 도움이 될 만한 연줄은 없었다. 실력은 없지만 연줄 덕택으로 과거에 합격한 사람들도 틀림없이 어느 정도는 있었을 것이다. 그러나 연줄도 없는데다 아무런 로비조차 하지 않았기 때문에 낙방하였다는 말은 낙제생들의 상투적인 말이므로 액면 그대로 믿을 필요는 없다.

정확한 통계는 아니지만, 당대를 통해 학자·문인으로 이름을 남긴 사람들 가운데 과거시험을 한 번에 통과한 사람은 그렇게 많지 않은 것 같다. 대개는 한두 번 낙방하여 실의를 맛보았으며, 그 가운데서도 두보처럼 끝내 합격하지 못한 사람도 있었다. 심지어 늙어 죽을 때까지 과거시험장에 참여한 사람도 있었다. 그래서 당나라 사람들은 극단적으로 "서른에 명경과에 합격하면 늙어서 된 것이고, 오십에 진사과에 합격하면 젊어서 된 것이다(三十老明經, 五十少進士)"라고 말을 할 정도였다.

아무래도 과거시험에는 수험기술이 필요하였고, 또 지나치게 개성이 강한 답안은 우연히 채점자의 개성과 일치하지 않는 한, 배제된 경향이 있었던 것 같다. 한유가 낙제했을 때도, 답안이 남아 있지 않아 정확히 단정할 수는 없지만, 한유의 답안지 또한 개성이 강하여 시험관의 마음에 맞지 않았을지도 모른다. 패기만만한 스무 살의 젊은 한유로서는 실력만 있으면 합격할 수 있고, 합격한 뒤에는 재상까지도 될 수 있다는 과거제도의 원칙만 믿고서 상경하였다가 세 번 연이어 낙방하였으니, 그 실망은 이루 말할 수 없었을 것이다. 자신의 실망은 말할 것도 없고, 조상에 대한 부끄러움도 컸을 것이다. 무엇보다 자신을 보살펴준 형수에 대한 미안함은 말로 표현할 수 없었을 것이다.

이 무렵(어쩌면 마수의 원조를 받기 직전일지도 모름)에 지은 것으로 추측되는 「문을 나서며(出門)」라는 시가 있다. 현존하는 한유의 시 가운데 가장 초기의 작품에 속한다. 이 시에서 한유는 이렇게 쓰고 있다.

장안에는 백만 채나 되는 집이 있지만,
문을 나서면 갈 곳이 없구나.

어찌 조용히 혼자 있기를 좋아했으랴.

실로 세상 사람과는 다름이 있었기 때문이지.

옛날 사람들은 이미 죽었지만,

책에는 그 사람들의 말씀이 실려 있네.

책을 펴서 읽고 또 생각해 보면,

천 년의 세월도 서로 기약할 수 있을 것 같네.

문을 나서면 각자의 길이 있지만,

나의 길은 바야흐로 평탄하지 않네.

잠시 이 길 가운데 쉬고 있으면,

천명은 나를 속이지 않겠지.

(長安百萬家, 出門無所之. 豈敢尙幽獨, 與世實參差. 古人雖已死, 書上有其辭, 開卷讀且想, 千載若相期. 出門各有道. 我道方未夷. 且於此中息, 天命不吾欺.)

여기에 보이는 '옛 사람(古人)'에게 마음이 기운 것이 바로 한유가 고문운동을 펴게 된 동기이지만, 이 시기에는 아직 명확한 의식이 있었던 것 같지는 않다. 그러나 한유가 옛 것을 믿고, '옛 사람'과 일체감을 가진 것이 과거시험에 자신하였던 근원이었는데, 과거시험에서는 그것이 그다지 유리하지 않았다. 그 이유는 당시의 과거시험은 참신한 착안과 기발한 표현을 중시하였기 때문이다. 답안으로 쓴 시 가운데 기발한 시구 하나로 과거시험에 합격하였다는 이야기들이 지금도 적지 않게 전해 오고 있다.

한유가 그처럼 자신하면서도 세 번이나 낙제하였으니, 주위 사람들의 시선도 따가웠을 것이다. 특히 그를 지원해 주었던 마수에게는 더욱 미안한 마음이 들어서 더 이상 지원받을 수도 없었을 것이다. 세 번째 떨어진 이듬해인 790년(貞元 6)에 잠시 형수도 찾아뵙고 휴식도 취할 겸, 그는 장안을 떠나 강남의 집으로 향했다.

집으로 가는 도중 그는 하중(河中)에 들러, 지난 토번과의 화친을 위하여 화친사절단을 이끌고 가다가 토번의 습격을 받고 겨우 살아온 화친단장이었던 삭방절도사(朔方節度使) 혼감(渾瑊)을 만나 「하중부연리목송(河中府連理木頌)」을 지어 그를 칭송하였다. 그리고 정주(鄭州)에 도착했을 때에, 그는 여관에 머물면서 정주 근처 활주(滑州) 절도사로 있던 가탐(賈耽)에게 편지를 써서 자신을 그의 막료로 채용해줄 것을 희망하였다. 이 「활주 절도사 가탐에게 올리는 글(上賈滑州書)」은 현존하는 그의 문장 가운데 가장 초기의 문장인 것 같다.

한유는 이 편지에서 "저는 유학을 공부한 사람이어서 감히 다른 방법으로 찾아뵙기를 구하지 못하고, 옛날 사람들이 사용하였던 그런 예를 생각하여, 가만히 지난날 제가 지은 글 열다섯 편을 정리하여 예물로 하였습니다. 그리고 그렇게 한 연유를 여기에 밝혀둡니다(愈儒服者, 不敢用他術干進, 又惟古執贄之禮, 竊整頓舊所著文一十五章以爲贄. 而喩所以然之竟於此)"라고 운을 떼고서, 다시 "저는 지금 스물셋의 나이로 책을 읽고 글을 배운 지가 15년이 됩니다만, 언행이 감히 옛사람에 어긋나지 않습니다(愈年二十有三, 讀書學文十五年, 言行不敢戾於古人)"라고 간단히 자신을 소개하였다. 그 뒤 현재 자신의 궁핍한 상태를 호소하고 아울러 가탐의 덕을 칭송하면서 막료가 되고 싶다는 의향을 밝혔다. 그런데 지금 여행 도중이므로 우선 하인에게 이 편지를 부치고 한유 자신은 여관에서 기다리고 있으니, 자신의 글을 읽고서 자신의 뜻을 살펴주기를 바랐다. 물론 채용 여부는 오직 가탐의 재량임을 서술하면서 끝을 맺고 있다.

절도사는 자신이 관할하는 지방의 군정(軍政)을 위해 '막부(幕府)'를 구성하여 막료를 둔다. 막료에 대한 인사권은 모두 절도사의 권한이었다. 절도사가 사람을 뽑아 조정에 신고하는데, 조정에서 이의가 없다고 인정되면 사령장(辭令狀)을 교부해 준다. 결과적으로 임명권은 조정에 있는 셈이지만, 선택권은 절도사에게 위임되어 있다. 그래서 절도사는 과거시험의 합격 여부의 형식적인 자격에 구애받지 않고 자신의 마음에 드는 인재를 자유롭게 선택하여 관리로 쓸 수 있었다.

절도사들은 자신의 막부에 훌륭한 인재를 불러 모으려 애썼지만, 어느 정도 친분이 있으면 몰라도 낯선 사람들 중에 누가 인재인지 그렇게 쉽게 판정할 수가 없다. 이럴 때 연고자만으로 막부를 구성하는 방법도 있지만 너무 노골적으로 그렇게 하면 오히려 인재가 모이지 않게 된다. 그래서 절도사들이 막료를 채용하는 기준으로 과거시험을 이용하였던 것이다. 그러나 과거시험의 모든 과정을 통과한 사람이라면 당연히 조정의 관료가 되기를 희망하였지 막부 같은 곳에는 잘 오려 하지 않았다. 따라서 막부로 찾아오는 사람은 대부분 향공진사로 예부의 진사시험에 낙제한 사람이거나, 진사시험에는 통과하였지만 다음 관문인 이부(吏部)의 시험에 낙제한 사람들이었다.

이러한 낙제생들 가운데 몇 년씩 낭인(浪人)으로 보내면서 합격을 한 사람들도 있지만, 생활이라는 현실적인 문제에 부딪혀 과거를 포기하는 사람도 많았다. 오로지 시험공부에만 매진해 온 이런 사람들은 농사 같은 힘든 일은 할 수가 없었고, 상인이 되어 장사를 하려 해도 선비 신분으로는 수치스러워서 결국 학문이나 문필로 할 수 있는 직업을 찾을 수밖에 없었다. 이럴 때 가장 유리한 것이 절도사의 막료로 들어가는 길이었다.

당시 절도사 정도의 인물이면 상당한 정도의 힘이 있었다. 그래서 절도사의 막료가 되면 봉급은 물론이고, 다른 혜택도 있었다. 성당(盛唐)시대까지는 안녹산처럼 이민족 출신의 무인을 절도사로 삼는 경우가 많았지만, 한유가 살았던 중당(中唐)시대에는 이미 사정이 많이 달랐다. 지방절도사에서 갑자기 조정으로 들어가 중앙의 높은 지위에 오를 수도 있었다. 그럴 때 그 막료 가운데 재능 있는 막료는 함께 조정으로 가서 관료로 추천받아 중앙의 벼슬을 할 수도 있었다. 이렇게 해서 과거시험의 낙제생이 합격생과 어깨를 나란히 할 수 있거나, 운이 좋아 그보다 더 높은 자리에 오를 수도 있었다.

한유가 가탐의 막료가 되고자 하였던 것도 이러한 이유였다. 이럴 때 뇌물이라도 좀 쓰면 효과가 크겠지만, 한유로서는 자존심도 허락하지 않았고 무엇보다 그만한 돈이 없었다. 그래서 그는 '유학을 공부한 사람'이라고 크게 공세를 취하고 자신이 지은 열다섯 편의 글을 올린 것이다. 수험생들이 도성의 고관들에게 대하는 것과 똑같은 방법으로, 한유라는 이름조차 들어보지 못했을 가탐에게 자신의 글을 통해서 자신을 살펴 달라고 부탁한 것이다.

이러한 종류의 편지는 당시 운율이 잘 맞고 수식이 화려한 변문체(騈文體)로 쓰는 것이 상식이었다. 그러나 한유의 문장은 다소 그러한 점을 고려한 흔적은 있지만, 변문의 형식을 완전히 갖추지는 않았다. 그가 역설해 온 고문체를 중심으로 쓰되 변문체의 분위기만 풍긴 것이다. 즉, 문장의 수식을 억제하고 간결하게 해서 자신의 뜻을 전달하는 데 중점을 두었던 것이다.

한유의 글을 읽은 가탐이 어떤 생각을 했는지는 알 수가 없다. 어쩌면 읽어보지도 않았을지 모른다. 무명의 청년이 보낸 글을 절도사가 일일이 다 읽어볼 리가 없기 때문이다. 이런 경우 절도사 밑에 있는 막료가 읽어보고 필요하면 절도사에게 올리는 것이 일반적이다. 절도사의 막부에는 자천타천의 사람들이 몰려들었지만, 상당한 정도의 실력이 아니면 받아들여지지 않았다. 한유 자신이 자천한 이 글은 당시 널리 통용되던 변문체도 아니었고, 일부 독특한 부분이 있기는 하지만 눈물 날 정도의 애원조도 아닌 아주 평범한 내용이었다. 그래서인지 끝내 가탐에게서는 아무런 대답이 없었다. 그는 마침내 단념하고 강남으로 실의의 여행을 계속하였다.

강남 선주(宣州)로 돌아가 일 년을 보내면서, 그해에는 진사시험에 응시하지 않았다. 다만 형수·조카 등의 가족과 함께 지내는 것만으로도 즐거웠다. 그는 안정을 되찾은 뒤, 다시 학업에 전념하며 과거시험을 준비하였다. 1년이 지나자 새로운 희망이 솟아났는지 아니면 경제적으로 나아졌는지 자세히 알 수는 없지만, 그는 791년(貞元 7) 다시 상경하였다. 그리고 다음 해인 792년에 마침내 스물다섯의 나이로 진사과에 급제하였다. 네 번째 만에 진사에 합격한 것이다.

스물다섯 살이 되던 이해에 그는 「북극이란 시를 지어 이관에게 주며(北極贈李觀)」라는 시를 지었다.

> 북쪽 끝 하늘에는 구속된 외로운 봉새가 있고,
> 남쪽 끝 바다에는 깊이 잠긴 물고기가 있네.
> 냇물과 평원이 넓고 넓게 이들을 갈라놓으니,

서로의 모습과 소리를 알 길이 없었네.

어느 날 아침 바람과 구름을 만나,

변화하여 한 몸이 되었네.

그들의 길이 멀다고 누가 말했던가.

내 나이 스물다섯,

벗 찾으나 그 사람 어디 있는지 알지 못했네.

장안의 저잣거리에서 슬프게 노래 부르다가,

이에 그대와 친하게 되었네.

숭상하는 것이 같은 방향이라면,

어진 이와 어리석은 이라도 친구 되지 못하랴?

바야흐로 금석 같은 친교를 맺어

만세토록 검게 변하거나 엷어지지 않으리.

제발 아녀자 같은 모습 짓고서,

초췌하게 빈천을 슬퍼하지 말지니.

(北極有羈羽, 南溟有沈鱗. 川原浩浩隔, 影響兩無因. 風雲一朝會, 變化成一身. 誰言道里遠, 感激疾如神. 我年二十五, 求友昧其人. 哀歌西京市, 乃與夫子親. 所尙苟同趨, 賢愚豈異倫. 方爲金石姿, 萬世無緇磷, 無爲兒女態, 憔悴悲賤貧.)

이관(李觀: 766~794)도 한유와 같은 수험생이었지만, 한유는 그를 특별하게 여겨 친구로 지냈다. 한유는 다분히 보스 기질이 있는 인물이어서 후배들은 잘 보살피고 지도해 주었지만, 친구라고 부를 만한 사람은 그리 많지 않았다. 이관은 한유의 이런 친구 가운데 한 사람이었다. 시 속에서 스물다섯이라고 밝힌 것으로 보아, 이 시는 792년에 지은 것이 분명하다. 그러나 "빈천을 슬퍼하지 말지니"라는 말투로 미루어 보건데, 과거에 합격한 사람의 말투가 아닌 것 같아 진사에 합격하기 전에 지은 것으로 보인다.

792년의 과거에는 이관도 함께 합격하였다. 당시의 관습으로는 같은 해 동시에 합격한 진사들은 '동년(同年)'이라 하여 친구의 의를 맺었다. 한유와 이관은 이러한 관례로 인해 절친한 친구가 되었다.

이해 과거의 고시위원장[주고主考]은 예부시랑(禮部侍郞) 육지(陸贄)였다. 육지는 육선공(陸宣公)이라 불렸으며, 후세 사람들은 그를 당대(唐代)의 명신(名臣) 가운데 한 사람으로 친다. 육지는 재상까지 지낸 훌륭한 정치가이기도 하였지만, 문장에도 뛰어난 사람이다. 특히 그의 주의문(奏議文)은 유명하다. 그의 주의문은 변려문을 정격으로 하고 고문을 가미하여 문장이 아름다우면서도 논리 정연하였다. 한유도 고문을 배웠지만, 과거시험을 통과하기 위해서는 변려문을 쓰지 않을 수 없었다. 그러나 그의 변려문 속에는 틀림없이 자신의 장점인 고문체가 가미되었을 것이다. 이 점이 이번 시험의 고시위원장인 육지의 마음에 들었을 것이다. 따라서 이번 시험은 한유로서는 행운이 따랐다고 보아야 할 것이다.

과거시험은 예부가 주관하며, 통상 예부의 차관인 예부시랑이나 때로는 장관인 예부상서(禮部尙書)가 고시위원장이 된다. 고시위원장은 자신의 판단에 의해 황제의 재가를 거쳐 몇 명의 고시위원[부고副考]을 위촉한다. 채점을 할 때에는 다수의 답안을 고시위원들이 분담하여 읽고 합격권 안에 든다고 판정한 답안에 약간의 의견을 첨부하여 고시위원장에게 돌려준다. 고시위원장은 돌아온 답안을 모아서 읽고 합격과 불합격을 판정하고 순위를 정한다. 그러므로 답안은 먼저 고시위원의 눈에 들지 않으면 안 된다. 고시위원장은 돌아온 답안이 마음에 들지 않을 때에는 고시위원의 판정을 파기하고 그들이 낙제시킨 답안을 다시 모아서 재심사할 수 있는 권한을 가지고 있었지만, 그렇게 되면 고시위원의 체면이 크게 손상되는 일이므로 큰 하자가 없는 한, 그렇게 하지 않는 것이 통례였다.

792년(貞元 8)의 과거에서 고시위원 가운데 양숙(梁肅)이라는 사람이 있었다. 훗날 한유가 제창한 고문운동은 갑자기 시작된 것이 아니라 한유보다 앞서 실행한 사람들이 있었다는 것이 중국 문학사의 정설이다. 그들 가운데 한 사람이 양숙이다. 양숙은 일찍이 한유의 형 한회(韓會)와도 여러 해 동안 글로써 우의를 나눈 사람이다. 그런데 양숙이 한유의 답안을 담당하여, 한유의 답안이 우수하다고 판정하여 꼭 합격시켜야 한다고 육지에게 강력하게 추천하였던 것이다. 참으로 한유에게는 이번 시험에서 여러 가지 행운이 뒤따랐던 셈이다. 이렇게 하여 곤경 속에서도 과거에 대한 5년간의 끈질긴 집착 끝에 겨우 진사에 급제하였다. 물론 앞에서 설명한 대로 이해의 합격은 운 좋게도 자신에게 여러 가지 유리한 여건들이 자연스레 갖추어졌던 것이다.

이때의 시험문제 가운데서 시부(제목을 주어 시詩와 부賦를 짓는 것)의 제목이 「어구신유시(御溝新柳詩)」와 「명수부(明水賦)」였던 것만은 알 수가 있다. 그리고 한유의 답안 가운데 「명수부」는 『한유문집 외집(外集)』에 실려 있다. 부(賦)는 과감하게 그 형식을 탈피하지 않으면(이럴 경우 합격하기는 어렵겠지만) 개성을 드러내기가 어려운 문학 형식이다. 한유의 「명수부」도 이러한 점을 염두에 두고 읽어보면, 문장의 수식을 억제하고 뜻을 표현하는 데 목적을 둔 듯한 느낌은 들지만, 부의 형식을 완전히 무시하고서 개성을 강하게 드러낸 그런 뛰어난 작품 같지는 않다. 「명수부」만 보면 양숙이 한유의 답안 중에 어디에 마음이 끌렸는지 알 수는 없지만, 아마도 다른 수험생들의 잔뜩 꾸며서 허식으로 가득 찬 답안의 문장보다는 나았을 것으로 추측된다.

그 당시 급제한 진사들은 고시위원장에게 가서 예를 갖추어 인사를 하고, '좌사(座師)'라 부르며 사제의 예를 취하는 것이 관례였다. 그러나 이러한 관례는 송대 이후 너무 심해져서 관료사회에 파벌을 조성하는 하나의 계기가 되었다. 그렇지만 당대에는 형식적인 관계로 유지된 경우가 많았던 것 같다. 또 자신의 답안을 추천해 준 고시위원에게도 사제의 예를 갖춰야 했다. 한유의 경우라면 양숙이다. 특별히 입문하여 가르침을 받지는 않았지만, 한유의 고문운동은 양숙에 의해서 촉진되고 명확해졌다고 보아도 좋을 것이다.

이해에 한유와 함께 급제한 사람은 이관(李觀)·이강(李絳)·최군(崔群)·왕애(王涯)·풍숙(馮宿)·구양첨(歐陽詹) 등 모두 23명이었다. 이들은 다 이름난 선비들이어서 합격자의 방문을 보고 사람들은 다 '용호방(龍虎榜)'이라 하였다. 이 가운데 나중에 재상에까지 오른 사람도 있었다.

그런데 진사에 급제하였다고 해서 바로 관리가 되는 것은 아니었다. 당대의 과거제도는 관리가 되기 위해서 진사 위에 또 하나의 시험을 통과하여야 했다.

당대의 행정을 총괄하는 관청을 상서성(尙書省)이라 불렀다. 이 상서성에는 여섯 개의 '부(部)'가 있었다. 앞에서 여러 번 서술한 예부(禮部)도 그 가운데 하나이다. 이 여섯 부 가운데 맨 앞에 위치하는 것이 이부(吏部)인데, 중앙이나 지방을 가리지 않고 모든 관료의 인사를 결정하는 곳이다. 즉 관료의 임면(任免)·승진·전임·좌천을 집중적으로 관리하는 독립관청이다. 예부에서 주관하는 진사과 시험에 급제하면 고급관료가 될 만한 충분한 학문이나 교양을 갖추었다고 국가가 공인하는 데 그치는 것이고, 실제로 관리가 되기 위해서는 이부로 가서 또 한 번의 시험에 합격하여 사령을 받아야만 하였다. 그래서 이부시험을 '석갈(釋褐)'이라 부르기도 하였다. 거친 평민의 옷을 벗고 관복으로 바꾸어 입는다는 뜻이다. 그런데 이 이부시험 또한 만만치 않았다. 결코 진사시험 보다 쉽지 않았다. 『문헌통고(文獻通考)』 권 29 「선거고이(選擧考二)·거사(擧士)」를 보면, 한유와 함께 진사에 급제한 23명 가운데 이해에 바로 이부시험을 통과한 사람으로는 이관 한 사람뿐이었고, 다음 해에는 이강 한 사람만 통과하였을 정도였다. 그러면 여기서 당대의 관료제에 대해서 간략하게 살펴보자.

과거라는 시험제도에 의해서 관리를 선발하는 것은 당대의 특징이었다.(엄격히 말하면 그 이전 수대隋代부터임) 이전, 육조시대의 관리 채용 방법은 추천제였다. 그런데 추천받은 사람들은 대부분 대호족의 자제였을 뿐만 아니라, 고급관료나 고급관료에 이르는 요직 또한 그들이 독점하여 세습하였다. 따라서 육조시대의 관리 채용제도는 거의 귀족의 세습제나 마찬가지였다. 이러한 관습을 타파하여, 황제의 이름으로 모든 관리를 선발한다고 정한 것이 과거제의 기원이다. 그러나 고급관료의 자리를 모두 자신들의 기득권으로 생각하고 독점해 온 호족들로서는 이 과거제도가 그들에게는 당연히 불리하였다. 게다가 당나라 왕실은 호족들의 불만을 완전히 제압할 수 있을 정도로 힘이 강하지도 못하였다. 그래서 그 타협의 결과로 생겨난 것이 과거제의 실시와 동시에 일정한 호족의 자제에게 시험 없이 관리로 채용해 주는 특례였다. 이러한 특례로 임용된 관리를 '임자(任子)'라 하였고, 과거를 통과하여 관리가 된 사람을 '거자(擧子)'라 하였다. 이 임자와 거자는 당연히 사이가 나빴다. 거자 쪽에서는 임자를 조상의 후광만으로 지위를 얻은 무능하고 쓸모없는 멍청한 놈들로 여겼고, 임자 쪽에서는 거자를 어디서 굴러먹었는지 알 수 없는 놈들이 운 좋게 시험을 통과하여 관리가 된, 그렇지만 궁중 예의도 모르는 맹랑한 놈들로 여겼다. 이렇게 하여 결국 양쪽은 관료사회의 양대 파벌을 이루어 다투다가, 한유 말년에는 본격적으로 대립하였다.

임자와 거자는 이처럼 사이가 나빴기 때문에, 같은 관청에서 근무할 경우 걸핏하면 문제를 일으키곤 하였다. 그래서 자연스레 각각 다른 관청에 끼리끼리 모여 근무하는 경향이 생겨나, 이부는 임자, 예부는 거자의 아성이 되었다. 관리의 인사권이 있는 이부를 임자들이 차지한 것으로 보아 결국 임자의 세력이 컸다는 것을 알 수 있다.

따라서 예부에서는 진사과에 응시하는 수험생들에게 비교적 호의적인 대우를 해주었다. 거의 대부분이 거자 출신인 예부의 관리들로서는 수험생들이 후배가 되는 셈이고, 자신들의 뒤를 이어갈 사람들이었기 때문이다. 그러나 예부시험을 통과하여 이부로 가면 사정은 일변한다. 정말 이 진사들이 진사과에 통과할 정도의 실력을 가졌는지에 대해 이부의 관리들이 최종적으로 판단하였으므로, 자신들의 기분에 조금이라도 맞지 않으면 낙제시킬 만반의 준비를 하고 있었다. 물론 과거에 의해서 인재를 선발한다고 하는 근본방침을, 인사권을 가진 이부라 해서 어길 수는 없었지만, 그러나 과거의 채점법이 지극히 주관적인 점을 이용하여, 이부에 유순한 수험자 혹은 이부에 호의적인 수험자만을 합격시켰다.

물론 이부의 시험에도 몇 개의 과정이 있었다. 그 가운데에서 '박학굉사과(博學宏辭科)'라고 하는 것이 예부의 '진사과'와 마찬가지로 가장 출세할 수 있는 과정이었다.

3. 세 번의 이부시험 낙방과 귀향

앞에서 인용한 「최립지에게 답한 편지」를 다시 한 번 인용한다. 여기에 인용한 부분은 진사에 급제한 뒤의 일을 서술한 구절이다.

> (진사과를) 네 번 응시한 뒤에 합격하였으나, 또한 바로 벼슬할 수가 없었습니다. 듣자니 이부에 박학굉사과로 선발하는 것이 있는데, 사람들은 여기에 합격한 사람을 더욱 재능이 있다 하고, 또 좋은 벼슬을 얻을 수 있다고 하였습니다. 그 방법을 찾다보니 어떤 사람이 시험 본 문장을 보여 주었습니다. 그것 또한 예부의 시험과 유사한 것

이었습니다. 저는 (예부의 시험과 비슷한데도 박학굉사과를 존중하는) 그 까닭을 이상히 여겼지만, 그러나 오히려 그 박학굉사과의 이름을 탐내었습니다. 따라서 또 주부로 가서 천거를 받았습니다.(四擧而後有成, 亦未卽得仕. 聞吏部有以博學宏辭選者, 人尤謂之才. 且得美仕. 就求其術, 或出所試文章. 亦禮部之類, 私怪其故, 然猶樂其名, 因又詣州府求擧)

한유는 사람들이 '박학굉사과'를 중시하는 것을 보고, 자신도 이 시험에 참여하기를 결심하였다는 내용이다. 박학굉사과는 원래 황제가 관리를 뽑기 위하여 부정기적으로 시행하던 '제거(制擧)'의 과목 가운데 하나였으나, 한유가 활동하던 중당 때부터는 이부의 정기시험으로 바뀌면서 대다수의 진사들은 이 박학굉사과의 시험을 통과하여 벼슬길로 나아가고자 하였다. '박학굉사(博學宏辭)'란 말 그대로 학문에 박학(博學)하면서 문장이 빼어난(宏辭) 사람을 뽑는 시험이다. '박학굉사'를 청대(淸代)에는 피휘(避諱) 문제로 '박학홍사(博學鴻辭)'로 이름을 바꾸기도 하였다.

그런데 "또 주부로 가서 천거를 받았습니다(又詣州府求擧)"라는 말로 보아, 792년(貞元 8) 봄에 진사과를 합격하고 나서 이부의 박학굉사과 시험의 자격을 얻기 위하여 바로 고향 하양으로 내려갔던 것 같다. 이부의 시험을 보는 데 반드시 주현의 추천이 필요하였는지에 대해서는 의혹스러운 부분도 있지만, 한유와 동년(同年)인 구양첨(歐陽詹)의 「회주응굉사시편언소옥론(懷州應宏詞試片言

折獄論)」에 의하면, 박학굉사과에 응시하려면 먼저 주현의 초시나 천거를 받아야 했던 것 같다.

한유가 주현의 추천을 받기 위하여 고향을 방문하였을 때, 부인 노씨(盧氏)와 결혼하였다. 노씨는 이때 한유보다 여섯 살이 적은 열아홉 살로서, 이미 한유와는 결혼이 정해져 있었던 것으로 생각된다. 노씨의 아버지는 하남법조참군(河南法曹參軍)을 지낸 노이(盧貽)라는 사람으로 한유의 고향과 멀지 않은 낙양 사람이다. 신혼의 단꿈도 접어두고 한유는 이부의 시험자격을 얻은 후 5월에 다시 장안으로 돌아왔다.

그리고 이해에 그는 유명한 「쟁신론(爭臣論)」이라는 글을 지었다. '쟁신(爭臣)'이란 천자 앞에서 시정의 득실을 따져 곧은 말로 진언하는 신하라는 뜻이다. 양성(陽城)이란 사람이 당(唐) 덕종(德宗) 때에 간의대부(諫議大夫)에 임명되었지만 5년이 지나도록 한 가지 일도 진언을 하지 않자, 한유가 이 「쟁신론」을 써서 "관직에 있는 사람이 그 자신의 직책을 다할 수 없을 때에는 떠나야 하고, 언론의 책임을 진 사람이 그 자신의 말을 할 수 없으면 떠나야 한다(有官守者, 不得其職則去, 有言責者, 不得其言則去)"라고 하여, 그가 직무를 유기하고 있는 데 대해 신랄히 비판한 것이다. 그러나 양성은 한유가 그렇게 비난하여도 조정에서 일어나는 사소한 일은 모른 척 넘기며 아무런 간쟁도 하지 않았다.

2년 뒤 794년에 덕종이 간신 배연령(裴延齡)을 신임하여 명신 육지(陸贄)를 쫓아냈는데도 조정에서 이 일을 아무도 말하는 사람이 없자, 양성이 마침내 상서하여 배연령의 간사함과 육지 등에게는 죄가 없음을 논하였다. 게다가 덕종이 배연령을 재상에 임명하려 하자, 양성이 공개적으로 만약 조정에서 배연령을 재상으로 기용한다면 내가 그 임명장을 찢어버리겠노라고 간언하였다. 아울러 조정에 나가서도 준엄하게 질책하며 반대를 표시하였다. 양성은 이 일로 인해서 국자사업(國子司業)으로 옮겨졌다가 나중에 다시 도주자사(道州刺史)로 좌천되었다. 후세 사람들은 양성을 정직하고 대담하게 진언한 간관이라고 칭송하였다.

그런데 한유가 이부의 시험을 앞두고 왜 이와 같은 「쟁신론」을 지었을까? 아마도 한유의 의도는 이 「쟁신론」을 통하여, 정직한 인품과 정치적 책임감 그리고 날카로운 관찰력이 자신에게 있음을 두루 드러내어 자신을 널리 추천하고자 하였던 것이 아니었을까? 이 글을 읽고 덕망이 있었던 양성으로서는 기분이야 언짢았겠지만 오히려 그를 추천해 줄 수도 있었고, 또 다른 고관들이 관심을 갖고 추천해 줄 수도 있었기 때문이다. 다시 말하면 한유는 이부시험을 앞두고 나름대로 자신을 드러낼 방법을 강구하였던 것으로 보면 되지 않을까?

한유는 이해 겨울 박학굉사과에 응시하였다. 물론 시험에 합격하였더라면 명예뿐만 아니라 출세도 약속되었을 것이다. 그러나 이부의 시험은 그를 반겨 주지 않았다. 진사과를 통과한 여세를 몰아 박학굉사과에 응시해 보았지만 보기 좋게 떨어지고 말았다.

한유도 어떻게 해서든 현실적으로 박학굉사과에 합격해야 했기에 로비를 하지 않을 수 없었다. 그가 운동을 하였다는 사실을 알 수 있는 것으로, 아마도 두 번째 시험 직전으로 추정되지만, 「관리 임용시험에 응시할 때, 사람에게 준 편지(應科目時與人書)」라는 글이 남아 있다. 이 제목에서 구체적 이름 없이 단지 '사람(人)'이라고만 언급된 사람은 위중서사인(韋中書舍人)이라고 하는데, 상세한 것은 알 수가 없다. 이 편지의 전문은 다음과 같다.

모월 모일 유(愈)는 지배하고 이 글을 올립니다.
남해의 해변, 장강의 언덕에 괴물이 있습니다. 이 괴물은 평범한 물고기나 조개류와는 비교할 수가 없습니다. 이 괴물이 물을 얻으면 비바람의 변화를 일으켜 하늘을 오르내리는 것은 어렵지 않습니다. 그러나 물이 없으면 다만 좁은 땅에 거주할 뿐인데, 그것은 높은 산이나 큰 언덕, 광활한 길이나 험준한 땅이 그를 막아 보호해 주지 않기 때문입니다. 그러나 그가 아무리 곤궁하여도 스스로는 물에 이를 수가 없습니다. 그래서 수달의 웃음거리가 되는 것이 십중팔구입니다. 만약 힘 있는 사람이 그의 곤궁함을 알고 물로 옮겨 준다면, 그것은 손을 한 번 들거나 발걸음을 한 걸음 옮기는 정도의 수고일 것입니다. 그러나 이 괴물은 자신이 뭇 동물과 다르다고 자부하여 "모랫바닥에 문드러져 죽는 것이 차라리 좋을 것이다. 고개를 숙이고 귀를 축 늘어뜨리고 꼬리를 살랑살랑 흔들면서 가련함을 비는 것은 나의 뜻이 아니다"라고 말합니다. 그래서 힘 있는 사람이 그를 만나서 자세히 보고도 마치 보지 못한 것처럼 해버립니다. 그러니 그의 생사는 진실로 알 수가 없습니다. 지금 또 힘 있는 사람이 이 괴물 앞에 있습니다. 그래서 잠시 시험 삼아 머리를 들고 한번 불러봅니다. 힘 있는 사람이 그의 곤궁함을 불쌍히 여겨 손 한 번 들고 한 발짝 움직이는 조그마한 수고를 잊고, 푸른 물로 옮겨 주지 않을지 어찌 알겠습니까? 그가 괴물을 불쌍히 여기는 것은 운명이고, 불쌍히 여기지 않는 것도 운명이며, 모든 것이 운명인 줄 알면서 한번 불러보는 것도 운명입니다.

현재의 저의 경우도 실로 이 괴물과 같습니다. 이런 까닭으로 저의 소홀하고 우매한 죄를 잊고서 이런 이야기를 드리는 것이니, 당신께서도 가련히 보살펴 주소서!

(月日, 愈再拜. 天地之濱, 大江之濆, 曰有怪物, 焉盖非常鱗凡介之品彙匹儔也. 其得水, 變化風雨, 上下於天不難也. 其不及水, 盖尋常尺寸之間耳, 無高山大陵曠塗絶險爲之關隔也. 然其窮涸, 不能自致乎水. 爲獱獺之笑者, 盖十八九矣. 如有力者, 哀其窮而轉運之, 盖一擧手一投足之勞也. 然是物也, 負其異於衆也. 且曰, 爛死於沙泥, 吾寧樂之. 若俛首帖耳, 搖尾而乞憐者, 非我之志也. 是以有力者遇之, 熟視之若無覩也. 其死其生, 固不可知也. 今又有有力者, 當其前矣. 聊試仰首一鳴號焉. 庸詎知有力者不哀其窮, 而忘一擧手一投足之勞, 而轉之清波乎.

其哀之, 命也. 其不哀之, 命也. 知其在命而且鳴號之者, 亦命也. 愈今者, 實有類
於是. 是以忘其疏愚之罪, 而有是說焉. 閣下其亦憐察之.)

이 편지는 먼저 "남해의 해변, 장강(長江)의 언덕에 괴물이 있습니다"라고 주의를 환기시키는 듯한 어조로 시작한다. 위사인(韋舍人)과 한유는 어떤 관계였는지 알 수 없지만, 아마 지극히 친한 사이는 아닌 것 같다. 친한 사이라면 서두를 이런 식으로 시작하지는 않았을 것이다. 즉, 보낸 편지를 읽지 않을까 걱정하여 미리 괴물이라는 단어를 써서 호기심을 불러일으킨 것이다.

그런데 이 괴물은 일단 물만 얻으면 비바람을 타고 하늘로 올라갈 수 있는 힘을 가지고 있지만, 물이 없으면 힘을 잃어버린다. 게다가 지금 물이 있는 장소까지는 얼마 되지 않는데도 자력으로는 이를 수 없어 괴로움에 처해 있다. 만약 '힘이 있는 자(有力者)'가 물까지 옮겨 준다면, 그것은 단지 '손 한 번 들거나 발걸음을 한 걸음 옮기는 수고(一擧手一投足之勞)'일 뿐이다. 그러나 이 괴물은 자존심이 있어 사람에게 동정을 비는 것보다야 차라리 모랫바닥에서 죽어버리는 것이 더 낫다고 생각하고 있다. 그러므로 '힘 있는 사람'이 괴물 가까이에 왔다가도 마음이 내키지 않아 그냥 지나쳐 버린다.

그런데 지금은 생각이 다르다. 지금 여기에 힘 있는 한 사람이 다시 이 괴물 앞에 서 있다.(물론 위사인을 가리킴) 괴물은 잠시 시험

삼아 머리를 들고 한번 외쳐본다. 자신의 궁핍한 상태를 불쌍히 여겨 주기를 염원하면서. 그러나 힘 있는 사람이 괴물을 불쌍히 여기든 여기지 않든 모두 운명 탓으로 돌리고, 또 운명인 줄 알면서도 불러보는 것도 운명이라고 단정 지으며 괴물의 말을 끝낸다. 그 뒤에 한유는 이 괴물의 처지가 자신의 처지와 유사하다고 하면서 자신을 가련히 보살펴 줄 것을 기원하며 편지를 끝맺고 있다.

요컨대 위사인이라는 유력자의 주선에 의해 박학굉사과에 급제하고 싶다는 것이다. 당시의 수험생들은 아마 온갖 방법으로 유력자에게 인정을 받으려고 애썼을 것이다. 그 가운데 편지를 보내는 것도 하나의 방법이었을 것이다. 그러나 지금까지 전하는 것은 거의 없다. 전해 오는 편지가 없으니 비교할 수야 없지만, 한유의 이 편지는 다른 사람이 쓴 편지의 형태와는 상당히 차이가 있었을 것이다. 통상적인 것이라면 상대방의 인격이나 업적을 경모하는 뜻을 먼저 서술한 뒤에, 자신의 곤궁한 사정을 하소연하였을 것이다.

한유가 과거시험의 합격을 위하여 로비활동으로 택한 방법으로는 대략 두 가지로 요약할 수 있다. 첫째는 고관대작들에게 "고개를 숙이고 귀를 축 늘어뜨리고서, 꼬리를 살랑살랑 흔들며 가련함을 비는(俛首帖耳, 搖尾而乞憐)" 저자세의 태도를 취하지 않았고, 둘째는 이미 앞에서 설명하였듯이, 자신이 유학자임을 내

세워 "다른 방법을 써서 찾아뵙기를 구하지 않고, 옛날 사람들이 스승을 찾아뵙는 그런 예를 생각하여, 가만히 지난날 자신이 지은 글을 정리하여 예물로 삼아(不敢用他術干進, 又惟古執贄之禮, 竊整頓舊所著文以爲禮)" 나아가는 방법, 즉 자신이 직접 쓴 편지나 글을 통해 나아갔다. 한유의 이러한 방법은 당시 다른 수험생에 비해 훨씬 소극적인 방법이었다. 그러나 선비로서의 자존심은 최소한 지킨 셈이다.

그리고 한유가 「관리 임용시험에 응시할 때, 사람에게 준 편지」를 비롯하여 고관들이나 선배들에게 보낸 자천하는 내용의 편지들을 보면, 시종 일관된 주제가 하나 있다. 그것은 바로 국가가 인재를 발굴하고 등용하는 것을 중시하고, 아울러 그런 제도를 완비해야 한다는 것이다. 이러한 생각은 훗날 한유가 벼슬길로 접어든 후에도 줄곧 견지하였고, 또 한유 자신도 주변의 가난하지만 재능 있는 사람을 부단히 추천하여 실천하기도 하였다.

「관리 임용시험에 응시할 때, 사람에게 준 편지」에서 언급한 "남해의 해변, 장강의 언덕(天地之濱, 大江之濆)"의 '괴물'은, 훗날에 쓴 유명한 「잡설(雜說)」 네 편 가운데 마지막 편인 '마설(馬說)'에 나오는 '천리마(千里馬)'의 형상으로 고정되고, '힘이 있는 자(有力者)'는 '백락(伯樂)'이란 인물의 형상으로 고정되어, 인재[괴물, 천리마]와 인재를 알아보고 쓰는 사람[유력자, 백락], 그 중에서도 특히 후자의 역할이 얼마나 중요한가를 비유를 통해 잘 설명하고 있다. 그러면 잠시 「잡설」 가운데 '마설'을 살펴보고 가자.

세상에 백락이 있은 뒤에야 천리마가 있다. 하루에 천리를 달리는 말은 항상 있으나 백락과 같이 말 관상을 잘 보는 사람은 늘 있는 것이 아니다. 그렇기 때문에 비록 훌륭한 말이 있으나, 다만 노예 같은 무지막지한 녀석들의 손아귀에서 욕을 당하다가 마구간에서 줄줄이 죽어갈 뿐, 한 번도 천리마라는 소리를 들어보지 못한다. 말 중에서도 하루에 천리 길을 달리는 놈은 한 끼에 겉곡식 한 섬씩을 먹어치운다. 그러나 말을 먹이는 자가 자신이 먹이는 말이 하루에 천리나 달릴 수 있다는 것을 전혀 알지 못하고 되는 대로 먹일 뿐이다. 그러니 이 말이 비록 하루에 천리를 달릴 만한 능력이 있다 해도 먹은 것이 배부르지 않아 힘이 부족하여 뛰어난 재질이 바깥으로 드러나지 못한다. 보통 말처럼 되려 해도 될 수가 없는데, 어찌 하루에 천리를 달릴 수 있으리오? 채찍질하기를 그 도리에 맞게 하지 않고, 먹이기를 그 재주를 다 하도록 하지 않으며, 울지만 그 뜻을 이해하지 못하고, 채찍을 들고 말 앞에 나아가서 말하기를 '천하에 좋은 말이 없구나!' 하니, 오호라! 정말 훌륭한 말이 없는 것인가? 정말 훌륭한 말을 볼 줄을 모르는 것인가?

(世有伯樂, 然後有千里馬. 千里馬常有, 而伯樂不常有. 故雖有名馬, 祗辱於奴隷人之手, 騈死於槽櫪之間, 不以千里稱也. 馬之千里者, 一食或盡粟一石. 食馬者, 不知其能千里而食也. 是馬也, 雖有千里之能, 食不飽, 力不足, 才美不外見, 且

欲與常馬等, 不可得, 安求其能千里也? 策之不以其道, 食之不能盡其材, 鳴之, 不能通其意, 執策而臨之曰: "天下無良馬!" 嗚呼! 其眞無馬邪? 其眞不知馬也?)

'마설'이라 한 것은 잡설 네 편을 이야기 대상별로 분류해서 임의로 붙인 것일 뿐 정식 제목은 아니다. 이 글의 줄거리는 아무리 명마라도 알아볼 줄 아는 사람을 만나지 못하면 비천하게 죽어갈 수밖에 없다는 얘기다. 백락(伯樂)이란 진(秦)나라 목공(穆公) 때의 손양(孫陽)이라는 사람으로, 말의 상(相)을 아주 잘 봤다고 한다. 여기서의 백락은 인재를 알아볼 줄 아는 안목을 가진 사람으로 재상을 비유하고, 천리마는 인재를 비유한다. 물론 여기서의 인재란 한유 자신을 암시한 것으로 보면 된다.

어쨌든 한유는 적극적이지는 않아도 이런저런 로비가 있어서인지 793년(貞元 9) 두 번째 응시한 시험에서는 당락의 갈림길에 서기도 하였다. 한유가 최원한(崔元翰)에게 보낸 편지 「고공낭중 최우부에게 올린 글(上考功崔虞部書)」에서 이때의 사정을 엿볼 수 있다. 최원한은 이때의 시험 고시위원이었다.

또 당신께서 글을 심사하신 다음날, 경박하게 떠들어대는 무리들이 벌써 서로들 누가 합격되고 또 누구도 합격되었다고들 하였습니다. (그런 정보가) 흘러나온 곳을 물어보면, 반드시 (확실한 정보가) 나오는 곳이 있다고 하였습니다. 하루에도 그 말은 수없이 바뀌었습니다.

이 시험에 응시한 진사는 서른두 명이었는데, 그들의 평에 오르지 않은 사람은 몇 명뿐이었습니다. 그런데 저는 그 몇 명 속에 들어 있었습니다. 당신께서 이미 (세 사람의) 이름을 올린 뒤, 세 사람 가운데 두 사람은 처음부터 세평에 올랐던 사람으로 문장이 아름답고 충실하여 과연 합격하고 또 임용되었습니다. 그러나 그 한 사람은 세평도 없었습니다. 문장은 충실함과 화려함에 어긋나고, 행동은 세속 사람들과 어그러져 끝내는 떨어졌습니다.

(且執事始考文之明日, 浮囂之徒, 已相與稱曰, 某得矣, 某得矣. 問其所從來, 必言其有自. 一日之間, 九變其說. 凡進士之應此選者, 三十有二人. 其所不言者, 數人而已. 而愈在焉, 及執事旣上名之後, 三人之中, 其二人者, 固所傳聞矣. 華實兼者也, 果竟得之, 而又升焉. 其一人者, 則莫之聞矣. 實與華違, 行與時乖, 果竟退之)

시험을 본 다음날부터 벌써 합격자의 하마평(下馬評)이 떠돌기 시작하였다. 어떻게 알았느냐고 물어보면 확실한 근거에서 나온 정보라고 한다. 대개는 누구는 어느 고관의 추천이 있었기 때문에 틀림없이 합격된다는 등등의 이야기였을 것이다. 그런데 하마평은 하루에도 수없이 변하여 온갖 사람들의 이름이 다 거론된다.

그런데 이때 시험을 본 총 진사 수는 32명인데, 그 가운데 몇 사람만 제외하고 전부가 하마평에 올랐지만, 한유는 그 몇 명 속에 들어 있었다.

그런데 최원한은 고시위원으로서 세 사람의 답안을 합격권에 든다고 올렸다. 그 가운데 한 사람이 한유였다. 다른 두 사람은 이미 하마평에 올랐던 사람들이었다. 최종 결정은 예상대로 두 사람은 합격하고 한유는 떨어졌다.

이때 한유의 심정은 말할 수 없이 안타까웠을 것이다. 유력한 고관의 추천이 있거나, 아니면 세상 사람들이 평가해 줄 정도의 출중한 실력이 아니면 합격하기 어렵다는 것을 스스로 깨달았을 것이다. 그런데 최원한이 선택한 세 사람의 답안과 채점에 관한 내막까지도 비밀이 누설되어 이미 알고 있었던 것 같다. 한유는 정보망도 없고 후원자도 없어 처음부터 불리한 조건을 안고 있었다.

어쨌든 최원한은 한유로서는 지기(知己)였다. 별 다른 시험 로비도 하지 않았고, 일면식도 없는 사람이 자신의 답안을 인정해 준 그 자체만 해도 그나마 구원이었다. 한유는 감사의 마음을 담아 최원한에게 편지를 보냈다. 위에 인용한 글이 이때 보낸 편지의 일부이다. 한유는 이 편지의 끝 부분에서 자신의 근황을 서술하면서 매우 곤궁함을 이야기하고 있다. 즉, 방 얻을 돈이나 하인을 고용할 비용은 물론, 의식(衣食)조차도 어려운 처지에 있다고 쓰고 있다. 이것은 노골적인 표현은 아니지만 어쩌면 최원한의 동정을 사서 그의 도움을 청하고 싶은 마음이 있었던 것 같다.

그러나 최원한이 한유의 편지를 읽고 도와주었다는 흔적은 발견되지 않는다. 한두 번 정도 식사나 같이 하자고 청했을지는 몰라도, 한유의 후원자가 되려 하지는 않았을 것이다.

문벌귀족의 자제라면 장원에서 나오는 수입이 그의 생계를 지원해 주었겠지만, 한유에게는 그런 희망도 없었다.

이해에 교유한 지 얼마 안 된 맹교(孟郊)가 과격한 말로 시를 지어 부자들을 공격한 데 대하여 한유는 달래어 타이르듯 「장안에서 교유하는 사람이란 시를 지어 맹교에게 주며(長安交遊者贈孟郊)」라는 시를 써서 남기고 있다.

> 장안에서 교유하는 사람들을 보면
> 가난한 사람 부유한 사람 각각 구별되네.
> 각 부류의 친한 벗들 서로 만날 때면,
> 또한 그들 각각의 즐거움이 있다네.
> 누추한 집에는 문사(文史)의 서적이 있고,
> 부유한 집에는 생황 피리 같은 음악이 있네.
> 어찌 영달과 빈천함으로 분별하려는가?
> 잠시 현명함과 어리석음으로 나누어 보고자 하네.
> (長安交遊者, 貧富各有徒. 親朋相遇時, 亦各有以娛. 陋室有文史, 高門有笙竽. 何能辨榮悴, 且欲分賢愚)

맹교(751~814)는 자가 동야(東野)로 호주 무강(湖州武康: 지금의 절강성 덕청德淸) 사람이다. 성격이 괴팍하여 남들과 잘 사귀지를 못하였다. 젊은 시절 숭산(嵩山)에 은거하여 시를 읊조리며 즐기다가, 791년(貞元 7) 나이 마흔한 살이 되어서야 모친의 간곡한 부탁으로 과거시험을 보러 장안으로 왔다. 장안으로 온 뒤, 그는 장안의 빈부(貧富)가 심각하여 자신 같은 사람은 발붙일 곳조차 없음을 느끼고, 이러한 세상의 불공평함을 질타하는 시들을 많이 지었다. 이에 한유는 차라리 "문사(文史)가 있는 가난한 집이 풍악이 흘러넘치는 부유한 집보다 낫다"는 뜻으로, 이 시를 지어 맹교를 위로하였다. 한유가 맹교를 알게 된 것은 맹교가 과거시험을 보기 위해 장안으로 온 이후이다. 그래서 시의 제목에서 "장안에서 교유한 자"라고 표현하였던 것이다. 맹교는 한유보다 열일곱 살이나 위였지만, 한유와 망년지교(忘年之交)를 맺어 평생 막역한 사이로 지냈다. 뒷날의 일이지만, 맹교가 관직을 얻는 데는 한유의 도움이 컸다. 이러한 인연으로 맹교는 한문(韓門)의 일원이 되기는 하였지만, 한유의 제자는 아니다. "시는 맹교요 문장은 한유이다(孟詩韓文)"라는 말이 있을 정도로 맹교는 시를 잘 지었으므로, 한유는 맹교에게 일생의 가장 중요한 친구이면서 시가의 동맹자로 대하였다. 맹교는 796년(貞元 12) 그의 나이 사십 중반인 마흔여섯 살에 진사시험에 합격하였다.

794년(貞元 10)에 한유는 두 가지 불행을 겪었다. 하나는 세 번째 박학굉사과에 떨어진 것이고, 또 하나는 친구로서 가장 공경했던 이관이 죽은 것이다. 이관은 자가 원빈(元賓)이고, 문학가로 이름 높던 이화(李華)의 조카이다. 이관을 처음 알게 된 것은 한유 자신과 마찬가지로 장안에서 어렵게 과거시험을 준비하고 있을 때이다. 한유는 이관을 보자마자 허물없이 지낼 수 있는 망형지교(忘形之交)를 맺었다. 이미 앞에서 소개한「북극이란 시를 지어 이관에게 주며(北極贈李觀)」라는 시에서, 한유는 이관이 아직은 날지 못하는 외로운 붕새이지만, 어느 날인가 틀림없이 저 하늘을 높이 날 것이라 굳게 믿었다. 이관은 한유와 같은 해에 진사가 되었고, 또 바로 그해에 박학굉사과에 합격하여 태자교서(太子校書)란 직책에 임명되었다. 그가 병상에 있을 때, 한유는「겹겹으로 쌓인 구름이란 시를 지어 병상에 있는 이관에게 주며(重雲李觀疾贈之)」라는 시로 그를 위로하였다.

> 하늘의 운행이 그 절도를 잃어,
> 음기가 양기를 침범하였네.
> 겹겹의 구름 밝은 해를 가려서,
> 뜨거운 기운이 차갑게 되었네.
> 소인은 다만 한숨 쉬며 원망할 뿐이지만,
> 군자는 세상의 소란을 생각하며 근심하네.
> 그대도 이러한 근심으로 음식을 줄이니,

몸이 어찌 편안하고 건강하랴!

그대의 그러한 뜻 진실로 귀중한 것이지만,

그것은 아마도 그대가 해야 할 직분이 아닐 것이네.

명아주국 먹는 가난한 선비가 오히려 그렇게 하면,

고기 먹는 고관들은 어찌 식사를 해야겠는가?

한겨울에는 모든 풀이 말라죽지만,

그윽한 계수나무는 여전히 향기를 낸다네.

게다가 하물며 이 하늘과 땅 사이에는,

대자연의 운행이 그 스스로 법도가 있네.

그대에게 권하노니, 음식을 잘 먹게.

봉황은 본래 높이 난다네.

(天行失其度, 陰氣來干陽. 重雲閉白日, 炎燠成寒凉. 小人但咨怨, 君子惟憂傷. 飮食爲減少, 身體豈寧康. 此志誠足貴, 懼非職所當. 藜羹尙如此, 肉食安可嘗. 窮冬百草死, 幽桂乃芬芳. 且況天地間, 大運自有常. 勸君善飮食, 鸞鳳本高翔.)

그러나 끝내 이관은 794년 봄에 죽었다. 이해의 봄은 장마가 계속된 이상기후였다. 『당서』 「오행지(五行志)」의 기록에 의하면, 4개월 동안 비가 내리지 않은 날이 하루이틀뿐이었다고 한다. 이 시도 그때 지은 것 같다. 시의 내용으로 보아, 한유는 이관의 집으로 직접 가지는 않고 다만 시만 지어서 문병을 한 것 같다. 그리고 이관의 병에 대해서, 기후가 불순한 것을 걱정하여 음식을 줄여서 생긴 것으로, 그다지 심각하게 생각지 않은 것 같다. 기후의 이변은 하늘의 훈계라는 것이 당시의 일반적인 관념이었으므로, 이관은 그것을 마음속으로 걱정하였을 것이다. 그러나 그런 것을 걱정하는 것은 재상의 직분이지 태자교서 같은 사람이 걱정할 게 못된다. 그러니 그러한 것에 마음을 두지 말고 요양이나 잘 하라고 당부한 것이다. 그런데 시를 써준 얼마 뒤, 스물아홉 살의 나이로 이관은 죽었다.

한유는 죽은 이 친구를 위해 다시 묘지명 「이원빈묘명(李元賓墓銘)」을 썼다. 이러한 종류의 문장은 고인(古人)의 살아온 내력을 자세히 서술하고, 화려한 말로 유덕을 기리는 것이 정격(定格)이다. 그러나 한유가 쓴 이 묘지명은 그러한 정격을 완전히 탈피한 간결한 내용이지만, 고인의 죽음을 애도하는 마음은 오히려 가득 차 있다.

이관은 자를 원빈이라 한다. 그의 선조는 농서 사람이다. 처음 강남 지방에서 수도 장안으로 와서 스물네 살에 진사시험에 응시하였다가, 3년 뒤에 우수한 성적[上等]으로 합격하였다. 또 박학굉사과에 응시하여 합격함으로써 태자교서에 임명되었다. 1년 뒤, 스물아홉 살에 장안에서 객사하였다. 납관을 마친 지 3일 뒤, 친구인 박릉 사람 최홍례가 수도 장안의 동문 밖 7리에 장례를 하였다. 장례한 곳은 경의(慶義)라는 마을이고, 숭원(嵩原)이라는 지명의 들판이다. 친구 한유가 돌에 써서 기록하여 말한다.

아아, 고인이 된 원빈이여! 나는 장수하는 것을 부러워해야 할 것인지 모르겠고, 요절하는 것을 싫어해야 할 것인지를 모르겠네. 살아서 훌륭하지 못하면 누가 그를 장수했다고 하며, 죽어서도 그 이름이 마멸되지 않으면 누가 요절했다고 하겠는가? 아아, 고인이 된 원빈이여! 재주는 당세에 뛰어났고, 덕행은 옛 사람보다 뛰어났었네. 아아, 고인이 된 원빈이여! 결국 어떻게 하리오. 결국 어떻게 하리오?

(李觀字元賓, 其先隴西人也. 始來自江之東, 年二十四擧進士, 三年登上第. 又擧博學宏辭, 得太子校書. 一年, 年二十九, 客死于京師. 旣斂之三日, 友人博陵崔弘禮, 葬之于國東門之外七里. 鄕曰慶義, 原曰嵩原, 友人韓愈書石以誌之, 辭曰: 已虖元賓, 壽也者吾不知其所慕, 夭也者吾不知其所惡. 生而不淑, 孰謂其壽, 死而不朽, 孰謂之夭. 已虖元賓, 才高乎當世, 而行出乎古人. 已虖元賓, 竟何爲哉, 竟何爲哉?)

묘지명은 일반적으로 '서(序)'와 '명(銘)' 두 부분으로 나뉘어진다. 이관의 묘지명을 가지고 '서'와 '명'을 나눠 보면, "이관은 자를 원빈이라 한다(李觀字元賓)"에서부터 "말한다(辭曰)"까지는 '서'이다. '서'에서는 그 사람의 사적을 기록하며, '명'을 도출해내기 위한 서문인 셈이다. '명'은 후반의 "아아, 고인이 된 원빈이여(已虖元賓)"부터 끝까지로, '서'에서 서술한 것을 기초로 하여 그 사람에 대한 칭찬의 말을 기록한다. 묘지명에서 또 하나 알아두어야 할 것은 일반적으로 '서'는 운(韻)을 달지 않지만, '명'은 운을 쓴다는 점이다.

이 묘지명에서 한유는 젊어서 죽어버린 이관을, 이름이 영원히 마멸되지 않는 한, 결코 일찍 죽은 것이 아니라고 역설하고 있다.

친구인 이관의 죽음과 함께 이부시험의 낙제는 또 한 번의 정신적 타격을 주었다. 앞에서도 인용한 「최립지에게 답한 편지」는 한유가 이부시험에 세 번 낙제한 뒤 선배인 최립지가 격려의 편지를 보내 준 데 대한 답장이다. 한유는 그 편지 속에서 자신의 답답한 마음과 불만을 조금이라도 토로하고 싶었을 것이다.

한유는 이부시험을 두 번 쳐서 한 번은 합격권에 들었다가 최종단계에서 떨어졌기에, 관리는 되지 못했지만 그를 능력이 있는 사람이라고 평가하는 사람도 있었다. 그러나 자신이 그때의 시험답안을 읽어보니 "바로 (궁정에서 왕후귀족들의 기분을 풀어 주는) 배우의 대사 같은(乃類於俳優者之辭)" 느낌이 들어 부끄러운 생각이 들었다. 그렇지만 일단 박학굉사과에 뜻을 둔 이상 도중에 포기할 수 없다는 생각에 세 번째로 시험을 보았지만 또 낙제였다. 그래서 자신의 답안이 합격자의 답안과 얼마나 차이가 나는지 의심이 생겨서 합격자의 답안을 입수하여 읽어보니, 자신의 답안이 그렇게 부끄러울 정도가 아니라는 생각이 들었다. 그래서 그는 다음과 같이 서술하였다.

대저 이른바 박학이라는 것이 어찌 현재에 말하는 박학과 같은 것이 겠습니까? 대저 굉사라는 것이 어찌 현재 말하는 굉사와 같은 것이 겠습니까? 진실로 옛날의 훌륭한 선비, 예컨대 굴원·맹가·사마천·사마상여·양웅과 같은 사람들에게 이 선발시험을 추천하면, 틀림없이 그들은 부끄럽게 생각하여 스스로 나아가 시험을 보지 않을 것이라는 것은 뻔한 일입니다. 설령 그들을 시험에 능숙한 지금의 사람과 무지몽매한 이 시험에 경쟁을 시키면, 그들은 낙제라는 치욕을 당할 것이라 저는 확실히 알 수가 있습니다.

(夫所謂博學者, 豈今之所謂者乎. 夫所謂宏辭者, 豈今之所謂者乎. 誠使古之豪傑之士, 若屈原孟軻司馬遷相如揚雄之徒, 進於是選, 必知其懷慙, 乃不自進而已耳. 設使與夫今之善進取者, 競於蒙昧之中, 僕必知其辱焉)

여기에서 한유 자신은 옛날의 훌륭한 선비들, 즉 위에 열거된 굴원·맹가·사마천·사마상여·양웅과 같은 계보에 있음을 선언하면서, 이들이야 말로 진정한 박학(博學)이요 굉사(宏辭)인 사람들이라고 여겼다. 그런데 그들의 뒤를 계승하고자 하는 자신을 낙제시키고 자신보다 못하다고 생각되는 답안을 합격시키니, 요즘 세상의 박학굉사라는 것이 도대체 어떤 것인지 모르겠다며 울분을 토로하였다. 물론 여기에 대해 당시 사람들의 대답은 분명하였다. 한유가 열거한 사람들 가운데 가장 늦게 출현한 양웅(揚雄)은 전한(前漢) 말의 사람이다. 후한(後漢) 무렵부터 변문

(騈文)이라는 새로운 문체가 싹터 육조시대를 통하여 세련을 거듭하면서 당대(唐代)에 이르렀다. 그래서 당대 사람의 입장에서 보면, 양웅 이전의 문장은 옛날 것으로 시대에 뒤떨어진 것이었고, 세련의 극치를 달리는 변문으로 쓴 문장이야말로 첨단의 문장이다. 따라서 화려한 변문체로 쓴 사람의 문장이 참된 박학굉사였던 것이다.

사실 그 정도는 한유도 알고 있었을 것이다. 그러나 지금의 세상에서 말하는 박학굉사를 참된 박학굉사라고 해도 좋은가? 그것은 확실히 아름답고 세련된 것이기는 하지만, 잘 읽어보면 시험관이나 고관들의 기분이나 맞추려고 애쓰는 배우들의 말과 같은 것이 아닌가? '옛날의 훌륭한 선비'들은, 물론 그들도 그와 같은 문장을 쓰기야 했겠지만, 그런 문장을 떳떳하게 여기지는 않았을 것이다. 그러므로 그들이 만약 지금 세상에 살아서 박학굉사과의 시험을 보게 하면, 부끄럽게 여기고서 응시조차 하려 하지 않을 것이다. 옛 길을 밟으려고 뜻을 둔 한유 자신도 마찬가지였다.

그렇다면 타락한 현세의 박학굉사과에 떨어진다고 해서 불명예스럽지도 않을 뿐더러, 또 세속과 타협하지 않는다는 의미도 있어 오히려 자랑할 만하다고 역설하였다. 그러나 한유의 이러한 말은 낙제생의 억지스런 변명과 분노에서 나온 말일 것이다.

사실 한유가 진사시험이나 이부시험에서 세 번씩이나 떨어진

가중 중요한 원인은 바로 자신이 주장하는 고문과 시험에 응시할 때에 쓴 변려문과의 충돌이었다. 한유가 시험응시 때에 쓴 말을 "배우들의 말과 같았다"고 스스로 고백한 것은 시험응시를 위해서 어쩔 수 없이 써야했던 자신에 대한 반감을 그대로 드러낸 표현임을 알 수 있다. 시험의 합격을 위해서 자신이 평소 주장해 왔던 고문체를 변려체로 바꾸어 썼지만, 그러나 그의 문장에는 고문체의 문투를 완전히 없애지는 못했을 것이다. 이것은 결국 시험관들에게 배제되었고 낙방으로 이어졌던 것이다.

박학굉사과에 낙제하여 관직을 얻지 못한 한유는 다시 의식주 문제가 대두되었다. 그래서 그는 생활을 위한 다른 길을 찾지 않으면 안 되었다.

795년(貞元 11) 스물여덟이 되던 정월에, 한유가 재상에게 편지를 보냈다. 당시의 재상제도는 복수제로서 합의에 의해 정권을 담당하였다. 이 당시에는 조경(趙憬)·가탐(賈耽)·노매(盧邁) 세 사람이 재상으로 재임하고 있었다. 한유가 이 세 사람 가운데 누구에게 편지를 보냈는지는 명확하지 않다. 어쩌면 똑같은 편지를 세 사람에게 다 보냈을 수도 있고, 또 790년 진사과에 낙제한 후에 집으로 돌아가다가 절도사로 있던 가탐에게 막료가 되고 싶다고 편지를 보낸 경험이 있으므로, 이번에도 혹시나 하고 가탐에게 보냈을 수도 있다. 그러나 예전에 거절당한 적이 있었으므로 이번에는 가탐이 아닌 다른 사람에게 보냈을 가능성도 있다.

첫 번째 편지 「재상께 올리는 글(上宰相書)」에서 한유는 다음과 같이 말하였다.

정월 27일, 전 향공진사 한유는 삼가 광범문 아래에 엎드려 재배하고 재상 각하께 글을 바칩니다. 『시경』 「소아편」의 「청청자아」의 서에서는 "「청청자아」는 인재의 양성을 기뻐한 것이다. 군자가 인재를 잘 양성하면 천하 사람들이 그것을 기뻐한다"고 하였습니다. 그 시의 본문 1장에서는 "무성한 다북쑥, 저 큰 언덕배기에 자란다. 군자[천자]를 만나니 즐거우면서도 예의가 있네"라고 읊고 있습니다. 해설자는 "청청자(菁菁者)란 것은 무성한 것이고, 아(莪)는 보잘것없는 풀이며, 아(阿)는 큰 언덕이다. 이것은 군자가 인재를 양성하는 것이 마치 큰 언덕이 보잘것없는 풀을 길러서 무성하게 해주는 것과 같다. '군자를 만나니 즐거우면서도 예의가 있네'라고 한 것은 천하 사람들이 인재를 양성한 것을 훌륭하다고 칭찬할 것이다"라고 하였습니다. 이 시의 3장에서는 "군자를 만나니, 나에게 많은 돈을 주시네"라고 노래하였습니다. 해설자는 "백붕(百朋)은 많은 포상을 해준다는 말이다. 이 의미는 군자가 이미 인재를 양성하였다면, 또한 마땅히 작위를 주고 많은 녹봉을 하사하여 그를 총애하고 귀중히 여긴다는 것이다" 하였습니다. 이 시의 끝장에서는 "두둥실 떠 있는 버드나무 배. 가라앉는 것(무거운 것), 뜨는 것(가벼운 것)을 모두 실었네. 군자를 만나니, 내 마음 기뻐라"라고 노래하였습니다. 해설자는 "재

(載)는 싣는다는 뜻이며, 침부(沈浮)라는 것은 물건을 말한다. 이것은 군자가 인재를 채용하지 않음이 없다는 것이다. 마치 배가 물건에 있어 무겁거나 가벼운 것을 다 싣는 것과 같다. '군자를 만나니, 내 마음 기뻐라'라는 것은, 이와 같이 하면 천하 사람들의 마음이 그것을 칭송한다는 것이다. 백성을 다스리는 군자가 사람을 이미 인재로 양성시켰으면 마땅히 작위를 주어 총애하고 존중하여 그의 재능이 남김없이 발휘되도록 해야 한다"라고 하였습니다. 맹자는 "군자에게는 세 가지 즐거움이 있다. 천하의 왕 노릇 하는 것은 거기에 들어가지 않는다."(세 가지 즐거운 것 가운데) 그 하나를 말하면 "천하의 영재를 얻어 교육하는 것이 즐겁다"고 하였습니다. 이러한 것들은 다 성인 현사들이 충분히 논한 것으로 고금의 법으로 마땅한 것입니다. 그렇다면 누가 천하의 인재를 양성할 수 있겠습니까? 임금님과 재상이 아니겠습니까? 누가 천하의 인재를 교육할 수 있겠습니까? 이 또한 임금님과 재상이 아니겠습니까? 다행히 지금 천하는 화평하여 높고 낮은 모든 관리들이 각각 자신의 직분을 지키고 있어, 금전이나 곡물과 같은 경제나 군비의 문제가 조정에까지 미치지는 않습니다. 정치의 도를 논하고 국가를 다스리는 여가에 인재교육을 하는 것보다 더 큰 것은 없을 것입니다. 지금 여기에 한 사람이 있는데, 태어난 지 28년이 됩니다. 그의 이름은 농·공·상인의 호적에는 들어 있지 않습니다. 그의 주업은 책을 읽고 글을 지으며 요임금·순임금의 도를 노래하면서, 새벽닭이 울면 일어나 끊임없이 노력합니다만, 이익을

위해서 그렇게 하는 것은 아닙니다. 그 사람이 읽은 것은 다 성인의 책이고, 양주·묵적·불교·도가의 학문은 마음에 새겨둘 틈이 없습니다. 그가 지은 것은 모두 시·서·예·악·춘추·역경의 6경의 뜻을 요약하여 이룬 문장으로, 사악한 것을 누르고 정의에 서서 시속의 의혹되는 것을 변별하였습니다. 궁핍한 생활에 처하여 검약함을 지키다가, 때로는 은혜에 감격하고 불우함을 원망하며 기이한 문장을 써서 천하에 알려지고자 하였지만, 또한 교화에 어긋남은 없었습니다. 터무니없이 아첨하거나 속이는 말은 그 글 가운데 쓰지 않았습니다. 네 번 예부시험에 응시하여 겨우 급제하고, 세 번 이부의 시험에 응시하였지만, 끝내는 성공하지 못했습니다. 그러니 가장 낮은 9품의 관직인들 기대할 수 있으며, 1무(畝: 약 52평)의 집인들 바랄 수 있었겠습니까? 허둥지둥 이 세상에 돌아갈 곳 없고, 근심스럽게 굶주림에 먹을 것 없으며, 추위에 입을 옷 없어 죽음에 직면하였지만, 마음은 더욱 견고해졌습니다. 지위를 얻는 것을 저는 앞을 다투어 비웃으며, 갑자기 옛날의 태도를 버리고 새로운 길을 꾀하고자, 경험이 많은 농부나 원예가를 찾아가 농사이라도 배울까 생각하였습니다. 그러나 마음속의 뜻을 바꾼 것이 슬퍼서 한 밤중에 눈물이 턱에까지 흘러내렸습니다. 비록 제가 『시경』의 시인이나 맹자가 말한 인재만큼은 못되더라도 양성해서 인재로 완성시켜 주시는 것도 또한 가능할 것이며, 교육하여 재능을 완성시켜 주시는 것도 또한 가능하지 않겠습니까? 저는 또 들었습니다. 옛날 군자가 자신의 임금을 보좌할 때, 한 사람의 미천한 남자라도 그 사람이 적당한 위치를 얻지 못하면, 마치 자신이 그 사람을 도랑 속에 밀어 넣은 것같이 생각하였다고 말입니다. 지금 여기 한 사람이 있는데, 일곱 살 때부터 성인의 도를 배워 자신의 몸을 수양한 지 20년이 되었지만, 부득이하여 하루아침에 이 도를 허물어 버리게 되면, 이 또한 그 사람이 있어야 할 적절한 위치를 얻지 못하는 것입니다.

엎드려 생각건대, 지금 어진 분이 재상으로 계시는데 알리지도 않고 떠나가 버리면, 이것은 자포자기하는 결과여서, 옛 군자의 도로써 우리 재상을 대하는 것이 아닌데, 그렇게 하는 것이 옳을까요? 그것보다는 차라리 재상께 알리는 것이 더 나은 일일 것입니다. 그래도 뜻을 얻지 못한다면 그것은 운명입니다. 그렇다면 떠나갈 뿐이지요. 『서경』「홍범」에서는 "대저 그 백성들에게 책략이 있고, 행동하는 힘이 있으며, 스스로 지키는 것이 있으면, 임금(무왕)께서는 그들을 염두에 두십시오. 혹 법칙에 맞지 않다 하더라도 죄악에 빠져들지 않았으면, 임금께서는 곧 그를 받아들이도록 하십시오. 그리고 '내가 좋아하는 바는 덕이다'라고 하면 임금께서는 그들에게 녹을 내려 주십시오"라고 하였습니다. 이것은 모두 선(善)의 입장에서 한 말입니다. 저는 또 옛사람들이 자신을 추천한 일이 있었지만, 군자는 그것을 반대하지 않았다고 들었습니다. "내가 좋아하는 바는 덕이다"라고 하는 것은, "임금께서는 그들에게 녹을 내린다"는 의미입니다. 저는 또 "임금이 관직을 만들고 녹을 정하여 반드시 적당한 인물을 찾아서 주는데, 그것은 터무니없이 그 재능에 빠져 그 사람의 몸을 부귀하게 해주기 위해서는 아니다"라고 들었습니다. 대개 그만한 능력을 가진 사람이 능력이 없는 사람을 다스리고, 그의 지혜로 어리석은 사람을 다스리고자 할 뿐입니다. 아랫사람이 자신의 몸을 수양하고 성실히 행동하여, 반드시 적당한 지위를 찾아 거주하는 것은, 결코 이익에 빠져 명예를 빛내고자 하는 것이 아닙니다. 대개 자신의 여유 있는 것을 베풀어 부족한 사람을 구제하고자 할 따름입니다. 그렇다면 윗사람이 사람을 구하는 것이나 아랫사람이 지위를 구하는 것, 즉 서로가 구한다는 점에서는 그 의미가 같습니다. 만약 이러한 것을 마음에 지니고 있으면, 윗사람이 아랫사람들에게서 사람을 채용하는 것은 어렵지 않을 것이며, 아랫사람이 윗사람들에게서 관직을 구하는 길도 어렵지 않을 것입니다.

추천할 만하여 추천하는 것이라면, 그 자신을 추천하는 것을 꾸짖을 필요는 없습니다. 임관해도 좋은 사람이기 때문에 임관하는 것이라면, 스스로의 임관을 구하는 데 주저할 필요는 없습니다. 또 이렇게 말하는 것도 들었습니다. 윗사람이 아랫사람을 교화하는 데 적당한 도를 얻으면, 포상이 천하에 고루 돌아가지 않더라도, 천하 사람들은 거기에 따를 것이라고 말입니다. 이것은 사람들이 하고 싶어 하는 바에 따라 그대로 추진한다는 의미입니다. 지금 천하는 이부의 시험을 통과하지 않고 벼슬길에 나아간 사람은 거의 없습니다. 폐하께서는 산림에 은둔해 있는 선비를 쓰지 못하고 잊어버리고 있는 것을 마음 아파하시어, 자주 조정 내외의 신하에게 조칙을 내리시어 온 나라에 빠짐없이 인재를 구하셨지만, 조정으로 찾아온 사람은 거의 없었습니다. 그렇다고 해서 어찌 인재가 없다고 하겠습니까? 국가가 특별한 방법으로 대우하지 않는 것을 보고서 조정으로 오지 않았을 뿐입니다. 은거하여 한가하게 보내는 사람도 같은 인간일 따름입니다. 그들의 눈·귀·코·입이 하고 싶어 하는 것, 또 그 마음에서 좋아하는 것, 몸으로 편안히 여기는 것이 어찌 일반 사람과 다름이 있겠습니까? 지금 입고 먹는 것이 거칠고 나쁘고 몸은 곤궁함에 처하여 있으면서도 산속의 큰 사슴·작은 사슴들과 더불어 거처하고 원숭이 무리와 함께 살고 있는 것은, 진실로 자신이 그 시대에 순응하여 생활할 수 없다고 스스로 생각하기 때문입니다. 그래서 기꺼운 마음으로 조정과의 관계를 끊고도 후회하지 않는 것입니다. 그리고 지금 들건대, 국가에 벼슬하고 싶어 하는 사람은 반드시 주나 현에서 추천을 받은 뒤에 예부나 이부의 시험을 봅니다. 시험 보는 것은 자수나 그림처럼 아름답게 장식되고 조각이나 옥 세공처럼 아름다운 기교를 부린 문장이고, 고려해야 될 점은 음성이나 어세의 순역(順逆) 문장 자구의 장단 등이 규정에 맞는가 하는 점입니다. 이렇게 한 후에야 비로소 하급관리의 서열에 들어갈 수가 있습니다. 비록 풍속을 교화하는 방법이나 변방을 안정시킬 책략을 가지고 있더라도, 이 과거시험을 통해서 나아가지 않으면 절대로 나아갈 수가 없습니다. 그러므로 앞에서 예를 든 사람들은 오히려 그들이 들어갈 산림이 깊지나 않을까, 산림이 울창하지 않을까 하고 걱정할 뿐입니다. 또 그 사람의 모습이나 소리가 보이지도 않고 들리지도 않지만, 오직 세상 사람들에게 들리지나 않을까 걱정합니다. 지금 만약 편지를 가지고 재상께 나아가 벼슬을 구하는 사람이 있는데, 재상께서는 이 사람에게 모욕을 주지 않고 천자께 추천하여 작위를 임명해 주고, 그 편지를 사방에 배포하였다는 소식이 들리게 되면, 시든 나무같이 세상에 깊이 매몰되어 있는 위대하고 박식한 선비들이 반드시 의기양양하게 마음을 움직여 높이 관의 끈을 졸라매고 가벼운 발걸음으로 조정으로 올 것입니다. 이것이 바로 앞에서 말한 포상이 천하에 고루 돌아가지 않더라도 천하 사람들은 거기에 따른다는 것이며, 사람들이 하고 싶어 하는 바에 따라 그대로 확장시켜 나간다는 의미입니다.

엎드려 생각건대, 전술한 『시경』·『서경』·『맹자』에서 지적한 바를 보시어, 인재를 길러 그들에게 봉록을 내려준 까닭을 생각하시고, 옛 군자가 그 임금님께 재상으로서 행한 도를 생각하여 스스로 나아가고 자신을 천거한 죄를 잊고서 관작을 설치하고 봉록을 제정한 까닭을 생각하셔서 산림 속에 버려져 잊고 있는 인물을 불러 모으시면, 천하에 도를 행하는 사람들이 돌아가야 할 곳을 알게 될 것입니다. 저는 저 한사람의 행운을 얻고자 한 것은 아닙니다. 이전에 지어둔 문장들 가운데 그런대로 나은 몇 편을 골라 별권에다 기록하였습니다. 아무쪼록 보아 주시면 고맙겠습니다. 각하의 존엄을 더럽히게 되어 땅에 엎드려 죄를 기다립니다. 한유는 재배합니다.

(正月二十七日, 前鄕貢進士韓愈, 謹伏光範門下, 再拜獻書相公閤下. 詩之序曰, 菁菁者莪. 樂育材也. 君子能長育人材, 則天下喜樂之矣. 其詩曰, 菁菁者莪, 在彼中阿. 旣見君子, 樂且有儀. 說者曰, 菁菁者, 盛也. 莪, 微草也. 阿, 大陵也. 言君子之長育人材, 若大陵之長育微草, 能使之菁菁然盛也. 旣見君子, 樂且有儀云者, 天下美之之辭也. 其三章曰, 旣見君子, 錫我百朋. 說者曰, 百朋, 多之之辭也. 言君子旣長育人材, 又當爵命之賜之厚祿, 以寵貴之云爾. 其卒章曰, 汎汎楊舟, 載沈載浮. 旣見君子, 我心則休. 說者曰, 載, 載也. 沈浮者, 物也. 言君子之於人才, 無所不取. 若舟之於物, 浮沈皆載之云爾. 旣見君子, 我心則休云者, 言若此, 則天下之心美之也. 君子之於人也, 旣長育之, 又當爵命寵貴之, 而於其才無所遺焉. 孟子曰, 君子有三樂. 王天下不與存焉. 其一曰, 樂得天下之英才而敎育之, 此皆聖人賢士之所極言至論, 古今之所宜法者也. 然則孰能長育天下之人材. 將非吾君與吾相乎. 孰能敎育天下之英才. 將非吾君與吾相乎. 幸今天下無事, 小大之官, 各守其職. 錢穀甲兵之問, 不至於廟堂. 論道經邦之暇, 捨此宜無大者焉. 今有人, 生二十八年矣. 名不著於農工商賈之版, 其業則讀書著文, 歌頌堯舜之道, 鷄鳴而起, 孜孜焉, 亦不爲利. 其所讀皆聖人之書. 楊墨釋老之學, 無所入於其心. 其所著皆約六經之旨而成文. 抑邪與正, 辨時俗之所惑, 居窮守約, 亦時有感激怨懟奇怪之辭, 以求知於天下, 亦不悖於敎化. 妖淫諛佞譸張之說, 無所出於其中. 四擧於禮部, 乃一得. 三選於吏部, 卒無成. 九品之位其可望. 一畝之宮其可懷. 遑遑乎四海無所歸, 恤恤乎飢不得食, 寒不得衣, 濱於死而益固. 得其所者爭笑之. 忽將棄其舊而新是圖, 求老農老圃而爲師. 悼本志之變化, 中夜涕泗交頤. 雖不足當詩人孟子之謂, 抑長育之使成材, 其亦可矣.

教育之使成才,其亦可矣.抑又聞古之君子相其君也,一夫不獲其所,若已推而內之溝中.今有人,生七年,而學聖人之道,以修其身,積二十年,不得已一朝而毀之,是亦不獲其所矣.伏念今有仁人在上位,若不往告之而遂行,是果於自棄,而不以古之君子之道待吾相也.其可乎.寧往告焉.若不得志,則命也.其亦行矣.洪範曰,凡厥庶民,有猷,有爲,有守,汝則念之.不協于極,不罹于咎,皇則受之.而康而色,曰予攸好德,汝則錫之福.是皆與善之辭也.抑又聞古之人有自進者,而君子不逆之矣.曰予攸好德,汝則錫之福之謂也.抑又聞上之設官制祿,必求其人而授之者.非苟慕其才,而富貴其身也.蓋將用其能理不能,用其明理不明者耳.下之修已立誠,必求其位而居之者,非苟沒於利而榮於名也.蓋將推已之所餘,以濟其不足者耳.然則上之於求人,下之於求位,交相求而一其致焉耳.苟以是而爲心,則上之道,不必難其下,下之道,不必難其上.可舉而舉焉,不必讓其自舉也.可進而進焉,不必廉於自進也.抑又聞上之化下,得其道,則勸賞不必徧加乎天下,而天下從焉.因人之所欲爲,而遂推之之謂也.今天下不由吏部而仕進者幾希矣.主上感傷山林之士有逸遺者,屢詔內外之臣,旁求於四海.而其至者蓋闕焉.豈其無人乎哉.亦見國家不以非常之道禮之,而不來耳.彼之處隱就間者,亦人耳.其耳目鼻口之所欲,其心之所樂,其體之所安,豈有異於人乎哉.今所以惡衣食,窮體膚,麋鹿之與處,猿狄之與居,固自以其身不能與時從順俯仰,故甘心自絕而不悔焉.而方聞國家之仕進者,必舉於州縣,然後升於禮部吏部,試之以繡繪雕琢之文,考之以聲勢之逆順,章句之短長,中其程式者,然後得從下士之列.雖有化俗之方,安邊之畫,不繇是而稍進,萬不有一得焉.彼惟恐入山之不深,入林之不密.其影響昧昧,惟恐聞於人也.今若聞有以書

進宰相而求仕者, 而宰相不辱焉, 而薦之天子, 而爵命之, 而布其書於四方, 枯槁沈溺魁閎寬通之士, 必且洋洋焉動其心, 峨峨焉纓其冠, 于于焉而來矣. 此所謂勸賞不必徧加乎天下, 而天下從焉者也, 因人之所欲爲, 而遂推之之謂者也. 伏惟覽詩書孟子之所指, 念育才錫福之所以, 考古之君子相其君之道, 而忘自進自擧之罪, 思設官制祿之故, 以誘致山林逸遺之士, 庶天下之行道者, 知所歸焉. 小子不敢自幸. 其嘗所著文, 輒採其可者若干首, 錄在異卷, 冀辱賜觀焉. 干黷尊嚴, 伏地待罪, 愈再拜.)

이 장문의 편지를 요약해 보면 다음과 같다.

군자는 인재를 육성해야 할 사명을 가지고 있다. 그런데 한유 자신은 성인의 책을 읽고 육경(六經)의 뜻을 체득하여 문장을 지었다. 때로는 궁핍함에 처해서 원망하거나 기이한 말(「應科目時與人書」에서 말한 괴물을 두고 한 말인 듯 함)로 천하에 알려지기를 바랐지만, 그렇다고 그러한 글이 교화에 어긋나지는 않는다. 또 자신은 예부시험을 네 번 응시하여 겨우 합격하였지만, 이부시험은 세 번 응시하고서도 아직 급제하지 못하였다. 그래서 지금 이 상태로는 굶어죽을 수밖에 없어 지금까지의 이상을 버리고, 농촌으로 가서 농사나 지을까 생각을 해보았다. 그렇지만 그것은 군자의 입장에서 보면 애석한 일일 것 같아, 현재의 재상이 군자라고 믿고서 자신의 궁핍한 상태를 호소하게 되었다는 것이다. 그리고 관리가 되려면 주나 현에서 추천을 받아 예부와 이부의 시험을 통과해야 한다. 그런데 이 시험에서는 형식이 아름답고 규율에 맞는 문장인가를 따지는 등의 지극히 형식적인 점만을 채점한다. 그래서 풍속을 교화하고 나라를 안정시킬 만한 계책을 지닌 훌륭한 인재가 있더라도 형식만 강조한 이런 시험을 통과하지 않는 한, 한 사람도 나아갈 수가 없다. 그래서 한유는 이 편지를 재상이 읽고 천자께 추천하여 자신에게 관직을 내려 주고, 또 이 편지를 천하에 공포해 주기를 제안한다. 그렇게 되면 진실로 조정에서 인재를 구한다는 것이 명확하게 알려져 초야에 숨어 있는 어진 사람들이 벼슬하고자 끊임없이 조정으로 올 것이다. 이렇게 되면 한유 자신만의 행운이 되는 것이 아니라 온 천하 사람에게 다행이라는 것이다.

이 편지는 앞에서 인용한 「관리 임용시험에 응시할 때, 사람에게 준 편지」보다 표현이 정중하고, 변려문 정도는 아니지만 어조가 상당히 정련된 문체임을 알 수 있다. 그러나 내용은 여전히 대담하다.

한유는 과거를 통과하여 관리가 되는 길을 포기하고, 재상이 천자에게 직접 추천하는 방식을 통해서 관직을 얻을 수 있기를 호소한 것이다. 이 글에서 한유는 시험제도가 가지고 있는 결함을 하나하나 지적하고 있다. 즉, 시험이 경쟁인 이상 어떻게 해서든 답안에 우열을 두어야 한다. 채점이 주관적이어서 결국은 채점자의 양심에 의존할 수밖에 없다. 그렇지만 채점자는 자의적인 평가를 삼가기 위해서 어떤 객관적인 기준을 두어야만 하였다. 그 결과 "성운(聲韻)과 문장 기세(文勢)의 순역(順逆), 문장 자구(字句)의 장단"에 채점의 역점을 두었다. 이것은 객관적인 판단기준이 될지는 몰라도 극히 형식적인 것에 기준을 둔 것이다. 따라서 수험생들은 시험기술만 발달하게 되어, 결과적으로 훌륭한 인재를 뽑을 수 없다는 것이다. 한유가 이러한 방법의 시험으로는 뽑을 수 없는 훌륭한 인재를 재상이 발탁하여 천자에게 추천하자고 한 이 제안은 어느 정도 일리가 있어 보이지만, 그렇게 되면 과거제도의 본래 의미가 없어진다. 게다가 재상이 관리의 추천권을 가지게 되면, 그 나름의 폐단이 생길 게 틀림없다. 예컨대 재상이 사리사욕 때문에 자신의 친족이나 계파를 추천할 수도 있을 것이고, 또 여러 가지 수단으로 재상에게 압력을 가해 추천을 받는 사람도 있을 것이다. 한유가 말한 것처럼 재상은 군자이기 때문이라고 낙관만은 할 수가 없다. 이러한 폐단을 없애기 위해, 시험으로 인재를 공평하게 선발하고자 설치된 것이 과거제도인데, 한유의 제안처럼 된다면 과거제도는 그야말로 쓸모없어진다. 따라서 한유의 희망은 처음부터 불가능한 것이었다. 재상들은 아마 한유의 이러한 요구에 생각해 볼 가치조차 없다고 여기고서 아무런 답장도 하지 않았을 것이다. 한유는 아무런 반응이 없자 19일을 기다린 뒤, 더 이상 기다릴 수 없어 다시 두 번째 편지 「그 뒤 19일을 다시 재상께 올린 글(後十九日復上書)」을 보냈다. 이 편지에서 그는 애원조로 하소연하고 있다.

2월 16일, 전 향공진사 한유는 삼가 재배하고 재상 각하께 말씀을 드립니다. 지난번에 편지와 제가 지은 문장을 올린 뒤, 회답을 기다린 지 19일이 됩니다. 그러나 회답을 받지 못하니 매우 두려웠습니다만, 그렇다고 또 달아나 숨을 수도 없습니다. 어떻게 해야 좋을지 몰라, 이에 다시 헤아릴 수 없는 죄를 스스로 각오하고 저의 의견을 끝까지 말씀드리오니, 각하의 의견을 듣고자 합니다. 저는 이렇게 들었습니다. 수해나 화재를 만난 사람이 다른 사람에게 도움을 구할 때, 오직 부모·형제·자식 등의 가까운 친족관계라야만 불러서 도움을 바라는 것은 아닙니다. 비록 미워하고 원망함이 죽었으면 하고 바랄 정도가 아니라면, 급히 달려가 힘을 다하여 수족이 물에 젖고 머리카락이 타면서까지 구원하기를 사양치 않습니다. 왜 그렇게 하겠습니까? 그 사태가 실로 긴급하고 또 그 사정이 딱하기 때문입니다.

저는 부지런히 학문을 배우고 힘써 실천한 지가 오래되었습니다. 저는 길이 험난한지 평탄한지 생각지도 않고 쉼 없이 달려왔기 때문에 빈궁과 기아라는 수해와 화재를 만나게 되었습니다. 사태가 매우 위험하고 긴박해서 큰소리로 힘껏 불러본 것입니다. 각하께서도 그 소리를 듣고 그 사태를 보셨을 것입니다. 그렇다면 각하께서는 달려가 안전하게 구해 주시겠습니까, 아니면 구하지 않고 편안히 앉아서 보고만 계시겠습니까? 가령 어떤 사람이 각하께 "물에 빠져 있거나 불에 타고 있는 사람을 구경만하고서 구할 수 있는데도 끝내 구하지 않았다"라고 한다면, 각하께서는 그 사람을 어진 사람이라고 생각하시겠습니까? 그렇게 생각지 않으신다면, 저와 같은 사람도 인자인 군자께서 마땅히 마음을 써 주셔야 할 사람입니다. 어떤 사람이 저에게 "그대가 한 말은 맞소. 재상께서도 그대를 잘 알고 계시지만, 시기가 좋지 않으니 어떻게 하겠소"라고 하였습니다. 저는 그 말을 듣고, 속으로 그 사람은 말을 모르는 사람이라고 생각하였습니다. 진실로 저의 재능은 어지신 우리 재상님이 추천할 정도로 충분하지는 못합니다. 그러나 이른바 시기라는 것은 본래 위에 계신 분이 만드는 것이지 하늘이 만드는 것은 아닙니다. 오륙 년 전에 재상 각하께서 임금님께 추천해 올릴 때, 일반 평민의 신분으로 발탁된 사람이 있었습니다. 지금이라 해서 그때와 어찌 시기가 다르다고 하겠습니까? 게다가 또 지금의 절도사·관찰사로부터 방어사·영전사 등의 낮은 관원들까지도 오히려 그들 자신들의 판관들을 추천할 수 있고, 이미 관직이 있는 사람이건 아직 관직이 없는 사람이건 구별하지 않고 추천합니다. 하물며 재상 각하는 우리 임금께서 존경하시는 분인데, 오히려 그렇게 할 수 없다고 하겠습니까? 옛날에 인재를 추천한 사람들 가운데는, 어떤 사람은 도둑의 무리 가운데서 추천하였고, 또 어떤 사람은 창고지기 가운데서 추천하기도 하였습니다. 지금 저와 같은 평민들은 비천하기는 하지만, 도둑이나 창고지기 같은 이러한 사람들과는 충분히 비교되고 남음이 있을 것입니다. 마음은 막히고 말은 급박해져 끝맺어야 할 바를 모르겠습니다. 다만 바라옵건대, 조금이라도 가련한 처지를 생각해 주소서. 한유는 재배합니다.

(二月十六日 前鄕貢進士韓愈, 勤再拜, 言相公閤下. 向上書及所著文後, 待命凡十有九日. 不得命, 恐懼不敢逃遁. 不知所爲, 乃復敢自納於不測之誅, 以求畢其說, 而請命於左右. 愈聞之, 蹈水火者之求免於人也, 不惟其父兄子弟之慈愛, 然後呼而望之也. 將有介於其側者, 雖其所憎怨, 苟不至乎欲其死者, 則將大其聲疾呼. 而望其仁之也. 彼介於其側者, 聞其聲而見其事, 不惟其父兄子弟之慈愛, 然後往而全之也. 雖有所憎怨, 苟不至乎欲其死者, 則將狂奔盡氣, 濡手足, 焦毛髮, 救之而不辭也. 若是者何哉. 其勢誠急, 而其情誠可悲也. 愈之彊學力行, 有年矣, 愚不惟道之險夷, 行且不息, 以蹈於窮餓之水火. 其旣危且亟矣, 大其聲而疾呼矣. 閤下其亦聞而見之矣, 其將往而全之歟. 抑將安而不救歟. 有來言於閤下者曰, 有觀溺於水而爇於火者, 有可救之道, 而終莫之救也. 閤下且以爲仁人乎哉. 不然, 若愈者, 亦君子之所宜動心者也. 或謂愈, 子言則然矣, 宰相則知子矣, 如時不可何. 愈竊謂之不知言者, 誠其材能不足當吾賢相之擧耳. 若所謂時者, 固在上位者之爲耳, 非天之所爲也. 前五六年時, 宰相薦聞, 尙有自布衣蒙抽擢者, 與今豈異時哉. 且今節度觀察使, 及防禦營田諸小使等, 尙得自擧判官, 無間於已仕未仕者, 況在宰相, 吾君所尊敬者, 而曰不可乎. 古之進人者, 或取於盜, 或擧於管庫. 今布衣雖賤, 猶足以方於此. 情隘辭感, 不知所裁, 亦惟少垂憐焉. 愈再拜.)

한유는 이 두 번째 편지 서두에서 먼저 지난번 편지에 대한 답장이 없어 실례를 범한 게 아니었을까 두려웠지만, 그렇다고 도성을 그냥 떠나버리면 질책이 두려워 도망쳤다고 생각할지도 몰라서, 다시 전번 편지의 보충형식으로 이 편지를 쓴다고 밝히고 있다. 본론에서는 수해나 화재를 만난 사람이 남에게 구원을 요청하는 이야기로 자신의 처지를 비유하고 있다. 지난번 편지에서 자신의 곤궁한 처지를 이미 알렸기 때문에, 그 처지를 알면서도 도와주지 않는 것은 "수해나 화재를 만나 죽어가고 있는데도 보고만 있는 사람"과 같기 때문에 재상은 반드시 자신을 도와주어야 한다고 역설하고 있다. 또 한유가 고관의 집을 방문했거나 편지를 보냈을 때, 재상이 자신을 이해하고 있지만 시기가 좋지 않아서라고 하면서 조금만 더 기다려 보라고 했을지도 모른다. 그래서 한유는 시기라는 것은 재상의 위치에 있는 사람이면 쉽게 만들 수 있는 것이라고 반격하면서, 옛날 사람들이 인재를 추천하던 일화를 소개하며 자신을 추천해 줄 것을 간절히 바라고 있다. 그러나 이때의 편지에도 아무런 응답이 없었다.

한유는 여기에서 포기할 수는 없다고 생각하였을 것이다. 그는 마침내 29일이 지난 뒤 세 번째 편지「29일 뒤 다시 재상께 올린 글(後卄九日復上書)」을 보냈다.

3월 16일 전 향공진사 한유는 삼가 재배하고 재상 각하께 말씀을 드립니다. 주공이 재상이 되었을 때, 주공은 현인과 만나는 것을 급선무로 생각하였기 때문에, 식사 한 끼 할 때도 몇 번씩이나 입에 든 음식을 내뱉었고, 머리를 한번 감을 때에도 몇 번씩이나 젖은 머리채를 걷어 올렸다고 저는 들었습니다. (이렇게 해서) 주공이 재상으로 있던 때에는 천하의 재능 있는 현인들은 이미 모두 관리로 등용되었고, 간사하고 아첨하며 남을 잘 속이는 사람들은 모두 조정에서 추방되어 온 나라에는 아무런 걱정이 없었습니다. 또 황복(도읍을 중심으로 주위 500리 이내를 전복, 1,000리 이내를 후복, 1,500리 이내를 수복, 2,000리 이내를 요복, 2,500리 이내를 황복으로 5복으로 나눔. 따라서 황복은 중국의 가장 변방 지대임) 밖의 이민족(九夷八蠻 : 동방에 거주하는 9종류의 모든 이민족과 남방에 거주하는 8종류의 모든 이민족)들도 이미 모두 신하로서 조회하였고, 하늘의 재난이나 이상 계절, 곤충 초목의 재앙도 모두 사라졌습니다. 게다가 또 천하의 이른바 예법·음악·형벌·정치·교육·감화의 수단도 모두 정비되었고, 풍속도 모두 두터워졌으며, 동식물도 비·바람·이슬·서리의 혜택을 입어 모두 적당하게 되었습니다. 또 좋은 징조를 나타내는 기린·봉황·거북이·신룡 등의 짐승도 모두 나타났습니다. 주공은 성인의 재능과 천자의 숙부라는 친속 관계에 있으면서도 천자의 정치를 돕고 교화를 이룬 공적이 이처럼 빛이 났습니다. 주공을 뵙고자 찾아온 선비 가운데 주공보다 현명한 사람이 있었겠습니까? 주공보다야 현명하지 않았다고 하더라도 당시의 백관들보다 현명한 사람이 있었겠습니까? 또 그들이 계획하고 의논한 것들이 주공의 교화가 미치지 않은 곳을 보충할 수 있었겠습니까? 그런데도 주공이 선비를 찾는 데 그처럼 급히 하였습니다. 그것은 자신의 눈과 귀로 보고 듣지 못한 것이 있고, 생각이 미치지 못한 것이 있어 성왕이 주공에게 국정을 맡긴 그 뜻을 저버려 천하 사람들에게 마음을 얻지 못할까 오직 걱정하였기 때문입니다. 주공의 마음을 미루어 생각해 보면, 가령 그 당시 주공이 정치를 돕고 교화를 이룬 공적이 그처럼 빛나지 않고, 또 성인의 재능도 없고 천자와 숙부의 관계라는 친근함도 없었다면, 식사를 한다거나 머리를 감을 틈조차 없었을 것이니, 어찌 먹던 음식을 뱉고 머리채를 걷어 올린 정도의 수고로만 그쳤겠습니까? 주공이 그처럼 노력하였으므로, 지금에 이르기까지 성왕의 덕을 칭송하고, 주공의 공적을 칭찬하는 소리가 끊이지 않는 것입니다.

지금 각하께서 재상으로 계시는 것도 주공의 입장과 비슷합니다만, 그러나 천하의 재능 있는 현자들이 어찌 모두 등용되었다 하겠습니까? 간사하거나 아첨하며 남을 잘 속이는 사람들이 어찌 다 추방되었다고 하겠으며, 온 나라가 아무런 걱정이 없다고 하겠습니까? 또 황복 밖의 이민족들이 어찌 다 신하로서 조회하였으며, 하늘의 재난이나 이상 계절, 곤충 초목의 재앙이 모두 사라졌다 하겠습니까? 또 천하의 예법·음악·형벌·정치·교육·감화라고 하는 수단이 모두 정비되었으며, 풍속이 다 두터워지고, 동식물도 비·바람·이슬·서리의 혜택을 입어 모두 적당하게 되었다고 하겠습니까? 또 좋은 징조를 나타내는 기린·봉황·거북이·신룡 등의 짐승도 어찌 다 나타났으며, 뵙고자 찾아온 선비들이 비록 각하의 훌륭한 덕에는 못 미친다 하더라도, 백관들에 비교하였을 때 그들보다 못하다고만 하겠습니까? 또 그들이 말하는 것이 어찌 다 도움 되는 바가 없다 하겠습니까? 각하께서 주공처럼 입에 든 음식을 내뱉고 머리채를 걷어 올릴 정도는 못할지라도, 찾아온 선비를 앞에 불러놓고 그들이 올리는 말을 살핀 다음 채용할 것인지 물리칠 것인지를 살펴야만 할 것입니다. 묵묵히 계시는 것으로 그쳐서는 안 됩니다.

저는 회신을 기다린 지 40여 일이 됩니다. 편지를 두 번 올렸지만, 저의 뜻이 제대로 전해지 지 않았던 것 같아서 세 번이나 문전까지 발걸음을 하였지만, 문전에서 거절당했습니다. 저는 너무나 어리석어 죄를 겁내어 달아나 숨을 줄 몰랐기 때문에, 다시 주공의 이야기를 가지고 각하께 올리게 되었으니, 각하께서는 아무쪼록 살펴 주셨으면 합니다.

옛날의 선비들은 3개월간 관직에 있지 않으면 서로 위문하였습니다. 그러므로 국경을 나갈 때는 반드시 처음 뵐 때 드릴 예물을 싣고 갔습니다. 그러나 자신을 천거하는 데 신중하였기 때문에 주나라에서 자신의 이상을 펼 수 없으면 주를 떠나 노나라로 갔고, 노나라에서 이상을 실현할 수 없으면 노나라를 떠나 제나라로 갔습니다. 또 제나라에서 이상을 펼 수 없으면 제나라를 떠나 송나라로 가고, 정나라로 갔으며, 진나라·초나라로 갔습니다. 지금 천하는 한 임금님이며 사해는 하나의 국가입니다. 이 나라를 버리고 나간다면 오랑캐의 나라로 가는 것이고 부모의 나라를 떠나는 것입니다. 그래서 선비들 가운데 자신의 이상을 실현하고자 하는 사람이 조정에서 뜻을 얻지 못하면, 산림 속에 은거하는 수밖에 없습니다. 산림은 선비가 자신의 몸을 바르게 지키고 정신을 수양하는 곳이며, 천하의 일을 걱정하지 않는 사람들만이 편안히 묻혀 지낼 수 있는 곳입니다. 만약 천하의 일을 걱정하는 마음이 있으면 산림에 묻혀 있을 수가 없습니다. 그러므로 저는 매번 제 자신이 자신을 추천하였지만 부끄러움을 몰랐습니다. 그리고 또 편지를 몇 번이나 올리고 누차 문 앞을 찾아가기를 그칠 줄을 몰랐습니다. 어찌 이렇게만 할 뿐이겠습니까? 오직 큰 현인이신 재상 각하의 문하생이 되지 못할까 걱정하오니, 조금이라도 이 마음을 보살펴 주십시오. 각하의 위엄과 존엄하심을 더럽히고 침범하여 황송하기 그지없습니다. 한유는 재배합니다.

(三月十六日, 前鄕貢進士韓愈, 謹再拜, 言相公閣下. 愈聞周公之爲輔相, 其急於見賢也, 方一食三吐其哺, 方一沐三捉其髮. 當是時, 天下之賢才, 皆已擧用. 姦邪讒佞欺負之徒, 皆已除去, 四海皆已無虞. 九夷八蠻之在荒服之外者, 皆已賓貢. 天災時變, 昆蟲草木之妖, 皆已銷息. 天下之所謂禮樂刑政敎化之具, 皆已修理. 風俗皆已敦厚. 動植之物, 風雨霜露之所霑被者, 皆已得宜. 休徵嘉瑞, 麟鳳龜龍之屬, 皆已備至. 而周公以聖人之才, 憑叔父之親, 其所輔理承化之功, 又盡章章如是, 其所求進見之士, 豈復有賢於周公者哉. 不惟不賢於周公而已, 豈復有賢於時百執事者哉. 豈復有所計議能補於周公之化者哉. 然而周公求之, 如此其急, 惟恐耳目有所不聞見, 思慮有所未及, 以負成王託周公之意, 不得於天下

之心. 如周公之心, 設使其時輔理承化之功, 未盡章章如是, 而非聖人之才, 而無叔父之親, 則將不暇食與沐矣, 豈特吐哺捉髮爲勤而止哉. 維其如是, 故於今頌成王之德, 而稱周公之功不衰, 今閣下爲輔相亦近耳. 天下之賢才, 豈盡擧用. 姦邪讒佞欺負之徒, 豈盡除去. 四海豈盡無虞. 九夷八蠻之在荒服之外者, 豈盡賓貢. 天災時變, 昆蟲草木之妖, 豈盡銷息. 天下之所謂禮樂刑政教化之具, 豈盡修理. 風俗豈盡敦厚. 動植之物, 風雨霜露之所需被者, 豈盡得宜. 休徵嘉瑞, 麟鳳龜龍之屬, 豈盡備至. 其所求進見之士, 雖不足以希望盛德, 至比於百執事, 豈盡出其下哉. 其所稱說, 豈盡無所補哉. 今雖不能如周公吐哺捉髮, 亦宜引而進之, 察其所以而去就之, 不宜黙黙而已也. 愈之待命, 四十餘日矣. 書再上, 而志不得通, 足三及門, 而閽人辭焉. 惟其昏愚, 不知逃遁, 故復有周公之說焉, 閣下其亦察之. 古之士, 三月不仕則相弔, 故出疆必載質. 然所以重於自進者, 以其於周不可, 則去之魯. 於魯不可, 則去之齊. 於齊不可, 則去之宋之鄭之秦之楚也. 今天下一君, 四海一國, 舍乎此, 則夷狄矣, 去父母之邦矣. 故士之行道者, 不得於朝, 則山林而已矣. 山林者, 士之所獨善自養, 而不憂天下者之所能安也. 如有憂天下之心, 則不能矣. 故愈每自進, 而不知愧焉. 書亟上, 足數及門, 而不知止焉. 寧獨如此而已, 惝惝焉惟不得出大賢之門下是懼, 亦惟少垂察焉, 瀆冒威尊, 惶恐無已, 愈再拜.)

이 세 번째 편지에 대한 회신도 끝내 없었다. 간곡하게 재상에게 추천을 바라며 세 번에 걸쳐 편지를 보냈지만 반응은 냉담하였던 것이다. 어쩌면 한유가 설파하고 있는 논리가 이미 시대에 뒤떨어진 것인지도 모른다. 한유로서도 더 이상의 희망은 없었을 것이다.

이해(795년) 한유에게는 나쁜 일만 계속되었다. 한유가 스승으로 받들었고 또 자신을 이끌어 주었던 육지는 조정의 세력 다툼에서 패하여 지난해(794년) 재상에서 해임되었다가, 이해 4월에는 도성에서 추방되었다. 또 한때의 후원자였던 북평왕 마수도 오랫동안 발에 병이 나 누워 있다가 점차 쇠약해져 이해 8월에 죽었다.

한유는 세 번째 편지의 답장을 기다리다 결국 5월에 고향으로 돌아가 농사지을 결심을 하고 장안을 떠났다. 장안에서 동쪽으로 동관(潼關)의 관문을 지나면 황하가 나온다. 황하를 건너 북으로 향하면 한유의 고향 하양현 경계가 나온다. 한유가 황하를 건너기 위해서 남쪽 강변에서 잠시 쉬고 있을 때, 한 행렬이 지나가고 있는 것을 보았다. 물어보니 어느 지방의 장관이 흰 까마귀와 흰 구관조를 바구니에 넣어 운반하고 있는데, 천자께 헌상하는 것이라 한다. 새들은 진귀한 깃털만 가져도 길조라 하여 천자 앞으로 나아갈 수 있는데, 20년간 학문을 연마하고 남들 못지않은 재능을 가진 자신은 오히려 천자 앞으로 나아갈 수 없는 처지를 생각하니, 상심은 더욱 깊었다. 그래서 그는 「두 새에게 느낀 감정을 쓴 부(感二鳥賦)」를 지어 자신의 감정을 이렇게 표현하였다.

탄식스럽구나, 저 두 새는 아무런 지식도 없으면서, 오히려 은혜 입어 궁중으로 들어가는데, 생각해 보니 저 두 마리 새와 나는 서로의 진퇴가 너무나 달라, 다시금 내 마음 근심을 더하네. 저 새들 가슴속에 무슨 아름다움 있을까, 다만 겉의 깃털만 아름다움을 뽐낼 뿐인데. 내 운명은 고달프고 곤궁하여, 그야말로 저 두 새만도 못하구나. 흘러가는 물처럼 동서남북 떠돌면서, 십 년이 지나도 언제나 안주할 곳 없어라. 배부르게 먹은 날조차 몇 번에 불과한데, 하물며 과거시험에 급제하는 것이야. 세속 사람들에게 호감을 받아야만 좋게 여기는데, 어찌 나를 어리석은 사람 아니라고 말하는 사람 있으리?

(感二鳥之無知, 方蒙恩而入幸. 惟進退之殊異, 增余懷之耿耿. 彼中心之何嘉, 徒外飾焉是逞. 余生命之湮阨, 曾二鳥之不如. 泪東西與南北, 恒十年而不居. 辱飽食其有數, 況策名於薦書. 時所好之爲賢, 庸有謂余之非愚?)

이 무렵 한씨 일족은 고향인 하양으로 돌아온 것 같다. 한유도 하양으로 가서 선조의 묘를 참배하고, 아내 노씨와 조카인 노성(老成)도 만났다. 이해 5월에서 9월까지 그는 고향 하양에 머물면서 비록 빈곤함에서는 벗어나지 못하였지만 정신적으로 안정된 한가한 시간을 보냈다. 이 시기에 「두 새에게 느낀 감정을 쓴 부(感二鳥賦)」 외에도 「화기(畫記)」 등의 작품을 지었다. 그는 특히 이 시기에 삼대양한(三代兩漢 : 하夏 · 은殷 · 주周 · 서한西韓 · 동한東漢)의 서적과 고문창작을 연구하는 등 다양한 공부를 하였다.

이해 9월에 한유는 낙양으로 향했다. 낙양 또한 왕후 귀족과 고관들이 많이 모여 사는 곳이다. 훗날을 위해 많은 사람들과 교제해 두는 것도 나쁠 것은 없다. 그는 낙양 동쪽 50리쯤 떨어진 시향(尸鄕 : 지금의 언사현(偃師縣) 혁전채촌赫田砦村)에 이르러, 먼저 전횡(田橫)의 묘를 참배하고 「전횡의 무덤 앞에서 조문하는 글(祭田橫墓文)」을 지었다. 전횡은 진(秦)나라 말기 제나라 왕 전담(田儋)의 사촌동생이다. 초나라와 한나라가 대권을 다툴 때, 그는 자립하여 제(齊)나라 왕이 되고 나서 널리 현자들을 초빙하였는데, 제나라의 현자들이 대부분 그에게 귀의하였다. 그리고 전횡이 초나라와 연합하여 한나라에 대항하였지만 끝내 한나라 군대에 패하였다. 유방이 황제가 된 후, 그는 생명의 위협을 느끼고 그의 무리 500명을 거느리고 바다 속의 섬[海島]으로 달아났다. 유방이 후환을 걱정하여 전횡을 사면하고 벼슬을 주어 낙양으로 오게 하였다. 전횡은 여전히 유방의 신하가 되기를 원치 않았기 때문에 낙양으로 오는 도중 이 시향이란 곳에서 자살하니, 동행하던 두 사람도 자살하였다. 이 소식이 해도로 전해지자 해도에 있던 500명의 무리도 다 자살하였다 한다.

전횡을 따르던 500명의 무리가 전횡을 따라 죽었다는 것은 전횡이 그 사람들의 마음을 얻고 있었음 말해 준다. 한유는 전횡이 사람들의 마음을 얻을 수 있었던 것은 그들을 진심으로 대하였기 때문으로 여겼다. 이미 천하일통으로 안정된 당 제국에서 선비를 대하는 것과 진한(秦漢)이 천하를 다투던 그때의 전횡이 선비를 대하던 것은 많이 다를 수 있다. 그러나 당대, 특히 중당 이후도 훌륭한 선비를 얻느냐의 여부가 국가의 성쇠를 결정하는 중요한 요인임에 틀림없다. 그런데 한유의 생각은 어떠하였을까? 한유가 전횡의 묘지를 참배하고 그의 제문을 지었던 것은, 자신처럼 재능을 지닌 훌륭한 선비가 이부시험에서 세 번이나 낙방하고 재상의 추천을 바라며 세 번이나 편지를 보냈지만 아무런 대답조차 없었던 사실에 대해, 마음속에 쌓인 분노를 씻어내고자 한 것이 아니었을까.

그리고 어머니처럼 자신을 양육시키고 교육시켰던 형수 정씨가 이해 가을에 세상을 떠난 것 같다. 어떤 사람은 정씨가 793년(貞元 9)에 죽었다고도 하고, 또 어떤 이는 이해(795년)에 죽었다고도 한다. 한유는 「정부인을 조상하는 글(祭鄭夫人文)」을 지어 형수 정씨에 대한 한없는 애도의 정을 표하였다. 이 글에서 그는 관리가 되어 집안을 부흥시켜 양육의 은혜에 보답하고 싶어 늘 초조해 있었다면서, 형수의 죽음을 깊이 탄식하였다.

큰형 한회는 십육칠 년 전, 세상을 떠나기 전에 열한 살의 어린 동생 한유를 불러놓고 이렇게 유언을 남겼다 한다. "너의 형수가 죽거든 반드시 상기를 기복(期服)으로 하라(嫂喪, 服必以期)." 즉 형수의 상복을 형인 자신의 상기와 같이 일 년간 입으라는 것이다. 일반적으로 일년 복인 기복(期服)은 조부모나 백부모 그리고 형제가 죽었을 때 입는 복이다. 형수가 죽으면 근본적으로 아무 기한이 없는데도 이렇게 부탁하였다. 그것은 부인에게는 어린 동생을 간곡히 부탁하는 뜻이었고, 동생에게는 형수를 어머니같이 모시라는 부탁이었을 것이다. 형수가 죽었을 때 위징(魏徵) 같은 사람이 5개월의 소공(小功)을 입기는 하였으나 이렇게 기복을 입은 사람은 거의 없다. 그런 형수가 세상을 떠났으니 한유의 슬픔을 이해하고도 남음이 있다.

한유는 낙양으로 온 후 거의 1년 가까이를 낙양에서 보냈다. 그는 「복지부(復志賦)」에서 낙양에서의 상황을 이렇게 쓰고 있다.

> 낙양으로 와서도 슬프게 (장안을) 바라보고, 잠시 떠돌아 노닐면서도 머뭇거리네. 큰 거북이를 빌려 점을 쳐서, 은자가 사는 곳을 찾아보려네. 나는 기꺼이 은거하여 늙어 죽기를 바라고, 더 이상 그 명예를 드러내고자 노력하지 않으리.
>
> (戾洛師而悵望兮, 聊浮遊以躊躇. 假大龜以視兆兮, 求幽貞之所廬. 甘潛伏以老死兮, 不顯著其名譽.)

사실 「복지부」에서 은거할 곳을 찾아 은거하고 싶다고 한 말은 벼슬길의 출로가 없는 데 대한 반어법적인 표현이지 정말 은거하고자 한 것은 아니다.

796년(貞元 12) 동진(董晉)이 병부상서 겸 동도유수(東都留守)로 낙양으로 오면서 한유의 상황도 변화가 생기기 시작한다. 상원(上元) 연간에 동진은 일찍이 한유의 막내 숙부인 신경(紳卿)과 함께 회남절도사(淮南節度使) 최원(崔圓)의 막료를 지낸 적이 있었다. 그렇다면 동진이 장안에 있을 때 한유를 만나보지는 못했지만, 한유라는 사람과 그의 문장에 대해서는 조금은 알고 있었을 것이다. 그래서 낙양으로 부임해 온 후, 동진은 낙양에 있던 한유를 만나보았을 것이다.

|제3장|

절도사의 막료 생활

1. 변주(汴州)에서의 막료 생활

동진(董晋)이 동도유수(東都留守 : 낙양의 장관)로 근무한 지 5개월도 안 된 7월에 변주(汴州 : 하남성河南省 개봉開封)에 있던 선무군절도사(宣武軍節度使)의 막부에서 분쟁이 발생하였다. 변주는 대력(大曆) 연간 이후부터 크고 작은 일들이 많이 발생하였다. 당시 이곳 절도사였던 유현좌(劉玄佐)는 병력을 10만 명으로 증강하였다. 그리고 그가 784년(興元 원년)에 죽자, 아들 유사령(劉士寧)이 절도사직을 이어받았다. 그런데 유사령이 사냥 같은 잡기에 빠져 무절제한 생활을 하자, 794년(貞元 10)에 그의 장수였던 이만영(李萬榮)이 그를 쫓아내니, 조정에서는 이만영을 절도사로 삼았다. 그러자 이번에는 유사령의 옛 부장들이 반란을 일으켰고, 이만영은 그들은 물론 그들의 처자와 노복에 이르기까지 무수한 사람을 죽여

민심이 흉흉하였다. 8월에 이만영이 중풍에 걸리자, 유사령이 아버지를 계승했던 것처럼 이번엔 이만영의 아들 이내(李洄)가 절도사의 직무를 대행하였다.

절도사는 조정에서 임명하는 관직이어서 절도사가 병이 났을 때는 조정에서 다시 선발하여 임명하는 것이 원칙이지만, 당시에는 마치 세습직처럼 되어 버려서 자식이 계승해도 당연하게 생각하였고 조정에서도 그것을 묵인하였다. 그런데 이내는 성격이 각박하여 마음에 들지 않는 부하가 있으면 즉석에서 죽여 버렸으므로 막부 안에서 동요가 일기 시작하였다. 이만영의 측근이었던 구문진(俱文珍)과 등유공(鄧惟恭)이 마침내 모반을 하여 이내를 체포하여 조정으로 보냈다. 조정에서는 그를 처벌하고 동도유수로 있던 동진에게 선무군절도사의 직무를 대행하라고 명하였다. 그리고 얼마 지나지 않아 이만영이 죽자 동진을 정식으로 절도사에 임명하였다.

앞에서도 서술하였듯이, 절도사는 자신이 사람을 선발하여 막부를 구성한다. 이때 동진이 구성한 막부의 막료 가운데 한 사람이 한유였다. 갑작스레 절도사로 임명받은 동진으로서는 긴급히 막료를 구성해야만 했다. 특히 내분이 일어났던 지역이므로 잠시도 지체할 수 없는 상황이어서 더욱 그러하였다. 이때 마침 낙양에 있던 한유를 만나보고 막료로 삼았을 것이다. 이때의 한유의 입장도 지난날 가탐의 막료가 되겠다고 지원했던 상황과는 많이 달랐다. 그때는 향공진사였지만, 이번에는 진사과에 급제한 이력도 있다. 비록 이부시험에서는 낙방하였지만, 학문이나 문학에 관해서는 일단 예부에서 보증해 주는 셈이어서 절도사의 막료가 되기에는 가장 적합한 조건이었다.

그런데 당시 등유공은 이만영이 이미 죽었는데도 자신에게 아무런 조칙이 없자, 군권을 장악하고 스스로 반란을 평정한 공이 있다고 생각하고 이만영을 대신하여 절도사가 되려고 하였다. 이러한 상황을 『자치통감(自治通鑒)』 「당기(唐紀) 51」 '정원 12년(貞元 12)'조에는 다음과 같이 기록하고 있다.

> 등유공이 이내를 이미 잡아서 조정으로 보내고, 마침내 군권을 장악하여 스스로 이만영을 대신하여 절도사를 맡을 것이라 생각하고, 사람을 보내 동진을 마중하지도 않았다. 동진이 조칙을 받은 후 곧바로 시종과 참모 10여 명과 함께 진영으로 부임하는데, 호위병사는 동원하지 않았다. 정주에 이르러도 마중하는 사람이 없었다. 정주 사람들이 동진이 위험하게 될까 걱정하니, 어떤 사람이 동진에게 잠시 여기에 머물면서 변화를 관찰해 보라고 권하였다. 변주에서 탈출한 사람이 있었는데, 이 사람도 동진에게 '들어가서는 안 됩니다'라고 하였다. 그러나 동진은 '그렇지 않다' 말하고 마침내 변주로 들어갔다.
>
> (鄧惟恭旣執李迺, 遂權軍事, 自謂當代萬榮, 不遣人迎董晋. 晋旣受詔, 卽與僚從

十餘人赴鎭, 不用兵衛. 至鄭州, 迎者不至. 鄭州人爲晋懼, 或勸晋且留觀變. 有自 汴州出者, 言於晋曰, '不可入!' 晋不對, 遂行.)

위의 내용을 통해서 변주의 병란을 두려워하지 않고 침착하게 대처한 동진의 의연한 모습, 즉 인자(仁者)의 용기를 볼 수 있다. 한유도 사방에 위험이 도사리고 있는 변주성으로 호위병도 없이 동진을 따라 들어갔다. 수행원들 중에서 가장 젊었던 한유로서도 어느 정도 용기가 필요했을 것이다. 한유가 번진의 병란을 경험한 것은 이것이 처음이다. 그는 여기에서 교만하고 난폭하여 걸핏하면 자신들의 힘을 믿고 자립하려는 번진 장군들의 실황을 보게 되었고, 또 생사를 돌볼 틈 없는 위기에 처하여서도 조정에서 내린 사명을 어떻게 완수해야 되는가를 동진의 행동을 통하여 알게 되었다. 어쨌든 이번 절도사의 막료 생활이 한유가 정치에 직접 참여한 최초의 소중한 경험이 된다. 이로부터 한유는 4년 간 동진의 막료로서 생활하였다. 막료로 근무한 지 2년째 되던 797년(貞元 13) 7월에 병으로 잠시 휴직한 적이 있다. 휴직하고 있던 그때, 앞에서 잠시 소개한 지난 과거를 회상하면서 쓴 「복지부(復志賦)」를 짓기도 하였다.

한유가 동진의 막료로서 맡았던 직책은 관찰추관(觀察推官)이었다. 관찰추관은 관찰사의 군사참모로 막부의 서기사무를 관장하였다. 이때 한유는 박봉에다 업무도 너무 단조로워서 그렇게 유쾌하게 생활하지는 못한 듯하다. 그는 이때 도박과 같은 유희에 빠져 있었고, 또 많은 전기소설(傳奇小說)을 수집하여 흥미있게 탐독하였다.

그러나 무엇보다 중요한 것은 이 무렵부터 그에게 문학을 배우고자 하는 사람들이 있었다는 것이다. 예를 들면 동년인 풍숙(馮宿)이라는 사람이 한유에게 문학에 대해 지도를 바랐을 때, 한유가 그에게 답한 편지가 있다. 이 편지가 「풍숙에게 문학을 논하여 준 글(與馮宿論文書)」인데, 풍숙이 자작한 부(賦) 한 편을 한유에게 보내 비평을 구하자, 한유는 "참으로 재미있었습니다. 다만 힘써 지으시면 곧 옛 사람에게도 어렵지 않게 이를 것입니다(實有意思. 但力爲之, 古人不難到)"라 칭찬을 하고서, 이어 문학에 대한 자신의 체험을 말하고 있다. 요약해 보면 다음과 같다.

자신은 오랫동안 문장을 지어 왔는데, 언제나 스스로 생각해 보면 훌륭한 것인데 다른 사람은 나쁘다고 하였다. 어느 정도 좋다고 생각하면 다른 사람은 그만큼 나쁘다고 하였고, 또 크게 잘되었다고 생각하면 다른 사람은 크게 나쁘다고 하였다. 때로는 세속의 유행에 응해서 세속적인 문장을 지어 놓고 보면 자신에게는 부끄러운 것인데, 다른 사람에게 보이면 훌륭하다고 칭찬하였다. 스스로 조금 부끄럽다고 생각하면 다른 사람은 조금 칭찬하고, 크게 부끄럽다고 생각하면 크게 칭찬하였다. 그래서 한유는 "모르겠습니다. 고문이 진실로 현세에 어떻게 유용한 것인지를. 그러나 알아주는 사람이 나타나 알아주기를 기다릴 뿐입니다(不知古文直何用於今世也. 然以竢知者知耳)"라고 하면서 '고문'의 길로 나아갈 것을 명확히 선언하였다.

고문에 어느 정도 숙달하여도 칭찬 받지 못하고, 지금의 세상에서는 쓸모도 없다. 그러나 그것이 옳은 것임을 아는 사람은 안다. 혹은 100세(世) 뒤에 성인이 나타나 올바름을 증명해 줄지도 모른다. 한유는 이렇게 풍숙에게 푸념을 하면서, 자신과 관련한 근래의 현황에 대해 다음과 같이 말하였다.

> 최근에 이고(李翶)는 저에게 문학을 배워 어느 정도 성과가 있었습니다. 그러나 그 사람은 집이 가난하고 일이 많아 그 학습을 끝마칠 수가 없습니다. 또 장적(張籍)이라는 사람이 있는데 나이는 이고보다 많습니다만 그 또한 저에게 배웁니다. 그의 글은 이고와 거의 같은 수준입니다. 한두 해 학습을 하면, 최고 수준에 가까워질 것이라 생각합니다.
>
> (近李翶從僕學文, 頗有所得. 然其人家貧多事, 未能卒其業. 有張籍者, 年長於翶, 而亦學於僕. 其文與翶相上下. 一二年業之, 庶幾乎至也.)

여기에 나오는 이고는 자(字)가 습지(習之)로 진류(陳留 : 지금의 하남성 개봉현開封縣) 사람이다. 한유보다 여섯 살 아래다. 797년(貞元 13) 이고는 서주(徐州)에서 변주로 돌아와 한유와 서로 알게 되었다. 이고는 일찍이 양숙에게 고문으로 인정을 받았지만, 이때 일년 정도 한유가 근무하고 있던 변주에 머물면서 한유의 고문 창작이론과 철학사상을 체계적으로 받아들였다. 800년에 이고는 한유의 당질녀(사촌형 한엄韓弇의 딸)와 결혼함으로써 한유와는 친구인 동시에 제자이며 당질서(堂姪婿)가 된다. 그가 결혼할 때에 훗날 한문(韓門)을 형성하였던 맹교(孟郊)와 장적·후희(候喜)·왕애(王涯)가 참석하여 축하해 주기도 하였다. 나중에 이고는 절도사까지 진급하였고, 한유의 학풍을 계승하여 학자이면서 문인으로서도 이름이 났다.

이 무렵 맹교도 변주로 왔다. 793년 맹교는 장안에서 한유와 헤어진 후 남북을 유람하다 795년 가을 다시 진사시험을 보기 위해 장안으로 돌아왔다. 이때 한유는 장안을 떠나 고향 하양에 있었다. 맹교는 이듬해 초봄에 마침내 급제하였고, 급제 후 바로 동쪽 낙양으로 와서 한유와 만났다. 한유가 동진의 막료로 갈 때 그는 「송한유종군(送韓愈從軍)」이란 시를 지어 주기도 하였다. 796년에 맹교는 다시 한유가 있던 변주로 와서 당시 행군사마(行軍司馬)로 있던 육장원(陸長源)에 의지하면서, 한유·이고와 자주 모임을 가졌다. 세 사람이 첫 모임을 가졌을 때 함께 지은 「원유연구(遠游聯句)」라는 시가 있는데, 이것은 맹교가 참가한 첫 연구시(聯句詩)이다.

798년(貞元 14) 한유는 선무군(宣武軍)에서 시행한 과거 예비시험의 시험관이 되었는데, 이때 합격한 사람 가운데 장적(張籍)이 들어 있었다. 물론 이 시험의 명목상 책임자는 절도사 동진이었고, 합격의 추천장도 동진의 명의로 교부되었다.

장적은 자가 문창(文昌)으로 화주(和州: 지금의 안휘성安徽省 화현和縣) 사람이다. 나이는 한유와 비슷하며, 먼저 장적을 알고 있었던 맹교가 한유에게 추천하였다. 798년 장적은 변주로 와서 한유와 처음으로 대면하게 되었는데, 서로 늦게 알게 된 것을 한탄하였다 한다. 장적은 '고문(古文)'과 '고도(古道)'를 좋아하였고 불교와 도가를 배척하였다. 이것은 한유가 평소 지향하던 것임을 단번에 알 수 있다.

한유와 장적 두 사람이 서로 친숙해졌을 무렵, 장적은 두 차례 편지를 보내 한유가 일찍이 장기·바둑 같은 놀이에 빠져 시간을 허비하고, 사람과 논쟁을 할 때는 물러서지 않고 즐겨 남을 이기려 한다는 단점을 지적하자, 한유는 「다시 장적에게 답한 글(重答張籍書)」에서 이렇게 해명하였다.

먼젓번 편지에서 그대가 내게 일러주었지. 내가 다른 사람과 논쟁할 적에 혈기를 누를 줄 모르고 남을 이기기 좋아하는 사람인 것 같다고. 사실 내게는 이러한 점이 있기는 하지만, 이것은 굳이 내가 이기기를 좋아하는 것이 아니라, 나의 도가 이기기를 좋아하는 것일세. 나의 도는 곧 공자·맹자·양웅이 전하는 도라네. 만일 이러한 도가

이기지 못한다면 곧 도라고 할 것이 없으니, 내 어찌 남을 이기기 좋아한다는 이름을 피할 것인가?

공자도 일찍이 "내 안회와 더불어 종일토록 이야기하였으나 끝내 이견을 말하는 일 없이 듣기만 하여 마치 어리석은 사람 같았다"고 하셨네. 이와 같이 성인인 공자께서도 뭇사람과 더불어 변론함이 있었던 것일세.

(前書, 謂吾與人商論, 不能下氣, 若好勝者然. 雖誠有之, 抑非好己勝也. 好己之道勝也. 己之道, 乃夫子孟軻揚雄之所傳之道也. 若不勝, 則無以爲道, 吾豈敢避是名哉. 夫子之言, 曰吾與回言終日, 不違如愚. 則其與衆人辨也有矣.)

한유 자신은 절도사의 일개 막료에 불과하지만, 공자·맹자·양웅이 전한 도를 계승한 사람으로 자부하고 있다. 남들이 보기엔 자신은 논쟁에서 지기 싫어하는 고집 센 사람 정도로 보일지 몰라도, 참된 유가의 도를 전파하기 위해서는 남을 이기기 좋아한다는 비판도 기꺼이 감수하겠다는 것이다.

장적이 첫 번째 편지에서 "불교와 도가를 배척하는 데 시끌벅적 말을 많이 해서 공연히 서로 비난만하는 것보다는 글을 지어 주장을 밝히는 것이 더 나을 것이네(排釋老不若著書, 囂囂多言, 徒相爲訾)"라고 하여, 한유에게 말로만 불노를 배척하지 말고 자신의 주장을 글로 지어 공론화하기를 요구하였는데, 한유는 이에 대해 「장적에게 답장함(答張籍書)」에서 이렇게 이야기하였다.

그대가 논한 바에 의하면, 불교와 도가를 배척하는 데 있어 시끌벅적 말을 많이 하여 다만 서로 간에 비난하는 것보다는 글을 지어 주장을 밝히는 것이 더 나을 것이라고 하였네. 나의 견해는 그것과 다르다네. 소위 글을 짓는다는 것은 뜻을 말로 표현해내는 데 불과할 뿐이지. 입으로 말하는 것과 글로 쓰는 것이 무슨 차이가 있겠는가? 맹자의 책은 맹자가 직접 지은 것이 아니라, 그가 죽고 나서 그 제자인 만장과 공손추가 그가 한 말을 함께 기록하였을 뿐이라네. 나는 성인의 도를 얻고부터 그것을 암송하며, 불교와 도가를 배척한 것이 여러 해가 되었다네. 나를 모르는 사람은 내가 논변하기를 좋아한다고 생각하지만, 그러나 나의 견해를 받아들이는 사람도 있고, 내 의견을 듣고 의심하는 사람도 또한 곱절이나 될 만큼 많다네. 완고하여 내 견해를 받아들이지 못하는 사람에게 직접 말로써 일깨워주어도 알아들을 수 없다면, 그들이 내가 쓴 글을 본다 해도 근본적으로 이해하지 못할 것이네. 그렇게 해서 된다면야 내가 어찌 힘을 아끼겠는가? 그러나 다음과 같은 이야기도 있다네. 당세 사람을 교화하는 데는 입만 한 것이 없고, 후세 사람들에게 전하는 데는 책만 한 것이 없다고. 그리고 두려운 것은 내 힘이 아직 미치지 못한다는 것이네. 공자는 나이 삼십에 학문에 자립하고 사십에 의혹이 없다 하였는데, 나는 성인보다 나이를 더 먹어도 오히려 그 요구에 이르지 못할까 두려운데, 하물며 지금 내 나이는 아직 그 나이에 이르지도 못하였으니, 진실로 그만한 수준에 이르지 못함은 분명하네. 청컨대 오륙십 살이 된 이후에 글을 지으면 잘못이 줄어들 것이라 기대한다네.

(吾子所論, 排釋老不若著書. 囂囂多言, 徒相爲訾. 若僕之見, 則有異乎此也. 夫所謂著書者, 義止於辭耳, 宣之於口, 書之於簡, 何擇焉? 孟軻之書, 非軻自著, 軻旣歿, 其徒萬章公孫丑相與記軻所言焉耳. 僕自得聖人之道而誦之, 排前二家有年矣. 不知者以僕爲好辯也, 然從而化者, 亦有矣, 聞而疑者, 又有倍焉. 頑然不入者, 親以言論之不入, 則其觀吾書也, 固將無得矣. 爲此而止, 吾豈有愛於力乎哉? 然有一說, 化當世, 莫若口. 傳來世, 莫若書. 又懼吾力之未至也. 三十而立, 四十而不惑, 吾於聖人, 旣過之猶懼不及, 矧今未至, 固有所未至耳. 請待五六十然後爲之, 冀其少過也.)

한유는 소위 입으로 말하는 것이나 글로 지어서 주장하는 것은 서로 효과가 같지만, 다만 힘이 부족할까 두려워 오륙십 살 이후에나 그렇게 하겠다는 관점을 피력하였다. 장적은 이에「한창려에게 올리는 두 번째 편지(上韓昌黎第二書)」에서 한유의 이러한 관점을 더욱 구체적으로 반박하였다. 장적이 이렇게 한 것은 사실 한유에 대한 기대와 격려였다. 한유도 다시 장적에게 편지를 써서 자신에 대한 충고와 존경에 고마움을 전하는 한편, 불교와 도가의 배척에 관한 저술을 오륙십 살 이후에나 하겠다고 한 이유를 "지금 불교와 도가를 종주로 받들어 섬기는 사람들이 아래로는 바로 공경과 재상이니, 내가 어찌 감히 공공연히 말을 해서 그들을 배척할 수 있으리오?(今夫二氏所宗而事之者, 下乃公卿輔相, 吾

豈敢昌言排之哉?)"라고 자신의 속마음을 솔직하게 털어놓기도 하였다. '아래로'가 공경재상이라면 '위로'는 말을 하지 않아도 황제와 황후라는 것을 알 것이다. 지금 한유 자신의 힘으로는 불가능함을 솔직하게 시인한 셈이다. 모름지기 공자 같은 사람도 그의 사상을 받드는 제자들이 있었기에 "그 제자들이 서로 지켜 준 데 힘입어, 마침내 세상에 설 수 있었고(賴其徒相與守之, 卒有立於天下)", 그가 죽고 난 뒤에 비로소 그의 말이 글로 지어질 수 있었듯이, 한유 자신도 먼저 입으로 이야기하고 스승과 제자 사이의 관계를 세워 지지자를 만들어서 그 영향을 확대한 뒤에 저술을 하게 되면 화를 피하여 몸을 지킬 수 있을 것이고, 그 글 또한 오래 전해질 수 있을 것이라 여겼던 것이다.

이처럼 불교와 도가의 사상을 배척하는 문제에 대해서는 장적이 보다 격렬하고 적극적이었고, 한유는 장적에 비해 신중하였다. 그러나 서로 간의 편지로 장적은 불교와 도가를 배척하고자 한 한유에게 자신감을 심어 주었고, 한유는 장적에게 격발되어 마침내 글을 써서 "내가 아니면 그 누가 하랴?(非我其誰哉?)" 하면서 분연히 나섰던 것이다. 그래서 "오육십 살이 되기를 기다린다 해도 늦지 않을 것이다(俟五六十爲之未失也)"라고 하였던 태도를 바꾸어 「원도(原道)」를 지어 유교사상을 밝히고 불교와 도교를 배척하기에 이르렀고, 이 「원도」를 비롯한 다섯 편의 '원(原: '근원을 밝히다'는 뜻)'으로 시작하는 「원성(原性)」·「원훼(原毀)」·「원인(原人)」·

「원귀(原鬼)」같은 작품들을 이 무렵에 지었으니(지은 연대에 대해 약간의 논란은 있으나 800년 貞元 16년 전후), 오륙십의 나이는커녕 그의 나이 삼십 초반이었다.

「원도」·「원성」·「원훼」·「원인」·「원귀」이 다섯 편은 주로 유가사상을 드러내고 이단을 배척하는 내용이다. 이러한 점으로 볼 때 한유는 이 무렵에 이미 자신의 유가사상을 확고히 정립하였음을 알 수 있고, 얼마 뒤 지은「이익에게 답한 편지(答李翊書)」·「풍숙에게 문학을 논하여 준 글(與馮宿論文書)」등에서 '문(文)과 도(道)의 관계' 등 고문창작의 이론들을 살펴볼 수 있어 이 무렵에 이미 고문운동의 이론을 정립한 것으로 보인다.

또 불교와 도가의 배척에 대해서 비교적 신중했던 태도도 장적과의 논쟁을 통하여 보다 강경한 태도로 바뀌었다. 한유는「원도」에서 이렇게 말하였다.

> 노·불의 도를 막지 않으면 유교의 도는 전해지지 않을 것이며, 노·불의 도를 금지하지 않으면 유교의 도는 세상에 실행되지 않을 것이다. 노자와 불교를 신봉하는 도사와 승려를 세간의 보통 사람으로 환속시키고, 도교와 불교에 관한 책들을 모두 불태워 버려야 하며, 도관이나 사원을 모두 보통 사람의 주택으로 만들어야 한다. 선왕의 도를 세상에 밝혀서 그것으로 세상 사람들을 이끌어 홀아비·과부·고아·자식 없는 늙은이·불구자들을 길러 주어야 한다.

(不塞不流, 不止不行, 人其人, 火其書, 廬其居, 明先王之道以道之, 鰥寡孤獨廢疾者有養也.)

  승려들을 환속시키고, 불로(佛老)의 서적들을 불태우고 사원이나 도관을 일반 가정집으로 만드는 등과 같은 강경한 조치를 취해야만 불교와 도가를 배척할 수 있다는 것이다. 불교와 도가의 배척에 대한 한유의 이러한 강경한 태도는 장적의 논쟁과 관계가 깊으므로 장적의 영향이 컸다 하겠다.

  한편 장적은 도덕과 학문에 있어 한유를 선배로 여겼고, 한유도 장적의 재능을 중시하여 고문을 짓는 데 열심히 격려하고 지도하였다. 장적은 문장가이기도 하지만, 시인으로서 중당시대의 시단에 이름이 났던 사람이다. 후세의 학자들이 말하는 한문(韓門)은 이 무렵부터 형성되기 시작한 것으로 보인다.

  「풍숙에게 문학을 논하여 준 글(與馮宿論文書)」에서 말한 것처럼 한유는 후배들에게 지금 시대에는 쓸모없는 것이라 말하면서 고문을 가르쳤고, 또 가르침을 받고자 하는 이런 후배들은 한유의 입장에서는 좋은 동지들이었다. 이처럼 뜻을 같이 하는 선비들도 있었고, 또 상관인 동진의 지우(知遇)도 있어 이 시기의 생활은 별 어려움이 없었던 것 같다. 따라서 한유의 마음도 차츰 안정되어 "아는 사람이 나타나 알아주기를 바랄 뿐"이라고 할 정도로 마음의 여유가 있었던 것이다.

그러나 799년(貞元 15) 한유가 서른두 살 되던 2월에 절도사인 동진이 병으로 죽었다. 당시의 풍습에 따라 선조의 무덤이 있는 고향까지 옮겨가야만 하였다. 동진은 2월 3일에 죽었고, 3일 동안 염을 하고 2월 6일 출발하였다. 절도사 신분이어서 행렬도 거창하였다. 동진의 고향은 우향(虞鄕 : 산서성山西省)으로, 변주에서 그의 고향까지는 직선거리로만 해도 거의 300킬로미터나 되었다. 하지만 광대한 중국의 국토를 생각해 보면 그렇게 먼 거리는 아니다. 절도사의 후임으로 집무를 관장한 사람은 동진의 보좌관이었던 육장원(陸長源) 이었다.

온화한 성격의 소유자였던 동진과는 반대로 육장원은 자신의 재주를 믿고 오만하였으며, 성질이 급하고 가혹한 사람이었다. 그가 동진의 후임이 되어 제일 먼저 착수한 일이 기강의 숙정(肅正)이었다. 동진의 관대함에 익숙해져 있던 선무군 병사들로서는 당연히 불안하였을 것이다. 불안은 마침내 동요로 변하여 반란이 일어났다. 결국 육장원은 광분한 병사들의 손에 무참히 살해되었고, 또 막료까지도 살해되었다. 다행히도 한유는 동진의 지우(知遇)를 받았고 나이도 막료들 중에 가장 젊어 동진의 상여 호송에 차출되어 변주를 떠나는 바람에 죽음을 피할 수 있었다.

이 소식이 동진의 장례행렬에 전해진 것은 변주를 떠난 4일 뒤, 낙양 동쪽에 있는 언사(偃師)라는 마을에서 묵고 있던 밤이었다. 한유는 「변주의 난(汴州亂)」과 「오늘은 슬퍼할 만하다(此日足可

惜)」라는 시를 지어 이때의 사정을 이렇게 서술하고 있다.

변주의 난 1
변주의 성문은 아침이 되어도 열리지 않고,
천구성이 땅에 떨어져 우레와 같은 소리가 나네.
병사들은 다투어 떠들며 후임 절도사를 죽이고,
이어진 집 늘어선 기둥은 타서 재가 되었네.
절도사들 지척에 있으면서도 구원하지 못하는데,
외로운 선비 홀로 슬퍼한들 무엇하리?
(汴州城門朝不開, 天狗墮地聲如雷. 健兒爭詩殺留後, 連屋累棟燒成灰. 諸侯咫尺不能救, 孤士何者自興哀.)

이 시에서 한유는 육장원을 동정하고 있음을 엿볼 수 있다. 여기서 천구성(天狗星)은 혜성처럼 우레와 같은 소리를 내는데, 땅에 떨어진 것을 보면 마치 개 모양이어서 그렇게 부른 것이다. 또 이 천구성이 떨어진 곳에는 변란이 일어난다고 한다. 「변주의 난」 두 번째 시에서는 또 이렇게 쓰고 있다.

변주의 난 2
어미가 자식 데리고 도망가는 사람 누구인가?
후임 절도사의 부인이요 그 아들들이네.

어제까지만 해도 수레 타고 큰 말을 몰면,

앉았던 이는 일어나 허리 굽히고 말 탄 이는 내려섰는데.

조정에서는 아직도 토벌하려고 하지 않으니,

아 아! 그대들 모자는 어떻게 될 것인지?

(母從子走者爲誰, 大夫夫人留後兒. 昨日乘車騎大馬, 坐者起趨乘者下. 廟堂不肯用干戈, 嗚呼奈汝母子何.)

이 시는 육장원의 부인과 그 자식을 동정하고, 이 반란을 방치하고 있는 조정의 무책임함을 지적하고 있다. 그러나 이 시에서 한유는 육장원의 처지를 빌려서 자신의 처와 자식을 걱정하였을지도 모른다.

한유에게는 이때 젖먹이 딸이 있었다. 한유가 동진의 장례를 호송하여 변주를 떠났을 때, 아내와 자식은 변주에 남아 있었다. 한유가 이 변란을 만나 아내와 자식들을 걱정하는 것은 당연하다 하겠다. 물론 장남인 창(昶)도 이해에 태어났지만, 난이 일어난 이후였던 것 같다. 이 변주의 난에 대해 쓴 「오늘은 슬퍼할 만하다」라는 시 속에 그가 처와 딸을 걱정하는 구절은 있어도, 아들 창에 관해서는 아무런 언급이 없기 때문이다. 그러면 「오늘은 슬퍼할 만하다」의 시 가운데서 처자에 관해 읊은 구절만 살펴보자.

밤에 변주에 난리가 났다는 말을 듣고는,

벽을 감돌며 방황하였네.

나는 그때 처자를 남겨두었는데,

창졸간의 일이라 데리고 나올 틈이 없었네.

서로 만날 날 다시 기약할 수 없으니,

그들과 흩어진 괴로움 실컷 당하고 있네.

귀여운 딸아이는 아직도 젖 떨어지지 않았으니,

생각할수록 잊을 수가 없네.

홀연히 내 곁에 있는 듯하고,

귀에는 우는 소리가 들리는 듯하네.

(夜聞汴州亂, 遶壁行傍偟. 我時留妻子, 倉卒不及將. 相見不復期, 零落甘所丁. 驕女未絶乳, 念之不能忘. 忽如在我所, 耳若聞啼聲.)

이처럼 한유가 그의 처자를 걱정하고 있을 때, 동쪽 변주에서 온 사람이 자신의 처자는 무사하다는 소식을 전해 주었다. 그러나 변주에 있는 것이 위험하여 배를 타고 낙양 반대방향인 동쪽 서주(徐州)로 달아났다고 하였다. 그래서 한유는 장례행렬을 낙양까지만 전송하고 단신으로 동쪽으로 향했다. 20여 일 동안을 불안과 걱정으로 변주의 남쪽을 우회하여 겨우 서주에 도착한 뒤에서야 처자를 만났다. 한유 가족은 이렇게 해서 서주를 임시 거주지로 정하게 되었다. 이때가 2월 말이었다.

변주의 반란은 곧 진압되었지만, 한유는 변주로 돌아가지는 않았다. 절도사의 막료는 공식적으로 임명되지만, 임명은 사적인 선발에 의해서 이루어지는 것이어서 신분보장은 없었다. 일반적으로 전임 절도사가 죽으면 후임 절도사가 전임 절도사의 막료를 그대로 승계 받아 채용할 의무는 없었다. 따라서 새로운 절도사는 자신이 직접 뽑은 새로운 막료를 임명하여 막부를 구성하게 된다. 이럴 경우 이전의 막료들은 졸지에 실업자 신세로 전락하지만, 그렇다고 해서 여기에 대해 그 누구도 트집 잡을 수는 없었다. 이것이 과거시험을 거쳐 정식으로 임명된 관리와 다른 점이다. 한유의 경우도 자신을 선발해서 채용해 준 동진이 죽었으므로 자동적으로 그의 막료직은 상실되었다고 보면 된다.

한유가 애써 얻은 막료직은 잃었지만, 가족과 함께 피난 온 이 서주의 절도사는 장건봉(張建封)이란 사람이었다. 서주에 근거지를 둔 무령군 절도사(武寧軍節度使)인 장건봉은 한유와 인연이 있었다. 「맹동야에게 보내는 편지(與孟東野書)」에서 한유는 "주인어른[장건봉을 두고 한 말]과 나는 연고가 있었다(主人與吾有故)"고 하였고, 또 793년(貞元 9) 맹교가 진사시험에 떨어졌을 때, 한유가 맹교를 장건봉에게 추천한 일도 「맹교 선생을 노래함(孟生)」이란 시에 보인다. 또 「검교우복야(檢校右僕射)를 지낸 장건봉 님께 올리는 글(上張僕射書)」에서도 "제가 복야께 은혜를 입고 따르게 된 지 퍽 오래되었습니다(愈蒙幸於執事, 其所從舊矣)"라고 한 것으로 볼 때, 분명 장건봉과 한유는 오래 전부터 알고 있었던 것 같다. 그러나 두 사람의 인연이 직접 맺어졌다기보다는 아마도 장건봉이 한유의 아버지나 형들과의 교제로 인한 것 같다.

어쨌든 장건봉은 변주에서 피난 온 한유의 가족에게 거처를 마련해 주고, 의식에 곤란을 받지 않을 정도로 원조를 해주었다. 그러나 한유는 언제까지 이곳에 머무를 수도 없었고, 또 장건봉에게 도움만 받을 수도 없었으므로, 일단 가을이 되면 서주를 떠나려고 마음먹었다. 물론 고향으로 갈 생각이었는지도 모른다. 바로 그때 장건봉은 한유를 자신의 막료로 임명하였다.

한유는 임시 주거지를 정하여 거주하면서부터 정식으로 막료로 초빙되기까지 몇 달 동안은 "옷상자 속에는 옷이 넉넉하고, 쌀 동이 속에는 양식이 넉넉하네. 문 닫고 옛 책과 역사를 읽는데, 맑은 바람 창문을 시원하게 하네(篋中有餘衣, 盎中有餘糧. 閉門讀書史, 淸風窓戶涼)"라 할 정도로 여유 있고 한가하게 보냈다. 이 무렵 장적이 고향 화주(和州)로 돌아가던 도중 한유를 방문하였다. 한유는 동진이 죽던 날 장적이 진사에 급제했다는 소식을 받았지만, 축하해 줄 만한 여유가 없었다. 그러다 장적이 방문해 오자 두 사람은 마치 물고기가 물을 만난 듯 "음식 끼니마다 배불리 먹지 못하지만, 함께 이야기하면 지루한 줄 모르네. 연이어 한 달 삼십 일 동안을, 아침에 앉으면 새벽 오경이 되었네(對食每不飽, 共言無倦聽. 連延三十日, 晨坐達五更)"라고 할 정도로 함께 있는 즐거움을 노래하였다. 그리고 장적이 떠날 때 "회수는 천천히 흐르고, 초산은 총총히 섰네. 그대 또한 날 버리고 떠나면, 나의 근심 언제쯤 다 할지?(淮之水舒舒, 楚山直叢叢. 子又舍我去, 我懷焉所窮)"라고 헤어지는 슬픔을 노래하였다. 한유는 이 모든 내용들을 「오늘은 슬퍼할 만하다」라는 시에 담아 장적에게 주었다.

그는 또 이 한가한 시간을 이용하여 동진(董晋)의 전기에 해당하는 「태부로 추서된 동진 공의 행장(贈太傅董公行狀)」과 「동 상공께 올리는 제문(祭董相公文)」 같은 글을 썼다. 이 글 속에는 동진에 대한 찬양이 깊이 배어 있는데, 이것은 지난날 한유가 출로를 찾지 못하고 어려워 할 때에 자신을 초빙해 준 동진의 은혜에 대한 감사의 표시일 것이다.

2. 서주(徐州)에서의 막료 생활

800년(貞元 16) 한유는 서른세 살이 되었다. 지난 해 겨울, 한유는 종사관의 신분으로 장건봉을 대신하여 '조정(朝正: 외직 관리들이 정월달에 입조하여 황제를 알현하는 의식의 일종)'에 참여하기 위하여 오랜만에 도성으로 갔다. 그는 절도사 '조정'의 사신이었기 때문에 주무 관청으로부터 비교적 융성한 대우를 받았다. 그리고 이때 795년(貞元 10년)에 헤어졌던 동년인 구양첨(歐陽詹)을 만났다. 구양첨은 당시 국자감 사문조교(四門助教)로 있었는데, 평소 한유의 학문을 높이 평가하고 있었다. 이에 구양첨은 국자감 학생들을 데리고 궁궐로 가서 한유를 국자박사로 임용해 줄 것을 청원할 계획을 세웠으나 성사되지는 못하였다. 한유도 여기에 감동하여 이해 봄 '조정'을 마치고 장안을 떠나기 전, 구양첨에게 노둔한 말은 살 사람들이 많은데, 천리마는 팔 곳이 없다는 내용의 「노둔한 말과 천리마(駑驥)」란 시를 지어 주었다. 이 시의 핵심은 능력 없는 사람은 관직을 차지하고 있고, 구양첨 같은 뛰어난 인재는 쓰이지 못하는 관료사회의 용인(用人) 현상을 비유적으로 지적한 것이다.

한유는 이 무렵 구양첨에게서 태학생이었던 하번(何蕃)의 이야기를 듣고 감동하여 「태학생 하번전(太學生何蕃傳)」을 지어 하번의 성숙한 학문과 독실한 행실을 찬양하는 한편, 효성스럽고 충성스럽지만 뜻을 얻지 못한 그의 불우함을 동정하였다.

한유는 이해 봄에 서주로 돌아왔다. 이 무렵 한유가 쓴 글에는 절망적인 색채가 짙게 깔려 있다. 이것은 장건봉의 대우가 생각보다 나빴던지, 아니면 막료 생활을 하면서 접촉하기 시작한 정치실태에 대해 이상만으로는 도저히 해결할 수 없는 현실적인 복잡함이나 추악함에 회의를 느꼈을지 모른다. 그러나 확실한 것은 논쟁하기를 좋아하는 그의 성격으로 보아, 쉽게 주위 사람들과 충돌하였을 것이라는 점이다.

799년 9월 장건봉의 막료가 된 지 얼마 후, 한유는 장건봉에게 편지를 올려 절도사 관청의 규칙에 항의를 하였다. 장건봉은 자가 본립(本立)으로 등주 남양(鄧州南陽 : 지금의 하남성河南省 남양시南陽市) 사람이다. 그는 문장도 잘 짓고 "어진 이를 예의로 대하고 선비들에게 자신을 낮추는(禮賢下士)" 등의 명성도 있었지만, 막료들을 다루는 데는 가혹할 정도로 엄격하였다. 이때 올린 편지가 「검교우복야를 지낸 장건봉 님께 올리는 글」이다. 한유는 이 글에서 다음과 같이 건의를 하고 있다.

> 저는 절도추관의 사령장을 받은 이튿날 관청에 나갔더니 한 하급관료가 관청 내의 규칙과 관례 10여 개 항목을 가지고 와서 나에게 보여 주었습니다. 그 가운데 한 가지 옳지 못한 것이 있었습니다. 9월부터 다음 해 2월 말까지는 모두가 아침 일찍 출근해서 밤늦게 돌아가되, 질병이나 부득이한 사고가 아닌 이상 관청을 떠날 수 없다는 것이었습니다. 그러나 당시에는 처음 발령을 받았기 때문에 감히 말하지 못하였습니다.
>
> 옛 사람들이 말하기를 사람에게는 각기 잘 할 수 있는 일과 잘 할 수 없는 일이 있다고 하였습니다. 아침 일찍 출근하고 밤늦게 돌아가는 이러한 일은 제가 잘 할 수 있는 일이 아닙니다. 억지로 그것을 하게 하시면, 반드시 미쳐버리고 말 것입니다. …… 아마도 복야께서 저를 뽑아 주신 것은 제가 아침 일찍 출근해서 밤늦게 돌아가는 일을 잘 할 수 있다고 생각하신 것은 아닐 것입니다. 거기에는 반드시

달리 취할 만한 것이 있었기 때문일 것입니다. 진실로 저에게 취할 만한 것이 있어 취하셨다면, 아침 일찍 출근하고 밤늦게 퇴근하게 하지 않더라도 취할 것은 여전히 있을 것입니다.

아랫사람이 윗사람을 섬기는 데는 그 일이 하나 같지 않고, 마찬가지로 윗사람이 아랫사람을 부리는 데도 그 일이 하나 같지 않습니다. 그 사람의 역량을 헤아려서 일을 맡기고, 그 사람의 재능을 헤아려 알맞은 자리를 주어야 하며, 그 사람이 할 수 없는 일을 억지로 하게 해서는 안 됩니다. 이 때문에 아랫사람은 윗사람에게 죄를 얻지 않게 되고, 윗사람은 아랫사람으로부터 원망을 받지 않게 되는 것입니다. …… 제가 복야께 은혜를 입고 따르게 된 지 퍽 오래되었습니다. 만일 (이러한 직언을 올리게 된) 저의 무례함을 너그럽게 보아 주시어 저의 천성을 잃지 않게 하여 주시고, 좀 더 여유 있는 대우를 해주시어 명분으로 삼기에 족하게 해주신다면, 인시(새벽 4시경)에 출근하여 진시(아침 8시경)에 퇴근하고, 신시(오후 4시경)에 출근하여 유시(오후 6시경)에 퇴근하도록 관청의 상례로 정하여 주십시오. 이렇게 하여도 또한 사무에 지장이 없을 것입니다.

(受牒之明日, 在使院中. 有小吏, 持院中故事節目十餘事來示愈. 其中不可者, 有自九月至明年二月之終, 皆晨入夜歸, 非有疾病事故, 輒不許出. 當時以初受命, 不敢言. 古人有言曰, 人各有能有不能. 若此者, 非愈之所能也. 抑而行之, 必發狂疾. …… 凡執事之擇於愈者, 非爲其能晨入夜歸也. 必將有以取之. 苟有以取之, 雖不晨入而夜歸, 其所取者猶在也. 下之事上, 不一其事. 上之使下,

不一其事. 量力而任之, 度才而處之, 其所不能, 不强使爲. 是故爲下者不獲罪於上, 爲上者不得怨於下矣. …… 愈蒙幸於執事, 其所從舊矣. 若寬假之, 使不失其性, 可待之, 使足以爲名. 寅而入, 盡辰而退. 申而入, 終酉而退. 率以爲常, 亦不廢事.)

이 편지에서 요구하고 있는 것은 상당히 일리가 있다. 한유가 요구한 근무시간은 당시 조정에서 근무하는 관리들의 근무시간과 거의 일치하는 것이어서 특별히 부당한 것은 아니었다. 아마 동진 막부의 근무시간도 이와 같았을 것이다. 그런데 아침 일찍부터 저녁 늦게까지 관아에 있어야 한다는 장건봉의 규칙이 무리였다.

한유가 취임 초기에 복무규정에 대해 반발한 것을 보면 상당히 배짱이 있었다고 하겠으나, 주의해 볼 점은 한유의 요구가 규칙을 개정하자고 한 것이 아니라 자신에게만 특별하게 대접해달라는 것이다. 다른 막료와 연합하여 근무시간을 단축해달라고 하면 반란으로 간주될지도 몰랐으므로 개별적으로 요구할 수밖에 없었을 수도 있다. 하지만 한유가 의식하고 있었던 것은 그러한 것이 아니었을 것이다. 평범한 막료는 규정을 성실하게 지켜야 하지만, 한유 자신은 특별하기 때문에 보다 좋은 대우를 해달라는 것이 이 글의 요지인 것 같다.

만약 장건봉이 특별대우는 곤란하니 싫으면 사직해도 좋다고 했다면 한유는 곤란한 요구를 대담하게 한 셈이 되지만, 그에게도 그만한 계산은 있었을 것이다. 전부터 알고 있는 처지였으므로 이 정도를 요구한다고 해서 장건봉이 화를 내지는 않을 것이라 예상하였을 것이다. 사실 장건봉이 한유의 요구를 바로 들어주었는지는 알 수 없지만, 분명한 것은 한유에게 화를 내었다거나 해임시키지는 않았다는 것이다.

그런데 장건봉의 막부에는 한유가 진실하게 사귈 만한 상대가 없었던 것 같다. 한유로서는 이 점이 매우 불만스러웠을 것이다. 이 무렵의 심정을 노래한 시 「멍하니(忽忽)」가 있다.

> 멍하니 나는 삶의 즐거움을 아직 모른다네.
> 인간 세상을 벗어나고 싶지만 방법이 없구나.
> 어쩌하면 구름 같은 긴 깃과 큰 날개 내 몸에 솟아,
> 바람을 타고 힘차게 날갯짓하며,
> 이 세계를 벗어나,
> 속세와 인연을 끊어 버리고서,
> 생사와 애락 둘 다 내버려둔 채,
> 시비와 득실을 한가한 사람에게 맡겨 버릴 수가 있을까?
>
> (忽忽乎余未知生之爲樂也. 願脫去而無因. 安得長翮大翼如雲生我身, 乘風振奮, 出六合, 絶浮塵, 死生哀樂兩相棄, 是非得失付閑人.)

멍하니 이 세상에 즐거움을 느끼지 못하는 이상, 산림으로 숨든 신선의 세계를 동경하여 찾아가든 일단 현세로부터의 도피를 생각하는 것이 일반적이다. 이 시에도 현실을 벗어나려는 생각이 나타나지만, 이 무렵에 쓴 「명안(鳴雁)」·「종사(從仕)」·「모행하제상(暮行河堤上)」 같은 시에서도 비슷한 생각들이 묘사되어 있다. 그러나 그가 공자·맹자를 이어 유가의 도를 계승하는 것을 임무로 여기고 있는 이상, 현세를 버리고 은둔한다는 것은 자살 행위나 다름없다. 그래서 그의 마음속에 무어라고 형용할 수 없는 답답함이 치솟고 있었던 것이다. 이 시의 창작시기에 대해서는 이설이 있다. 동진의 막부에 있을 때 지은 것이라는 의견도 일부 있지만, 799년 장건봉의 막부에 있을 때 지었다는 것이 다수의 의견이다.

800년(貞元 16) 3월에 한유는 그의 친구인 맹교에게 「맹동야에게 보내는 편지(與孟東野書)」를 썼다. 이 편지에서 그는 먼저 친구와 오랫동안 만나지 못한 외로움을 서술한 뒤, "내가 말을 하여도 누가 들어주겠습니까? 내가 시를 지어 노래하더라도 누가 화답해 주겠습니까? 말을 해도 들어줄 사람 없고, 노래해도 화답해 줄 사람 없습니다. 혼자 행하기만 할 뿐 동료가 없습니다. 옳고 그름을 함께 해줄 사람이 없습니다(吾言之, 而聽者誰歟 吾唱之, 而和者誰歟言無廳也. 唱無和也. 獨行而無徒也. 是非無所與同也)"라고 자신의 고독함을 탄식하고 있다. 그리고 변주의 난 이후, 말없이 장건봉의 막료로 지내는 현재의 상황을 서술하면서 "올 가을엔 또 사직을 하고 떠나볼까 합니다. 강호를 떠다니며 자유롭게 생활하는 것이 저의 즐거움입니다(到今年秋, 聊復辭去. 江湖余樂)"라고 하였다. 막료 생활을 가을까지 만 일 년만 채우고 그만두고 물러나 자유롭게 일생을 보내고 싶다는 말이다.

또 이 편지 속에는 일찍 세상을 떠난 사촌형 한엄(韓弇)의 딸을 제자인 이고에게 시집보낸 사연이 보인다. 이 무렵 그가 양육하고 있는 일가가 30여 명이라고 말하고 있는데, 이 숫자는 처자와 그 집에 속해 있는 하인 등을 합쳐서 30여 명이라 하더라도 많은 숫자이므로, 아마도 한엄의 딸과 같은 의지할 곳도 없는 일족을 포함한 숫자일 것이다. 이렇게 많은 사람을 양육하였던 것은, 별다른 방법이 없었기 때문이겠지만, 자신을 양육해 준 형수인 정씨에 대한 고마움을 마음속 깊이 새겨서인지도 모른다.

그런데 이 무렵 제자인 이고로부터 도성으로 오라고 권하는 편지가 왔다. 한유는 그의 편지에 답을 하면서 먼저 편지를 해준 데 감사의 말을 쓰고 이렇게 이야기하였다. 자신의 집은 빈곤한 데다 재난(변주의 난을 가리킴)까지 당하여 의식을 해결할 재산도 없는데, 일가는 30여 명이나 된다. 이 많은 식구를 버려둔 채 단신으로 상경할 수도 없고, 그렇다고 이 식구를 거느리고 상경할 수는 더더욱 없는 노릇이다. 나는 일찍이 8·9년 동안 도성에서 생활한 적이 있다. 그 무렵은 생활비가 없어 다른 사람의 도움을 받아 가며 겨우 생활하였다. 그 당시에는 그렇게 지내면서도 고통을 느끼지 못하였지만, 지금 생각해 보면 마치 병이 나은 사람이 병으로 고통을 당하던 때를 생각하는 것 같다. 게다가 그때보다 지금은 나이도 들었다. 또다시 그때와 같은 고통을 맛본다는 것은 견딜 수 없을 것이다. 그리고 도성에는 자신을 알아주는 사람도 거의 없다.

이처럼 암담한 생각을 품으면서 한유는 강호로 물러나려는 꿈을 실현하고자 만 일 년도 채우지 못하고 이해 5월에 서주를 떠났다. 이때 이고와 마찬가지로 한유의 문하에 들어온 왕애와 후희도 함께 행동하였다. 이들이 가고자 한 곳은 낙양이었다.

서주에서 동쪽으로 100여 리 떨어진 하비(下邳)라는 곳에 14년 전에 사귄 이평(李平)이라는 친구의 집이 있었다. 한유 일행은 먼저 그곳에 들러 옛 우정을 새롭게 다졌다. 바로 이때에 쓴 「이생의 벽에 적어 줌(題李生壁)」이란 글에 "나는 서주에서 쫓겨났으니, 장차 서쪽 낙양에서 거주하고자 한다(余黜於徐州, 將西居於洛陽)"라는 구절이 있다. 이 말을 액면 그대로 해석하자면, 한유가 서주를 떠난 진정한 이유는 강호로 돌아가려고 사직한 것이 아니라 해고되었던 것 같다. 평소라면 장건봉과의 교분 때문에 한유가 무슨 말을 하더라도 동료 막료들이 너그럽게 봐주었을 터였지만, 이해 5월에 장건봉이 병으로 중태에 빠지자 한유를 괴롭혀서 내쫓았으리라는 추측도 가능하다.

한유가 떠나고 장건봉이 죽자, 예외 없이 후임자 자리를 놓고 싸움이 벌어졌다. 한유로서는 병란을 피하게 되었으니, 이번에는 쫓겨난 것이 오히려 다행이었다.

낙양에서 변주(汴州)로, 다시 변주에서 서주(徐州)로 한유는 795년에서 800년 5월까지 거의 5년을 절도사의 막료로 지냈다. 이 기간 동안 몇 번이나 병란에 휩싸였고, 가족의 생명까지 위협받은 적도 있다. 이제 막료 생활을 청산하고 돌아가니, 위중행(衛中行)이란 친구가 한유가 다행히 서주병란의 화를 피하였다는 것을 알고 편지를 보내 축하하였다. 그리고 편지 속에 "군자는 반드시 길하게 될 것이고, 소인은 반드시 흉하게 될 것이다(君子則吉, 小人則凶)"라는 말로 그를 크게 칭찬하였다. 이에 한유는 「위중행에게 보내는 편지(與衛中行書)」에서 먼저 자신을 칭찬해 준 데 대하여 "과분하신 말씀입니다. 정말 과분하신 말씀입니다(不堪當, 不堪當)"라고 겸손의 말을 표하고, 다음과 같이 말하였다.

화복길흉이 찾아오는 것이 결코 자신의 행위에 달려 있는 것은 아닌 것 같습니다. 단지 군자가 화를 만나는 것은 불행이고, 소인이 화를 만나는 것은 정상입니다. 군자가 복을 받는 것은 정상이고 소인이 복을 받는 것은 요행입니다. 이것은 그들 각자의 행위가 이러한 결과를 만든 것과 같기 때문입니다. 틀림없이 '군자는 반드시 길하게 될 것이고, 소인은 반드시 흉하게 될 것이다'라고 하는 것은 아닌 것 같습니다.

(凡禍福吉凶之來, 似不在我, 惟君子得禍爲不幸, 而小人得禍爲恒; 君子得福爲恒, 而小人得福爲幸. 以其所爲似有以取之也. 必曰君子則吉, 小人則凶者, 不可也.)

어쨌든 한유는 병란을 만날 때마다 요행히 위험에서 벗어났다. 한유 가족과 동행자들은 하비에서 상구(商丘)로 왔다가 다시 낙양으로 가야 하였다. 낙양으로 가려면 수로를 택하든 육로를 택하든 반드시 서주를 거쳐서 가야 했다. 그래서 그들은 하비의 이평의 집에 머물면서 그곳 명승고적을 유람하다가 서주병란이 그친 6월 초에 서쪽으로 출발하였다. 그들은 상구에서 잠시 머문 뒤, 이고의 본가가 있는 진류(陳留 : 하남성 개봉시 동쪽)에서 이고의 부부 및 한엄의 처[한유의 사촌형수, 이고의 장모]를 그곳에 남기고, 나머지 일행은 낙양으로 왔다. 한유는 일가권속을 고향 하양에 남겨 놓고 혼자 낙양에 남아 있었던 것 같다. 물론 이때 그를 따라 고문을 배우던 후희(侯喜)·이경흥(李景興)·위지분(尉遲汾) 등은 한유와 함께 낙양에 남아 있었다.

한유는 절도사의 막료로 5년을 보내면서 벼슬길에는 진전이 없었지만, 이 기간을 통하여 많은 책을 읽었고 실험적인 다양한 문장들을 짓기도 하였다. 또 이 시기에 많은 친구들을 두루 사귀면서 자신도 모르는 사이에 유학을 부흥시키고 고문을 제창하며 시풍을 개혁하는 등의 일을 하였다. 이러한 방면에서 본다면 이 기간 또한 한유에게 있어 결코 허비가 아닌 소중한 시기였다.

|제4장|
관리 임용과 첫 유배

1. 상경하여 다시 수험 생활

낙양에 몇 달 동안 머문 후, 겨울이 되자 한유는 단신으로 수도인 장안으로 올라왔다. 관직을 구하기 위해서 상경한 것으로 보인다. 30여 명의 일가를 지탱하기 위해서는 아무리 생각해도 관리가 되는 길밖에는 방법이 없었을 것이다.

801년(貞元 17) 서른넷이 된 한유는 장안에서 봄을 맞았다. 관리가 되기 위해서는 이부(吏部)에 가서 시험을 치르지 않으면 안 되었다. 그러나 얼마만큼 고려될지는 알 수 없지만 이번에는 일단은 절도사의 막료를 지낸 경력이 있다. 한유는 그것에 힘입어 '신언서판과(身言書判科)'라는 지극히 실무적인 시험에 응시하였다. 이부의 시험은 대체로 겨울에 시행되어 다음 해 봄에 결과를 공표하는, 즉 11월부터 다음 해 3월에 걸쳐서 시행되는 것이 관례였다. 지난 해 겨울에 상경한 것은 물론 이 시기와 일치한다. 한유는 훗날 「현당에서 감회가 있어(縣齋有懷)」라는 시에서 "관직을 구하려 동쪽 낙양을 떠나, 눈보라 무릅쓰고 장안에서 지냈네(求官去洛東, 犯雪過西華)"라고 이때의 일을 회상하였는데, 후원자나 배경이 없는 한유 같은 사람이 이부의 전형에 응시하려면 겨울 내내 장안에서 추위와 굶주림을 겪지 않으면 안 되었다. 눈보라치는 한겨울을 희망과 굴욕과 추위와 배고픔의 시간을 보내야 했던 것이다.

'신언서판과'라는 것은 문자 그대로 네 가지를 시험 보는 것이다. '신(身)'은 용모와 풍채를 가리킨다. 당시에는 인격은 용모에 반영된다는 것이 하나의 통념이었다. 미남일 필요는 없지만 너무 추남이거나 풍채가 없는 사람은 인격에도 무엇인가 결함이 있고, 또 관리가 되어 백성 위에 서더라도 위엄이 서지 않는다고 생각하였다. '언(言)'이라고 하는 것은 언어, 즉 말이다. 조잡한 말을 써서는 당연히 안 되고, 방언을 너무 심하게 사용하는 것도 관리로서의 자격에 지장이 있었다. '서(書)'라는 것은 글씨를 쓰는 것을 말하는 것으로, 한자를 잘 알고 정확히 써야만 한다. 달필까지는 안 되더라도 너무 서투르게 글씨를 쓰는 것 역시 관리로서는 부적격한 것이다. 마지막으로 '판(判)'이라는 것은 관리로서의 자격에 꼭 필요한 것으로, 바로 실무적인 문장을 가리키는 것이다. 예를 들면 지방장관은 사법권을 가지고 있기 때문에 판결문을 써야만 한다. 이것도 '판'의 일종인 것이다. 이러한 문장은 문체가 정해져 있으므로 정해진 문체에 맞추어 쓰지 않으면 곤란하였다.

이렇게 보면 '판'은 연습을 통해서 배우면 가능한 것이고, '서'도 정성스럽게 연습하면 타고난 악필이 아닌 이상 일정 수준에 이를 수 있다. 또 '언'도 지방 출신에게는 좀 어렵겠지만, 이것 역시 훈련을 통해 고쳐나갈 수 있다. 그러나 '신'만은 노력만으로 어떻게 할 수가 없다. 용모로 인해 낙제하게 되면, 몇 년간 낭인으로 지내면서 공부하여 다시 응시한다 하더라도 합격할 수가 없다. 이것은 앞에서도 설명하였듯이 남자의 용모와 자태가 중시된 육조 귀족사회가 남긴 흔적으로, 귀족자제인 임자(任子)가 지배한 이부에서는 여전히 유효하였기 때문이다.

한유는 다른 것은 몰라도 용모에 대해서는 자신이 있었던 것 같다. 『묵객휘서(墨客揮犀)』, 『소씨문견후록(邵氏聞見後錄)』 등 송대 사람이 쓴 수필에는, 한유는 비만형으로 수염이 적었으며 낮잠을 즐겼다고 기록하고 있다. 수염이 많은 쪽이 위엄이 있기는 하지만, 적더라도 치명적인 결함은 아니므로 그런대로 존귀한 호족 티가 나고 있었다고 해도 좋을 것이다. 그러나 가난한 생활 때문에 이 무렵에 벌써 거의 백발이었다.

796년(貞元 12) 마흔여섯 살에 진사과에 급제하였지만, 관리가 될 생각을 버리고 일단 고향으로 돌아가서 어머니를 모시고 있던 맹교도 이해에 어머니의 명으로 이부시험을 보기 위해 다시 상경하였다. 한유는 경쟁자가 된 셈이기는 하지만 반갑게 맹교를 장안에서 다시 만났다.

이때의 시험에서 한유는 낙방하고 맹교는 순조롭게 급제하였다. 맹교는 급제하기는 하였지만 그렇게 좋은 성적은 아니어서 받은 관직은 율양(溧陽 : 지금의 강소성江蘇省)의 현위(縣尉)였다. 율양은 그렇게 큰 현도 아니고, 또 현위는 현의 장관인 현령(縣令)과 부장관인 현승(縣丞) 그 다음의 위치였고, 경찰사무를 담당하는 직책이어서 출세할 수 있다든가 수완을 발휘할 수 있는 그런 자리가 아니었다. 맹교는 고맙게 명령을 받았지만 내심으로는 큰 불만이었다.

언제 임명되고 언제 부임하였는지는 알 수 없지만, 어쨌든 한유는 이 친구를 위로하고 전송하면서 쓴 그의 걸작 가운데 하나인 「맹동야를 보내는 서(送孟東野序)」를 남기고 있다. 이 「맹동야를 보내는 서」는 한유의 문학 이론(넓게는 문예 이론으로 볼 수 있음) 가운데 '작가와 현실과의 관계'를 이해하는 데 중요한 문장이다. 한유는 이 글을 통해 문학 창작이란 "작가의 마음속에 억제할 수 없는 감정, 즉 불평의 감정을 토로한 것"이라는 '불평즉명(不平則鳴)'설을 제기하였다. 그러면 여기에서 그 내용을 잠시 분석해 보고 넘어가자. 한유는 이 글의 첫머리에서 이렇게 이야기하고 있다.

대개 만물은 평온한 상태를 얻지 못하면 운다. 풀과 나무는 본래 소리가 없는 것인데 바람이 흔들어서 소리 내어 울고, 물도 본래 소리가 없는 것인데 바람이 뒤흔들어서 소리 내어 운다. 물이 높이 솟아오르는 것은 무엇인가 그 물을 격동시켰기 때문이고, 물이 세차게 흘러가는 것은 무엇인가 그 물살을 막았기 때문이며, 물이 펄펄 끓어오르는 것은 그 밑에 불을 지폈기 때문이다. 쇠나 돌도 본래 소리가 없지만 무엇인가 그것을 쳤기 때문에 소리 내어 우는 것이다. 사람이 말을 하는 데도 또한 그러하다. 마음 가운데 마지못한 것이 있은 뒤에야 비로소 말로 나타나는 것이다. 사람이 노래를 읊을 때에는 그리워하는 바가 있기 때문이고, 사람이 울 때에는 가슴 아픈 슬픔이 있기 때문이다. 무릇 입에서 나와 소리가 되는 것은 모두 평온한 상태를 얻지 못한 것이 있기 때문이다…… 사람의 소리 가운데 정수인 것이 말이며, 문사[문학]는 말 가운데에서도 정수인 것이다. 특히 그 잘 우는 자를 골라 그를 빌려서 운다.

(大凡物不得其平則鳴. 草木之無聲, 風撓之鳴; 水之無聲, 風蕩之鳴. 其躍也, 或激之; 其趨也, 或梗之; 其沸也, 或炙之. 金石之無聲, 或擊之鳴; 人之於言也亦然. 有不得已者而後言, 其歌也有思, 其哭也有懷. 凡出乎口而爲聲者, 其皆有弗平者乎!……人聲之精者爲言, 文辭之於言, 又其精也, 尤擇其善鳴者, 而假之鳴.)

한유는 이 글에서 "만물이 평온한 상태를 얻지 못하면 소리를 낸다(物不平則鳴)"는 자연현상에서 출발하여, 사람도 말을 할 때 자연현상과 마찬가지로 "부득이한 것이 있은 이후에 말을 한다(有不得已者而後言)"라고 하여 사람의 경우로 발전하고, 여기에서 다시 발전하여 "사람의 소리 가운데 정수인 것이 말이며, 문학은 말 가운데서도 정수인 것이다. 특히 그 잘 우는 자를 골라 그를 빌려서 운다(人聲之精者爲言, 文辭之於言, 又其精也, 尤擇其善鳴者, 而假之鳴)"라고 하였다. 문학은 바로 말 가운데서도 정수인 것이며, 그 잘 우는 사람, 즉 그 시대의 뛰어난 사람들을 통해서 표현된다. 사람들이 문학을 창작하는 동기가 바로 이 '평온한 상태를 얻지 못한 것(不平)'에서 출발하며, 그 내용 또한 '평온한 상태를 얻지 못한 것(不平)'을 위주로 한다는 것이다. 그런데 이 '불평(不平)'이란 말을 '평온한 상태를 얻지 못한 것(不平)'이라 해석은 하였지만, 글자 그대로 불평이나 불만 혹은 울분으로 이해해야 옳지 않은가 하는 문제가 생기게 된다. 그런데 한유는 무엇인가 부득이한 것이 있기 때문에 소리를 낸다고 설명한 뒤에 거기에 대한 구체적인 예를 들고 있다.

먼저 주(周)나라가 쇠했던 때에는 공자와 그 문인들이 천하를 두루 돌아다니며 인의도덕으로 크게 울었고, 전국시대에는 제자백가들이 각각의 학설로써 크게 울었다. 그리고 당대(唐代)에 이르러서는 당시(唐詩)의 선구자인 진자앙(陳子昂)을 비롯하여 문사가 교묘하기로 이름난 소원명(蘇源明), 충의와 문장으로 이름난 원결(元結), 당대 제일의 시인 이백과 두보, 그리고 스물아홉이라는 짧은 삶을 마쳤던 이관 등이 제각기 타고난 재주로써 당대에서 한바탕 울렸던 사람이라고 설명한 뒤에 맹교와 이고·장적에게 붓을 옮기고 있다.

여기에서 '평온한 상태를 얻지 못한 것'이 구체적으로 어떤 내용인지를 이해할 수 있는 단서를 찾을 수 있다.

현존하는 인물로 낮은 지위에 있는 자로서는 맹교가 비로소 그의 시로써 울고 있다. 그의 시들은 위진(魏晉)시대 사람들의 작품보다 뛰어나며 게을리 하지 않는다면 옛 사람들의 훌륭한 작품에까지도 도달할 것이다. 그 밖의 작품도 한대(漢代) 작가의 영역에까지 들어와 있다. 나에게 배우고 있는 문인 중에서는 이고·장적이 특히 뛰어나다. 맹교를 합하여 이 세 사람의 울음이야말로 진실로 훌륭한 것이다. 그런데 도대체 하늘은 그들의 소리를 평화로운 것으로 하여 국가의 번성을 울게 할 것인지, 그렇지 않으면 그들의 몸을 곤궁하게 하고 굶주리게 하여 그들의 마음속을 우수로 차게 해서, 자신의 불행을 스스로 울게 할 것인지 알 수가 없다. 이 세 사람의 운명은 하늘의 뜻에 달려 있는 것이다. 윗자리에 앉았다고 해서 어찌 기뻐할 것이며, 아랫자리에 앉았다고 해서 어찌 슬퍼할 것인가?

맹교가 멀리 강남으로 임명을 받아 나아가면서 무엇인가 석연치 않은 점이 있는 것 같았으므로 나는 운명이란 하늘에 달려 있다는 것을 말하여, 그의 기분을 풀게 하려고 한 것이다.

(其存而在下者, 孟郊東野始以其詩鳴. 其高出魏晉, 不懈而及於古, 其他浸淫乎漢氏矣. 從吾遊者, 李翺張籍其尤也. 三子者之鳴, 信善矣! 抑不知天將和其聲, 而使鳴國家之盛耶? 抑將窮餓其身, 思愁其心腸, 而使自鳴其不幸耶? 三子者之命, 則懸乎天矣. 其在上也, 奚以喜. 其在下也, 奚以悲. 東野之役於江南也, 有若不釋然者, 故吾道其命於天者以解之.)

작가는 "자신의 소리를 평화로운 것으로 하여 국가의 번성을 울게 할(和其聲, 而使鳴國家之盛)"수도 있고, 그들의 "생활을 곤궁하게 하고 굶주리게 하여, 그들의 마음속을 우수로 차게 해서, 스스로 자신의 불행을 울게 할 수도 있다(窮餓其身思愁其心腸自鳴其不幸)"는 것이다. 그렇다면 '평온한 상태를 얻지 못한 것'을 정밀한 말로 표현한 것이 문사라면 '평온한 상태를 얻지 못한 것'은 화평 혹은 국가의 흥성을 내용으로 한 것과 작가 개인의 불행이나 불평을 내용으로 한 것으로 이해할 수 있다. 특히 화평이나 국가의 흥성이 내용이 될 수 있다는 것은 한유가 이 글에서 중국의 최고의 치세(治世)라고 믿었던 요순(堯舜)과 삼대(三代)의 우(禹)·기(夔)·이윤(伊尹)·주공(周公) 등이 그 치세의 덕을 기리며 크게 울었음을 언급한 데서도 알 수 있다. 즉, 문학작품이란 화평한 소리로 국가의 번성을 노래한 것과 작가 개인의 불행 혹은 불평을 노래한 것으로 한유는 이해하였던 것이다.

그렇다면 이것은 작가의 궁달(窮達)과도 깊은 관련이 있다. 즉

현달(顯達)한 작가라면 화평의 소리를 낼 것이고, 곤궁(困窮)한 작가라면 그 자신의 불행을 노래할 것이기 때문이다. 그래서 한유도 맹교와 이고·장적이 현달하여 그들이 노래하는 '불평'이 국가의 번성을 노래하는 화평의 소리이기를 바랐을 것이다. 그러나 당시 그들이 처한 현실을 본다면 시(詩)에는 능통하였으나 아직 현달하지는 못하였다. 그렇다면 한유가 이야기하고자 한 이 문장의 주지는 국가의 번성을 노래하는 화평의 소리에 무게가 주어졌다기보다는 오히려 그들 스스로 "자신의 불행을 울게 하는(鳴其不幸)"데 더 무게가 주어진 것으로 보인다. 그렇게 보는 데에는 그만한 이유가 있다. 한유는 「형담창화시서(荊潭唱和詩序)」에서 "기쁘고 즐거운 말은 작품이 뛰어나기 어렵고, 괴롭고 힘든 말은 작품이 좋아지기 쉽다(歡愉之辭難工 而窮苦之言易好)"라고 하여 곤궁함을 표현한 작품이 더 훌륭해지기 쉽다고 보았기 때문이다.

이 점은 한유가 이 글을 쓰게 된 동기만 보아도 쉽게 이해할 수가 있다. 이 글은 맹교가 나이 오십이 넘어서 고작 율양(溧陽)이라는 작은 고을의 낮은 관리로 발령받은 데 대한 그 내심의 불만을 위로하고자 한 것이지만, 한유 또한 이 글을 쓸 당시 이부의 시험에 낙방한 뒤여서 자신의 실의 또한 매우 깊었다. 따라서 한유는 맹교를 위로하는 말 속에 자신의 실의를 함께 기탁한 것으로 보아야 할 것이다.

북송의 구양수(歐陽修)는 「매성유시집서(梅聖兪詩集序)」에서 한유의 이 '불평즉명'설을 발전시켜 "시는 궁핍해진 뒤에야 훌륭해진다(詩窮而後工)"라는 유명한 시론을 제시하기도 하였는데, 한유의 '불평즉명'설이 중국 문학 이론사에 상당한 영향을 끼쳤음을 알 수 있다.

이 무렵 한유의 조카인 한노성은 여전히 강남에 있었다. 그들은 숙부와 조카 관계이지만 나이는 거의 차이가 없었고, 또 어린 시절에는 형수인 정씨의 손에서 자랐다. 맹교가 강남의 율양으로 부임해 갈 때, 한유는 조카에게 쓴 편지를 맹교에게 부탁하기도 하였다. 이때의 사정을 「열두 번째인 노성을 조상하는 글(祭十二郎文)」에서 살펴볼 수 있다.

> 작년 맹교가 임지로 부임해갈 때 나는 너에게 편지를 써서 다음과 같이 말했다. 나는 아직 나이 사십도 되지 않았는데, 시력은 희미하고 머리는 회색으로 반백이 되었으며 치아는 흔들거린다. 아버지와 백부들 그리고 형님들은 모두 건강하셨지만 일찍 돌아가셨던 것을 생각해 보면, 나처럼 이렇게 쇠약한 사람이 오래 살 수 있겠는가? 나는 갈 수가 없고, 너는 오고 싶어 하지 않으니, 아마 조만간에 내가 죽어 버리면 너는 끝없는 슬픔을 간직할 것이다.
>
> (去年, 孟東野往, 吾書與汝曰, 吾年未四十, 而視茫茫, 而髮蒼蒼, 而齒牙動搖. 念諸父與諸兄, 皆康彊而早世. 如吾之衰者, 其能久存乎. 吾不可去, 汝不肯來, 恐旦暮死, 而汝抱無涯之戚也.)

생사를 초월할 수 있는 사람이 큰 인물이겠지만, 한유는 이때 죽음에 대한 예감과 두려움을 솔직하게 고백하고 있다.

한유는 3월까지 시험 결과를 기다렸지만 또다시 낙방하여 깊은 실망에 빠진 채, 낙양의 집으로 돌아갔다. 이때 그는 맹교와 방촉객(房蜀客)이란 친구에게 「낙양으로 돌아가며 맹동야·방촉객에게 주며(將歸贈孟東野房蜀客)」라는 시를 지어 보내면서 자신의 심정을 이렇게 읊었다.

임금님의 대궐문 자유롭게 들어갈 수 없음이
권세와 이익을 쥔 사람들이 서로를 추천하기 때문이네.
글 읽는 나그네에게 묻노니,
무엇을 하고자 장안에 있는가?
머리를 들어봐도 좀처럼 대답할 수 없어,
눈을 감고 잠시 스스로 생각에 젖어 보네.
어느덧 16년이란 세월이 지나갔지만,
언제나 추위와 굶주림에 괴로웠네.
벼슬길은 끝내 멀어지고,
살쩍은 까닭 없이 줄어들었네.
허유가 은거했던 영수의 물은 맑고 또 고요하며,
기산 또한 평탄하면서도 평온하다네.
지금 마땅히 그곳으로 갈 것 같으면,

혼자 중얼거리며 불평할지언정 의심스런 생각은 없겠지.

(君門不可入 勢利互相推, 借問讀書客, 胡爲在京師. 擧頭未能對, 閉眼聊自思. 悠忽十六年, 終朝苦寒飢. 宦途竟寥落, 鬢髮坐差池. 潁水淸且寂, 箕山坦而夷, 如今便當去, 咄咄無自疑.)

이 시에서 언급하고 있는 방촉객은 방차경(房次卿)이란 사람으로 촉객은 자(字)이다. 방차경은 큰 재능을 지녔지만 세속에 잘 순응하지 못하여 나이 사십이 되도록 아직 경조흥평위(京兆興平尉)를 지내고 있었다. 이미 벼슬을 하고 있는 방차경이나 막 벼슬을 받은 맹교 또한 인생 역정이 순탄치 않음을 생각하고 동병상련의 감정이 일었던 것이다. 이 시에서 말한 16년이란 세월은 한유가 처음 과거시험을 보기 위하여 상경한 때인 786년(貞元 2)부터 801년(貞元 17)까지를 가리킨다. 또 이 시에 나오는 영수(潁水)와 기산(箕山)이라는 지명은 허유(許由)라는 은자와 관련된 곳이다. 허유는 요임금 시대의 고결한 은사였는데, 요임금이 허유가 현자라는 말을 듣고 천하를 맡기고자 하였지만, 허유는 오히려 더러운 말을 들었다 하여 영수의 물가에서 귀를 씻고 기산 기슭에 은거하였다고 한다.

이 시는 마지막 두 구절의 해석에 따라 허유처럼 한유 자신이 은거 생활을 하고자 결심한 것으로 볼 수도 있고, 또 맹교·방차경에게 사직하여 은자가 되자고 권유하는 것으로 볼 수도 있다.

주석가(注釋家)들의 설도 이 두 가지로 나뉘어지는데, 여기서는 한유 자신의 결심을 서술하면서 두 사람에게도 은근히 같은 길을 가자고 권하는 것으로 보았다. 이 무렵에 한유가 쓴 시문에는 은자의 세계에 대한 동경이 자주 보인다.

이해 7월에 한유는 친구 후희(侯喜) 등과 함께 낙수(洛水)로 낚시하러 갔다가 낙수 북쪽에 있는 혜림사(惠林寺)라는 절에서 숙박한 적이 있는데, 이때 쓴 유명한 기행시가 「산의 돌(山石)」이다.

> 산의 돌 울퉁불퉁 험준하고 가는 길이 좁아서,
> 황혼녘에 산사에 다다르니 박쥐들이 날아드네.
> 본당 오르는 섬돌에 앉으니 방금 내린 비 흡족한 듯,
> 파초잎은 커다랗고 치자꽃은 탐스럽구나.
> 스님은 옛 벽의 불화가 좋다고 말하면서,
> 불빛을 가져와 비추는데 희미하게 보이네.
> 평상 펴고 자리 깔고 밥과 찬을 내놓는데,
> 거친 밥과 찬이라도 주린 배 채우기에 족하네.
> 밤이 깊어 조용히 누우니 온갖 벌레 잠잠한데,
> 밝은 달 산마루 올라와 방문으로 달빛 찾아오네.
> 날이 밝아 홀로 길 떠나니 길이 보이지 않아,
> 들락날락 오르락내리락 안개 속을 헤쳐 나아가네.
> 산은 붉고 개울 푸르러 그 빛깔 찬란하고,

수시로 보이는 참나무와 떡갈나무 열 아름이 넘네.

흐르는 물가에서 맨발로 개울의 돌을 밟으니,

물소리는 졸졸대고 바람은 옷깃을 불어 올리네.

인생이 이와 같으면 스스로 즐길 만한 것인데,

어찌 하필 구속되어 남에게 고삐를 잡히는가?

아아! 뜻 같고 마음 같은 몇 안 되는 내 친구들아

어찌하여 늙어가며 아직도 돌아가지 않는가?

(山石犖确行徑微, 黃昏到寺蝙蝠飛. 昇堂坐階新雨足, 芭蕉葉大支子肥. 僧言古壁佛畫好, 以火來照所見稀. 鋪牀拂席置羹飯, 疏糲亦足飽我飢. 夜深靜臥百蟲絶, 淸月出嶺光入扉. 天明獨去無道路, 出入高下窮烟飛. 山紅澗碧紛爛漫, 時見松櫪皆十圍. 當流赤足蹋澗石, 水聲激激風吹衣. 人生如此自可樂, 豈必局束爲人鞿. 嗟哉吾黨二三子, 安得至老不更歸.)

송대의 문호인 동파(東坡) 소식(蘇軾)은 일찍이 남계(南溪)라는 곳에서 놀 때, 술에 취해 옷고름을 풀고 발을 개울물에 담그고는 이 시를 읊으면서 그 즐거움을 공감했다고 한다.

이 시의 결말에도 인간의 세상사를 벗어나 자유롭게 은거 생활을 하고자 하는 한유의 생각이 깊이 배어 있다. 이외에 「후희에게 주다(贈侯喜)」라는 시에도 산림에 은거하고자 하는 생각이 짙게 깔려 있다. 사실 이 무렵의 시나 산문에 이러한 생각이 많이 보이는 것은 당연하다 할 것이다. 가족을 부양하는 길은 관리가 되는 길밖에 없는데, 시험은 떨어지고 생활은 나날이 어려워져 갔으니, 현실에 대한 실망이 크면 클수록 은거하고자 하는 생각도 깊어졌을 것이다.

그러면 한유가 이렇게 동경한 은자의 생활은 어떠한 생활이었을까? 이 무렵(貞元 17), 한유는 자신의 생각을 잘 묘사한 「이원을 반곡으로 돌려보내며(送李愿歸盤谷序)」란 작품을 썼다. 이 글을 보면 한유가 이상적으로 생각한 은자의 생활을 정확히 살펴볼 수가 있다. 그는 이 글에서 이원(李愿)의 입을 빌려 먼저 완곡하고 함축적인 필체로 "사람들에게 이익과 은택을 베풀어 당대에 명성을 빛내고, 조정에 앉아 백관을 임명하고 해임하며 천자를 보좌하여 명령을 내리는(利澤施于人, 名聲昭于時, 坐于廟朝, 進退百官而佐天子出令)" 때를 만난 대장부의 생활에 대해 풍자하고, 다음으로 "대장부가 때를 만나지 못하였을 때(大丈夫不遇扵時)"의 은자의 생활을 이렇게 묘사하였다.

가난하게 생활하며 산야(山野)에 묻혀 살면서 높은 곳에 올라가 멀리 바라보기도 하고, 무성한 나무숲에 앉아 하루를 보내기도 하며, 맑은 샘물에 몸을 씻어 스스로 깨끗하게 하기도 하오. 산에서 나물을 캐면 맛이 좋아 먹음직하고, 물가에서 낚시질하면 신선하여 먹음직하오. 행동하는 데 있어서 정해진 일과가 없으니 오직 편한 대로 따를 뿐이오. 앞에서 칭찬을 듣는 것이 어찌 뒤에서 비방을 듣지 않는 것만 하겠소. 일신을 편하게 하는 것이 어찌 마음에 근심이 없는 것만 하겠소. 거마(車馬)나 복식(服飾)에 얽매이지도 않고, 칼이나 톱에 잘리는 형벌도 받지 않고, 나라가 잘 다스려지는지 어지러운지도 알 바 아니며 면직(免職)이나 승진(昇進) 소식도 들리는 바 없으니, 이러한 일들은 대장부로서 때를 만나지 못한 자가 할 일들이오. 내가 바로 그렇게 하고 있소.

(窮居而野處, 升高而望遠, 坐茂樹以終日, 濯淸泉以自潔, 採於山美可茹, 釣於水鮮可食. 起居無時, 惟適之安, 與其有譽於前, 孰若無毀於其後, 與其有樂於身, 孰若無憂於其心? 車服不維, 刀鋸不加, 理亂不知, 黜陟不聞. 大丈夫不遇於時者之所爲也, 我則行之.)

이처럼 이원의 입을 통하여 은자의 생활을 묘사한 뒤, 최후에 "창려 한유가 그 말을 듣고 그의 뜻을 장하게 여겨 함께 술을 마시면서 그를 위해 다음과 같은 노래를 불렀다(昌黎韓愈聞其言而壯之, 與之酒而爲之歌. 曰)"라고 하여, 자신의 생각을 기록하였다.

반곡 안은 그대의 집이요,
반곡 땅은 그대의 땅이로다.
반곡의 맑은 샘물은 몸 씻고 물가 따라 거닐기 좋은 곳이로다.
반곡의 이 험한 곳, 누가 그대 거처 차지하려 다투겠는가?
그윽하고 깊숙하면서도 넓어서 사람 살기에 좋고,

길은 구불구불 굽어 가는 것 같더니 제자리에 되돌아오네.

아! 반곡의 즐거움이여! 그 즐거움 다함이 없네.

범과 표범도 발길 멀리하고, 교룡도 달아나 숨어버리며,

귀신이 수호하여 상서롭지 못한 것들을 꾸짖어 막네.

먹고 마시며 건강하고 장수하네.

부족한 것 없으니 무엇을 바라리오?

내 수레에 기름 치고 내 말에 먹이 먹여,

반곡에 가서 그대 따라 내 생명 다하도록 유유자적할거나.

(盤之中, 維子之宮, 盤之土, 可以稼. 盤之泉, 可濯可沿, 盤之阻, 誰爭子所? 窈而深, 廓其有容, 繚而曲, 如往而復. 嗟盤之樂兮, 樂且無殃. 虎豹遠跡兮, 蛟龍遁藏, 鬼神守護兮, 呵禁不祥. 飮且食兮, 壽而康. 無不足兮, 奚所望? 膏吾車兮, 秣吾馬, 從子于盤兮, 終吾生以徜徉.)

이원은 농서(隴西 : 지금의 감숙성甘肅省 농서현 동남쪽) 사람이다. 801년(貞元 17) 뜻을 이루지 못하여 반곡(盤谷 : 하남성河南省 제원현濟源縣 북쪽 20리)으로 은거하려 돌아갔기 때문에 한유가 이 글을 써서 준 것이다. 예전 사람들은 대부분 이원을 당(唐) 덕종(德宗) 때의 충신인 이성(李晟)의 아들로 여겼으나 동명이인이다.

송의 소식(蘇軾)은 이 문장을 극구 칭찬하여 이렇게 말하였다. "당대에는 문장다운 문장이 없다. 오직 한퇴지의 한 편만 있을 뿐이다. 평소 이 작품을 모방하여 한 편을 짓고 싶어서 늘 붓을

잡았다가는 곧 놓았다. 그리고는 스스로 웃으며 '그냥 두어서 한 퇴지를 독보적인 존재로 남게 하는 것이 더 낳겠다'(唐無文章, 惟韓退之送李愿歸盤谷一篇而已 平生願效此作一篇, 每執筆輒罷, 因自笑曰, '不若且放, 教退之獨步')."

한유는 이부의 시험에 낙방하고 낙양에 거주하는 몇 달 동안 낙양 주위를 유람하면서 은거의 생활도 꿈꿔 보았으나, 그것은 일이 잘 되지 않을 때 입버릇처럼 한 말이지, 실제로 그가 은거하여 은자가 된 적은 한 번도 없다.

입으로는 은거를 한다느니 남에게 구속될 수 없다느니 하면서도 한유는 벼슬길을 저버릴 수 없었던 것이다. 물론 생계 문제도 있었겠지만, 그렇게 집착했던 관료의 길을 쉽게 포기한다는 것이 오히려 이상할지도 모른다. 그래서 한유는 결국 이해 겨울에 다시 이부의 시험을 보기 위해 상경하였다.

2. 사문박사(四門博士)로 임용

이듬해 802년(貞元 18) 서른다섯 살이 되던 봄에, 한유는 그렇게도 염원하던 이부의 시험에 합격하여 사문박사(四門博士)로 임명되었다.

799년 겨울, 한유가 장건봉을 대신하여 '조정(朝正)'에 참여하기 위하여 도성으로 왔을 때, 그의 동년인 구양첨(歐陽詹)이 국자감 학생들을 데리고 궁궐로 가서 한유를 국자박사로 임용해 줄 것을 청원할 계획까지 세웠는데, 지금 마침내 국자박사는 아니지만 사문박사가 된 것이다. 그런데 한유가 국자박사가 되기를 그렇게 염원하던 친구 구양첨은 애석하게도 이 무렵에 죽었다. 구양첨은 남방 민월(閩越)의 선비로는 처음으로 진사에 합격한 사람이었고, 고문(古文)에 능하고 의론에 뛰어나 논리가 주도면밀했던 사람이다. 한유는 동년인 최군(崔群)에게서 구양첨이 죽었다는 소식을 받았다. 당시 최군은 구양첨의 고향 천주(泉州: 지금의 복건성福建省 남안현南安縣) 근처에서 근무하고 있었다. 한유는 자신의 학문을 인정해 주고 국자박사가 되기를 바랐던 동년 구양첨을 위하여 눈물을 흘리며 「구양첨을 애도하며(歐陽生哀辭)」라는 글을 지어 마음을 다해 슬픔을 표하였다.

이번 시험에서는 사부원외랑(祠部員外郞) 육참(陸傪)의 추천이 결정적인 도움이 되었다. 육참은 자가 공좌(公佐)이고 오군(吳郡) 사람으로, 이때 나이가 쉰일곱 살이었다. 젊어서부터 지방관을 지내다가 800년(貞元 16)에 상경하여 어사(御史)가 되었다가, 다음 해에 사부원외랑이 되었다. 799년에 이고가 육참을 알게 되면서 한유를 여러 차례 추천을 하였었다. 그런데 때마침 한유가 시험을 보고자 상경했을 때, 육참도 상경하여 장안에서 근무하고 있었던 것이다.

당시 장안에는 국립학교인 국자감(國子監)이 설치되어 있었다. 학교제도가 정비됨에 따라, 각 부·주·현과 같은 지방에도 학교가 설치되기는 하였지만, 당대(唐代)의 정규학교는 국자감 하나뿐이었다. 국자감은 다시 국자학(國子學)·태학(太學)·사문학(四門學)·율학(律學)·서학(書學)·산학(算學) 등으로 나누어진다. 좨주(祭酒) 한 명과 사업(司業) 두 명이 국자감 전체의 관리업무를 맡았고, 각 전공학과에는 박사와 조교, 그리고 직강(直講)이 있었다. 일반적으로 박사와 조교가 각각 한 명에서 세 명이 있어 이들이 교육을 맡았고, 직강은 강의조교 역할을 하였다. 사문박사라고 하는 것은 요즘으로 치면 대학 교수인 셈인데, 사문학(四門學)을 담당하는 교관이다. '사문학'이라는 명칭은 원래 일반 백성들의 자제를 교육하기 위해 국자학 사방 문 옆에 세운 학사(學舍)란 뜻에서 따왔다.

국자감에 입학하는 데는 입학자격과 인원수, 그리고 교육내용 등은 규정되어 있었으나, 별도의 시험이나 재학 연한·필수 학점과 같은 번거로운 규칙은 없었다. 학생은 자신이 소속한 학과에서 좋아하는 박사나 조교의 강의에 출석해서 듣기만 하면 되었다. 그 대신 졸업을 하여도 생도(生徒)라는 호칭만 주어질 뿐 어떤 다른 직책도 없었고, 취직에 유리한 점도 없었다. 특전이라면 단 하나, 이 학생들이 과거시험을 볼 때 주·현에서 발부되는 추천장이 필요 없다는 것이다.

국자감에 입학할 수 있는 자격은 각 학과마다 제약이 있었다. 국자감이 국자학·태학 등으로 나누어진 것은 바로 부친의 품계(品階)와 관련이 있다. 당대의 품계는 기본적으로 1품에서 9품까지 있지만, 1품에서 3품까지는 정(正)·종(從)만 있고, 4품에서 9품까지는 정(正)·종(從)에다 상(上)·하(下)까지 있어 각 품마다 4단계로 나뉘어졌다. 따라서 그 품(品)을 모두 합하면 30품이 되었다.

국자감 설립 당시의 입학조건은 품계가 3품 이상의 자제는 국자학에 입학하고, 5품 이상은 태학에, 7품 이상은 사문학에, 8품 이하는 율학에 입학하는 것이 원칙이었다. 물론 사문학 아래로는 일반 백성들 가운데 우수한 자제들도 입학할 수 있었다. 그러나 이후 국자감의 학생이 줄면서 국자학을 제외하고는 이런 조건이 잘 지켜지지 않았다. 그리고 태학을 나왔건 사문학을 나왔건 그것은 집안 차이만 있을 뿐이지, 진사과에 급제한 뒤엔 본인의 실력만 있으면 집안 차이 같은 것은 문제가 되지 않았다. 이러한 점은 국자감을 나오지 않은 수험생도 마찬가지였다.

수도 장안에서 교육을 받는다는 것은 과거시험을 보는 데 다소 유리한 점이 있었을 것이다. 그러나 다소 유리할 뿐이지, 특별히 유리한 것은 아니었다. 국자감이 과거를 위한 예비학교가 아니었기 때문이다. 게다가 몇 번이나 진사과에 떨어지고, 또 끝내 박학굉사과에 합격하지 못한 한유와 같은 사람도 국자감 교수로 임명되었다. 이부에서 이 정도의 사람이면 사문박사로 임명하여 교육을 맡기더라도 충분하다고 판단하면 그만이었다. 따라서 학생 쪽에서도 학교 수업은 적당히 받고, 과거를 위한 공부는 가정교사에게 따로 지도를 받는 편이 실제로 효과가 있다고 생각하였다. 사문박사는 사문학 가운데서 가장 좋은 직책이지만, 진급 코스라고는 할 수가 없다. 사문박사를 맡게 되면, 대개 나이를 먹을 때까지 교육에만 몰두하여 세상일에 어두웠다. 장차 재상의 자리까지 노리는 큰 그릇이라면 그러한 직책에 들어가지 않고 행정 관청의 요원으로 배속되어 실무를 훈련받고자 하였다. 처음 사문박사로 임명을 받았을 때, 한유는 성실히 근무하여 태학박사·국자학박사로 승진하는 정도가 출세하는 것으로 생각하였을 것이다. 박학굉사과라는 엘리트 관문을 거치지 않았기 때문에 그렇게 생각하는 것이 당연할지도 모른다.

미래의 큰 출세는 기대할 수 없었다 하더라도 하여간 관직을 얻게 되었으니, 생계 문제도 대충이나마 해결되었을 것이다. 한유는 사문박사의 사령을 받은 즉시 휴가를 청하여 낙양으로 돌아갔다. 목을 빼고 기다리고 있을 가족을 데리고 장안으로 올 생각이었다. 아마 이때의 일이라고 생각되는데, 한유는 장안과 낙양의 중간에 있는 화산(華山)에 올랐다. 화산은 해발 2,200미터이며, 오악(五岳) 가운데 하나인 서악(西岳)으로 명산이다. 이때의 일을 이조(李肇)의 『국사보(國史補)』 중권(中卷)에는 "한유는 기이한 것을 좋아하여 손님과 더불어 화산 정상까지 올라갔지만, (내려

올 때 너무나 두렵게 보여서) 내려올 수 없다고 여기고, 이에 (죽음을 각오하고) 유서를 쓰고는 미친 듯 통곡하였다. 그러나 그곳 화음 현령이 백방으로 노력하여 그를 구조하여 하산하였다(韓愈好奇, 與客登華山絶峰, 度不可返, 乃作遺書, 發狂慟哭. 華陰令百計取之, 乃下)"라고 기록되어 있다. 지금도 화산 창용령(蒼龍嶺)에는 '한퇴지가 유서를 넣어 두었던 곳(韓退之投書處)'이라는 유적이 있다. 물론 '유서를 썼다'느니 '미친 듯 통곡하였다'느니 하는 것은 후세 사람이 상상으로 지어낸 것이다. 그러나 어쨌든 이 조그만 조난사건에서 볼 수 있듯이 당시의 한유는 죽음에 대한 공포를 필요 이상으로 느끼고 있었던 것 같다. 지난해 조카 노성에게 보낸 편지에서도 이러한 점이 나타나고 있지만, 이해 동년인 최군에게 준 편지의 말미에서도 죽음에 대한 두려움을 은근히 비추고 있다. 이 「최군에게 보내는 편지(與崔群書)」의 끝 부분을 옮겨 본다.

나는 나 자신의 몸조차 온전히 보전할 수 없는 사람인데, 여기에다 관리의 한 사람으로 종사하게 되면서 곤궁함마저 더 심해졌습니다. 이수나 영수의 물가에서 자유롭게 살고자 생각하고 있으니, 종국에는 당연히 그렇게 될 수 있겠지요. 요사이는 몸이 더욱 쇠약해져서, 왼쪽 잇몸의 둘째 어금니가 까닭 없이 흔들려 빠지고, 눈은 흐려 아주 가까운 데서도 사람의 얼굴을 분별하기 어렵습니다. 양쪽 살쩍은 반백이 되었고, 머리털도 오분의 일쯤은 희어졌으며, 수염도 하나둘 흰 것이 있습니다. 나의 집은 불행해서 아버지나 형님들은 모두 건강하셨는데도 일찍 세상을 떠났으니, 나 같은 사람이 오래 살기를 꾀할 수 있겠습니까? 이 때문에 마음이 편치 못하여 그대와 만나 한번 가슴속의 이야기를 나누려고 생각합니다만, 어린 애들이 앞에 가득하니 걱정하지 않을 수 없습니다.

(僕無以自全活者, 從一官於此, 轉困窮甚. 思自放於伊潁之上. 當亦終得之. 近者尤衰憊, 左車第二牙, 無故動搖脫去, 目視昏花. 尋常間便不分人顔色. 兩鬢牛白, 頭髮五分亦白其一. 鬚亦有一莖兩莖白者. 僕家不幸, 諸父諸兄, 皆康彊早世. 如僕者, 又可以圖於久長哉. 以此忽忽, 思與足下相見, 一道其懷, 小兒女滿前, 能不顧念.)

건강은 두말할 나위 없이 중요하다. 게다가 사문박사가 되어도 곤궁하니, 살아가는 것 자체가 전혀 즐겁지 않다고 한 것은 정직한 표현일 것이다. 당시의 관리들은 집에 재산이 있으면 몰라도 봉급만으로 생활하기란 매우 어려웠다. 일찍이 사문박사보다 높은 좌습유(左拾遺)를 지낸 두보도 옷을 저당 잡혀 술을 샀다고 시「곡강(曲江)」에서 말하고 있다. 또 행정직이 아니면 업자들로부터 들어오는 선물 같은 것도 없었다. 당시 사람들의 상식으로는 이러한 선물을 뇌물로 생각하지 않고 예(禮)라고 생각하였다. 사문박사와 같은 교육직에는 당연히 이러한 것이 있을 리 없었다.

이해 7월, 한유는 공부상서 겸 산남동도절도사(工部尙書兼山南

東道節度使)인 우적(于頔)에게 「양양에 계신 우절도사께 드리는 편지(與于襄陽書)」를 보냈다. 우적은 자가 윤원(允元)으로 사람이 변덕스럽고 교만하여 조정의 명령을 어린애 장난처럼 여겼던 사람이다. 이 편지는 당대에 이름을 내고자 하는 선비에게는 반드시 천하의 명성을 가진 선배가 인도해 주어야 하고, 후세에 이름을 남기고자 하는 선비에게는 또한 천하의 명성을 가진 후배가 뒤를 계승해 주어야 한다는 말로 시작된다. 이 편지에서 한유가 하고 싶은 말의 요지는 다음과 같다. 우적을 선배로 자신을 후배로 결부시켜, 우적이 불세출의 재주를 가지고 있지만 그 막료에 유능한 사람이 없으니 자신이 막료가 되어 우적의 명성을 후세에까지 전하겠다. 그 대신 지금 나는 하루분의 말 사료와 식량, 그리고 하인들의 임금이 필요하다. 이 비용은 우적의 한 끼 식사비로도 충분한 것이다. 바로 이 점을 살펴 주었으면 한다는 것이다. 여기에서 말한 '윗사람과 아랫사람이 서로 의존하는(上下相須)' 식의 이런 인재 추천관은 훗날 많은 비판을 받았고, 교만하기 그지없는 우적 같은 사람에게 곤궁함을 하소연하여 자신을 이끌어 주기를 바랐던 것도 비판의 대상이 되기도 하였다.

어쨌든 한유는 생활고 때문에 아무래도 사문박사를 단념하고 다시 절도사의 막료나 할까 생각하기도 하였다. 그렇게 생각한 가장 큰 이유는 사문박사의 봉급이 너무 적은데 장안의 물가는 너무 높았기 때문이다. 그리고 막료는 절도사의 안색을 살펴야 하는 점은 있지만, 지방행정 실무를 담당하고 장악하므로 부수입이 많아 생활에 어려움이 없기 때문이었다. 「위중행에게 보내는 편지(與衛中行書)」에서 "우리들이 처음 알았을 때에 나는 너무 빈곤한 처지여서 다른 사람에 의지하여 생활하였지요. 그 뒤 우리는 또 변주와 서주에서 만났는데, 그때마다 나는 절도사의 막료를 지내어 늘 경제적인 수입이 있어 예전에 비해 거의 백 배는 여유가 있었지요(始相識時, 方甚貧, 衣食於人. 其後相見於汴徐二州, 僕皆爲之從事, 日月有收入, 比之前時豊約百倍)"라고 한 것을 보면, 실제로 지방의 절도사 막료직이 중앙의 말단직에 비해서 수입이 많았던 것만은 사실인 것 같다.

우적이 이 편지를 읽고 한유를 그의 막료로 불러 주었으면 좋았을지 모르지만, 관직의 변동 없이 사문박사를 그대로 지낸 것으로 보아 한유를 막료로 초청하지는 않은 것 같다. 어쩌면 다소의 경제적 원조를 해주었을지는 모른다.

이처럼 한유는 유리한 직업을 찾는 한편, 사문박사의 직책도 소홀히 하지 않았다. 이해의 과거시험에 한유는 고시위원[副考]인 육참(陸傪)에게 「사부원외랑 육참께 올리는 편지(與祠部陸員外書)」에서 후희(侯喜)를 포함하여 후운장(侯雲長)·유술고(劉述古)·위군옥(韋群玉)·심기(沈杞)·장홍(張苰)·위지분(尉遲汾)·이신(李紳)·장후여(張後餘)·이익(李翊) 열 명을 추천하였다. 이들은 대부분 근자에 들어 알게 된 사람으로 자신에게 가르침을 청해 온 사람들 가운데 뛰어난 자들이었다. 이중에는 후희(侯喜)처럼 직접 쟁기잡고 농사짓던 가난한 선비도 있었다. 한유는 자신을 천거해 주었던 육참에게 다시 성의를 다해 이들을 추천하는 추천장을 썼다. 이 때문인지는 모르지만 열 명 가운데 네 명이 이번 시험에 급제하였고, 그 뒤 4년간에 걸쳐 다섯 명이 더 급제하였다.

후희는 이고 등과 함께 일찍부터 한유의 가르침을 받았던 제자인 점으로 보아 이때 추천한 열 명은 사문의 학생만은 아니었음을 알 수 있다. 훌륭한 수험생을 고시위원장[主考]이나 고시위원[副考]에게 추천하는 것도 사문박사의 직무 가운데 하나였다. 이 가운데 한유 개인의 제자를 추가하여 추천한 점은 공사(公私)를 약간 혼동한 경향이 있기는 하지만 흠잡을 정도는 아니다. 한유가 추천한 사람들 가운데 거의 반수가 이해에 급제하고, 또 4년간에 걸쳐 90퍼센트가 급제하였으니, 누구라도 한유에게 추천을 받으면 급제할 확률이 높다고 생각했을 것이다. 물론 이 사람들이 모두 다 한유에게 추천을 받았기 때문에 급제했다고는 말할 수 없으나 수험생들은 정보에 민감하였으니, 이 점을 유념했을 것이다. 따라서 사문학의 학생들뿐만 아니라 일반 사람들 중에도 한유의 지도를 바라는 사람이 많았을 것이다.

사문의 학생을 가르치는 것은 한유에게는 당연한 직무이다. 그리고 앞에서도 언급하였지만, 사문의 학생들은 일반 백성들의 뛰어난 자제들도 있지만 대개는 6·7품의 중하급 관료의 자제들이었다. 한유의 부친인 한중경도 종6품상이었기 때문에 한유 자신의 가문과 동등한 정도의 자제들을 가르친 셈이다. 따라서 학생들 지도에도 열의가 있었을 것이다. 한유가 가르친 것은 자신이 신봉하는 고문이었지만, 여기에 낙제생으로서의 풍부한 체험도 가미되어 학생으로서는 좋은 가르침이 되었을 것이다.

한유는 개인적으로 자신의 문하[韓門]에 들어오고 싶어 하는 사람들을 배제하지 않았다. 한유의 우두머리 기질이 다분히 드러나기 시작한 것이다. 그가 추앙하고 있는 옛 도[古道]를 주창한 공자와 맹자도 문하생을 모아 가르쳤듯이 한유 자신도 같은 일을 행하고 싶었을 것이다. 사적인 문하생이라면 당연히 사례를 해야 한다. 그것이 한유의 가계에 약간의 도움이 되었을지도 모르지만, 사례를 목적으로 제자를 모아 가르치는 것은 한유로서는 용납할 수 없는 일이였을 것이다. 한유의 제자였던 이고는 가난해서 사례는커녕 오히려 도움을 받은 듯하다.

그러나 이렇게 학생을 모아 가르치는 것은 당시 사회에서는 이상하게 받아들여졌다. 당시 사제(師弟) 관계에 대한 사회 인식이 어떠하였는지 유종원(柳宗元)의 「위중립에게 사도를 논하여 답한 편지(答韋中立論師道書)」에 잘 설명되어 있다.

맹자는 사람의 환난은 다른 사람의 스승이 되기를 좋아하는 데 있다고 하였습니다. 따라서 위진 이후부터는 사람들이 더욱더 스승을 섬기지 않았고, 지금의 세상에는 스승이 있다는 소리를 듣지 못하였습니다. 만약 있다고 하면 문득 그를 비웃으며 미치광이로 생각할 것입니다. 그러나 오직 한유만은 분연히 세상의 관습을 돌아보지 않고 비웃음과 모욕을 무릅쓰고 후학을 불러 모으고, 「스승에 대한 해설(師說)」을 지어 당당하게 얼굴을 높이 들고 두려움 없이 스승이 되었습니다. 세상 사람들은 역시 무리를 지어 괴이하게 여기고 욕을 하고, 손가락질하며 흘겨보면서 동료를 끌어 모아 더욱더 그를 헐뜯고 비방을 하였습니다. 한유는 이 때문에 미치광이라는 이름을 얻게 되었습니다.

(孟子稱, 人之患, 在好爲人師. 由魏晋氏以下, 人益不事師. 今之世不聞有師. 有輒譁笑之, 以爲狂人. 獨韓愈奮不顧流俗, 犯笑侮, 收召後學. 作師說, 因抗顔而爲師. 世果羣怪聚罵, 指目牽引, 而增與爲言辭. 愈以是得狂名.)

다른 사람보다 좀 더 지식이 있고 기술이 뛰어나면 스승이 되어 가르치고 싶은 것이 인지상정이지만, 세상 사람들은 그것을 보기에 좋지 않다고 해서 가능한 한 스승이 되지 않으려 했다. 가르침을 받고자 찾아오는 사람이 있어도 나는 다른 사람의 스승이 될 만한 사람이 못 된다고 은근히 거절하는 것이 더욱 고상해 보이는 것이다. 그런데 한유처럼 아직 마흔 살도 안 된 젊고 신분도 높지 않은 사람이 스승이 되어 문하생을 모아 가르쳤으니, 이것은 당시 사람들로서는 생각할 수 없는 것이어서 세상 사람들이 미치광이라고 헐뜯고 비방하였던 것이다.

공격을 받으면 가만히 참고 있지 못하는 것이 한유의 타고난 성품이다. 이해보다 1년이나 2년 전으로 추정되는데, 그는 젊은 한 제자에게 써주는 형식으로, 그의 또 하나의 명작인 「스승에 대한 해설」이란 글을 썼다.

옛날에 학문을 하는 사람에게는 반드시 스승이 있었다. 스승이란 성현의 도를 전하고, 학업을 전수하며, 의혹을 풀어 주는 사람이다. 사람이 태어나면서부터 아는 것이 아닐진대, 누군들 의혹이 없을 수 있겠는가? 의혹을 품고 있으면서 스승을 좇아 배우지 않는다면 그 의혹은 끝내 풀리지 않을 것이다. 어떤 사람이 나보다 먼저 세상에 났지만 도를 들어 배우기를 나보다 먼저 하였다면 나는 이 사람을 스승으로 삼아 배워야 한다. 또 어떤 사람이 나보다 뒤에 났지만 도를 들어 배우기를 나보다 먼저 하였다면 나는 이 사람을 스승으로 삼아 배워야 한다. 나는 도를 스승으로 삼는 것이니 어찌 나이가 나보다 먼저고 뒤인 것을 따지겠는가? 이런 까닭에 귀인이든 천인이든 나이가 위든 아래든 가릴 것 없이 성현의 도를 지닌 사람이면 그 사람을 스승으로 삼는 것이다. 아아, 사도(師道)가 전하지 않은 지 오래되었다. 그러므로 사람들이 의혹을 없게 하려고 해도 어려운 일일 것이다. 옛날의 성인은 보통사람보다 훨씬 뛰어났지만 오히려 또 자기 위의 스승을 좇아 도를 물었다. 지금의 여러 사람들은 성인에 비해 훨씬 열등하건만 그러면서도 스승에게 배우는 것을 부끄러운 일로 알고 있다. 이런 까닭에 성인은 더욱 성인이 되고, 어리석은 사람은 더욱 어리석은 사람이 되는 것이다. 성인이 성인된 까닭과 어리석은 사람이 어리석은 사람이 된 까닭은 다 이러한 이유 때문이 아니겠는가? 자기의 자식이 귀엽다고 해서 스승을 가려서 교육시킨다. 그런데 자기 자신은 스승을 좇아 배우는 것을 오히려 부끄럽게 생각하니 참으로 의혹스런 일이다. 저 동자의 스승이란 사람은 책을 가르치고 읽는 법을 연습시키는 자이니, 내가 말하는 성현의 도를 전하여 의혹을 풀어 주는 사람은 아닌 것이다. 그런데 읽는 법을 모르는 경우와 의혹이 풀리지 않은 경우 어느 것은 스승을 두고 어느 것은 그렇게 하지 않는다. 이는 작은 것은 배우면서 큰 것은 놓쳐 버리는 것이다. 나는 그들을 현명하다고 할 수가 없다. 무당이나 의사나 악사 그리고 온갖 공인들은 서로 스승 삼기를 부끄러워하지 않는다. 그런데 사대부의 족속들은 스승이니 제자니 하는 사람이 있으면 여럿이 무리를 지어 모여서 비웃기나 한다. 왜 비웃느냐고 물으면 그들은 "스승이니 제자니 하는 저 자들은 서로 나이도 같고, 도의 정도도 거의 비슷하다"고 한다. 그래서 스승의 지위가 낮으면 그에게 배우는 것을 수치스럽게 여기고, 스승의 관직이 높으면 그에게 배우는 것을 아첨에 가깝다고 여긴다. 아아! 이러니 사도가 바른 길로 회복되지 못할 것을 가히 알 수 있다. 무당이나 의사·악사·그 밖에 온갖 공인들을 군자들은 천한 직업의 사람들이라고 업신여기지만, 이제 군자라는 자의 지혜가 도리어 저 사람들에게 미치지 못하니 괴이한 일이 아닌가? 성인에게는 일정한 스승이란 것은 없다. 공자는 담자·장홍·사양·노담을 스승으로 삼은 적이 있다. 그러나 담자를 비롯한 이들 사람들은 현명한 점에서는 공자에 미치지 못했다. 그래서 공자는 "세 사람이 함께 길을 가면 반드시 스승으로 삼을 만한 것이 있다"고 하였다. 그러므로 제자라고 해서 반드시 스승보다 못한 것도 아니며, 스승이라고 해서 반드시 제자보다 나은 것도 아니다. 다만 도를 듣는 일에 앞서고 뒤늦음이 있으며 기술에 각각 전공이 있어서, 이와 같이 되었을 뿐이다.

이씨의 아들인 반이라는 사람은 나이 열일곱인데, 고문을 좋아하여 육경의 경전을 모두 학습하여 통달하였다. 시속의 풍조에 구속받지 않고 나에게 배우기를 청해왔다. 나는 그가 옛 도를 행하려는 것을 갸륵하게 여겨 「사설」을 지어서 그에게 준다.

(古之學者必有師. 師者, 所以傳道授業解惑也. 人非生而知之者, 孰能無惑. 惑而不從師, 其爲惑也終不解矣. 生乎吾前, 其聞道也固先乎吾, 吾從而師之. 生乎吾後, 其聞道也亦先乎吾, 吾從而師之, 吾師道也, 夫庸知其年之先後生於吾乎. 是故無貴無賤, 無長無少, 道之所存, 師之所存也. 嗟乎. 師道之不傳也久矣, 欲人之無惑也難矣. 古之聖人, 其出人也遠矣, 猶且從師而問焉. 今之衆人, 其下聖人也亦遠矣, 而恥學於師. 是故聖益聖, 愚益愚. 聖人之所以爲聖, 愚人之所以爲愚, 其皆出於此乎. 愛其子, 擇師而敎之, 於其身也, 則恥師焉, 惑矣. 彼童子之師, 授之書而習其句讀者, 非吾所謂傳其道解其惑者也. 句讀之不知, 惑之不解, 或師

焉, 或不焉, 小學而大遺, 吾未見其明也. 巫醫樂師百工之人, 不恥相師. 士大夫之族, 曰師, 曰弟子云者, 則羣聚而笑之. 問之, 則曰, 彼與彼, 年相若也, 道相似也. 位卑則足羞, 官盛則近諛. 嗚呼. 師道之不復, 可知矣. 巫醫樂師百工之人, 君子不齒, 今其智乃反不能及, 其可怪也歟. 聖人無常師, 孔子師郯子萇弘師襄老聃郯子之徒, 其賢不及孔子. 孔子曰, 三人行, 則必有我師. 是故弟子不必不如師, 師不必賢於弟子. 聞道有先後, 術業有專攻, 如是而已. 李氏子蟠年十七, 好古文, 六藝經傳, 皆通習之. 不拘於時, 學於余. 余嘉其能行古道, 作師說以貽之.)

이 글의 논리는 정말 조리가 있다. 스승이란 성현의 도를 전하고, 학업을 전수하며, 의혹을 풀어 주는 사람이다. 단순히 글만 가르치는 그런 사람이 아니라 인생의 길을 안내해 줄 수 있는 도(道)를 알고 의혹을 풀어 줄 수 있는 그런 사람이다. 그래서 옛날 공부하는 사람들은 도가 있는 사람이면 노소나 귀천을 따지지 않고 기꺼이 스승으로 삼아 배웠다. 그런데 지금은 사람들이 스승을 삼고 제자가 되는 것을 부끄럽게 여기는 풍조가 만연해있다. 한유는 이러한 세태를 개탄하면서 사람들의 비방에 아랑곳 않고 용감히 남의 스승이 되어 잘못된 풍조를 바로잡고자 하였다. 그렇지만 당시 사람들을 완전히 납득시킬 수는 없었을 것이다. 한유의 주장에는 '도'를 배우는 것이 인생의 가장 중요한 일이라는 대전제가 있다. '도'가 중요하다는 점에서는 당시 사람들로서도 이론(異論)의 여지가 없었겠지만, 한유가 '도'를 가르치는 스승이라는 데는 동의하지 않았을 것이다. "당신이 도를 알고 있는 사람인가?" 하고 당시 사람들은 반문했을 것이고, 한유는 "알고 있다"라고 자신 있게 대답했을 것이다. "도를 알고 있다면 성인의 영역에 도달했을 것이니, 당신이 성인인 셈인가?" 하고 다시 한 번 반문했을 것이고, 한유는 여기에 대해 "그렇지는 않다. 도를 안다는 것은 고전에 몰입하여 조금이라도 성현의 가르침을 이해하는 것"이라고 대답했을 것이다. 그러나 세상 사람들에게는 그것이 통용될 리가 없었다. 이러한 논쟁은 평행선을 달리는 것이어서 비웃음이 크면 클수록 한유의 태도도 그만큼 완고했을 것이다.

3. 감찰어사(監察御史)

803년(貞元 19) 한유는 서른여섯 살이 되었다. 해마다 앓아 오던 치아는 더욱 나빠졌다. 이해에 지은 것으로 추정되는 오언고시(五言古詩) 「빠지는 이(落齒)」란 제목의 시가 한 수 있다.

> 지난해 어금니 하나 빠지고,
> 금년에도 앞니 하나 빠졌네.
> 빠지는 기세 달리 막을 수 없네.

남아 있는 것조차 다 흔들리니,

다 빠진 뒤에야 멈추겠지.

생각해 보니 처음 하나 빠질 때는,

다만 훤하여 부끄럽게만 생각되었네.

둘 셋 빠짐에 이르러서는,

비로소 쇠하여 죽을까 걱정되었네.

매양 하나씩 빠지려 할 때면,

마음은 늘 떨리고 있었네.

어긋나 맞지 않는 이 먹는 데 방해되고,

뒤집어지니 물로 양치하기도 겁나네.

끝내 나를 버리고 빠지니,

마음은 산이 무너지는 듯하네.

이제는 빠지는 것이 습관이 되어서,

빠지는 것 보아도 별다른 마음이 들지 않네.

남아 있는 스물 남짓,

차례차례 빠지겠지.

한 해에 늘 하나씩 빠진다 해도,

스스로 족히 스무 해는 걸리겠지.

빠져서 한꺼번에 훤하게 되는 거나,

차츰차츰 빠지는 것이나 결국은 같은 것이지.

사람들은 말하네, 이가 빠지면

수명도 물론 부지하기 어렵다고.

나는 말하리라, 삶은 끝이 있어

길거나 짧거나 다 죽을 뿐이라고.

어떤 이는 말하네, 이가 훤하면

주위 사람들이 깜짝 놀라 자세히 쳐다본다고.

나는 말하노니, 장자가 말한

나무와 기러기는 각기 좋은 점 있다는 것을.*

말이 헛나가면 입 다무는 것이 더욱 낫고,

씹지 못하니 연한 것이 오히려 좋다네.

이것을 노래하며 시를 지어서

가져다 처자에게 자랑하려네.

(去年落一牙, 今年落一齒. 俄然落六七, 落勢殊未已. 餘存皆動搖, 盡落應始止. 憶初落一時, 但念豁可恥. 及至落二三, 始憂衰卽死. 每一將落時, 懍懍恒在已. 叉牙妨食物, 顚倒怯漱水. 終焉捨我落, 意與崩山比. 今來落已熟, 見落空相似. 餘存二十餘, 次第知落矣. 儻常歲落一, 自足支兩紀. 如其落倂空, 與漸亦同指. 人

---

*『장자(莊子)』「산목편(山木篇)」에 있는 말. 장자가 산속을 가다가 큰 나무를 보았다. 나무 베는 사람이 '쓸 만한 곳이 없다'며 베지 않았다. 장자가 친구의 집에 가니, 친구가 울지 못하는 거위를 잡아 대접하였다. 산속의 나무는 재목이 되지 못하므로 살고, 거위는 재질이 없으므로 죽었다. 장자는 "나는 재목이 되고 되지 않는 중간에 처신하지(將處材與不在之間)" 하였다. 즉 세상일은 복잡다기(複雜多岐)하여 무엇이 행(幸)이 되는지, 무엇이 불행(不幸)이 되는지 잘 알 수 없다는 뜻.

言齒之落, 壽命理難恃. 我言生有涯, 長短俱死爾. 人言齒之豁, 左右驚諦視. 我言莊周云, 木雁各有喜. 語訛默固好, 嚼廢軟還美. 因歌遂成詩, 持用詑妻子)

아직 젊은 나이였지만 관직을 얻기 위해 온갖 고난을 겪었던 한유로서는 여기저기에서 조로의 증상이 나타났을 것이다. 이해 한유는 감찰어사(監察御史)로 옮겨갔다. 이 감찰어사는 시어사(侍御史)·전중시어사(殿中侍御史)와 더불어 삼원어사(三院御史)라고 하여 어사대(御史臺)에 속하였다. 어사대의 최고 책임자는 어사대부(御史大夫)이고 부책임자가 어사중승(御史中丞)이다. 그 밑으로 시어사·전중시어사·감찰어사가 있다. 어사대는 중앙의 감찰기관으로 주로 지방을 순회하여 지방관의 비리를 규명하고, 지방의 재판·형벌을 감독한다. 즉, 황제의 눈과 귀에 해당되는 역할을 한다고 보면 된다. 삼원어사 가운데 감찰어사는 '찰원(察院)'이라고도 하였는데, 여덟 명 혹은 열 명의 관원을 두었다. 품계는 정8품상(正八品上)이다. 사문박사는 원래 종7품상(從七品上)인데, 당시 한유는 종9품하(從九品下)인 '장사랑(將仕郎)' 신분으로 사문박사를 맡고 있었기 때문에 감찰어사로 옮겨간 것은 한유의 경우는 승진이라 볼 수 있다. 감찰어사는 높은 지위는 아니지만, 사문박사와 비교하면 앞으로 진급을 바라볼 수 있는 요직에 가깝다. 아마 좋은 직위라고 해도 무관할 것이다.

그러나 사문박사에서 감찰어사로 옮겨간 데는 다소의 의문점이 있다. 당시의 관리에게는 4년에 한 번씩 정기이동이 있었는데, 그것은 이부에서 4년간의 근무성적을 심사하여 다음의 직책을 부여해 주었기 때문이다. 상당한 공적이 있었거나 악정이 있었다면 말할 필요 없이 정기이동 때에 승진 또는 강등되었다. 한유의 경우는 사실 그 어느 쪽에도 해당되지 않는다. 그런데도 그가 사문박사에 취임한 바로 이듬해에 다른 곳으로 전출한 데는 어떤 특별한 사정이 있었던 것 같다. 물론 특별한 사정이 어떤 것인지 지금으로서는 알 수가 없다. 어쩌면 한유의 사문박사 임용은 정규임용이 아닌 1년간 임시임용이었는지도 모른다. 그러나 이것은 추측일 뿐이고, 분명한 사실은 한유가 사문박사에서 곧바로 감찰어사로 전임된 것이 아니라, 일단 사문박사를 퇴직한 뒤, 다시 감찰어사로 임명되었다는 것이다.

이러한 사실은 이해에 그가 공부상서(工部尙書)인 이실(李實)에게 보낸 편지에서 '전 사문박사 한유(前四門博士韓愈)'라는 직함을 쓰고 있는 점에서 알 수 있다. 당시의 관리들은 정기이동이 있으면, 일단 사표를 제출한 후 다음 발령을 기다렸다. 그러면 이부에서는 근무성적을 평가한 뒤 사표를 정식으로 수리하고, 동시에 다음 관직의 사령장을 발부하는 것이 관례였던 것 같다. 평가가 나쁘면 사표만 수리하고, 다음 직책을 임명하지 않는 경우도 있다. 이럴 경우 해고를 하더라도 변명할 여지가 없게 된다. 그러므로 관리들은 이동 때마다 한 번은 '전(前)'이라는 직함을 가지는 기간이 있다. 일반적으로 이 기간에 관리들 대부분은 가능한 좋은 자리를 얻기 위해 다시 운동을 하곤 하였다.

한유의 경우도 정기이동에 의한 것으로 이해해 버리면 문제는 간단하지만, 취임한 바로 이듬해라는 것이 아무래도 마음에 걸린다. 바로 조정 전체의 정기이동이 있던 해라고 하더라도, 재임 일 년만으로는 근무성적을 정확하게 평가할 수 없기 때문에 4년을 계속 근무시키더라도 상관없었던 것이다. 어쩌면 한유 자신이 정기이동이 있는 해라는 것을 알고서 먼저 사문박사를 사직하고 다른 직을 얻고자 요행수를 던졌는지도 모른다.

한유가 이실(李實)에게 보낸 「이실 상서님께 올리는 편지(上李尙書書)」에서 분명하게 말하고 있지는 않지만, 이실에게 은근히 후원을 바랐던 점은 확실하다.

제가 도성에 온 지 지금까지 15년이 됩니다. 그 사이에 제가 본 공경대신은 헤아릴 수 없이 많습니다만, 모두 다 자신의 직무에 충실하여 과실만은 없었을 따름입니다. 그러나 각하처럼 진심으로 임금님을 섬기고 자신의 집안처럼 국가를 걱정하는 분은 아직 보지 못했습니다. 올해에 들어와서 비가 오지 않은 날이 100여 일이나 되어 곡식을 땅에 심어도 들어가지가 않고, 들에는 푸른 풀조차 없습니다. 그런데도 도적이 생기지 않고 곡가가 오르지 않은 것은, 시내 100여 개의 점포와 120개의 관청·6개의 근위대·도성 직속의 24개의 현, 이 모든 사람들을 다 각하께서 마치 자신의 집안처럼 대해 주셨기 때문입니다…… 저는 어려서부터 문학에 종사하여, 임금에 충성하고 부모에 효도하는 사람을 보면, 천 년 이전에 살았던 사람이라도 오히려 공경하고 사모하였습니다. 하물며 각하를 친히 만나 뵙게 되면, 각하의 주위에서 안부를 여쭙고 그 성실하심을 본받지 않겠습니까? 삼가 제가 지은 글 2권 15편을 바칩니다. 문장이라고 할 것까지는 없습니다만, 이것을 인사의 예물로 여겨 주시면 고맙겠습니다.

(愈來京師, 於今十五年. 所見公卿大臣, 不可勝數, 皆能守官奉職, 無過失而已. 未見有赤心事上憂國如家如閤下者. 今年已來, 不雨者百有餘日. 種不入土, 野無靑草. 而盜賊不敢起, 穀價不敢貴, 百坊百二十司六軍二十四縣之人, 皆若閤下親臨其家.…… 愈也少從事於文學. 見有忠於君, 孝於親者, 雖在千百年之前, 猶敬而慕之. 況親逢閤下, 得不候於左右, 以求效其懇懇. 謹獻所爲文兩卷凡十五篇. 非敢以爲文也. 以爲謁見之資也.)

또 진경(陳京)이라는 사람에게도 「급사 진경님께 올리는 편지(與陳給事書)」를 보내 후원을 바랐다. 진경은 자가 경복(慶復)으로 대력(大曆) 원년 때인 서기 765년에 진사가 되어 이해 803년(貞元 19)에 급사중(給事中)이 되었다. 급사중은 정령의 잘못을 바로잡는 문하성(門下省)의 요직이다. 이 편지의 내용을 요약하자면 대략 이러하다.

진경은 면식이 있었고, 게다가 한유에 대해서 칭찬을 해준 적이 있는 사람이었다. 그 뒤 한유가 가난 때문에 의식문제를 해결하는 데 분주한 동안, 진경은 승승장구하였다. 출세한 사람의 집에는 당연히 권세 있는 손님들이 몰려들기 때문에, 한유처럼 빈천한 사람은 자연히 얼굴을 내밀기가 어려웠다. 게다가 한유는 도덕과 학문 방면에는 큰 진보가 없었으나, 문장은 오히려 날로 유명해졌다. 도덕·학문에 진보가 없으니 현명한 사람은 왕래하지 않고, 문장만 점점 유명해지니 진사시험에 함께 급제했던 친구들이 시기를 했다. 이러한 일련의 사정으로 진경과 점점 소원해져서 소식을 끊고 지냈는데, 진경의 귀에는 한유를 시기하는 말만 들렸다. 그러다 지난 해 봄 한유가 진경의 집을 찾아가 만났다.(이때의 방문은 아마도 사문박사로 채용받기 위해 간 것 같음) 그때 진경은 매우 친절하게 대해 주고 자신의 빈곤을 동정해 주는 기색이어서 한유는 매우 기뻤다. 그 뒤 한유는 낙양에서 처자를 데려오는 등의 잡다한 일들로 인해 계속 찾아가지를 못하다가, 장안에 주거를 정한 뒤에 찾아갔더니 진경은 매우 냉정한 표정으로 대했다. 무엇인가 마음에 들지 않는다는 그런 느낌이었다. 그래서 한유는 자신이 자주 안부를 묻지 않은 것이 그의 기분을 상하게 했을 것이라는 그런 내용이다.

그런데 이 편지에는 한유의 직함이 없다. 이것은 이실의 경우와 달리 이전부터 안면이 있는 진경에게는 직함을 쓸 필요가 없었을 것이다. 만약 직함이 있었다고 하면 편지의 내용으로 보아

'전 사문박사(前四門博士)'라고 했을 것이다.

추측건대, 한유가 사문박사로 채용된 이면에는 진경의 힘이 (진경 한 사람만이 아닐지는 모르지만) 작용했을 것이다. 따라서 진경은 언젠가 한유가 정식으로 인사하러 오겠지 하고 기다렸을 것이다. 그럼에도 불구하고 한유는 낙양으로 가족을 데리러 가는 등 개인적인 일에 얽매여 인사하러 오지도 않다가, 사문박사를 사직한 후이거나 아니면 사직하려고 결심했을 때에야 다시 진경의 집을 찾아왔다. 즉 다음 직책을 받기 위해 힘을 빌리러 왔다고 볼 수 있다. 부탁할 일이 있으면 찾아오고 예를 차려야 할 때는 찾아오지 않았으니, 진경으로서는 당연히 좋은 얼굴로 대하지 않았을 것이라 생각된다.

한유는 이처럼 좀 뻔뻔스러운 면이 있었다. 그것은 자신처럼 능력이 있는 사람을 활용하지 않으면 그것은 국가적인 손실이며, 자신 같은 인재를 추천하는 것은 윗사람으로서의 의무라고 생각하는 자만심에서 나온 것인지도 모른다. 이실과 진경이 한유의 재능을 얼마나 인정해 주었는지는 모르지만, 관계(官界)에서 자신들의 부하로 삼기에는 적당치 않다고 판단했을 것이다. 어쨌든 결과적으로 감찰어사의 사령을 받았기 때문에 한유는 만족했을 것이다.

진경이 힘을 써서 감찰어사가 된 것인지 아닌지는 확인할 수 없지만, 한유에게 냉정한 모습을 보이기는 했어도, 한유가 감찰어사가 되는 데 방해하지는 않았던 것 같다. 그렇다면 진경의 귀에 자신의 험담만 전해졌다고 한 말도 한유 자신이 추측해서 한 말인지도 모른다.

한유는 자신이 옳다고 여기는 주장이나 행동에 대해서 세간의 집중 공격을 받아 만신창이가 되면서도 끝까지 관철하려고 하였으므로, 분명 한유의 뻔뻔스러움을 혐오하는 사람도 많았을 것이다. 그러나 천하가 다 적이고 지극히 소수만이 지기(知己)였다고 하면, 몇 번의 좌절을 겪기는 하였지만, 앞으로 계속될 한유의 출세에 대해서 설명할 수가 없다.

결국 추측밖에 할 수 없지만, 한유를 미워하는 사람은 그렇게 많지는 않았을 것이다. 그런데 그것은 한유의 입장에서 보면 어쩌면 곤란한 일이지도 몰랐다. '도(道)'가 쇠퇴한 지금의 시대에, 옛날 공자·맹자가 그랬던 것처럼, 자신이 이 '도'를 밝혀서 세상을 구제하고자 하는 그런 임무를 짊어진 것으로 여겼다. 그런데 세상 사람들이 자신을 미워하지 않으면, 오히려 도의 존재감이 희박해질 수도 있다. 공자·맹자로부터 그 이후 도를 이야기한 사람들은 모두 세상 사람들의 공격을 받아 싸웠듯이, 바로 자신도 그들을 계승한 이상 공격을 받는 것은 당연한 것으로 여겼다.

세상 사람들이 그 자신을 받아들이지 않는다고 시나 편지에서 몇 번이나 푸념한 것을 보면 분명 어느 정도는 피해의식을 가졌을 것이다. 그런데도 한유 자신은 피해자가 된 것을 오히려 사는 보람처럼 여긴 것도 바로 위와 같은 이유에서였다.

이러한 사람이 감찰어사로 임명되었으니 가장 적임자였는지도 모르겠다. 사법(司法)에만 한정되기는 했지만, 그가 신봉하고 있는 도를 현실사회에 적용해 볼 수 있는 좋은 기회인 셈이다. 게다가 원숙한 경지에 이르기에는 아직 이른 나이지만, 서른여섯 살이라는 젊은 패기도 있었다. 그래서 감찰어사가 되었을 때, 그는 대담하게 임무를 수행하면서 다른 사람의 입장을 고려하려고도 하지 않았고 오직 자신만이 옳다고 여겼다. 그 결과 "연약한 소인배들은 우리를 두려워하여 겉으로는 어깨를 움츠리고 귀를 늘어뜨리고 있었으나, 속으로는 우리를 참소할 칼날 같은 혀를 간직하고 있었다(彼婉變者, 實憚吾曹. 側肩帖耳, 有舌如刀)"라고 「하남현령 형부원외랑 장서에게 올리는 제문(祭河南張員外文)」에서 술회하고 있다.

이해 4월, 한유의 장모가 예순아홉 살의 나이로 죽었다. 한유의 장모는 성씨가 묘씨(苗氏)인데, 하남법조참군(河南法曹參軍)을 지낸 노이(盧貽)에게 시집갔다가 남편과 사별한 후에는 여자 혼자 힘으로 2남 3녀를 길렀다. 2남 3녀 가운데 막내딸이 바로 한유의 처였다.

그리고 그해 5월에는 강남에 있던 조카 한노성(韓老成)이 죽었다. 한유가 변주에 있을 무렵, 노성이 한번 찾아와 만난 이후에는 노성을 만나보지 못했다. 지난해 노성이 편지를 보내어 다리가 저리고 부어오르는 각기병의 기미가 있다고 하였지만, 한유는 강남에서 흔히 있는 풍토병이라 여기고 대수롭지 않게 생각하였다. 그러나 이해, 율양현위로 근무하고 있던 맹교로부터 불의에 노성이 죽었다는 편지가 왔다. 이 소식을 받은 지 7일 뒤, 한유는 제문을 지어 사람을 시켜서 노성의 영전에 바쳤다.

이 「열두째 노성에게 올리는 제문(祭十二郞文)」에서 자신과 노성 두 사람이 어렸을 때의 일들을 회고하면서 편지 끝 부분에서 이렇게 슬픔을 이야기하고 있다.

> 지금 이후부터 나는 이 인간 세상에 아무런 뜻을 두지 않고, 수백 묘의 밭을 이수(伊水)와 영수(潁水)가에서 구하여 여생을 보내려 한다. 내 아들과 너의 아들을 가르쳐 그들이 성장하는 것을 바라며, 또 내 딸과 너의 딸이 시집 갈 때를 대비하련다. 나는 그렇게 할 뿐이다. 아아! 슬프다. 말은 끝났지만, 비통한 마음은 끝이 없다. 너는 그것을 아는지 모르는지. 아아! 슬프다. 바라건대 너에게 이 제물을 바치니 많이 들게나.
> (自今已往, 吾其無意於人世矣. 當求數頃之田於伊潁之上, 以待餘年, 教吾子與汝子, 幸其成, 長吾女與汝女, 待其嫁, 如此而已. 嗚呼. 言有窮而情不可終, 汝其知也邪, 其不知也邪. 嗚呼哀哉. 尙饗.)

4. 양산(陽山)으로의 첫 유배

이해 장안 일대는 정월부터 7월까지 비가 오지 않았다. 게다가 가을에는 이상기후로 서리가 일찍 내려 농작물을 수확할 수 없을 정도로 피해를 입었다.

수도 장안은 지방행정상 장안현(長安縣)과 만년현(萬年縣)으로 나뉘어져 있었다. 이 두 현을 총괄하는 상부기관이 경조부(京兆府)였고, 그 장관을 경조부윤(京兆府尹)이라 하였다. 장안지역의 농작물 작황을 조사하는 일은 경조부 소관이었다. 당시의 경조부윤은 앞에서 이미 언급하였던, 한유가 후원을 바라며 편지를 보낸 적이 있는 이실이었다.

이실은 당나라 왕실의 종친으로 803년(貞元 19)에 사농경(司農卿)·공부상서(工部尙書)로서 경조부윤이 되었다. 종실 출신에다 높은 지위 때문에 당시의 많은 문인들이 이실의 문하에 모여들어 그에게 의지하였다. 그 가운데는 유우석(劉禹錫)과 유종원(柳宗元) 같은 사람도 있었다. 한유도 이실에게 자신을 후원해 주기를 바라면서 "각하처럼 진심으로 임금님을 섬기고 자신의 집안처럼 국가를 걱정하는 분은 아직 보지 못하였습니다(未見有赤心事上憂國如閤下者)"라고 다분히 의례적인 말이기는 하지만 칭찬한 적이 있다.

그러나 이실은 실제로 백성을 대할 때 온정보다는 엄격하게 대하였으며, 법을 적용하는 데도 가혹하여 혹리(酷吏)로 불릴 만한 그런 관료였다.

장안 지역의 흉작에 대해 경조부윤 이실은 황제에게 "비는 오지 않았지만 농작물의 작황은 양호하다"고 보고하였다. 일반적으로 흉작이 되면 조세감면을 받게 되는데, 이실은 보고서를 올리면서도 특별한 조치를 취하지 않은 것이다. 결국 농민의 입장으로서는 큰 흉작인데도 예년과 같은 과세를 부담하지 않으면 안 되었다.

한유는 이것을 보고 감찰어사로서 마땅히 적발해야 할 일이라고 생각하였다. 그래서 쓴 것이 「어사대에서 가뭄과 기근을 논하여 올리는 의견서(御史臺上論天旱人饑狀)」이다. 여기에서 "자식을 버리고 아내를 쫓아내면서 먹을 양식을 구하고, 집을 헐고 나무를 베어 세금을 바친다(棄子逐妻以求口食, 坼屋伐樹以納稅錢)"고 농민의 비참한 상태를 서술하고서, 그것을 구제하기 위해서는 금년도의 과세 중 미징수분을 잠시 동결하여 내년의 뽕과 보리 수확기가 지난 뒤, 농민들이 조금이라도 여유가 생길 때 징수하는 조치를 취하는 것이 좋을 것이라고 논하고 있다. 이것은 관리로서 제기한 의견으로는 온당하다 하겠다. 그러나 온당하기는 하지만 한유가 농민의 입장을 어느 정도 생각했는지는 의문이다. 농민의 입장에서는 감세나 면세 정도가 되어야 할 상황인데, 한유의 의견은 징수를 연기하자는 것이어서, 농민은 당장이야 한숨 돌리겠지만, 결국은 과세를 해야 하므로 큰 은혜라고는 할 수 없다.

그러나 한유의 입장에서 보면, 금년도의 과세는 조정에서 이미 결정된 것이어서 감찰어사로서도 거기에까지 간섭하기는 어려운 것이므로, 기정의 방침은 그대로 두고 조세방법만 조정하여 농민의 고통을 덜어보자는 것이었다. 그렇게 하면 조정에서도 아무런 지장을 받지 않을 것이다.

물론 목숨을 던져서라도 금년도의 과세방침을 변경하여 모두 면세조치를 취해 주도록 청원할까도 생각했을 것이다. 하지만 그것은 경조부윤이 해야 할 일이지, 감찰어사가 말하는 것은 월권행위에 해당된다. 그런데 경조부윤은 현실을 아무것도 모르는지 흉작을 무시하고 있었으므로, 감찰어사가 정면에서 탄핵하여 경조부윤에게 새로운 조치를 취하도록 요구해도 괜찮을 상황이었다. 그러나 한유의 보고서 가운데 이실을 탄핵하는 글자는 한 자도 없는 것으로 보아 그렇게까지는 하지 않았던 것 같다. 그는 농민을 '폐하의 백성'이라고 말하고 있지만, 농민을 위주로 감찰어사의 직무를 수행할 결의는 없었던 것 같다. 이러한 것은 당시 양심적인 관리들의 일반적인 생각이었다. 한유와 같은 시대의 사람인 백거이도 젊어서 지방관으로 재직하고 있을 때, 농민이 보리 베는 것을 보고 저렇게 중노동을 하고서도 농민들은 보리밥조차 배불리 먹지 못하는 데 비해, 자신들은 팔짱만 끼고 있다가 그들이 지은 보리를 배불리 먹기만 하니 너무 부끄럽다고 하였다. 그렇다고 그것 때문에 백거이가 지방관을 그만두고 농민이 되지는 않았다. 농민에게 동정은 하였지만, 그 후에도 백거이는 큰 저택에 살면서 아무런 노동도 하지 않고 농민의 보리를 계속 먹었던 것이다.

한유가 제출한 의견이 특별히 위험한 것도 아니고, 수단으로서도 온당하였다. 그러나 그의 의견이 채용되기는커녕 감찰어사에서 파면되어 양산현(陽山縣: 광동성廣東省 북부의 양산현陽山縣)의 현령으로 전출되었다. 보고서를 올린 날이 803년(貞元 19) 11월 30일이었는데, 전출된 날이 12월 9일이었으니 대략 열흘 만의 일이었다. 말로는 지방관으로 전출이지만, 당시의 양산은 아득한 벽지였으므로, 실질적으로는 유배나 다름없었다.

무엇이 황제 혹은 재상의 마음에 들지 않았는지 한유로서는 알 수가 없었다. 본인이 알 수 없을 정도라면 당연히 후세의 사람들도 알 수 없을 것이니, 그의 유배 원인에 대한 설이 구구할 수밖에 없다. 이 구구한 설 가운데 신빙성이 있어 보이는 것이 이실의 책략설이다.

성보단(成輔端)이라는 궁정 악공(樂工)도 이실의 정책을 비판한 적이 있다. 궁정 악공답게 은근히 이실을 풍자한 민가를 지어 부르자, 그 노래는 장안 전체로 퍼져나갔다. 그러자 이실은 대로하여 천한 악공 놈이 조정의 정사를 비방한다고 하여 성보단을 체포하여 곤장형[杖刑]에 처했지만, 실제로는 때려 죽여 버렸다. 이런 일을 할 정도의 사람이라면 한유의 의견서를 보자마자 분개하여, 조정에서 추방해야 한다고 생각하고 바로 조치를 취했을지도 모른다.

그러나 한유 자신은 이실을 그다지 의심하지 않았던 것으로 보인다. 직접적으로 이실을 탄핵한 것도 아니므로, 이실이 화를 내었으리라고는 생각지도 않았던 것 같다. 오히려 이실보다는 다른 사람을 의심했던 것 같다. 한유가 유배에서 풀려 강릉법조참군으로 부임해 가는 도중에 쓴 「강릉으로 부임하여 가는 도중 왕씨 집 스무째 보궐 벼슬하는 왕애(王涯), 이씨 집 열두째 습유 벼슬하는 이건(李健), 이씨 집 스물여섯째 원외랑 벼슬하는 이정(李程) 등 한림원의 세 학사에게 띄우노라(赴江陵途中寄贈王二十補闕李十二拾遺李二十六員外翰林三學士)」라는 시를 보면 이렇게 읊고 있다.

> 이해에 수도 장안에 가뭄이 들어,
> 논밭에는 추수할 것이 없었네.
> 폐하께선 백성들 먹을 것 없음을 가련히 여겨
> 세금의 절반을 면제시켜 주고자 하셨네.
> 관리가 국가의 비용을 걱정하니
> 백성들은 징세에서 벗어나지 못하게 되었네.
> ……
> 마침 감찰어사로 임명을 받으니,
> 진실로 마땅히 발언할 때를 얻었네.

절하고 상소를 올리려고 궁궐 문으로 나아감은,

충성심 때문이지, 어찌 자신을 돌보려 하였으리?

위로는 아뢰었네, 백성들은 질고(疾苦)에 빠졌으니

그들에게 먹을 것이 끊어지지 않도록 해야 한다고.

아래로는 진술하기를, 서울 가까운 경기 지방은

나라의 근본이니 이치상 우대해야 마땅하다고.

쌓인 눈을 쳐다보니 풍년이 찾아올 조짐이니,

관대히 누에와 보리 거둘 때까지 기다려야 한다고.

천자께서는 이 말을 듣고 측은하게 느끼시고,

사공(司空)은 주도면밀하다고 감탄하셨네.

곧바로 조처를 하시겠다고 하셨는데,

도리어 더운 지방으로 좌천을 당하였네.

같은 관직에 있는 이들은 모두 준수한 인재들이나

그 가운데 유종원과 유우석을 특별히 좋아하였네.

혹시나 염려하였네, 상소한 내용 누설하여

원한에 찬 원수들에게 전하지나 않았을지.

두 사람은 응당 그렇게 하지는 않았겠지,

의심하려 하다가 그렇지 않을 거라 단정하네.

(是年京師旱, 田畝少所收. 上憐民無食, 征賦半已休. 有司恤經費, 未免煩徵求. ……適會除御史, 誠當得言秋. 拜疏移閤門, 爲忠寧自謀. 上陳人疾苦, 無令絶其喉. 下陳畿甸內, 根本理宜優. 積雪驗豐熟, 幸寬待蠶麰. 天子惻然感, 司空歎綢

繆. 謂言卽施設, 乃反遷炎州. 同官盡才俊, 偏善柳與劉. 或慮語言洩, 傳之落寃讎. 二子不宜爾, 將疑斷還不.)

한유가 감찰어사가 되었을 때, 유우석(劉禹錫)·유종원(柳宗元)·장서(張署)·이방숙(李方叔) 같은 사람들도 감찰어사가 되었다. 이들은 감찰어사의 동료가 되기 전부터 한유와 친한 사람들이었다. 유우석은 위남주부(渭南主簿)에서 감찰어사로 승진되어 왔고, 유종원은 남전위(藍田尉)에서 감찰어사 이행(裏行)으로 발탁되어 어사대에 들어왔다. 이행이란 요즘으로 치자면 보조직 혹은 인턴에 해당하는데, 월급만 차이가 있고 직무는 정규직과 같다. 어사대에 들어오기 전에 유종원이 근무했던 남전현(藍田縣)과 유우석이 근무했던 위남현(渭南縣)은 서로 이웃한 현(縣)이었고, 또 경조부 인근 관할 현이어서 서로 방문하거나 장안에서 모일 기회가 많았으므로 두 사람은 자연스럽게 친해졌다. 유종원은 자가 자후(子厚)로 하동(河東: 지금의 산서山西省 영제永濟) 사람이고, 유우석은 자가 몽득(夢得)으로 낙양 사람이다. 유종원과 유우석 두 사람은 한유보다 일 년 늦은 793년(貞元 9)에 진사에 합격한 동년인데, 한유는 특히 이 두 사람을 좋아하였다. 유종원의 아버지 유진(柳鎭)과 한유의 큰형 한회(韓會)도 서로 친구 간이었으니, 한유와 유종원의 관계가 더욱 돈독할 수밖에 없었을 것이다. 지난 10여 년 동안 한유가 고문을 제창하고 불교·도가를 배척하면서 그 명성이 빠르게 퍼져나가자 유종원과 유우석 두 사람도 한유에 대해 감탄하고 있었으나, 사실 유종원과 유우석의 창작 경향은 이때까지만 해도 변문을 중시하였지 고문에 대해서는 냉담하였다. 따라서 이 세 사람, 이 중에 특히 한유와 유종원이 고문운동을 함께 이끌며 창작활동에서 좋은 작품을 남겼던 것은 좀 더 훗날의 일이다.

그러나 이 사건이 생겼을 때, 위의 시(詩)에서 말한 것처럼 한유는 자기 의견서의 내용은 본래 천자와 재상만이 알고 있어야 되는데, 동료 감찰어사 가운데 유종원과 유우석이 자신이 싫어하는 사람에게 누설하여 이러한 결과가 생기지 않았을까 하고 생각한 것이다. 이 두 사람이 그러한 일을 하였으리라고 단정하기는 어렵지만, 이때의 한유는 분명 일생 동안 자신을 가장 잘 이해하였던 유종원과 시인으로서 공감하고 있었던 유우석까지도 의혹의 눈초리로 보고 있었다. 물론 여기에도 나름대로의 이유가 있다. 그러면 당시 정치상황을 잠시 살펴보자.

지금으로부터 10여 년 전 794년(貞元 10)에 육지(陸贄)가 재상에서 파직된 뒤, 조정에는 새로운 세력이 등장하였다. 당시 덕종(德宗)의 신임을 받았던 사람으로는 배연령(裴延齡)·이제운(李齊運)·왕소(王紹)·이실(李實)·위집의(韋執誼)·위거모(韋渠牟) 등이었는데, 이들의 권세는 황제와 대등하였다. 그러나 황제에게 가장 총애를 받았던 배연령과 이제운은 796년에 죽었고, 위거모는 801년에 죽었다. 이들이 죽고 나서 황제의 신임을 독차지하였던 사람은 오직 위집의(韋執誼) 한 사람뿐이었다. 위집의는 오만하고 언변에 능하였다. 젊어서 총명하였지만 황제를 보필할 만한 재상의 자질은 없었다. 위집의는 당시 태자 이송(李誦:순종順宗)을 모시고 있던 왕숙문(王叔文)과 정치적인 연합을 하기 시작하였다. 당시 황제인 덕종은 이때 나이 이미 육십이 넘어 나날이 정신이 혼미해지고 있었다. 조정의 백관(百官)들도 덕종의 치세가 멀지 않았다는 것을 예측하고 다음 황제가 될 태자에게 눈을 돌리고 있었다. 그런데 태자에게 가장 신임을 받고 있었던 사람이 바로 측근인 왕숙문(王叔文)과 왕비(王伾) 두 사람이었다. 위집의가 이들과 연합하려고 하였던 것도 바로 이 때문이었다.

위집의·왕숙문·왕비 무리의 핵심인물은 왕숙문이다. 왕숙문은 가난한 집안 출신이었지만, 머리가 냉철하여 계획이 치밀하고 과단성 있는 정치가였다. 정치적인 감각이나 개인적인 인품도 위집의나 왕비보다 뛰어났지만, 다만 마음이 좁아 포용력이 극히 부족하였다. 이후 이들이 정권을 잡고 나서 추진한 정치개혁이 얼마 못가 실패하였던 원인 가운데 하나도 왕숙문의 이런 좁은 도량 때문이었다.

시대상황이 급변하자 왕숙문을 중심으로 차기 정권을 꿈꾸고 있던 조정 관리들이 결속하기 시작하였다. 유종원과 유우석도 어사대에 들어온 뒤부터 이실과의 왕래를 끊고 위집의와 교왕

(交往)하였고, 위집의는 유종원과 유우석 두 사람을 왕숙문·왕비에게 소개하였다. 이렇게 해서 유종원과 유우석은 왕숙문·왕비와 긴밀한 관계를 맺었다. 한유 자신도 선택을 해야 했다. 그러나 한유는 평소 위집의와 왕숙문에 대해서 별로 좋지 않은 인상을 가지고 있었다. 그래서 위집의가 왕숙문과 정치적 연합을 꾀하자 한유는 결국 그들과 반대의 입장에 섰다.

왕숙문·왕비는 덕종의 정책에 불만을 품고 동지들을 모아 태자가 즉위하는 즉시 혁신적인 정책을 펴려고 계획하였다. 그들은 확실히 혁신에 뜻을 두고 있었고, 유종원 같은 사람은 가장 순수하게 그것을 지향한 사람 가운데 한 사람이었다. 그러나 나중에 그들은 개혁을 너무 서두르고, 또 태자의 병 때문에 보수파의 반격을 받아 결국 좌절하고 만다.

『당서』 등의 기록에 의하면 왕비와 왕숙문은 간신으로 다루어졌지만, 근래의 연구에 의하면 오히려 좋은 평가를 받고 있다. 근래 연구자들의 해석에 의하면 왕숙문과 왕비, 그리고 그 밑에 모였던 사람들은 당시 진보적인 관료들인데, 개혁이 실패하자 보수파들이 기록을 왜곡하여 그들의 혁신적인 의도를 사리사욕을 채우기 위한 추악한 행동으로 조작했다는 것이다. 물론 거기에 모인 사람들이 모두 진보적이거나 우국열사라고는 할 수 없을 것이다. 또 그들은 태자가 즉위할 때, 자신들의 그룹에서 조정의 고위직을 독점하려는 비밀 명부도 이미 만들어 두었다고 한다.

이것도 보수파가 만들어낸 근거 없는 풍설일 수도 있지만, 혁신정책을 단행하기 위해서는 그 정도의 준비는 오히려 당연한 것이다. 물론 이 준비행동은 은밀히 추진될 필요가 있었을 것이다. 보수파의 기록에 의하면, 혁신파들은 그들의 동지 이외에 이 사정을 조금이라도 아는 사람이 있으면 뒤에서 손을 써 조정에서 추방하였다 한다. 이것은 뒷날 그들의 죄상 가운데 하나가 되었기 때문에 보수파들이 얼마나 음험하게 상대를 모함하였는가를 역설하기도 하지만, 비밀을 알고 있는 제3자를 당연히 그대로 가만히 두지는 않았을 것이다.

그런 점에서 한유도 제3자로 보였을 가능성이 컸다. 그는 왕비·왕숙문 일파에 속하지도 않으면서 이 일파의 간부급인 유종원·유우석과 특히 친하게 지냈다. 유종원이나 유우석이 자신들이 은밀히 추진하고 있는 개혁에 관한 대사를 한유에게 누설할 리 없었겠지만, 어느 순간 한유가 눈치 챌 만한 것을 무심결에 말하였을지도 모를 일이다. 만약 조금이라도 한유가 눈치를 챘다고 느껴졌으면, 친구라 하더라도 그대로 방치할 수는 없었을 것이다. 앞의 시는 바로 이러한 주위사정을 굴절시켜 표현한 것일 수도 있다.

그러나 보다 유력한 사실은 이러하였다. 평소 한유는 왕숙문·위집의를 싫어하였다. 그런데 이때까지 한유는 유우석이나 유종원이 왕숙문·위집의 집단의 사람인지 눈치 채지도 못하고, 유우석이나 유종원을 만나면 숨김없이 왕숙문·위집의에 대한 비난을 하였을 것이다. 그래서 왕숙문·위집의는 자연스럽게 유우석이나 유종원으로부터 감찰어사들 중에 한유가 자신들을 비난하고 있다는 것을 들어 알고 있었다. 게다가 당시 한유는 문장으로 점차 이름이 나면서 한유를 따르는 사람들이 곳곳에서 조금씩 모여들어 '한문제자(韓門弟子)'의 문학단체를 형성하기 시작하였다. 이러한 사실들을 종합했을 때 왕숙문·위집의 집단에서는 한유는 자신들과 연합할 수 없을 뿐만 아니라, 그들이 집권하는 데 크든 작든 장애가 되리라는 결론을 내렸을 것이다. 그런데 마침 한유가 「어사대에서 가뭄과 기근을 논하여 올리는 의견서(御史臺上論天旱人饑狀)」를 올리자, 그들은 이것을 기회로 구실을 만들어 그를 멀리 내친 것이다. 사실 한유는 유종원과 유우석을 지기(知己)로 여겨서 특별히 친하게 대했지만, 유종원과 유우석은 한유를 문학 방면에서만 친구로 여겼지, 정치상으로는 지기로 여기지 않았다. 그래서 두 사람은 의식적으로 한유와 어느 정도 거리를 두었는데, 한유는 그것을 전혀 눈치 채지 못하였다. 어사대에 근무하는 동안 세 사람 사이의 관계가 이처럼 미묘한 곳이 있었다.

또 다른 설도 있는데, 한유가 궁시(宮市)의 폐해를 논한 의견서를 올린 적이 있다. 궁시라는 것은 궁중에서 필요한 물자를 시장에서 사들이는 것을 말한다. 당연한 것 같지만 실제로 여기에는 구매담당 환관들의 심한 횡포가 있었다. 그들은 궁에서 황제가 쓸 것이라는 명분 아래 흥정도 없이 턱없이 싼 가격으로 물자를 매입해 가는데, 거의 약탈에 가까운 상태였다. 백거이의 「숯 파는 늙은이(賣炭翁)」라는 작품은 이런 궁시로 인해 억울하게 피해를 입은 숯 파는 늙은이를 그린 작품이다. 여기서 시인은 누런 옷을 입은 환관과 흰 적삼을 입은 졸개들이 숯 파는 늙은이가 가져온 숯을 실은 수레를 헐값을 치르고는 궁중으로 끌고 가는 죄행을 폭로하고 있다. 이처럼 민중을 괴롭히는 궁시를 폐지해야 한다고 한유가 상주(上奏)했던 것이 유배가게 된 진정한 원인이었다는 설이다.

그런데 이 사건과 관련하여 한유와 동료인 장서(張署)도 유배되었다. 그는 장안 근처 무공(武功: 섬서성陝西省 함양咸陽에 있는 현縣)이라는 곳의 현위로 있다가 감찰어사로 발탁되었는데, 한유와 함께 유배처분을 받아 임무(臨武: 호남성湖南省 침주郴州에 있는 현)로 가게 되었다. 이외에 또 한 사람 이방숙(李方叔)도 다른 곳으로 유배되었다. 이렇게 세 사람의 감찰어사가 동시에 유배된 것으로 볼 때, 세 사람이 연명으로 글을 올렸던 것 같다.

그들은 전출명령을 받자마자 급히 길을 떠나야 하였다. 12월의 엄동설한에 길을 떠났으니 그 고생은 이루 말할 수 없었을 것이다.

호남성(湖南省) 남쪽에서 북쪽으로 종단하여 흐르는 상강(湘江)이라는 강이 있다. 그 강가의 길을 따라가다 보면 이 강의 원류 가까운 곳에 임무(臨武)라는 곳이 있고, 그곳에서 다시 산을 넘으면 양산(陽山: 광동성 북부의 양산현陽山縣)이 나온다. 임무는 당시 침주(郴州: 호남성과 광동성廣東省의 접경지역에 있는 도시)에 속하였고 양산은 연주(連州: 지금의 광동성廣東省 연현連縣)에 속하였는데, 현재의 행정구역으로 말하면 임무는 호남성에, 양산은 광동성에 속한다. 임무와 양산 두 지역은 직선거리로는 미처 200리도 안 되는 그렇게 먼 거리가 아니지만, 산이 가로막고 있다. 한유와 장서 두 사람은 함께 유배지로 가면서 서로를 목숨처럼 소중히 여기면서 의지하였다. 이때의 이야기를 「하남현령 형부원외랑 장서에게 올리는 제문(祭河南張員外文)」에서 비교적 상세하게 소개하고 있다.

> 나는 양산으로 좌천되어 날다람쥐와 원숭이를 다스리게 되었고, 그대는 임무로 유배되어 산림 속에 갇혔지. 우리들은 엄동설한 세말에 떠나야 했으니, 눈발은 세차게 휘날리고 서릿발 같은 바람은 미친 듯 포호하였지. 타고 가던 말에서 굴러 떨어지고, 나는 콧물을 흘리고 그대는 울부짖었지. 밤중에 상산(商山) 아래 묵으면서 한 자리에서 같이 자는데, 호위병과 머리가 서로 부딪히고 다리도 서로 엉켰었지. 동정호를 지날 때에는 호수의 물이 광활하여 마치 하늘과 맞닿은 듯하고, 바람과 물결이 서로 부딪힐 때에는 우레 같은 소리를 내었지. 서둘러 길을 재촉하니 범선이 화살처럼 나아갔네. 남쪽 상강으로 나아가니 굴원이 강에 빠져 자살한 곳이었지. 순 임금의 두 비(妃)

이신 아황(娥皇)과 여영(女英)이 길을 잃고 서로 통곡하니, 눈물이 대나무 숲 물들여 대나무가 다 반죽(斑竹)이 되었다지. 산도 슬피 울고 포구도 슬픔을 머금고, 새와 짐승도 슬피 울었지. 내가 노래하면 그대는 화답하여 백 편이나 노래했네. 그대는 임무에서 멈추고, 나는 또 남쪽으로 넘어갔네.

(我落陽山, 以尹鼯猱. 君飄臨武, 山林之牢. 歲弊寒兇, 雪虐風饕. 顚於馬下, 我泗君咷. 夜息南山, 同臥一席, 守隸防夫, 觝頂交趾. 洞庭漫汗, 粘天無壁. 風濤相豗, 中作霹靂. 追程盲進, 騁船箭激. 南上湘水, 屈氏所沈. 二妃行迷, 淚蹤染林. 山哀浦思, 鳥獸叫音. 余唱君和, 百篇在吟. 君止於縣, 我又南踰.)

몇 천여 리의 여정을 경황없이 가는 도중에 한유는 장서와 창화하면서 100여 편의 시를 남겼다. 그러나 지금 남아 있는 것은 다만 「상강에서(湘中)」·「장씨 댁 열한 번째 서(署)에 화답하여(答張十一功曹)」·「동관협(同冠峽)」·「동관협에 머물며(次同冠峽)」·「정여협(貞女峽)」 다섯 수 정도이다. 동관협과 정여협은 다 연주에 있는데, 정여협만 건너면 바로 양산이 나온다.

그러면 여기서 한유가 유배 도중에 지은 시들 가운데 앞의 두 수만 잠시 살펴보자. 먼저 멱라(汨羅)강에 다다랐을 때 지은 시 「상강에서」를 한 번 보자.

원숭이 슬피 울고 물고기 뛰며 물결 일으키는데

옛날부터 전해 오기로 이곳은 멱라수라 하네.
개구리밥 쟁반에 가득하나 바칠 곳이 없는데,
공연히 들리네, 어부가 뱃전 두드리는 노랫소리가.

(猿愁魚踊水飜波, 自古流傳是汨羅. 蘋藻滿盤無處奠, 空聞漁父叩舷歌.)

'멱라'는 지금의 호남성 장사(長沙) 부근에 있는 강 이름으로, 그 옛날 전국시대 말기 초나라 대신인 굴원(屈原)이 정적(政敵)의 참소로 도성에서 추방되어 동정호 주위를 방랑하다 투신자살한 곳이다. 그의 원통함과 억울함을 「이소(離騷)」·「구장(九章)」 등에서 노래하고 있는데, 이 작품들은 다 『초사(楚辭)』에 수록되어 있다. 『초사』 가운데는 또 「어부사(漁父辭)」 한 편이 실려 있는데, 지금은 이 작품을 후세 사람이 지은 것으로 보고 있지만, 한유가 살았던 시대에는 굴원이 지은 것으로 믿었다. '어부'라는 말은 보통 "고기를 잡는 늙은이"란 의미로 쓰이지만, 여기서 어부는 은자(隱者)이다. 굴원이 온 세상 사람들이 다 취해 있었지만 자기 한 사람만 깨어 있었기 때문에 추방되었다고 하자, 어부는 그렇다면 자신도 술지게미라도 먹고 세상 사람들과 함께 취하지 않았느냐고 나무라고 있다. 굴원과 어부의 다른 처세 방법을 이 작품은 보여 준다. 어부는 결국 여세추이(與世推移)하지 못하는 굴원을 나무라면서 뱃전을 두드리며 노래를 부르면서 가 버렸다는 게 이 작품의 줄거리다.

한유는 이 시에서 굴원과 마찬가지로 자신도 참소를 받아 도성에서 추방되었음을 은근히 견주고 있는 것이다. 다만 멱라강 주위에는 아직도 어부의 노래가 들리고 있지만, 지금의 어부는 자신에게 접근하지 않는 점이 다를 뿐이다.

또 장서에게 화답한「장씨 댁 열한 번째 서(署)에 화답하여」라는 시를 잠시 살펴보자.

산 적막하고 강 공활한데 물 맑아 모래 보이고,
슬프게 잔나비 울부짖는 곳에 두세 채의 집.
긴 대나무 숲 속엔 어린 죽순 다투어 자라고
철쭉은 한가히 붉고 아름다운 꽃 피우고 있네.
임금님 은혜 아직 갚지 못한 채 죽을 곳 알지만,
덥고 습한 기운에 이 생명 버리지 않기를 바라네.
그대의 시를 읊조리고 나서 양쪽의 살쩍을 보니,
갑자기 깨닫겠네, 서릿발 같은 털 절반이나 늘었음을.
(山淨江空水見沙, 哀猿啼處兩三家. 篔簹競長纖纖筍, 躑躅閒開豔豔花, 未報恩波知死所, 莫令炎瘴送生涯. 吟君詩罷看雙鬢, 斗覺霜毛一半加.)

이 시는 장서가 지은 시에 화답한 것으로, 장서의 시도 현재까지 남아 있다. "임금님 은혜 아직 갚지 못하고 죽을 곳 알지만, 덥고 습한 기운에 이 생명 버리지 않기를 바라네(未報恩波知死所, 莫令

炎瘴送生涯)"라는 이 두 구절은 장서에게 이러한 곳에서 죽지 말아야 한다고 위로와 격려하는 말이지만, 한유 자신도 여기에서 죽을 수 없다는 결의를 나타낸 것으로 보아도 좋을 것이다. 이 시는 일반적으로 양산에 도착한 뒤에 지은 것으로 추정하지만, 유배 도중이나 장서의 임지에 도착한 뒤에 서로 창화한 것으로 보아도 무방할 것이다.

804년(貞元 20) 2월 중순에 한유는 마침내 양산에 도착하였다. 60여 일 동안 3,800여 리의 기나긴 여정이었다. 한유는 이 양산에 대해「우책을 송별하는 글의 서(送區冊序)」에서 잘 묘사하고 있다.

> 양산은 천하의 궁벽한 곳이다. 육지에는 험난한 언덕이 있고 호랑이나 표범에 대한 걱정도 있다. 강물의 물살은 사납고 빠르며, 물결을 가로막고 있는 돌은 날카롭기가 칼이나 창과 같다. 배가 상하로 요동하여 균형을 잃고 부서져 침몰하는 일이 왕왕 있다. 현의 성곽에는 주민이 살지 않고 관청에는 보좌관인 현승(縣丞)이나 현위(縣尉)도 없다. 강을 끼고 무성하게 자란 띠와 대숲 사이에 낮은 벼슬아치인 아전의 집이 10여 채 있는데, 모두 새가 지저귀는 듯한 말과 오랑캐의 얼굴을 하고 있다. 처음 이곳에 왔을 때 이들과 말이 통하지 않아, 땅에 글자를 써서 겨우 조세를 거둘 것과 기한과 규약을 지킬 임무를 전달할 수가 있었다.
> (陽山, 天下之窮處也. 陸有丘陵之險, 虎豹之虞. 江流悍急, 橫波之石, 廉利侔劍戟

舟上下失勢, 破碎淪溺者, 往往有之. 縣郭無居民, 官無丞尉. 夾江荒茅篁竹之間, 小吏十餘家, 皆鳥言夷面. 始至, 言語不通, 畫地爲字, 然後可告以出租賦, 奉期約.)

이 글에서 볼 수 있듯이 양산은 그야말로 벽촌 골짜기이다. 당대(唐代)만 해도 이 영남 지방은 거의 개발되지 않아, 경제나 문화 등 모든 방면에서 아주 미개한 지역이었다. 이 일대는 옛날에는 남월족(南越族)에 속하였고, 한(漢) 무제(武帝) 때에 처음으로 남월을 정벌하고 현(縣)을 설치하였다. 이처럼 벽촌이다 보니 한유는 이곳 사람들과 말도 서로 통하지 않았고, 고을 현령인 자신이 현승(縣丞)이나 현위(縣尉) 같은 보좌관 역할까지 해야 했다. 게다가 현의 아전과도 말이 통하지 않아 땅에다 글을 써서 겨우 조세를 거둘 것과 기한과 규약을 지켜야 한다는 임무를 전달할 수 있을 정도였다. 게다가 남방에는 무서운 풍토병까지 있었다. 「두존량(竇存亮) 후배에게 답한 편지(答竇季才書)」에서 한유는 이렇게 말하고 있다.

지금 또 죄를 받아 조정에서 추방되어 멀리 남쪽 벽촌의 현을 다스리고 있다네. 마음속의 걱정을 풀길이 없는데, 덥고 습한 풍토의 기운이 엄습하니, 두려움에 아침이 되면 저녁을 기약할 수 없을까 걱정하네.

(今又以罪黜於朝廷, 遠宰蠻縣. 愁憂無聊, 瘴癘侵加, 惴惴焉無以冀朝夕.)

남방은 고온다습하여 풍토병이 많이 발생한다. 건조한 북방에서 온 사람들은 특히 풍토병에 걸리기 쉬웠다. 당시의 사람들은 이것을 '장려기(瘴癘氣)' 또는 '장기(瘴氣)'라 부르며 두려워하였다. 남방에서는 독기를 가진 안개 같은 것이 자욱이 끼어 있는데, 이 안개에 접촉되면 병이 걸린다고 생각하여, 이 풍토병을 '장려기' 또는 '장기'라고 불렀던 것이다. 한유는 이 풍토병이 차츰 몸에 스며드니 두려움에 아침이면 저녁까지 살아 있을지 모를 불안한 심정을 말한 것이다.

양산은 이토록 모든 환경이 열악하였지만, 그러나 이 기간 한유 자신은 아주 외롭게 지낸 것 같지는 않다. 유배지나 다름없는 이 먼 벽촌에까지 한유에게 가르침을 받으러 온 사람도 있었기 때문이다. 위에 인용한 우책(區冊)을 비롯해서 우홍(區弘)·두존량(竇存亮)·유사명(劉師命) 같은 청년들이 양산을 멀다하지 않고 찾아왔던 것이다.

우책은 남해(南海: 지금의 광주廣州 일대) 사람으로, 한유가 양산으로 좌천되었다는 소리를 듣고 제일 먼저 배를 타고 와서 한유에게 가르침을 구했던 사람이다. 이곳 사람들과 말도 잘 통하지 않는 상태에서 우책이 찾아왔으니, 그 반가움은 컸을 것이다. 한유는 우책을 손님의 예로 대하면서 함께 낚시도 하고 산책도 하였다. 우홍은 침주(郴州) 사람으로 아주 순박한 사람이었다. 양산에서 한유의 가르침을 받은 후 한유를 따라 장안까지 왔다가 원화

초(元和初)에 비로소 모친과 아내를 보러 고향으로 돌아갔다. 두 존량은 학문과 문장에 뜻을 둔 독실한 청년이었다. 유사명은 임협기가 있어 호탕하고 구속받기를 싫어하였던 청년이었지만, 양산에서 일 년 간 공부하여 문학에 상당한 실력을 쌓았다 한다. 이외에 스님과도 왕래가 있었다. 왕래가 빈번하였던 스님으로는 혜사(惠師) 스님과 영사(靈師) 스님이었는데, 혜사 스님은 구속을 싫어하고 산수를 좋아하였고, 영사 스님은 어려서 문학과 사학의 책을 섭렵하여 박식하였다. 두 스님 다 독특한 행동과 특출한 재능을 가진 스님이었기에 한유가 양산을 떠나려할 때에 시를 지어 이별을 하면서 그들의 재능을 아깝게 여겨 유학의 도로 타일렀다 한다.

이고(李翶)가 쓴 한유의 「행장(行狀)」에는 "연주 양산현령으로 나가서는, 정치를 함에 아래 백성들에게 은혜를 베푸셨다. 공께서 양산을 떠나심에 이르러, 그곳 백성들 대부분이 공의 성(姓)을 따서 그 아들의 이름을 지었다(出守連州陽山令, 政有惠於下, 及公去, 百姓多以公之姓以名其子)"고 하여 양산에서의 한유의 업적을 기록하고 있다.

『양산현지(陽山縣誌)』에는 "현령산은 양산현 북쪽 2리에 있는데, 옛날 한유가 현령이었을 때 매일 올라가 책을 읽었던 곳으로, 산위에는 독서대가 있다. 일명 목민산이라고도 한다(賢令山, 在縣北二里, 昔韓愈爲令日讀書於此, 上有讀書臺. 一名牧民山)"라는 한유와 관련한 이야기가 기록되어 있다. 이름 없던 산이 한유가 이곳에서 책을 읽었기 때문에 '현령(賢令)'이라는 이름을 얻게 되었다는 것이다.

5. 강릉법조참군(江陵法曹參軍)으로 사면

한유가 서른여덟 살이 되던 805년(貞元 21) 정월 23일에 덕종이 죽고, 태자 이송(李誦)이 즉위하였다. 이 사람이 순종(順宗)이다. 2월에 위집의는 상서좌승(尙書左丞) 겸 동중서문하평장사(同中書門下平章事:재상)가 되었고, 왕비는 좌산기상시(左散騎常侍) 겸 한림학사로, 왕숙문은 기거사인 겸 한림학사가 되었다. 유종원과 유우석도 승진을 하였다. 그러나 한유의 유배에 직접적인 원인이 되었던 경조윤 이실은 오히려 통주장사(通州長史)로 폄적되었다. 그리고 순종은 2월에 대사면령을 반포하였다. 3월에는 재상에서 쫓겨나 충주별가(忠州別駕)로 있던 육지(陸贄)와 침주별가(郴州別駕) 정여경(鄭餘慶)·항주자사(杭州刺史) 한고(韓皐)·도주자사(道州刺史) 양성(陽城) 등 덕종 때에 유배된 관리들이 소환되었다. 그러나 한유에게는 아무런 소식이 없었다. 왕숙문 위집의 집단이 정권을 잡고 있는 이상 한유에게는 별 희망이 없었을 것이다. 이해 여름이 끝날 무렵 한유는 비로소 침주(郴州)에서 기다리라는 명령을 받고서 양산을 떠났다. 이것은 4월 9일 태자책봉이 끝나고 다시 대사면령이 반포되었을 때 한유에게 내린 처분이었다. 이 무렵 침주로 가면서 고향 생각에 젖어 쓴 시 「용궁여울에 묵으며(宿龍宮灘)」가 있다.

> 여울물 넓고도 넓고 또 출렁출렁,
> 여울물 소리 끊어진 듯 다시 커지네.
> 세차게 흐르는 물 격한 번개인 듯하고,
> 놀란 파도는 대지 위에 내린 서리 같다네.
> 꿈에서 깨어 보니 희미한 등불 그림자 드리우고,
> 밤이 다했는데 때마침 내린 비 한기를 불러일으키네.
> 새벽이 되도록 한 이야기는 무엇이었던가?
> 절반은 고향 생각이었지.
>
> (浩浩復湯湯, 灘聲抑更揚. 奔流疑激電, 驚浪似浮霜. 夢覺燈生暈, 宵殘雨送涼, 如何連曉語, 一半是思鄉.)

'용궁탄(龍宮灘)'은 양산 근교에 있는 지명이다. 아마 강바닥에 용이 살고 있다는 전설에서 이러한 이름이 붙었을 것이다. '탄'(灘)이란 물살이 빨라 왕래하기 어려운 곳을 말한다. 한유는 이 용궁탄을 바로 건너지 못하고 강 언덕쪽 마을에서 밤을 지내며 이 시를 지었던 것이다. 시 속에서는 창작 연대를 나타내는 말은 함축하고 있지 않지만, 이 시에 대한 종래 주석가들의 주석은 한

결같이 양산에서 침주로 이동하는 도중에 지었다고 되어 있다.

이처럼 한유가 사면을 받고 북쪽으로 가고 있었지만, 장안의 정세는 안정되지 않았다. 순종을 옹립한 왕숙문·왕비 등이 적극적으로 개혁에 나섰지만, 보수파들의 반발에 부딪힌 데다 순종은 이때 이미 마흔다섯 살로, 지난해부터 앓아 온 중풍이 더욱 깊어져 말을 하지 못하였다. 당시의 상황을 『통감(通鑑)』「당기(唐紀) 52」'영정원년(永貞元年)'조에 "병이 오래되어도 낫지 않아 가끔 부축하여 어전으로 모시고 왔지만, 군신들은 다만 쳐다만 보았을 뿐 친히 황제께 주청하는 자가 없었다. 조정 안팎이 다 위급하게 여겨 빨리 태자를 세우고자 하였다(疾久不愈, 時扶御殿, 群臣瞻望而已, 莫有親奏對者. 中外危懼, 思早立太子)"라 쓰고 있다. 순종이 친정할 수 없으니 조정과 국가를 안정시키기 위해서라도 태자를 세우는 것이 필요한 조치였지만, 왕숙문·왕비 등은 이러한 황제를 허수아비로 만들고 정치를 사물화(私物化)하려는 의도가 강한 혁신정책을 펴나갔다. 왕숙문·왕비 집단의 반대에 맞서 몇몇 조정 중신들은 적장자를 태자로 세우기를 의견을 모은 뒤 "종이에다 '적자 중에서 장자를 세울까요(立嫡以長)'라는 내용을 써서 황제께 보이니 황제께서 고개를 끄덕였다(書紙爲立嫡以長, 呈上, 上頷之)"라고 하여, 이후 헌종(憲宗)이 될 이순(李純)을 태자로 옹립하는 데 성공하였다. 보수파들은 차기 임금이 될 태자와 함께 일찌감치 차기 정권의 구상을 세우기 시작하였다.

정원 21년에 해당하는 이해에 개원(改元)하여 연호를 영정(永貞)이라 하였다. 영정 원년(元年) 8월, 마침내 순종은 퇴위하여 상황(上皇)이 되고, 태자가 즉위하였다. 이렇게 해서 순종의 치세는 반년 남짓밖에 되지 않았고, 왕숙문과 왕비 집단도 끝내 실각하고 말았다. 헌종이 즉위하자 왕숙문은 바로 유주사호(渝州司戶)로 좌천되었다가 다음 해인 원화 원년(元和 元年)에 사형에 처해졌고, 왕비는 개주사마(開州司馬)로 좌천되었다가 얼마 뒤 유배지에서 병으로 죽었다. 위집의는 11월에 애주사마(崖州司馬)로 좌천되고, 유우석·유종원은 9월에 먼 변방 주(州)의 자사(刺史)로 각각 폄적되었다가 도중에 사마(司馬)로 다시 강등되어 좌천되었다. 원화(元和) 4년에는 왕숙문의 집단에 속했던 사람에게 "사면령이 내려지더라도 이들에게는 조금이라도 수도에 가까운 쪽으로 옮겨 주지 말라(雖遇赦不得量移)"는 조칙이 내려졌다. 이러한 조치는 당대에서는 보기 드문 일이다. 왕숙문을 사형에 처한 것을 보면 그들을 거의 역모의 죄로 다루었음을 알 수 있다. 왕숙문 집단이 실패하게 된 가장 중요한 원인은 중풍에 걸린 순종에 의지하여 장차 헌종 황제가 될 태자와 끊임없이 대립하였기 때문이다.

이와 같은 정치 상황 때문인지 한유에 대한 정식 소환명령은 오랫동안 내려지지 않았다. 한유는 일단 양산에서 북쪽 침주로 가서 명을 기다렸다.

당시 침주자사(郴州刺史)는 이백강(李伯康)이라는 사람이었다.

한유와는 면식이 없는 사람이었지만, 한유의 문장과 인품을 존경하여 양산으로 유배가던 한유를 정성껏 대접한 적이 있었다. 그래서 한유는 양산의 특산물인 감을 선물하였고, 이백강은 침주 특산품인 종이와 붓을 선물하였다. 이 일은 한유의 「원외랑 이백강께서 종이와 붓을 부쳐 주시어(李員外寄紙筆)」라는 시에 나타나 있다. 한유와 이백강은 서로 마음이 맞아 한유가 침주에서 명을 기다리는 동안 이백강은 주인의 예를 다하였다. 한유가 침주를 떠난 얼마 뒤인 10월에 이백강이 죽자, 그는 「침주자사 이백강에게 올리는 제문(祭郴州李使君文)」을 지어 마음을 다해 애도를 표하였다.

한유는 여름이 끝날 무렵에 침주에 도착하여 거의 가을 세 달을 침주에서 보냈다. 장서도 한유와 함께 침주에서 명을 기다리고 있었다. 그런데 한 달 반쯤 지난 뒤 한유는 강릉부 법조참군, 장서는 강릉부 공조참군으로 임명한다는 명령이 내려왔다. 명령을 받은 후, 때마침 맞이한 8월 보름날 밤에 한유는 장서에게 「8월 15일 밤 장서에게 주며(八月十五日夜贈張功曹)」라는 시를 써 주었다.

구름 사방에 걷혔으나 하늘에는 은하수 보이지 않는데,
맑은 바람은 하늘에서 불고 달은 빛을 발하네.
모래 평평하고 물 잔잔하고 소리와 그림자 끊어지니,

한 잔 술 들어 권하노니 그대 노래 불러 주게나.
그대의 노랫가락 구슬프고 가사 또한 애달파서,
끝까지 듣지 못하고 눈물이 비같이 흘러내리네.
동정호는 하늘에 닿았고 구의산은 높기만 한데,
호수 속에 교룡이 출몰하고 성성이와 박쥐 울부짖네.
아홉 번 죽었다 열 번 만에 살아나 임지에 이르니,
그윽한 거처 조용하여 깊이 도망쳐 숨은 듯하네.
침상에서 내려가면 뱀 겁나고 먹는 것은 독이 두렵고,
호수 기운은 습하고 더워서 비린 냄새 후끈거리네.
어제 침주 청사 앞에서 큰 북 쳐서 알리기를,
새 임금 자리 이어 기와 고요 같은 신하 등용하셨다 하네.
특사의 사면장은 하루에 만 리를 달려서,
사형을 언도받은 자도 모두 죽음이 면죄되었네.
좌천된 사람 되올라가고 유배된 사람 되돌아오고,
잘못은 벗겨지고 때는 씻겨져 맑은 관리로 조회하게 되었네.
고을 자사께서 우리 이름 올렸으나 관찰사가 억눌러 버려서,
불행히도 우리만은 형주의 미개한 고을로 전근발령이라네.
우리가 맡은 일 모두 낮은 관직이라 설명하기도 어렵지만,
먼지 뒤범벅인 곤장으로 매 맞는 조치를 면하지 못했네.
함께 유배되었던 친구들 대부분 조정으로 급히 불려갔건만,
조정으로 향한 길 아득하고 험하여 쫓아가 잡기 힘드네.

그대 노래 잠시 그치고 내 노래 들어 보게나,

일 년 중에 밝은 달이 오늘 밤에 가장 빛난다네.

인생살이 운명에 달렸지 딴 데 달리지 않았으니,

술이 있어 마시지 않으면 밝은 달을 무엇하리요.

(織雲四卷天無河, 淸風吹空月舒波. 沙平水息聲影絶, 一杯相屬君當歌.
君歌聲酸辭且苦, 不能聽終淚如雨. 洞庭連天九疑高, 蛟龍出沒猩鼯號.
十生九死到官所, 幽居黙黙如藏逃, 下牀畏蛇食畏藥, 海氣濕蟄熏腥臊,
昨者州前搥大鼓, 嗣皇繼聖登夔皐. 赦書一日行萬里, 罪從大辟皆除死.
遷者追廻流者還, 滌瑕蕩垢朝淸班. 州家申名使家抑, 坎軻祇得移荊蠻.
判司卑官不堪說, 未免搥楚塵埃間. 同時輩流多上道, 天路幽險難追攀.
君歌且休聽我歌, 我歌今與君殊科. 一年明月今宵多, 人生由命非由他.
有酒不飮奈明何.)

8월 4일 태자가 즉위하여 헌종(憲宗)이 되고, 다음날 대사면령이 내려졌다. 『원화군현지(元和郡縣誌)』에 의하면 장안에서 침주까지는 3,275리라고 되어 있다. 그런데 당대에는 "사면의 사령장은 하루에 500리를 달려 전달한다(赦書日行五百里)"라는 규정이 있다. 이 규정에 의하면 대략 8월 15일 전에 사령장이 도착하였을 것이다. 이때 한유가 받은 자리는 강릉부(江陵府)의 법조참군(法曹參軍)으로 관청의 사법업무를 관장하는 말단직이었다. 침주자사는 태자책립 때에 대사면령을 받고 한유와 장서를 장안으로 소환해

줄 것을 주청하였지만, 그의 상관인 호남관찰사(湖南觀察使)가 이를 묵살하여 불행하게도 강릉(지금의 호북성湖北省 강릉. 물론 이곳은 양산陽山보다는 도성에 가까우며 큰 도시였음)으로 옮겨가 거주할 것만 허락받은 것이다.

 당시의 호남관찰사 양빙(楊憑)은 유종원의 장인이었다. 한유와 양빙의 관계는 좀 특수하다. 양빙의 동생 양응(楊凝)은 한유와 선무군절도사(宣武軍節度使) 동진(董晋)의 막부에서 함께 근무한 적이 있고, 또 양빙과 큰형 한회(韓會)는 유종원의 아버지 유진(柳鎭)과 친구 사이였다. 그러나 한유가 양산으로 유배된 것이 왕숙문 일파의 조종에 의해서라면, 침주자사가 주청할 때만 해도 아직 그들이 순종을 옹위하여 그들 마음대로 정치를 하던 시기이므로 한유를 간단히 소환할 리가 없다. 바로 유종원의 장인은 주변의 이러한 사정을 잘 알고 있었을 것이기 때문에, 중앙의 지령이 없었지만, 소환해달라는 침주자사의 주청을 묵살했을 것이다. 사실인지 아닌지는 확인할 수는 없지만, 한유가 관찰사가 묵살했다고 말하는 것으로 보아 양빙에 대해 섭섭한 감정을 가지고 있었던 것은 분명하다.

 한유와 장서는 9월 보름이 지나서 강릉으로 출발하였다. 9월 20일 무렵에는 형주(衡州)에 도착하여 형주자사 추유립(鄒儒立)에게 성대한 대접을 받고, 오악(五岳) 가운데 남악(南岳)에 해당하는 형산(衡山)을 유람하기도 하였다. 그리고 10월 초에 담주(潭州: 지금의 호남성 장사長沙)에 도착하였다. 담주는 호남관찰사 관청이 있는 곳이다. 한유는 여기에서 여러 관리들을 만났으나 양빙은 만나지 않았다. 10월 중순 한유와 장서는 배로 동정호에 이르렀다. 10월 중순이면 음력으로는 겨울이므로, 동정호는 겨울답게 바람과 파도가 거세었다. 이들은 할 수 없이 외부와 연락도 닿지 않는 동정호 남쪽 강기슭에서 바람을 피하여 일주일을 묶었다. 양식도 거의 떨어져 가족들 가운데 배고파 보채는 사람도 있었다. 그들이 악주(岳州), 즉 악양(岳陽)에 도착했을 때에는 10월 하순이었다. 악주자사 두상(竇庠)은 한유가 어렸을 때 알았던 사람이다. 한유 일행은 악주자사 두상으로부터 성대한 대접을 받았다.

이 기간에 한유는 자신의 생각과 정서를 잘 반영한 세 편의 중요한 시를 남겼다. 이미 앞에서 소개한 적이 있는 「강릉으로 부임하여 가는 도중 왕씨 집 스무째 보궐 벼슬하는 왕애(王涯), 이씨 집 열두째 습유 벼슬하는 이건(李健), 이씨 집 스물여섯째 원외랑 벼슬하는 이정(李程)등 한림원의 세 학사에게 띄우노라」라는 시와 「악양루에서 대리사직(代理司直) 두상을 이별하며(岳陽樓別竇司直)」라는 시, 그리고 「영정시대를 노래함(永貞行)」이란 시이다. 이 시들의 공통된 주제는 헌종의 즉위로 옛 신하들이 다시 기용되고 왕숙문 집단이 실각하여 좌천된 상황과, 자신이 양주로 폄적된 것이 왕숙문·위집의 집단에 의한 것임이 확인되었지만 어떠한 과정으로 왕숙문 집단의 수뇌부에 전해졌을까 하는 내용, 의혹이 풀림에 따라 오랫동안 쌓여 있던 울분을 풀고자 하는 내용 등으로 구성되어 있다.

「강릉으로 부임하여 가는 도중 …… 세 학사에게 띄우노라(赴江陵途中寄……三學士)」를 짓게 된 가장 중요한 동기는, 왕애(王涯)·이건(李健)·이정(李程) 세 학사에게 강릉법조참군으로 부임해 가는 자신을 장안으로 소환해달라고 구원을 요청하기 위해서였다. 그런데 왜 하필이면 이 세 사람을 택하였을까? 왕애는 한유와 진사시험에 같이 합격한 동년이어서 믿을 만한 데다가 가장 중요한 것은 이들 모두 다 왕숙문·위집의 집단과 심각하게 대립한 반대파였다는 것이다. 왕애와 이정은 왕숙문 일파와 대립하면서 태자 옹립을 강행하여 태자가 황제로 등극하는 데 큰 공을 세운 일등 공신이었고, 이건 또한 왕숙문과 완강하게 대립하였다.

「악양루에서 대리사직(代理司直) 두상을 이별하며(岳陽樓別竇司直)」라는 시는 한유가 악양에서 며칠 묵은 후, 두상과 이별하면서 지은 거의 500자나 되는 장편의 시이다. 그런데 중요한 사실은 이 이별의 자리에 두상과 장서 이외에 유우석이 있었다는 것이다. 유우석은 좌천되어 가는 도중 마침 이때 악양을 지나게 되었는데, 두상이 그를 이 이별의 연회석에 초청한 것이었다. 한유는 이 시에서 먼저 동정호의 웅장한 모습을 서술하고 중간에는 두상의 성대한 접대, 그리고 양산으로 좌천된 고통과 분노를 묘사한 뒤, 끝부분에 가서 "(친구를 사귐에) 재주만 사랑하고 그 행실을 고려하지 않아서, 부딪히는 일마다 참소와 비방을 얻었네(愛才不擇行, 觸事得讒謗)"라고 하여 그 자리에서 유우석에 대한 지난날의 섭섭함을 바로 드러내었던 것이다.

「영정시대를 노래함」이란 시는 한유가 악양을 떠나 강릉에 도착하기 전에 지었다. 이 시는 왕숙문 집단의 죄상을 아주 통절하게 나무라면서도, 유우석과 유종원이 멀리 좌천된 것에 대해서는 매우 동정하여 이들 몇 사람은 왕숙문과 구별해서 처리해 주기를 바랐다. 그러나 이 시에서 한유가 왕숙문 일파에 대해 가혹할 정도로 비판하였기 때문에 유우석은 끝내 한유의 견해를 받아들이지 못하였다. 이로 인해 한유가 죽을 때까지 두 사람 간에는 어두운 그림자가 남아 있었다.

이해 11월 중순에야 한유와 장서는 강릉부에 도착하였다. 임지는 형만(荊蠻)의 땅인 강릉, 게다가 법조참군이라는 낮은 관직이었다. 강릉부의 최고 책임자를 강릉부윤이라 한다. 강릉부윤의 속관으로 공조(功曹)·창조(倉曹)·호조(戶曹)·병조(兵曹)·법조(法曹)·사조(士曹)의 육조(六曹) 참군이 있었다. 관리가 죄를 지으면 유배라든가 좌천의 처벌은 받지만, 서민과는 달라서 곤장을 맞지는 않았다. 관리라는 신분을 중시하여 굴욕적인 형벌은 삼갔기 때문이다. 그러나 법조참군 등 '판사(判司)'라고 총칭되는 관리들에게는 그것이 적용되지 않았다. 서민과 똑같이 곤장을 맞기도 하였던 것이다.

특히 그가 맡은 법조참군은 죄수를 심문하거나 도적을 잡는 등의 사법에 관한 잡다한 업무여서 더욱 불만이 컸다. 한유는 강릉으로 가면서도 왕애·이건·이정에게 자신을 구해 주기를 청하고, 강릉에 도착하고 나서 「병부시랑 이손께 올리는 편지(上兵部李侍郞書)」를 써서 이손(李巽)에게도 자신을 추천해 주기를 바랐다. 그러나 그는 다행히도 상관인 형남절도사 겸 강릉부윤인 배균(裴均)과는 관계가 원만하였다. 그래서 당초 곤장이라도 맞지 않을까 하고 걱정했던 것은 기우였던 것이다. 배균은 황음무도하였지만 왕숙문 집단을 반대하고 문학을 좋아했다. 한유가 좋아할 만한 조건을 가지고 있었던 것이다.

806년(元和 원년) 초 강릉에는 대설이 내렸다. 한유는 강릉에 온 이후 처음으로 「눈을 반기며 상서 배균께 바침(喜雪獻裴尙書)」이란 시를 지었다. 그리고 그는 계속해서 「춘설(春雪)」두 수, 「봄눈 사이에 핀 이른 매화(春雪間早梅)」한 수, 「이른 봄 눈 속에서 꾀꼬리 소리를 듣고(早春雪中聞鶯)」같은 시들을 지었다. 이들 시들은 아마도 배균과 창화하여 지었을 것이다.

이 무렵 그는 또 스스로 경계한다는 의미를 담은 다섯 가지의 훈계, 즉 「오잠(五箴)」을 썼다. 그는 서문에서 다음과 같이 말하고 있다.

사람들은 자신의 결점을 알지 못함을 걱정한다. 자신의 결점을 알면서도 고치지 않는 것은 용기가 없어서다. 내 나이 서른여덟에 짧은 머리카락은 매일같이 희어지고 흔들거리는 치아는 매일같이 빠진다. 청각이나 시력도 지난날만 못하고 처음에 가졌던 도덕에 대한 마음도 날마다 저버리게 된다. 군자가 되지 못하고 끝내 소인이 되어 버릴 것이 분명하다. 이제 다섯 가지의 훈계를 지어 자신의 악덕을 털어내 보이는 것이다.

(人患不知其過. 旣知之不能改, 是無勇也. 余生三十有八年, 髮之短者日益白, 齒之搖者日益脫, 聰明不及於前時, 道德日負於初心. 其不至於君子而卒爲小人也昭昭矣. 作五箴, 以訟其惡云.)

그리고 다섯 가지 훈계를 나누어 말하고 있다. 그 가운데 하나인 「노는 것을 경계함(游箴)」의 일부에서는 다음과 같이 말하고 있다.

나는 어렸을 때에 다능하기를 추구하여 밤낮으로 열심히 노력했다. 지금 나는 배불리 먹고 즐겨 놀기만 하면서 밤낮으로 하는 일이 없다.

(余少之時, 將來多能, 蚤夜以孜孜. 余今之時, 旣飽而嬉, 蚤夜以無爲.)

이러한 말은 분명 앞날에 대한 희망을 잃어버린 현재의 자신을 자조하는 것이지만, 그렇다고 해서 지난날의 장대한 기세를 되찾고자 하는 강렬한 마음이 보이는 것도 아니다.

「봄에 느낌(感春)」이라는 제목으로 네 수의 시를 지었는데, 세 번째 시에서도 이렇게 말하였다.

아침에 출근할 때 한 마리 말을 타고 나갔다가,
저녁에는 외로운 침대에 눕는다.
시서(詩書)를 점차 포기하기 시작했고,
절개의 행위는 오래 전에 이미 게을리하였다.
갓이 기울어지니 머리카락 줄어듦을 느끼겠고,
말이 자꾸 헛나가니 이가 빠진 것이 슬퍼진다.
나는 지금 평소의 신념을 저버렸으니,
이제 이 일을 어떻게 해야 좋을까?
(朝騎一馬出, 瞑就一牀臥. 詩書漸慾抛, 節行久已惰. 冠欹感髮禿, 語誤悲齒墮. 孤負平生心, 已矣知何奈.)

그리고 여름이 찾아왔다. 비만형인 한유로서는 남방의 여름을 참고 견디기가 힘들었을 것이다. 그것을 알았던지 동료인 정군(鄭群)이라는 사람이 대자리를 보내 주었다. 한유는 이에 감사의 시 「정군이 대자리를 보내 주어(鄭群贈簟)」를 썼다.

기주의 피리 만드는 데 쓰는 대나무는 천하에 알려졌지만,
정군이 귀중히 여기는 대나무는 더욱 진기한 것이라네.

가지고 온 때가 낮이었지만 거기에 누울 수가 없었으니,

관청에서 유리 같은 노란 대자리 돌려가며 구경했기 때문일세.

그 바탕은 견고하고 색깔은 맑으며 마디도 보이지 않아,

눈길이 닿는 곳은 모두 반들반들하여 티끌이 없네.

법조참군은 빈천한 직이어서 사람들이 천시하는 것이니,

허리와 배에 공연히 살만 쪘으니 무엇을 하리.

오월부터는 더위와 습기에 시달려 괴로운데,

그 괴로움 마치 깊은 시루 속에 앉아 증기를 쐬는 듯하지.

땀을 손으로 닦고 소매로 훔치며 속으로 투덜거린다네,

비만형에 땀이 많이 나는 것은 참으로 마땅한 것이라고.

해가지면 집으로 돌아와 탄식했다네,

좋은 대자리를 파는 사람이 있다면 재산을 기울여도 좋다고.

누군들 생각했으랴, 옛 친구가 내 마음 알고서,

팔 척짜리 함풍의* 대나무자리를 말아 보내 줄 줄이야.

하인을 불러 땅을 쓸고 펴보게 하였지만 다 펴기도 전에,

아름다운 빛이 찬란하여 아이들을 놀라게 하네.

쉬파리는 날개를 숨기고 벼룩과 이는 달아나 버리니,

산들산들 맑은 바람이 불어오는 듯하네.

그 위에 누워 단잠을 자면 온갖 병이 나을 것 같아,

---

* 함풍의 : 바람을 띤 잔물결이란 뜻으로 대자리의 이름임.

오히려 언제까지라도 뜨거운 햇볕 내리쬐기를 바라고 싶네.
야광주나 푸른 구슬로도 그대의 은혜를 갚을 수 없어
그대에게 변하지 않는 우의를 주고자 하네.

(蘄州笛竹天下知, 鄭君所寶尤瓌奇. 携來當晝不得臥, 一府傳看黃琉璃,
體堅色淨又藏節, 盡眼凝滑無瑕疵. 法曹貧賤衆所易, 腰腹空大何能爲.
自從五月困暑濕, 如坐深甑遭蒸炊, 手磨袖拂心語口, 慢膚多汗眞相宜.
日暮歸來獨惆悵, 有賣直欲傾家資. 誰謂故人知我意, 卷送八尺含風漪.
呼奴掃地鋪未了, 光彩照耀驚童兒. 青蠅側翅蚤蝨避, 肅肅疑有淸飆吹.
倒身甘寢百疾愈, 却願天日恒炎曦. 明珠青玉不足報, 贈子相好無時衰)

|제5장|

장안과 낙양을 왕래하며

1. 장안과 낙양에서의 국자박사

806년 여름이 끝날 무렵인 6월 10일(구력舊曆으로 6월은 늦여름에 해당됨) 마침내 도성으로 돌아오라는 명령이 떨어졌다. 한유를 권지국자박사(權知國子博士)로 임명한 것이다. '권지'란 "임시로 사무를 맡아 본다" 혹은 "잠시 대신하다"는 의미이다. 이 권지국자박사는 정식 국자박사는 아니지만, 이전의 사문박사보다는 상류층 자제를 수용하는 학교의 교수이다. 당시 학교와 관련된 관직은 조정의 권력 중심에서 멀리 떨어져 있는 한직이어서, 사실 한유가 원했던 직은 아니다. 그러나 유배 생활을 완전히 청산하고 장안으로 돌아왔다는 것만으로도 위안이 되었을 것이다.

헌종은 즉위한 이후 황제의 권위를 회복하고자 조정에 인재를 불러 모으려는 방침을 세웠다. 이해 3월에 이미 황제가 친히 시험하여 백거이·원진(元稹) 등과 같은 뛰어난 인재를 선발하였다. 한유의 소환도 그것과 관련된 조치였을 것이다. 한유는 매우 감사하면서도 한편으로는 지난날의 실패를 거울삼아 신중히 처신했다. 도성 동남쪽에 있는 남관(藍關)을 지나면 그 뒤로는 장안까지 긴 내리막길이 이어지는데, 이때 한유가 말을 타고 이 길을 내려오면서 말에 의탁하여 자신의 심경을 노래한 「관문으로 들어오며 말을 노래한다(入關詠馬)」라는 시가 있다.

> 노쇠해지면 어찌 좋은 수레 끄는 말로 충당될 수 있으랴?
> 기력이 약해졌으니 마땅히 스스로 앞길을 조심해야지.
> 무슨 까닭인지 모르지만 말은 머리를 높이 쳐들고,
> 관문으로 끌려들어갈 때, 망연히 한 차례 울부짖는다.
>
> (歲老豈能充上駟, 力微當自愼前程. 不知何故翻驤首, 牽過關門妄一鳴.)

한유는 그다지 큰 이상을 품지 않고, 말도 조심하는 쪽이 좋을 것이라고 자신에게 타이르면서 장안으로 들어간 것이다.

한유가 장안으로 돌아왔을 때, 맹교·장적·장철(張徹)도 장안에 있었다. 옛 친구들이 다시 모였으니, 그 기쁨은 말할 수 없이 컸을 것이다. 한유를 축하하기 위해 다 함께 모여 한 구절씩 돌아가며 시를 지었다. 바로 이때 지은 시가 「회합연구(會合聯句)」이다.

離別言無期,	이별할 때는 만날 날 기약할 수 없더니,	
會合意彌重.	함께 만나니 정겨운 마음 더욱 깊어지네.	〔장적〕
病添兒女戀,	병이 나니 아이들 생각 더 나고,	
老喪丈夫勇.	늙으니 대장부의 용기 사라지네.	〔한유〕
劍心知未死,	칼날 같은 예리한 마음 죽지 않음 알겠으나,	
詩思猶孤聳.	시 짓는 구상은 여전히 홀로 우뚝 솟아났네.	〔맹교〕
愁去劇箭飛,	근심은 급한 화살 날아가듯 사라지고,	
讙來若泉涌.	즐거움은 샘물 솟아 나오듯 찾아오네.	〔장철〕

……

한유는 796년(貞元 13)에 변주(汴州)에서 맹교·이고와 함께 세 사람이 처음으로「원유연구(遠遊聯句)」라는 제목으로 연구시(聯句詩)를 지은 적이 있다. 그리고 이번에「회합연구」를 짓고 나서, 이 시기에「납량연구(納凉聯句)」·「동숙연구(同宿聯句)」·「우중기맹형부기도연구(雨中寄孟刑部幾道聯句)」·「추우연구(秋雨聯句)」·「성남연구(城南聯句)」·「투계연구(鬪鷄聯句)」·「정촉연구(征蜀聯句)」·「유소사연구(有所思聯句)」·「견흥연구(遣興聯句)」·「증검객이원연구(贈劍客李園聯句)」등과 같은 많은 연구시들을 지었다. 이 중에「성남연구」같은 시는 135개의 운(韻)자로 된 장대한 스케일의 연구시이다. 이「성남연구」를 지은 시기와 비슷한 시기에 100여 운(韻)자로 된「남산시(南山詩)」를 짓기도 하였다. 이 시기에 이처럼 많은 연구시나 장편의 시를 지었던 것은 아무래도 맹교의 영향과 장안으로 돌아온 이후 마음의 여유에서 비롯되었을 것이다. 이듬해 807년(元和 2) 정월에는 또 「원화성덕(元和聖德)」이라는 시도 지었다. 이 시는 시경의 형식을 모방한 4언을 바탕으로, 총 1,024자나 되는 장편으로, 번진의 난을 평정한 헌종 황제의 성덕을 칭송하여 지은 것이다. 북송(北宋)의 진관(秦觀) 같은 시인은 이 시를 한유가 쉰한 살에 지은 「평회서비(平淮西碑)」와 비교하여 마치 다른 사람의 손에서 나온 것처럼 졸작이라고 비판하기도 하였으나, 한유는 당시 당나라의 부흥에 대한 희망과 자신의 미래에 대한 희망을 이 시를 통해 표현하고자 하였을 것이다. 사실 이 무렵 한유에게는 모든 것이 긍정적으로 느껴졌을지도 모른다.

그러나 한유의 이러한 느낌도 잠시일 뿐, 주위는 또다시 음모로 휩싸였다. 당시의 재상인 정인(鄭絪)이 한유를 눈여겨보자, 곧 정인의 집까지 찾아와 그를 비난하는 사람도 나타났다. 그리고 다른 유력자에게도 끊임없이 그를 헐뜯는 소리가 전해졌다. 이때 한유는 「석언(釋言)」이란 글을 써서 그 경위를 상세히 서술하고는 있지만, 문장투는 이전만큼 그렇게 도전적이지는 않다. 이 글에서 한유는 재상들이 이 사실무근의 험담에 현혹되지 않을 것이라 확신하고, 또 자신은 그저 조용히 있을 따름이라고 쓰고 있다. 그러나 한유가 정말 조용히 있을 정도의 심경이었다면 이런 문장을 쓸 필요조차 느끼지 못했을 것이다. 겉으로는 두려움이

나 걱정 없이 평온한 듯 보였지만, 실제로는 마음이 매우 불안하였다. 이 시기에 지은 「가을에 느낌(秋懷)」 열한 수의 시에 한유의 이러한 일련의 마음이 잘 표현되어 있다.

이해에 한급(韓岌)이 죽었다. 한급은 한유의 막내 삼촌인 한신경(韓紳卿)의 아들로 한유보다 열여덟 살이나 위였다. 한유의 조부인 한예소에게는 한유를 포함해서 여덟 명의 손자가 있었다. 이미 여섯 명이 죽었고, 이해에 들어와 한급마저 죽으니 마침내 한유 혼자만 남게 되었다.

한유가 마흔이 되던 해는 807년(元和 2)이다. 재상인 정인은 원래부터 한유를 문학과 관련 있는 어떤 요직에 둘 생각이었던 것 같다. 그 때문에 앞에서와 같이 반대운동이 심했을 것이다. 한유의 태도도 장안으로 돌아올 당시의 결의를 지켜 매우 신중하려 애썼지만 끝내 타고난 기질을 고칠 수는 없었다. 뒷날 그는 「풍숙에게 답한 편지(答馮宿書)」에서 다음과 같이 술회하고 있다.

나는 장안에 일 년 정도 살고 있었지만 한 번도 높으신 분의 집을 찾아가지 않았지요. 사람들이 비위를 맞추고자 찾아다니는 것을 나는 싫어했기 때문이지요. 나와 뜻이 맞는 사람이면 함께 자리하여 대하였지만, 뜻이 맞지 않는 사람이면 나의 집까지 찾아와도 한 번도 동석한 적이 없답니다. 이것이 어찌 험담만을 초래하였겠습니까? 다른 사람에게 죽지 않은 것만도 다행이었지요. 뒷날 다시 생각해 보아도 참으로 가슴 떨리고 섬뜩하였답니다.

(僕在京城一年, 不一至貴人之門. 人之所趨, 僕之所傲. 與己合者, 則從之遊. 不合者, 雖造吳廬, 未嘗與之坐. 此豈徒足致謗而已. 不戮於人, 則幸也. 進思之, 可爲戰慄寒心.)

그는 또「박탁행(剝啄行)」이란 제목의 사언고시를 지었다. '박탁'이란 문을 두드리는 소리를 나타내는 의성어이다. 이 시의 요지를 옮겨 보면 다음과 같다.

누군가가 와서 문을 두드리지만 한유는 만나려 하지 않는다. 찾아온 손님은 화가 나서 돌아간다. 그러자 종자(從者: 한유를 따르는 자)가 "왜 만나지 않는지"를 묻는다. 한유가 "손님을 만나 이야기를 나누면 구설수에 오르기 쉽지만, 만나지 않으면 구설수 같은 것을 걱정할 필요도 없다"고 대답한다. 그러자 종자는 다시 말한다. "만나지 않는다고 해서 사람들의 입을 봉할 수는 없으며, 물론 어떤 말들을 할지는 알 수 없지만, 대개 지금 사람들은 명성이나 벼슬을 구하기 때문에 이러한 사태가 생기니, 당신께서 위험을 피하고 싶다면 현재의 지위에서 물러나는 것이 좋을 것"이라고 한다. 한유는 이 충고에 감사하며 말한다. "그대의 말을 알겠다. 지나간 일은 좇아갈 수 없지만, 다가올 일은 올해 안에 결말을 내겠다."

이것은 물론 가상의 대화이다. 이야기에 나오는 종자는 아마도 장적이나 장철 같은 사람일 것이다. 종자가 충고하는 형식으로 한유가 지금의 지위에서 물러날 결의를 서술한 것이다. 그리고 분명 이해에 한유는 물러나는 것을 실현하였다. 낙양으로 전출을 신청했던 것이다.

당대에는 낙양을 부수도(副首都)로 삼아 동도(東都)라 부르고, 황궁도 있었다. 황제가 낙양으로 행차하여 황궁에 머물면 그곳에서 정무를 보았는데, 그 기간만은 낙양이 수도가 된다. 따라서 조정백관들은 장안 근무와 낙양 근무 두 가지로 나누어져 있었다. 국자박사도 그 하나이다. 황제가 낙양에 왔을 때는 낙양에서 근무하는 자가 정무를 맡지만, 어디에서 근무하든 지위의 변화는 없다. 다만 이것은 제도상의 일일 뿐, 특별한 사정이 있는 경우를 제외하면, 실제로 황제가 낙양에 오래 머무르는 일이 별로 없었으므로 낙양에서 근무하는 관리는 사실 지위만 있을 뿐 직무에 관여하는 일은 거의 없었다. 실례로 국자감의 경우를 보자. 장안의 국자감과 낙양의 국자감을 당시에는 '양감(兩監)'이라 하여 대등하게 불렀지만, 그러나 낙양의 국자감은 장안의 국자감에 비해 규모가 훨씬 작았고, 학생수도 5분의 1도 안 되어 하는 일도 거의 없었다. 다만 낙양에서 근무하게 되면 어느 직책이든 중앙정부의 정쟁의 와중으로부터 피할 수는 있었다. 한유는 바로 이 길을 택한 것이다.

결국 한유가 원했던 것은 받아들여졌다. 뒷날의 작품이지만

「동도에서 봄을 만남(東都遇春)」이라는 시에서 그는 "다행히 동도의 관직을 받아, 시기와 함정에서 벗어날 수 있었다(幸蒙東都官, 獲離機與穽)"라면서 기뻐하고 있다. 또 앞서의 「풍숙에게 답한 편지」에서도 이렇게 이야기하고 있다.

> 그러므로 이곳(동도)으로 옮겨온 이후, 자신을 억누르고 낮추어 하찮은 사람이 찾아와도 오만한 모습을 띤 적이 없었으니, 하물며 요즘 이름 있는 높은 사람이야 말해서 무엇 하겠습니까? 이로써 나 스스로 우환이 없었으면 하고 생각했답니다.
> (故至此已來, 尅己自下. 雖不肖人至, 未嘗敢以貌慢之, 況時所尙者邪. 以此自謂庶幾無時患.)

808년(元和 3) 마흔한 살의 한유는 지금까지 사무취급만 하던 것이 해소되어 권지국자박사에서 정식 국자박사에 임명되었다. 그러나 그것만으로 가정 형편이 특별히 좋아진 것은 아니었다. 박봉은 여전하여 어려움을 견디지 못하고 관리 생활을 그만둘까도 생각했다.

이때부터 한유는 묘지명(墓誌銘)을 쓰는 일이 많아지면서 그의 묘지명 작품이 불어나게 된다. 묘지명이란 고인(故人)의 행적을 써서 그 유덕을 칭송한 문장으로, 이것을 방형(方形)의 돌 또는 흙을 구워 만든 벽돌에 새겨 관(棺)과 함께 묘 안에 묻는다. 따라서 본체는 묘 안에 있어 볼 수는 없지만 유족은 그 사본을 보존하여 기념으로 삼고, 또 장래 정사(正史)의 열전(列傳)으로 쓰일 때 자료로 제공하기도 한다. 자식이 직접 죽은 아버지를 위해 이러한 문장을 쓰는 것은 용납되지 않는다. 먼 친인척이거나 또는 친구에게 부탁하는 것이 원칙이다. 그러나 유족들은 같은 값이면 문장을 잘 쓰는 사람에게 부탁하려고 하였다. 그래서 당대(當代)의 문장가로서 이름이 날 정도면 아무런 인연이 없더라도 의뢰받는 경우가 많았다. 이때는 물론 거기에 상응한 사례를 하지 않으면 안 된다. 고인의 친구나 먼 인척 등에게 부탁하고자 할 때에 상대방이 일단 거절할 것을 알면서도 사례금을 가지고 가는 것이 예의였다. 당연히 인연이 없는 사람에게 부탁하려면 친인척에 부탁하는 것보다 더 예의를 차려야 한다.

한유가 쓴 묘지명 가운데서 저작 시기를 확실히 알 수 있는 것만 한정한다 해도 지난 807년(元和 2)에 쓴「고공원외랑노동미묘지명(考功員外郎盧東美墓誌銘)」외에 두 편이 있고, 이해에「하남소윤배복묘지명(河南少尹裵復墓誌銘)」한 편, 다음 해에는 세 편, 그 다음 해는 네 편으로 계속 증가한다. 그러다 원화 8년 사관수찬이 된 이후에는 한 해에 일곱 편 이상 쓰기도 하였다. 물론 해마다 조금씩은 차이가 있다. 이들 묘지명 가운데는 자신 또는 그 일족과 관계 있는 것도 있지만, 거의는 특별한 연고가 없었던 것으로 보인다. 결국 한유에게 묘지명을 의뢰해 오는 사람이 증가했다는 사실은 적어도 묘지명에 관한 한, 한유의 문장을 높이 평가하고 있었음을 알 수 있다. 따라서 묘지명을 부탁하러 온 유족으로부터의 사례금이 가난에 찌든 한유의 가정 경제에 도움이 되었으리라는 것도 또한 의심할 여지가 없다. 이보다 뒷날의 일이지만 한유가 묘지명이나 신도비를 써서 많은 돈을 벌면서 생긴 일화도 있다. 바로 만당(晩唐)의 시인 이상은(李商隱)이 쓴 「제노이생(齊魯二生)」에 실려 있는 유차(劉叉)라는 인물에 관한 일화가 그것이다. 필요한 부분만을 요약하여 소개해 보면 다음과 같다.

유차는 어디서 흘러왔는지 알 수가 없다…… 그는 의협을 소중히 여기고, 몸집이 크며 힘이 센 사람이었다. 그는 늘 저잣거리를 출입하면서 소·개·돼지를 잡거나 그물로 새를 잡으며 세월을 보냈다. 또 언젠가는 술을 먹고 사람을 죽여서 이름을 바꾸고 숨어 지내다가 특별사면으로 자유의 몸이 되기도 했다. 뒷날 제노(齊魯 : 지금의 산동) 지방으로 들어가 책을 읽고 공부하여 비로소 시를 지을 수 있었다. 그러나 지난날의 행위 때문에 높은 사람들과는 사귈 수가 없었으므로 나막신을 신고 누더기 옷을 걸치고서 걸식하는 패거리와 술과 음식을 구걸하면서 생활했다. 그러다 한유가 천하의 선비들을 잘 대접한다는 소문을 듣고 먼 길을 걸어서 그에게로 찾아갔다. 한유가 있는 곳에 이르러서 빙주(冰柱)·설거(雪車)라는 두 수의 시를 지어 하루아침에 선배격인 노동과 맹교 위에 놓이고, 산문의 명수로 자처하고 있던 번종사도 그에게 머리를 숙였다. 그 뒤 누군가와의 논쟁으로 문인 동료들에게 굽힐 수가 없었기 때문에 한유의 금 몇 근을 가지고 달아나면서 말하기를 "이것은 무덤 속의 사람에게 아첨해서 얻은 것일 뿐이니, 이 어르신네의 전별금으로 가져가는 것이 나을 것이다"라고 하였다. 한유도 그를 말릴 수 없었다.

(劉叉, 不知其所從來. ……任氣重義, 大軀有聲力. 嘗出入市井, 殺牛及犬豕, 羅綱鳥雀. 亦或時飮酒, 殺人, 變姓名遁去. 會赦得出, 後流入齊魯, 始讀書, 能爲歌詩. 然恃其故時所爲, 輒不能俯仰貴人. 穿屐破衣, 從尋常人乞丐酒食爲活. 聞韓愈善接天下士, 步行歸之. 旣至, 賦冰柱雪車二詩, 一旦居盧仝孟郊之上. 樊宗師以文自任, 見人拜之, 後以爭語不能下諸公, 因持愈金數斤去… 曰. 此諛墓中人得耳, 不若與劉君爲壽. 愈不能止.)

유차의 사적은 이상은이 전하는 이 말 이외에 거의 아무것도 알 수 없지만, 시 스물일곱 수가 현존하고 있다. 그 가운데 「조주자사 한유에게 부치며(寄韓潮州)」라는 시가 있는데, 이것으로 보아 한유가 조주자사로 좌천되었던 쉰두 살 전후의 문인이었던 것으로 추측된다. 당시 한유의 문명(文名)은 높았고, 그 주위에는 장적·맹교를 비롯한 많은 문인들이 있었다. 이러한 쟁쟁한 문인들 속에 유차와 같은 무뢰한까지도 끼어 있었다는 자체가, 한유를 둘러싸고 있는 분위기의 일단을 보여 주는 재미있는 부분이기도 하다. 그러나 지금 여기서 이야기하고자 하는 것은 유차가 금을 가지고 달아날 때 내뱉은 "이것은 무덤 속의 사람에게 아첨해서 얻은 것일 뿐"이라는 모멸적인 말이다. 고문운동의 지도자로서 명성을 높여갔던 한유에게 비지(碑誌), 즉 신도비나 묘지명을 써 달라는 의뢰가 친척이나 친구는 말할 것도 없고, 각계의 명사나 실력자들로부터 귀찮을 정도로 들어왔을 것이다. 따라서 그만큼 윤필료(潤筆料)나 사례비도 비쌌을 것이다. 원고료를 많이 내놓게 되면, 생전에 변변치 못한 사람이라도 그 사람의 나쁜 일은 제쳐두고 칭찬해 주는 것이 인지상정이다. 이리하여 어려웠던 지난 시기와는 달리 만년의 한유에게는 상당히 풍요로웠을 것이다. 이 풍요로워진 한유의 생활을 두 눈으로 보아 왔던 유차가 "이것은 무덤 속의 사람에게 아첨해서 얻은 것일 뿐"이라고 빈정거렸을 것이고, 한유도 유차의 말에 대꾸할 말이 없었을 것이다.

이상은이 남긴 이 말은 다분히 험담하기 좋아하는 호사꾼들이 지어낸 말이겠지만, 적어도 한유 주위에 그러한 에피소드를 만들어낼 만한 분위가 되어 있었다는 하나의 증거일 수는 있다. 어쨌든 뒷날 '묘에 아첨한다[유묘諛墓]'는 말은 바로 여기에서 생겨난 것이다.

이러한 이야기는 한유가 묘지명이나 신도비를 써서 많은 원고료를 벌었던 사실을 지적한 말이기는 하지만, 한유의 시문집인 『창려선생집(昌黎先生集)』 40권 중 열두 권이 비지문(碑誌文)인데, 이 많은 작품을 단순히 원고료를 위해 쓴 것으로 매도해 버릴 수는 없다. 한유의 문학 작품 가운데 오히려 이 비지문이야말로 고문운동의 지도자로서 한유의 진면목이 잘 발휘되어 있다고 볼 수 있다. 문학사에 남긴 한유의 주요 업적 가운데 하나가 바로 이 비지에 있다 해도 과언이 아니다.

  죽은 사람을 위해 신도비를 세우고 묘지명을 흙 속에 묻는 풍습은 육조 귀족사회에서 완성된 것이다. 그러나 그때까지의 거의 모든 신도비나 묘지명은 죽은 사람의 생전의 공적을 찬미하고 애도의 뜻을 나타내는 극히 의례적이고 형식적인 것에 지나지 않았다. 그 문장도 한결같이 미사여구로 꾸민 사륙변려문의 풍이었다. 그러나 한유는 그러한 전통적인 형식을 그대로 이어받아 쓴 것이 아니라, 바로 사마천의 『사기(史記)』 가운데서 열전의 뛰어난 표현력을 비지 속에 재생시켰던 것이다. 한유는 신도비나 묘지명에서 죽은 자의 일생을 묘사할 때, 때로는 그 사람에게 가장 적합한 일화를 들기도 하고, 어떤 때는 생전의 행동을 엄하게 비판함으로써 죽은 사람과의 끝없는 우정을 묘사하며, 어떤 때는 뒤에 남은 가족의 소식을 전하는 것으로 그 사람의 인품을 떠올리게 하는 등 다양한 방법을 구사하여 생생한 인간상을 비지 속에 재현시켰다. 한유의 비지문에는 무미건조한 미문의 나열은 없으며 전통적인 형식을 대담하게 타파하고 자유롭게 고문을 구사하면서 다양한 계층의 사람을 묘사했다. 황후 귀족은 말할 것도 없고 무의무관(無衣無冠)인 평민의 기록도 많다. 다시 말해 『사기』의 세계를 비지에 재생시키고, 단순히 의례적인 것에 지나지 않았던 비지를 인간을 이야기하는 문학으로까지 끌어올린 점은 한유의 크나큰 공적이 아닐 수 없다.

이해에 지은 것으로 추정되는, 맹교가 자식을 잃은 것을 위로하는 시가 있다. 뒷날 맹교가 죽었을 때, 가난한데다 후사마저 없어서 친구들이 도와 장례를 치렀던 것을 보면, 세 아들을 한꺼번에 잃은 맹교의 상심이 얼마나 컸으리라는 것은 짐작하고도 남음이 있을 것이다. 「맹동야가 아들을 잃다(孟東野失子)」란 시를 서문과 함께 옮겨 본다.

서문

맹동야가 연달아 아들 셋을 낳았는데, 며칠 사이에 모두 잃었다. 맹동야가 이미 노년(당시 쉰여덟 살)에 가까웠는데도, 후사가 없으니 슬픔이 클 것이라 생각되었다. 친구인 나 한유는 그가 심신을 상하게 할까 걱정되어 이 재난의 책임을 하늘에 떠맡기고 하늘의 명을 빌려 그를 일깨운다.

(東野連産三子, 不數日輒失之. 幾老, 念無后以悲. 其友人昌黎韓愈, 懼其傷也, 推天假其命以喩之.)

동야가 아들을 잃으매 결국 누구를 책망할까?
나는 이 잘못을 저 하늘에 떠맡기려 한다.

너(하늘)는 세상 사람의 운명을 주재하면서,
주고 빼앗음이 어찌하여 그렇게 불공평한가!
저들은 너(하늘)에게 어떻게 대하였기에,
저들을 저토록 번성하고 뻗어나가게 하고,
이 맹동야만은 유독 무슨 죄가 있어서,
아들의 죽고 삶을 열흘 안에 결정하였는가!
하늘에 소리쳐도 하늘은 오히려 듣지 못하니,
슬픈 눈물만 땅에 떨어져 황천에 이른다.
땅 귀신도 그 때문에 깊이깊이 슬퍼하며,
몸을 움츠리고 오랫동안 마음 편치 못하다.
이에 땅 귀신이 영험 있는 큰 거북을 불러,
구름을 타고 가 하늘 문을 두드리게 한다.
세상 사람을 주재하는 하느님께 물어보게,
사람마다 어찌 후대함과 야박함이 다른지?
그러자 하늘은 말한다. "하늘과 땅과 사람은,
본래부터 서로 간에 아무런 관계가 없다고.
나(하늘)는 하늘에 해와 달을 걸어 놓고,
나는 또 하늘에 별들도 걸어 놓았지만,
해와 달은 식(蝕)이 있어 서로가 삼키고,
별들은 때때로 넘어져 떨어지기도 한다.
나는 너의 질문에 대해서 책망하지 않으며

또 이런 일 묻는 것이 너와 무관함을 안다.
게다가 만물은 본래 각각의 명분이 있으니
누가 그렇게 하도록 할 수 있단 말인가?
자식이 있는 것과 자식이 없는 것이,
어느 쪽이 행복이고 불행인지 판단할 수 없다.
물고기의 알은 어미 뱃속에 가득 차 있지만,
어찌 그 하나하나를 다 사랑할 수 있겠는가?
나나니벌은 암수가 없어 스스로 알을 칠 수 없으니
그 일족은 늘 애비나 처라고 하는 것이 없다.
올빼미란 놈은 어미 가슴을 쪼아 먹어서
어미가 죽어야만 비로소 새끼가 날 수 있고,
복사라는 독사가 새끼를 낳을 때에는,
어미의 장과 간이 동시에 찢어진다고 한다.
좋은 아들은 분명 좋은 것이라 할 수 있지만,
길러 준 은혜와 노고에 미처 보답하지도 못한다.
나쁜 자식이라면 말을 하지 않더라도
올빼미와 독사의 예를 보아 알 수 있을 것이다.
그러니 자식이 있다고 또한 기뻐할 것도 아니며
자식이 없다고 해서 물론 탄식할 일도 아니다.
큰 성인은 가르침을 받을 필요가 없고,
현자는 가르침의 말을 들으면 고칠 줄 안다.

우매한 자는 말을 들어도 여전히 미혹되어

가르친다 해도 마음을 바꿀 길 없다.

거북이는 머리 조아려 신의 말을 삼가 듣고,

그 가르침 받들어 그날로 즉시 돌아왔다.

땅 귀신이 영험 있는 큰 거북에게 말했다.

너는 맹동야에게 가서 그대로 알려라.

맹동야가 자다가 밤중에 꿈을 꾸었는데,

어떤 남자가 검은 옷과 두건을 쓰고서,

갑자기 자기 집 문 안으로 들어와서는,

하늘의 가르침을 반복해서 설명하였다.

동야는 검은 옷의 남자에게 재배하고는

슬픔을 거두고 얼굴에 웃음을 띠었다.

(失子將何尤. 吾將上尤天. 汝實主下人, 與奪一何偏. 彼於女何有, 乃令蕃且延. 此獨何罪辜, 生死旬日間. 上呼無時聞, 滴地淚到泉. 地祇爲之悲, 瑟縮久不安. 乃呼大靈龜, 騎雲款天門. 問天主下人, 薄厚胡不均. 天曰天地人, 由來不相關. 吾懸日與月, 吾繫星與辰. 日月相噬齧, 星辰踏而顚. 吾不女之罪, 知非女由緣. 且物各有分, 孰能使之然. 有子與無子, 禍福未可原. 魚子滿母腹, 一一欲誰憐. 細腰不自乳, 擧族長孤鰥. 鴟梟啄母胸, 母死子始翻. 蝮蛇生子時, 坼裂腸與肝. 好子雖云好, 未還恩與勤. 惡子不可說, 鴟梟蝮蛇然. 有子且勿喜, 無子固勿歎. 上聖不待教, 賢聞語而遷. 下愚聞語惑, 雖教無由悛. 大靈頓頭受, 卽日以命還. 地祇謂大靈, 女往告其人. 東野夜得夢, 有夫玄衣巾, 闖然入其戶,

三稱天之言, 再拜謝玄夫, 收悲以歡忻.)

이때 맹교는 동도유수(東都留守)로 있던 정여경(鄭餘慶)의 초청에 응하여 그의 막료로 들어가 낙양에 있었고, 후희(侯喜)도 낙양에서 국자감 조교로 한유와 함께 근무하였다. 한유도 이때 낙양에서 근무하고 있었으므로 이른바 한문(韓門)이 이 시기에는 낙양으로 옮겨온 셈이었다. 한유가 낙양에 머문 2년 동안 가장 즐거웠던 것은 널리 교유할 수 있었다는 것이다. 이 시기 낙양에 와 있던 배도(裴度)와도 더욱 친밀해졌다. 배도는 예전부터 알고는 있었지만 그렇게 친밀히 교유하지는 않았었다. 그리고 새로운 사람도 사귀게 되었는데, 바로 황보식(皇甫湜)과 번종사(樊宗師), 그리고 노동(盧仝)과 유차(劉叉) 같은 사람이다.

황보식은 진사시험에 합격한 뒤, 808년(元和 2)에 제과(制科)인 현량방정(賢良方正)·능극언직간과(能極言直諫科)에 응시하여 대책(對策) 시험을 너무 직설적이고 격렬하게 써서 권세가들의 마음을 거슬려 낙방하고, 하남부(河南府) 소속의 육혼위(陸渾尉)로 와 있었다. 한유와 황보식 두 사람은 만나자마자 친구가 되었다. 황보식도 고문을 공부하였으므로 한문(韓門)에서 이고(李翶)만큼 중요한 고문가이다. 그 또한 시를 좋아하였는데, 특히 시의 기괴함을 숭상하여 한유가 추구한 심미관과 비슷하였다. 한유는 또 문인인 번종사와 시인인 노동을 알게 되면서 자주 왕래하였다. 번종사의 문장은 황보식보다 더 기삽(奇澁)하였고, 노동의 시 또한 매우 기괴하였다. 따라서 한유가 번종사·노동과 교유한 것은 주로 인품과 취향이 서로 같은 데서 기인한다고 보아야 할 것이다. 특히 그들 서로의 시와 문의 풍격이 거의 같았다. 노동과 유차는 사람도 괴짜였지만 시 또한 괴이하여 '괴(怪)'로써 이름이 난 사람들이다. 노동은 일생 동안 벼슬하지 않고 곤궁하게 살다가, 만년에 왕애(王涯)의 회식 모임에 참여하였다가 감로지변(甘露之變: 문종文宗 대화大和 9년 재상 이훈李訓 왕애王涯 절도사 정주鄭注 등이 환관을 주살하려다 실패하여 오히려 자신들이 죽게 된 사건이다. 이때 연루되어 죽은 사람이 무려 천여 명이나 되었다)에 연루되어 비참하게 생을 마쳤다.

그런데 이 무렵 한유와 맹교를 중심으로 한 한맹시파(韓孟詩派)는 가도와 노동 같은 사람이 참여함으로써 절정기를 형성하게 된다. 그러나 이 시기의 참여자들 대부분이 사회적 지위가 안정되지 못하여 자신들의 뜻을 펼 수가 없었고, 생활 또한 곤궁함을 면치 못하였다. 따라서 그들의 시들도 현실 생활의 고통으로 인한 분세질속(憤世嫉俗)하는 내용이 많다. 송대의 구양수(歐陽修)는 「육일시화(六一詩話)」에서 이들의 곤궁한 생활을 맹교와 가도(賈島, 779~843)를 예로 들어 아주 잘 설명해 놓았다.

맹교와 가도는 다 시 때문에 곤궁하여 죽음에 이르렀지만, 평생 그들 스스로 곤궁한 시구 짓기를 매우 좋아하였다. 맹교의 「이거시(移

居詩)」에서는 "수레를 빌려 가구를 실었더니, 가구가 수레보다 적더라"라는 시구가 있는데, 이것은 바로 집안에 변변한 물건 하나도 없었다는 말이다. 또 「사인혜탄(謝人惠炭)」에서는 "따뜻한 탄불을 얻고서야 오그려 붙은 몸이 바로 펴졌네"라고 하였으니, 사람들은 자신의 몸으로 직접 체험하지 못하고서는 이런 구절을 지어낼 수 없다고 말한다. 가도(賈島)는 "귀밑머리 가에 실(하얀 귀밑머리)이 있기는 하지만, 감히 추위 견딜 만한 겨울옷을 짤 수는 없구나"라고 하여 가령 짤 수 있다 하더라도 얼마를 짤 수 있을 것인가? 또 그의 「조기시(朝饑詩)」에서는 "저절로 들리네, 서쪽 침상의 거문고가 추위에 얼어서 두 세 개의 줄이 끊어지는 소리가"라고 하였으니, 사람들은 그가 "배고픔도 참을 수밖에 없었을 뿐만 아니라 그 추위 또한 얼마나 참았겠는가"라고 하였다.

(孟郊賈島, 皆以詩窮至死. 而平生尤自喜爲窮苦之句. 孟有移居詩云, 借車載家具, 家具少於車. 乃是都無一物耳. 又謝人惠炭云, 暖得曲身成直身, 人謂非其身備嘗之. 不能道此句也. 賈云, 鬢邊雖有絲, 不堪織寒衣. 就令織得, 能得幾何. 又其朝饑詩云, 坐聞西牀琴, 凍折兩三弦. 人謂其不止忍飢而已. 其寒亦何可忍也.)

물론 구양수가 위의 글에서 하고 싶은 말은 맹교와 가도의 곤궁한 생활을 소개하기 위해서가 아니라, 맹교와 가도가 현실 생활 속에서 몸소 체험한 것을 진지한 감정으로 작품 속에 이입할 수 있었기 때문에 훌륭한 시를 지을 수 있었다는 주장을 하고 싶어서였다. 하지만 우리는 이런 시들을 통해 그들의 곤궁한 생활과 분세질속(憤世嫉俗)의 감정을 느낄 수가 있다.

2. 낙양의 하남현령(河南縣令)

809년(元和 4), 한유는 마흔두 살이었다. 3년간의 국자감 근무를 마치고, 이해 6월 도관원외랑(都官員外郞)으로 전임되었다. 근무지는 여전히 동도인 낙양이었다. 도관은 형부(刑部)에 속하는 직책으로 가재몰수(家財沒收) 판결을 받은 죄인이 있을 경우, 그 집행을 담당하고 몰수한 것(죄인의 가족도 몰수하여 노비로 삼기도 했음)을 관리하는 자리이다. 원외랑은 그 직책의 사무관에 해당된다. 그다지 두드러진 자리는 아니지만 국자박사와는 달리 일단은 행정직이어서 행정상의 수완을 부릴 만한 직책이었다.

그리고 또 사부원외랑(祠部員外郞)의 직무도 겸직하도록 명령을 받았다. 사부는 예부의 소속으로, 제사·천문·역점(易占)·의약·불교와 도가에 관한 일 등을 관리하는 직이다. 그런데 동도 낙양에 근무하는 관리는 주로 불교의 사원과 도교의 도관(道觀)을 감독 관리하는 것이었다. 그렇지만 당시에는 그 사무를 환관(宦官)이 담당하고 있었다. 당시 환관은 황제의 측근이라는 특권을 이용하여 정치에까지 개입하였고, 경우에 따라서는 재상 이상의 권력을 휘두르기도 하였다. 당시 환관들이 사원이나 도관을 자신들의 지배 아래 둔 까닭은 승려나 도사와 결탁함으로써 여러 가지 부수입이 생겼기 때문이다. 그런데 여기에 대해서 사부의 관리들도 손을 대지 못하고 있었는데, 한유는 언제나 그랬듯이 용감하게 정면으로 사부의 직권을 행사하여, 환관을 모든 사원과 도관으로부터 쫓아내고자 하였다. 그러자 마치 호랑이 수염이라도 건드린 것처럼 환관들은 온 힘을 다하여 한유의 과실을 찾아 실각시키려 하였다. 한유는 할 수 없이 이 문제를 사부의 동료와 합의하여 결정하기를 바랐다. 그러나 사부의 관리들 가운데 그 누구도 그 합의에 참가하여 환관으로부터 미움을 받으려는 사람이 없었다. 결국 한유는 늘 그래 왔던 것처럼 고립무원(孤立無援)이었다.

낙양에서 가장 높은 벼슬은 황제를 대리해서 동도를 통치하는 동도유수(東都留守)이다. 이때 동도유수 자리에 있었던 사람은 정여경(鄭餘慶)이었다. 정여경은 한유가 이전에 사문박사로 있을 때 그의 직속상관인 국자좨주(國子祭酒)로 있었던 사람이다. 한유는 옛 정분에 희망을 걸고 정여경에게 편지를 보냈다. 이 편지에서 한유 자신은 매일 환관과 적이 되고, 상대방은 자신에게 무슨 흠이나 없을까 살피어 "저에 대한 온갖 나쁜 말과 비난하는 말이 공문서에 가득합니다(惡言詈辭, 狼藉公牒)"라고 정황을 기술하면서, 자신의 입장을 살펴 줄 것을 하소연하였다. 그렇지만 정여경도 환관을 적으로 만들면서까지 한유를 감싸려고 하지는 않은 것 같다.

다음 해에 한유는 하남현령에 임명되었다. 당시 낙양은 지방행정상으로는 하남현과 낙양현 두 현으로 나뉘어 있었고, 이 두 현을 합한 행정 단위가 하남부(河南府)이며 장관을 하남부윤(河南府尹)이라 했다. 그리고 하남부윤 위가 동도유수이다.

한유가 하남현령으로 옮겨가게 된 것은 좌천은 아니었다. 신분상으로는 하남현령이 도관원외랑보다 정5품상으로 품계가 높기 때문이다. 다만 낙양에 근무하는 조정의 관리를 지방관으로 전출시킴으로써 환관의 체면도 세워 주고, 달리 처벌할 죄상도 없는 한유에게도 불만을 갖지 않도록 하는 미온적 조치인 셈이다.

그러나 한유는 하남현령이 된 뒤에는 또 불법적인 군인들과의 싸움에 빠져들게 된다. 환관과의 싸움으로 지쳐 있었던 한유로서는 되도록이면 싸움을 피하고 싶었지만, 자신의 관할지역에서 불법이 행해지고 있는 것을 보고서, 한유의 성격상 수수방관만은 할 수가 없었다. 당시 하북·하남 일대의 절도사들은 모두 하남현에 저택과 토지를 소유하고, 멋대로 그곳에다 자신의 사병을 불러 모으는 것이 하나의 관례였다. 앞에서도 언급했듯이 절도사는 자기 부하에 한해서 인사권을 가지고 있었다. 한유도 옛날에 막료직을 얻었던 경험이 있었으므로, 여기에 대해서 트집을 잡을 정도는 아니었다. 다만 막부의 구성원으로 사택의 가신들까지 마구 채용함으로써 수배 받고 있는 죄인들까지도 끼어들게 되었다. 절도사의 저택은 일종의 치외법권이 되어 현령은 물론 조정에서도 손을 쓸 수가 없었다.

당시 절도사 부하들의 군기(軍紀) 또한 상당히 문란해져 있었던 것 같다. 정여경에게 쓴 편지인 「동도유수 정여경 상공께 올리는 글(上留守鄭相公啓)」에서 한유는 이러한 실정을 보고하면서, "저 잣거리에 앉아 떡을 팔면서도 또한 군인이라고 하는(坐坊市賣餠, 又稱軍人)" 자가 있다고 하였다. 소도시의 시장 노점에서 떡을 팔고 있는 떡장수가 군인이라고 자칭하고 있다는 것이다. 상인이 절도사의 막료에게 뇌물을 써서 이름만 군적(軍籍)에 올려놓고 군인이라 자칭할 수도 있고, 진짜 군인이 부업으로 떡을 팔았을 수도 있다. 군적에 이름이 올라 있으면 군대와 관리로부터 보호를 받았기 때문에 현령의 단속으로부터 피할 수가 있었다. 하남현령이 된 한유는 여기에 손을 대려고 하였다. 절도사의 부하라도 법을 어긴 자는 가차 없이 적발한다는 방침을 취했던 것이다. 이것은 현령의 직권에 속하는 것이어서 제도적으로는 아무런 하자가 없다. 따라서 한유는 이들 불법적인 군인들과 또 절도사들의 사저에 숨어 있는 사병들과 죄인들까지 모두 하남현령의 직권을 이용하여 법적으로 처리하려고 하였다. 그런데 마침 어떤 불법적인 군인이 자신의 여동생과 처를 욕하고 희롱하였다고 고발을 해

온 백성이 있었다. 한유는 바로 그들을 추적하여 체포해서 심문하고 곤장까지 치자, 군인들은 무리지어 동도유수 정여경에게 억울함을 호소하는 동시에 위협하였다. 정여경은 군인들의 위협이 두려워서 오히려 고발한 백성을 구속하고 군인들을 비호하기에 이르렀다. 절도사를 노하게 하면 무력을 가진 상대인 만큼 무슨 짓을 할지 알 수 없고, 또 사건이 생기면 현령뿐만 아니라 상사에게도 그 책임이 파급된다. 그래서 그는 한유에게 적발하는 것을 중지하라고 명령했다. 한유는 평소 자신을 이해해 준 정여경을 존경해 왔지만 이 일을 당하면서 정여경의 애매한 행동에 실망하여 그에게 편지를 보내 자신의 입장을 설명하고, 아울러 편지 말미에 철저히 투쟁하고자 하는 의지를 보였다.

> 저는 현실에 적응하는 재능이 없어 관리가 된 것이 점점 즐겁지가 않습니다. 무언가 한 가지 구실거리라도 찾아서 처리하고 사직하여 물러날까 합니다. 관직에서 떠나는 것은 눈물 한 번 흘리거나 침 한 번 뱉는 정도일 뿐이며, 조금이라도 섭섭하거나 미련이 남지도 않습니다. 다만 저는 큰 군자이신 당신의 작은 뜻이라도 잃게 될까봐 산만큼 무겁고 중히 여겼습니다. 제가 관직에 있을 것인지 물러날 것인지는 다만 오늘 당신께서 지시하는 대로 할 따름입니다.
>
> (愈無適時才用, 漸不喜爲吏. 得一事爲名可自罷去. 不啻如棄涕唾, 無一分顧藉心. 顧失大君子纖芥意如丘山重. 守官去官, 惟今日指揮.)

이것은 관직을 건 비장한 결의처럼 보인다. 하남부에서 보낸 사자(使者)가 이 사건을 장안의 조정에 보고했을 때, 헌종은 "한유는 나를 도와주는 자이다"라며 기뻐했다고 전해진다. 밖으로는 절도사, 안으로는 환관이 실권을 장악하고 있는 현실에서 조정의 기능을 바로잡고 왕실의 권위를 되찾고자 하는 것이 헌종의 소망이었기 때문이다.

그는 이처럼 불법적인 군인들과 싸우는 일 외에, 현령으로서의 임무도 최선을 다하였다. 이해 가을에는 하남부의 지방시험을 주관하여 장안으로 시험을 보러 갈 수재들을 전부 모아 위로연을 베풀어 주기도 하였다. 이 가운데 시인으로 이름난 이하(李賀)도 있었다.

한유가 처음 이하를 만난 것은 도관원외랑 때이다. 당시 이하는 열일곱 살 정도였다. 이하는 당 왕실의 종친이었지만 이때 이미 집안이 몰락하였다. 원래 그의 집은 부창(富昌: 지금의 하남성 의양宜陽)에 있었지만, 3년 전 807년(元和 2)에 낙양으로 이사하였다. 이하가 시를 잘 짓는다는 소리를 듣고 한유는 황보식과 함께 그의 집을 방문하여 그에게 자신들이 찾아온 일을 가지고 시를 지어 보게 하였다. 이하는 곧 「높은 분들이 찾아 주시어(高軒過)」란 시 한 수를 지어 보여 주니, 한유와 황보식은 감상하고 크게 칭찬하였다. 한유는 이하에게 진사시험에 응시하도록 권했고, 이하는 이번 하남부 시험에 참가하였던 것이다. 이하의 재주와 이름이 알려지자 이하와 이름을 다투는 자들이 이하의 부친 이름이 진숙(晉肅)이니 진사(進士) 시험의 '진(進)'과 진숙의 '진(晉)'이 발음이 같으므로 아버지의 이름자를 피하여 진사시험에 응시해서는 안 된다고 여론을 조성하였다. 바로 피휘(避諱)의 문제를 들고 나온 것이다. 그러면 여기서 옛날 중국인들의 피휘하는 관습에 대해 잠깐 살펴보고 본론으로 들어가자.

중국에서는 군주나 성인 혹은 부모의 사후에 예를 지키고자 생전의 이름자를 피하여 쓰지 않는 휘법(諱法)이 있었다. 이러한 습관은 주대(周代)로부터 시작되었는데, 진한(秦漢) 이후로는 살아 있는 사람의 이름도 피하여 쓰지 않게 되었고[生諱], 당대(唐代)에 와서는 더욱 까다로워지고 엄격해져서 본래의 취지를 상실하게 되었다. 그 방법 또한 다양하게 발전하여 글자를 바꾸어 쓰기[改字], 획수를 줄여 쓰기[缺筆], 글자를 빼어 버리고 그 자리를 비워두기[空字] 등의 방법이 있었다. 예를 들면, 진시황(秦始皇)의 이름은 영정(嬴政)인데, 정월(正月)의 '정(正)'자가 진시황의 이름자인 '정(政)'자와 읽는 음이 비슷하다고 하여, 정월(正月)을 단월(端月)로 고쳐 썼다. 이것은 글자를 바꾸어[改字] 피휘한 경우이다. 또 당 태종인 이세민(李世民)의 이름 글자를 피하기 위해서 당나라 사람들이 수대(隋代)의 왕세충(王世充)이라는 사람을 언급할 때에는 반드시 '왕 충(王 充)'이라고 쓰고서 '세(世)'자를 빼어 버리고 그 자리를 비워두었다. 이러한 피휘법이 글자를 빼어 버리고 비워두는[空字] 방법이다. 그런데 후세 사람들이 인쇄할 때에 이 두 글자를 붙여서 인쇄를 해버렸기 때문에 결과적으로 왕충(王充)이 되어 동한(東漢)의 왕충(王充)과 혼동하는 사람이 많았다. 획수를 줄이는 방법[缺筆]은 중국의 대성인인 공자의 이름이 공구(孔丘)인데, 그의 이름을 피하기 위해서 이름인 '구(丘)'자를 한 획을 뺀 '丘'자로 쓴 경우이다. 물론 읽을 때도 구로 읽지 않고 '모(某)'라고 읽었다. 이 이외에도 피휘의 종류는 매우 많다. 피휘를 위해서 성을 바꾼 사람도 있었다. 예를 들면 송대의 명신(名臣)인 문언박(文彦博)은 본래의 성이 경(敬)이었는데, 송태조의 조부(祖父)가 조경(趙敬)이었기 때문에 경(敬)자를 피하기 위해서 자신의 성을 문(文)으로 바꾸었다. 또 피휘를 위해서 행정단위의 명칭을 바꾼 경우도 있고, 관명(官名)을 바꾼 경우도 있으며, 심지어 이하(李賀)처럼 과거시험을 보지 못한 경우도 있다. 이러한 피휘의 습속으로 후세에는 풍속 습관이나 개인적인 이유 때문에 수사수법(修辭手法)으로 발전하게 된다. 예를 들면, 사람이 죽으면 '사(死)'자를 쓰지 않고 '노료(老了)'라고 쓴다든가, 결혼할 때에 빨리 자식을 얻기 위해서 '불생(不生)'이란 말을 피하기도 한 것 등이다.

다시 본론으로 돌아오면, 어쨌든 한유는 자신이 추천한 사람이 이런 일 때문에 시험을 보지 못하게 된다면 성격상 가만히 있을 사람이 아니었다. 그래서 그는 「휘변(諱辯)」을 지어 이하를 위해 적극 변론을 하였다.

나는 이하(李賀)에게 편지를 보내어, 이하에게 진사시험에 응시하도록 권하였다. 이하가 진사시험에 응시하기 전부터 이미 이름이 있자 이하와 이름을 다투는 자가 그를 훼방하여 말하기를, '이하의 부친 이름이 진숙(晉肅 jìnsù)'이니 이하는 진사(進士 jìnshì)시험에 응시하지 않는 것이 옳고, 그를 응시하도록 권한 자도 잘못 되었다." 이 말을 들은 사람들은 자세히 살피지도 않고 한 사람의 말에 따라 덩달아 그렇게 떠들어대며 한결같이 같은 말을 한다. 그러자 황보식이 "이 일을 만약 분명하게 하지 않으면, 선생님과 이하는 장차 죄를 얻게 될 것입니다"라고 말하니, 나는 "그렇다"라고 대답하였다.

율법에 이르기를 "두 글자로 된 이름은 그 중 한 자를 쓰는 것은 피하지 않는다"라 하였다. 그것을 해석한 사람이 말하기를, "(공자의 어머니 이름인 징재를 예로 든다면) 징(徵)을 말할 때 재(在)를 말하지 않고, 재를 말할 때 징을 말하지 않는 것을 일컫는다"라 하였다. 율법에 이르기를, "글자의 음(音)이 비슷한 경우는 피하지 않는다"라 하였다. 그것을 해석한 사람이 말하기를, "우왕의 이름인 '우(禹 yǔ)'와 '우(雨 yǔ)', 공자의 이름인 '구(丘 qiū)'와 '구(蓲 qiū)' 같은 것을 일컫는다"라 하였다. 지금 이하의 부친 이름이 '진숙(晉肅 jìnsù)'인데, 이하가 '진사(進士 jìnshì)'에 응시하는 것이, 두 자로 된 이름은 한 자를 쓸 때에는 피하지 않아도 된다는 율법을 범한 것이란 말인가? 비슷한 음을 가진 글자는 피하지 않는다는 율법을 범한 것이란 말인가? 아버지의 이름이 진숙이라 하여 아들이 진사에 응시할 수 없다면, 만일 아버지의 이름이 '인(仁 rén)'인 경우에 아들은 '사람(人 rén)'이 될 수도 없단 말인가?

대체 휘법(諱法)이 언제 시작된 것인가? 법제를 만들어 천하를 가르친 사람은 주공(周公)과 공자(孔子)가 아니었던가? 주공은 시(詩)를 지음에 있어 피하지 않았고, 공자는 두 이름의 경우 한 자를 쓰는 것을 피하지 않았으며, 『춘추(春秋)』에서는 비슷한 음을 가진 이름자를 피하지 않았다고 해서 나무라지 않고 있다. 주나라 강왕(康王) '교(釗 zhāo)'의 자손이 실제로 '소(昭 zhāo)왕'이었고, 증삼(曾參)의 부친 이름은 '석(晳 xī)'인데 증자는 '석(昔 xī)'자를 피하지 않았다. 주나라 때에는 기기(麒期 qíqī)라는 사람이 있었고, 한나라 때에는 두도(杜度 dùdù)라는 사람이 있었다. 이 사람들은 그 자손들이 어떻게 피했어야 하겠는가? 만일 그 비슷한 음의 글자를 피한다면 결국 그 성(姓)을 피해야 되지 않겠는가? 아니면 음이 비슷한 글자를 피하지 말아야 하는가? 한대(漢代)에는 무제(武帝)의 이름인 '철(徹)'자를 피하여 '통(通)'으로 썼으나, 또 '거철(車轍: 수레바퀴 자국)'의 '철(轍)'자를 다른 자로 바꾸어 썼다는 말은 듣지 못했다. 여후(呂后)의 이름 '치(雉)'자를 피하여 '야계(野鷄)'로 썼으나, 또 '치천하(治天下)'의 '치(治)'자를 다른 자로 바꾸어 썼다는 말은 듣지 못했다. 오늘날 위로 임금에게 올리는 글인 장(章)으로부터 아래로 신하에게 내리는 글인 조(詔)

에 이르기까지 '호(諻)'·'세(勢)'·'병(秉)'·'기(機)' 등의 글자를 피하였다고는 듣지 못했다. 다만 환관(宦官)이나 궁녀들만이 '유(諭)'자와 '기(機)'자를 감히 말하지 않고 있으며, 그렇게 하면 휘법에 저촉되는 것으로 여기고 있다. 선비나 군자로서 말하고 일을 행함에 있어서 어느 것을 본받아 지킴이 마땅하겠는가? 지금 그것을 경서(經書)에 비추어 생각해 보고, 율법(律法)을 따져보고, 국가의 법전에 의거하여 헤아려 보건대, 이하가 진사시험에 응시하는 것이 옳은 일인가 옳지 못한 일인가?

무릇 부모를 섬김에 있어 증삼(曾參)만큼 해낼 수 있다면 나무랄 바가 없다고 할 것이다. 또 사람됨에 있어서 주공이나 공자만큼 될 수 있다면 역시 더 바랄 것이 없다고 할 것이다. 오늘날의 선비들은 증삼·주공·공자의 덕행을 행하고자 힘쓰지는 않으면서 어버이의 이름을 피하는 데는 증삼·주공·공자보다 더 낫고자 힘쓰고 있으니, 또한 그 미혹됨을 알 수 있다. 주공·공자·증삼과 같은 분들의 덕행은 끝내 앞설 수 없으면서 피휘하는 것만은 주공·공자·증삼보다 더 앞질러서 환관·궁녀들과 나란히 하니, 그렇다면 환관이나 궁녀들의 어버이에 대한 효도가 주공·공자·증삼 같은 분들보다 더 낫다는 말인가?

(愈與李賀書, 勸賀擧進士. 賀擧進士有名, 與賀爭名者毀之曰; 賀父名晉肅, 賀不擧進士爲是, 勸之擧者爲非. 聽者不察也, 和而唱之, 同然一辭. 皇甫湜曰; 若不明白, 子與賀且得罪. 愈曰; 然.

律曰; 二名不偏諱. 釋之者曰; 謂若言徵不稱在, 言在不稱徵, 是也. 律曰; 不諱嫌名. 釋之者曰; 謂若禹與雨, 丘與䖝之類, 是也. 今賀父名晉肅, 賀擧進士, 爲犯二名律乎? 爲犯嫌名律乎? 父名晉肅, 子不得擧進士, 若父名仁, 子不得爲人乎?

　　夫諱始於何時? 作法制以敎天下者, 非周公孔子歟? 周公作詩不諱, 孔子不偏諱二名, 春秋不譏不諱嫌名. 康王釗之孫, 實爲昭王, 曾參之父名晳, 曾子不諱昔. 周之時有騏期, 漢之時有杜度, 此其子宜如何諱? 將諱其嫌, 遂諱其姓乎? 將不諱其嫌者乎? 漢諱武帝名徹爲通, 不聞又諱車轍之轍爲某字也. 諱呂后名雉爲野鷄, 不聞又諱治天下之治爲某字也. 今上章及詔, 不聞諱滸勢秉饑也. 惟宦官宮妾, 乃不敢言諭及機, 以爲觸犯. 士君子立言行事, 宜何所法守也? 今考之於經, 質之於律, 稽之以國家之典, 賀擧進士爲可邪, 爲不可邪?

　　凡事父母, 得如曾參, 可以無譏矣, 作人得如周公孔子, 亦可以止矣. 今世之士, 不務行曾參周公孔子之行, 而諱親之名, 則務勝於曾參周公孔子, 亦見其惑也. 夫周公孔子曾參卒不可勝, 勝周公孔子曾參, 乃比於宦者宮妾, 則是宦官者妾之孝於其親, 賢於周公孔子曾參者耶?)

　한유가 이 글을 지은 것은 물론 자신이 천거했던 이하가 휘법(諱法)과 관련되어 비난받는 것을 변호하고 시비를 가리고자 한 것이지만, 아울러 근거도 없는 휘법을 맹종하는 세태에 일침을 가하려는 의도도 곁들여져 있었다.

　먼저 휘(諱)에 관한 규칙이 적혀 있는 『예기(禮記)』, 권위 있는 경서(經書) 및 성인(聖人)들의 휘례(諱例), 그리고 한유가 살았던 당시 시행되던 휘법에 비추어 따져볼 때, 이하의 경우 어디에도 저촉되지 않음을 조리 있게 밝혔다.

그러나 애석하게도 한유가 그를 위해 이처럼 적극적으로 변론을 해주었음에도 불구하고 마음이 연약했던 이하는 시험에 응시하지 않았고, 또 이일로 인하여 이하는 끝내 답답한 마음을 극복하지 못하고 816년 스물일곱 살의 나이로 죽고 말았다.

이 시기에 한유는 또 원진(元稹)과도 교유가 있었다. 809년 7월에서 다음 해 2월까지 원진이 감찰어사로서 낙양에 근무하였다. 한유와 원진은 낙양에 근무하면서 서로 왕래하기 시작하였는데, 807년(元和 2) 7월에 원진의 처가 죽자 10월에 장례를 마친 뒤 한유가 원진의 처를 위하여 묘지명을 써주기도 하였다. 원진은 또 '한문(韓門)'의 일원인 번종사(樊宗師)와도 가까이 지냈다. 원진은 번종사의 집에서 이관아(李管兒)의 비파 연주를 함께 듣기도 하였다.

811년, 한유의 나이 벌써 마흔넷이 되었다. 정월 30일 연례행사로, "버들가지를 엮어서 수레를 만들고, 풀을 묶어서 배를 만들어(結柳作車, 縛草爲船)" 가난 귀신[窮鬼]을 내쫓는 행사를 하였다. 이 행사의 유래는 대강 이러하다.

옛날 5제(五帝) 가운데 한 사람인 고신씨(高辛氏)에게는 아들 하나가 있었다. 이 아들은 늘 찢어진 옷을 입고 죽을 먹었으므로,

궁중에서는 그를 가난한 아이[窮子]라 불렀다. 그러다 세월이 흘러 어느 해 정월 30일 길거리에서 죽었다. 민간에서는 이날이 되면 죽을 끓여 길거리에 뿌리고 찢어진 옷을 내던지며 이 가난귀신이 빨리 떠나기를 빌었다.

이러한 행사는 한유가 살았던 당시엔 연중행사의 하나여서, 별로 진기한 것은 아니었다. 다만 이해에, 한유는 이 행사에 의탁해서 '가난귀신'과의 가상의 대화로 「송궁문(送窮文)」을 지었다.

한유의 이 글에 의하면 가난귀신이 다섯이 있는데, 각각에 대해서 이렇게 언급하고 있다.

첫 번째를 지궁(智窮)이라 하는데, 굳세면서 정직하며 세상일에 두루 뭉술한 것을 싫어하고 방정한 것을 좋아하며, 간교하게 속이는 것을 수치스럽게 여기고 차마 남을 해치지 못한다. 두 번째를 학궁(學窮)이라 하는데, 기교 술수나 이름 형상 같은 지식을 경시하고, 심원 미묘한 도리를 밝히고 드러내는 데 힘을 다하며, 식견이 넓어 각종 학설의 정수를 섭취하여 그 정신의 오묘함을 파악한다. 세 번째를 문궁(文窮)이라 하는데, 한 가지 기능에만 전념하지 않아 쓴 문장이 기괴하여 시대에 적합하지 못해, 다만 자신만이 즐긴다. 그 다음을 명궁(命窮)이라 하는데, 그림자와 몸이 다르며 모습은 추하지만 마음은 아름다워, 이로운 일에는 남의 뒤에 있고 책임질 일에는 남의 앞에 선다. 또 그 다음을 교궁(交窮)이라 하는데, 살을 에어 뼈를 드러내고 심장과 간을 토해내듯 진실하게 남을 대하지만, 남들은 오히려 나를 원수로 여긴다.

(其名曰智窮, 矯矯亢亢, 惡圓喜方, 羞爲姦欺, 不忍害傷. 其次名曰學窮, 傲數與名, 摘抉杳微, 高挹群言, 執神之機. 又其次曰文窮, 不專一能, 怪怪奇奇, 不可時施, 秖以自嬉. 又其次曰命窮, 影與形殊, 面醜心妍, 利居衆後, 責在人先. 又其次曰交窮, 磨肌戛骨, 吐出心肝, 企足以待, 置我仇冤.)

이 글은 한유 자신에 대한 자아비판이다. 이 다섯 가지 가난귀신이 자신에게 붙어 다니기 때문에 언제까지나 부귀를 얻을 수 없다고 생각하여, 그는 가난귀신들에게 묻는다. 너희들은 머지않아 이곳에서 떠나갈 것 같은데, 어디로 갈지는 알 수 없지만, 배와 수레 그리고 식량까지 준비했으니 이것으로 떠날 채비가 되었는가? 그러나 이 가난귀신들은 비웃으며 대답한다. 우리들은 당신과 40여 년 사귀어 왔다. 우리들은 언제나 당신이 가는 곳을 따라다녔다. 사람들은 당신을 싫어하지만 우리들만은 언제나 당신 편이었다. 그런데 우리가 떠난다고 어디서 들었는지 모르지만, 틀림없이 누군가가 우리들을 당신과 격리시키기 위해 이간질했을 것이다. "사람이 일생을 살아가는 데 길어 본들 그 얼마인가? 우리들은 당신의 이름을 세워 천년만년이 지나도 없어지지 않게 하려고 한다. 소인과 군자는 마음이 같지 않으니, 오직 그 시대 사람들과 어긋나야만 하늘과 통할 수 있다(人生一世, 其久幾何.

吾立子名, 百世不磨. 小人君子, 其心不同. 惟乖于時, 乃與天通)."그러므로 아무리 열심히 내보내려 하여도 우리들은 떠나지 않을 것이다. 이러한 말을 들은 한유는 절하고 사과하면서 그들을 상좌에 앉히고 보내려는 생각을 버렸다는 것이 이 글의 줄거리다.

한유는 연초를 맞아 이 세상과 어긋나는 자신의 사상·학문·문장·교유 등을 밝혀 은근히 이를 받아들이지 못하는 세상 사람들을 비꼬아 나무라는 동시에, 가난귀신과의 대화를 통해서 한유는 온갖 역경을 참고 견디면서 자신의 신념을 지켜 나가고자 하는 결의를 새롭게 다짐한 것이라 보면 된다.

3. 장안의 국자박사로 강등

811년(元和 6) 가을, 한유는 직방원외랑(職方員外郎)으로 전임되어 장안의 조정으로 복귀했다. 직방은 병부(兵部)에 소속되어 국토방위를 위한 지도를 만들거나 진지를 설치하고 관리하는 등의 일을 담당하는 직책으로, 조정의 대사에 참여할 수 있다. 한유가 그 직책에 적임자였는지는 알 수 없지만, 헌종은 그를 환관이나 절도사 세력을 겁내지 않는 용기 있는 사람으로 믿음직하게 여겨서 장안으로 불러들인 것 같다. 서생인 한유로서도 군사 방면에서는 비교적 생소하였는데, 이 직방원외랑의 직책을 수행하면서 군사 방면의 부족한 지식을 보충할 수 있는 좋은 기회이기도 하였다. 실제로 이후 군사와 관련된 일을 하고 조정에서 군사 관련 논의를 할 때에 이번의 경험이 크게 도움이 되었다.

그렇지만 또다시 문제가 생겼다. 장안 동쪽에 있는 화음현(華陰縣) 현령인 유간(柳澗)이라는 사람이 부정을 저지르자, 상사인 화주자사(華州刺史) 염제미(閻濟美)가 유간의 직무집행을 정지시키고 곧 죄상을 조정에 보고했다. 그러나 조정의 결정이 내려지기도 전에 염제미는 전출되고 후임으로 조창(趙昌)이라는 사람이 왔다. 이 틈을 이용해서 유간은 농민을 선동하여 불안한 형세가 되었다. 그러자 조창은 격노하여 유간을 체포하여 방주사마(房州司馬)로 좌천시켜 버렸다.

그때 한유는 화음 근처를 지나가게 되었는데, 아마 직방원외랑의 직책상 지리조사를 위한 출장이었을 것이다. 한유는 이 사건을 듣고 유간은 실제로 농민 편에 선 양심적인 현령인데 염제미와 조창 두 자사가 유간을 박해하고 있다고 생각하였다. 어느 정도 증거가 있었는지는 몰라도, 한유는 면밀한 조사를 해보지도 않고 먼저 판단을 했던 것 같다. 지금까지의 자신의 체험으로 미루어 볼 때, 틀림없이 상관이 하급관료를 박해한 것이라 여겼다. 그렇다면 가만히 있지 못하는 것이 그의 성품이다. 지궁(智窮)의 가난귀신이 또 그에게 매달렸는지, 한유는 그곳에서 곧바로 상소문을 써서 유간에 대해 재심리를 청원했다. 조정에서도 곧 그것을 수리하여 감찰어사에게 조사하도록 명령했다. 그러나 결과는 유간의 죄상이 더 명백하게 드러났다.

지금 남아 있는 기록이 너무 간단하여 유간이 어떤 죄를 범했는지는 명확하지 않다.『신당서(新唐書)』「한유전(韓愈傳)」에 "감찰어사가 조사하여 유간의 장물을 찾았다(御史覆問, 得柳贓)"고 기록되어 있는 것을 보면, 유간이 뇌물을 받았거나 공금을 횡령했으리라 생각된다. 다만 조정의 기록 그대로를 믿을 수 없기 때문에 파렴치범으로 보는 것은 표면적이고, 실제로는 한유가 생각했던 것처럼 유간은 농민 쪽에 가담한 진보적인 현령이었는지도 모른다. 어쨌든 유간은 조창이 내린 것보다 한층 더 무거운 처벌을 받아 다시 봉계위(封溪尉)로 좌천되었고, 그와 아울러 쓸데없이 남의 일에 참견하여 임금을 어지럽게 하였다는 이유로 한유 또한 국자박사로 강등되었다.

한유는 국자박사로 강등되자 시「석정연구(石鼎聯句)」를 통하여 은근히 재상에 대한 불만을 표출하였다. 이 시는 형산(衡山)에 사는 도사 헌원미명(軒轅彌明)과 한유의 제자인 진사 유사복(劉師服), 그리고 교서랑(校書郎) 후희(侯喜) 세 사람이 유사복의 집에서 돌솥[石鼎]을 두고 돌아가며 지은 것이다. 그런데 여기에 나오는 헌원도사의 헌원(軒轅)의 반절(半切)은 한유의 성인 한(韓)자에 가깝고, 미(彌)자의 뜻은 한유의 이름자인 유(愈)자와 유사하므로, 실제로는 한유 자신일 거라 한다. 바로 한유가 헌헌미명의 이름을 빌려 국자박사로 강등시킨 재상들을 돌솥의 형상에 비유하여 그들을 풍자하였다는 것이다.

811년과 812년 사이의 재상은 권덕여(權德興)·이길보(李吉甫)·이강(李絳)이었다. 이강은 한유와 동년이었고, 권덕여는 한유에게 묘비를 부탁할 정도였으니 이 두 사람은 풍자의 대상이 아닌 것 같고, 정말 재상을 풍자한 것이라면 이길보가 아니었을까 한다.

4. 「학문 증진에 대한 해명(進學解)」

한유가 마흔다섯 살이 되던 812년(元和 7) 2월 국자박사로 강등한다는 요지의 명령을 받았다. 원인을 따지자면 자신이 몸소 만들어낸 자업자득이었다. 누구를 원망할 수도 없었지만, 그래도 한유는 불만스러웠다. 「유사복에게 주며(贈劉師服)」라는 시에서 보듯 그의 어투에는 다시 절망적인 색채가 짙어진다.

> 그대의 치아 튼튼하고 깨끗함이 부럽다네.
> 큼직한 고기 딱딱한 떡도 칼로 자르듯 하니.
> 나는 지금 빠진 치아 많아 입안이 텅 비었고,
> 남아 있는 십여 개도 모두 다 흔들거린다네.

숟가락으로 죽을 떠서 조심스레 흘려 넣고,

소가 반추하듯이 입안에 담아 우물거린다네.

……

대장부 목숨이 있으면 아무것도 지장 없으니

누가 육신 밖의 일을 점검하며 상관하리?

큰 낚싯대로 동해에서 낚시할 수 있다면

자네와 함께 고래회를 배불리 먹을 텐데.

(羡君齒牙牢且潔, 大肉硬餠如刀截. 我今呀豁落者多, 所存十餘皆兀臲. 匙抄爛飯穩送之, 合口軟嚼如牛呞……丈夫命存百無害, 誰能檢點形骸外. 巨緇東釣儻可期, 與子共飽鯨魚膾.)

마지막 구절에는 비록 장대한 장부의 기질이 남아 있음을 볼 수 있지만, 또다시 관직에서 벗어나 유유자적한 생활을 동경하고 있음을 알 수 있다.

앞에서도 보아 왔듯이 그는 여러 번 이와 같은 희망을 말하곤 했지만, 진정 실행한 적은 한 번도 없었다. 거기에는 경제적 이유도 컸겠지만, 한편으로는 여기서 물러나면 자신이 그토록 강조하고 주장해 왔던 '성인의 도'가 패배하기 때문이다. 이해 말에 그는 「학문 증진에 대한 해명(進學解)」이란 글을 써서 자신의 입장을 분명히 하였다.

「학문 증진에 대한 해명」은 한대(漢代) 동방삭(東方朔)의 「답객

난(答客難)」이나 양웅(揚雄)의 「해조(解嘲)」처럼 문답형식의 창작방법을 택하여, 국자박사인 자신과 학생과의 문답을 통하여 오랜 기간 동안 중용되지 못하고 오히려 좌천되거나 강등되는 자신의 불만을 은근히 표출해낸 글이다.

국자 선생이 아침 일찍 태학에 나와 여러 학생들을 불러 교실 앞에 세워놓고, 그들에게 훈계하기를 "학업은 부지런하면 정진되나, 게으르면 거칠어진다. 덕행은 깊이 생각하면 이루어지나, 함부로 하다 보면 이지러진다. 오늘날 어진 임금께서 착한 재상들을 만나셔서 나라를 다스릴 모든 시설을 완비하고, 악하고 그릇된 놈을 제거하고, 뛰어난 인재를 뽑아 쓰며, 조금이라도 착한 점이 있으면 다 등용되고, 한 가지 재주라도 가진 자는 쓰이지 않음이 없다. 샅샅이 찾아 골라 뽑아서 그들의 때 묻은 곳은 긁어내고 빛나는 바탕은 갈아 더욱 밝게 한다. 이러니 다행히 뽑혀 쓰인 자 있을지언정 많은 재질이 있으면서도 들려 쓰이지 않는 자 있다고 누가 말하겠는가? 제군들은 오직 학업이 정밀하지 못함만을 걱정하고, 당국자들이 공정하게 보아주지 못함을 걱정 말며, 덕행이 닦이지 않음을 걱정하되, 당국자들이 불공평함을 걱정 말라" 한다.

말이 아직 끝나지 않았는데, 열(列) 가운데서 한 학생이 웃으며 하는 말이 "선생님은 우리들을 속이십니다. 저희들이 선생님을 섬긴 지 벌써 몇 년이 되었지만 선생님의 입에서는 육경의 문장을 읊조려 그친 적이 없고, 손에서는 백가의 서적을 펴들고 놓은 적이 없었습니다. 사실을 기록한 책에서는 반드시 그 요점을 끌어 잡고 언론을 선집한 책에서는 반드시 그 깊은 뜻을 캐어내며 많은 것을 탐내 힘써 다 얻으려 해서, 작고 큰 것을 버리지 않고, 등잔불을 밝혀가며 밤을 낮으로 이어, 언제나 수고스럽게 해를 넘겼으니, 선생님의 학업은 정말 부지런하다고 말 할 수 있겠습니다. 이단에 항거하고 불로(佛老)를 배척하며 유학에 빈틈이 생겨 새는 것이 있으면 막아 채우고, 깊고 오묘한 이치를 크게 들어내며, 아득하게 허물어져 끊어져 가는 유가의 실마리를 찾아 홀로 널리 뒤져서 멀리 이었고, 백 갈래의 냇물을 막아 동쪽으로 흐르게 해서 미친 듯한 억센 물결에 이미 기울어져 가는 유학을 돌려세웠으니, 선생님은 유가에 대해서 가히 공로가 있다고 하겠습니다. 그윽하고 아름다운 글에 푹 젖어서 그 아름다운 묘미를 머금고 되씹어서 글을 지어 이룩한 책이 온 집안에 가득 찼습니다. 위로는 요임금과 우임금에 관한 끝없이 광대함 문장과 『주서』의 고(誥), 『상서』의 「반경(盤庚)」같이 읽기 어렵고 이해하기 어려운 글과 『춘추』의 근엄한 문장, 『좌전』의 화려하고 과장된 문장, 『역경』의 기이하면서도 법식에 맞는 글, 『시경』의 바르고 화려한 문장을 본받고, 아래로는 『장자』「이소」와 사마천의 『사기』와 양웅과 사마상여의 격조는 다르나 기교는 같음에 모조리 미쳤으니, 선생님의 문장에서는 가히 안으로 함축한 뜻이 큼직해서, 바깥으로 필력이 넘쳐 나온 것이라 하겠습니다. 어릴 때부터 곧 배움을 알고, 일 함에 용감하며, 커서는 도술에 통달하여 좌우에 다 적합하니 선생님의 사람됨은 가히 완성에 가깝다고 하겠습니다.

그러나 공적으로는 남의 신임을 얻지 못하고, 사적으로는 친구의 도움을 받지 못해서, 앞으로 가도 밟히고 뒤로 가도 넘어져 움직이기만 하면 허물을 사 잠깐 어사가 되었다가는 이윽고 남만 지대로 쫓겨가고, 3년간 박사를 지내도 번잡할 뿐 두드러진 공적이 없었습니다. 운명 속에 원수가 따라다니며 장난을 하니 패배함이 그 몇 번이었습니까? 따뜻한 겨울에도 자식들은 추위에 울고, 풍년 든 해에도 아내는 배고파 부르짖으며 머리는 민둥산 같고, 이빨은 터진 골짜기 같으니 별안간 죽어 버린다면 그 높이 쌓은 학문이나 문장이 다 무슨 소용이 있겠습니까?" 한다.

선생이 말씀하시기를, "아! 그대 앞으로 나오라. 대저 굵은 나무는 대들보로 쓰고, 가는 나무는 서까래로 쓴다. 기둥 위의 방목, 들보 위의 동자기둥·문지도리·문지방·문설주 등 이 모두 그 마땅한 곳에 쓰여 집이 이루어지는 것은 목수들의 공적 때문이오. 옥찰(玉札)·주사(朱砂)·적전(赤箭)·청지(靑芝)·우수(牛溲)·마발(馬勃)·패고피(敗鼓皮) 등을 두루 모으고, 아울러 쌓아놓았다가 쓸 때를 만나 아쉬움 없이 함은 의사들의 솜씨요, 등용함이 분명하고 선발함이 공정하여 잘난 자 못난 자 마구 섞여 들어오나, 그 가운데 재기가 넘쳐 어엿한 사나이가 있는가 하면, 우뚝하게 뛰어난 훤칠한 장부도 있나니, 그들의 장단점을 비교하여 재능에 따라 이에 적절히 씀은 재상들의 방책이니라. 옛날 맹가는 변론을 좋아해서 공자의 도를 이에 밝히고, 수레로 천하를 돌아다녔으나 부질없는 걸음으로 늙었을 뿐이요, 순황은 정도를 지키고, 위대한 이론을 발휘하였으나 참언을 피해 초나라로 가 난릉에서 파면 당했다가 죽으니, 이 두 선비들은 뱉는 말마다 곧 경전이 되고, 옮기는 걸음마다 다 법칙이 되며, 무리를 넘어서고, 둘레를 벗어나서 높이 성인의 경지에 들어갔으나, 그들이 세상에서 받은 대접은 어떠했던가? 지금 나는 학문에 비록 부지런하나 유가의 도통을 계승하지 못하였고, 말은 비록 많으나 그 핵심을 잡지 못하였으며, 글이 비록 기이하다 하나 세상에 쓰임에 적합하지 않으며, 덕행을 비록 닦는다 하나 다른 사람들에 비해 특별히 드러남이 없다. 이러고도 매달 봉록을 받아먹고, 해마다 나라의 쌀을 축내어 자식은 밭갈이를 모르고, 아내는 베 짜는 법을 모르며, 말을 타면 모든 하인이 따르고, 편히 앉아서 밥 먹으며 보통사람들처럼 평범한 일이나 하면서 낡은 책이나 엿보다가 훔쳐 베껴놓아도 임금께서 목 베지 않으시고, 대신들이 추방하지 않으니 이 또한 다행이 아닌가? 움직이면 비방을 들으나 명성 또한 거기에 따르니 한산한 지위에 내버려둠이 분수에 알맞을 것이다. 만약 재물이 있고 없고를 생각한다거나, 관직이 높고 낮음을 말하며, 자기 역량이 닿는 바를 잊고, 상사의 허물이나 지적함은 곧 목수를 보고 말뚝으로 기둥을 삼지 않는다고 나무라고, 의사를 보고 창포를 주면 장수할 것을 저령을 내어주려 한다고 욕하는 바와 꼭 같으니라" 한다.

(國子先生, 晨入太學, 招諸生立館下, 誨之曰, 業精於勤, 荒於嬉. 行成於思, 毀於隨. 方今聖賢相逢, 治具畢張. 拔去兇邪, 登崇畯良. 占小善者率以錄, 名一藝者無不庸. 爬羅剔抉, 刮垢磨光. 蓋有幸而獲選, 孰云多而不揚. 諸生業患不能精, 無患有司之不明. 行患不能成, 無患有司之不公. 言未旣, 有笑於列者曰, 先生欺余哉. 弟子事先生, 於玆有年矣. 先生口不絶吟於六藝之文, 手不停披於百家之編. 記事者必提其要, 纂言者必鉤其玄. 貪多務得, 細大不捐. 焚膏油以繼晷, 恒兀兀以窮年. 先生之業, 可謂勤矣. 觝排異端, 攘斥佛老. 補苴罅漏, 張皇幽眇. 尋墜緖之茫茫, 獨旁搜而遠紹. 障百川而東之, 廻狂瀾於旣倒. 先生之於儒, 可謂有勞矣. 沈浸醲郁, 含英咀華. 作爲文章, 其書滿家. 上規姚姒, 渾渾無涯. 周誥殷盤, 佶屈聱牙. 春秋謹嚴, 左氏浮誇. 易奇而法, 詩正而葩. 下逮莊騷, 太史所錄. 子雲相如, 同工異曲. 先生之於文, 可謂閎其中而肆其外矣. 少始知學, 勇於敢爲. 長通於方, 左右具宜. 先生之於爲人, 可謂成矣. 然而公不見信於人, 私不見助於友. 跋前躓後, 動輒得咎. 暫爲御史, 遂竄南夷. 三年博士, 冗不見治. 命與仇謀, 取敗幾時. 冬暖而兒號寒, 年豊而妻啼飢. 頭童齒豁, 竟死何裨. 不知慮此, 而反敎人爲. 先生曰, 吁, 子來前. 夫大木爲杗, 細木爲桷. 欂櫨侏儒, 椳闑扂楔. 各得其宜, 施以成室者, 匠氏之工也. 玉札丹砂, 赤箭靑芝, 牛溲馬勃, 敗鼓之皮, 俱收並蓄, 待用無遺者, 醫師之良也. 登明選公, 雜進巧拙, 紆餘爲姸, 卓犖爲傑, 校短量長, 惟器是適者, 宰相之方也. 昔者孟軻好辯, 孔道以明. 轍環天下, 卒老於行. 荀卿守正, 大論是弘. 逃讒於楚, 廢死蘭陵. 是二儒者, 吐辭爲經, 擧足爲法. 絶類離倫, 優入聖域, 其遇於世何如也. 今先生學雖勤而不繇其統, 言雖多而不要其中. 文雖奇而不濟於用, 行雖修而不顯於衆. 猶且月費俸錢, 歲靡廩粟. 子不知耕, 婦不知織.

乘馬從徒, 安坐而食, 踵常途之促促, 窺陳編以盜竊. 然而聖主不加誅, 宰臣不見斥, 玆非其幸歟. 動而得謗, 名亦隨之, 投閒置散, 乃分之宜. 若夫商財賄之有亡, 計班資之崇庳. 忘己量之所稱, 指前人之瑕疵. 是所謂詰匠氏之不以杙爲楹, 而訾醫師以昌陽引年, 欲進其豨苓也.)

이 글을 요약해 보면 다음과 같다. 열심히 공부하는 것은 좋은 일이다. 열심히 공부만 하면 언젠가는 성공한다고 한유는 학생들에게 설교하지만, 학생은 여기에 대해 조소하며 대답한다. 선생님은 늘 학문에 전념하여 문장을 지으면, 위로는『서경』에서부터『춘추』·『역경』·『시경』, 다시금『장자』·『초사』·『사기』, 그리고 사마상여·양웅의 글에 이르기까지 모든 것을 체득하여 자신의 것으로 표현한다. 게다가 어려서부터 학문을 배우기 시작하여 선생님의 사람됨은 완성에 가깝다고 할 수 있다. 그런데도 선생님은 관리로서 성공하지 못하고 머리는 빠져 대머리가 되고 이빨이 빠져 텅 빈 골짜기가 된 나이에도, 따뜻한 겨울인데도 자식들은 추위에 울고, 풍년든 해인데도 아내는 배고파 부르짖는 상태이다. 그러니 공부하라고 설교한들 누가 믿겠는가? 이 조소에 한유는 대답한다. 인간에게는 각각의 장점과 단점이 있어 적절한 재주를 적당한 곳에 쓰는 것은 재상의 임무이다. 그러나 맹자나 순자 같은 이는 성인의 경지에까지 이른 뛰어난 인물이지만 결국 뜻을 이루지 못하고 죽고 말았다. 지금 자신은 학문에 비록 부지런하나 유가의 도통을 계승하지 못하고, 말이 비록 많으나 핵심에 적중하지 못하며, 글이 비록 기이하다 하지만 세상의 쓰임에 적합하지 않으며, 덕행을 비록 닦는다 하지만 특별히 다른 사람보다 드러나지도 않는다. 그러면서도 국가의 녹을 먹고 천자나 재상으로부터 벌 받지 않은 것 만해도 다행한 일이며, 또 이 나이에 한직이긴 하지만 국자박사라는 지위에 있는 것만도 자신에게는 온당하다는 내용이다.

이 문장의 취지는 자신에 관한 평온한 반성처럼 보인다. 그러나 이면에 흐르는 것은 자신의 학문과 문학에 대한 강렬한 신념이라 하겠다. 한유는 학생과의 대화를 통해 자신의 학문과 문장의 근본을 밝힌 것이다. 그것은 지금 세상에는 '쓰임에 적합하지 않은' 것 같지만, 실제로는 문학의 근본이고, 이전 성현의 시대에는 틀림없이 '쓰임에 적합한' 것이었다. 쓰임에 적합하지 않은 것은 시세(時勢)가 나쁘기 때문이다. 그런데 자신은 그 시세에 순응할 수가 없다. 이러한 자신을 인정해 주지 못하는 것은 바로 재상의 책임이다. 결국 한유가 하고 싶은 말은 바로 자신을 제대로 인정해 주지 않는 재상에 대한 불만이라 생각된다.

그런데 한유의 생각은 적중했다. 당시의 재상인 이강(李絳)과 이해에 새로 재상이 된 무원형(武元衡), 그리고 이길보(李吉甫)까지도 한유의 이 문장을 읽고 감동한 것이다. 특히 감동한 것은 그의 문재(文才)였던 것 같다. 『구당서(舊唐書)』 「한유전」에 "집정자들이 그의 글을 보고 어여삐 여겼다. 그에게 사관의 재주가 있다고 여겨 비부낭중 겸 사관수찬으로 바꾸었다(執政覽比其文而憐之, 以其有史才, 改比部郞中史館修撰)"라는 기록이 있다.

다음 해인 813년 3월에, 마흔여섯 살의 한유는 비부낭중 겸 사관수찬(比部郞中兼史館修撰)에 임명된다. 비부는 상서성(尚書省) 형부의 소속으로, 내외의 세금·경비·봉급·벌금 등의 사무를 담당하는 중앙의 재무회계감사 기관에 해당된다. 낭중은 지금까지 그가 역임한 원외랑보다 한 계급 위의 지위로서 비부에서는 최고 책임자이다. 겸임한 사관수찬이란 국사편찬관으로 문하성(門下省)에 소속된 기관이다.

문하성에서는 본래 사관수찬을 몇 사람 두고 있었으나, 천보(天寶) 이후로는 지금의 한유처럼 대부분이 다른 관직에 있는 사람이 겸직하였다. 문인으로서 사관(史官)이 된다는 것은 영예로운 일이었다. 사관의 주 임무는 지난 왕조와 지금 왕조의 역사를 쓰는 것이다. 한유는 813년 11월 이전까지는 비부(比部)의 일을 주로 하였고, 이 이후로는 사관의 일을 주로 하였던 것 같다. 지금 전하고 있는 『순종실록(順宗實錄)』 5권은 한유가 이때부터 2년여에 걸쳐 완성한 것이다. 『순종실록』은 당나라 황제의 실록으로서는 유일한 것이며, 덕종(德宗) 말에서 순종(順宗)·헌종(憲宗) 초까지의 역사 기록으로 아주 귀중한 자료이다.

5. 사관수찬(史館修撰)

어쨌든 이번 임명에서 중점을 둔 것은 겸직한 사관수찬 쪽인 것 같다. 즉, 재상들이 한유의 문재를 활용하려 한 것은 분명하다. 틀림없이 적재적소일 것이다. 그렇지만 한유는 사관으로서의 일에 그다지 정력을 쏟으려 하지 않았던 것 같다. 이해 6월 유가(劉軻)라는 후배로부터 격려와 축하의 편지를 받고 「역사를 논하여 유수재에게 답함(答劉秀才論史書)」이란 편지에서 이런 식으로 자신의 입장을 밝혔다. 이 글의 요지를 옮겨 보면 이러하다.

옛날부터 역사가들은 비운으로 죽었거나 재난으로 최후를 마친 사람이 많았다. 『춘추』를 지은 공자는 일생을 불행하게 마쳤고, 춘추시대 제나라 '최저(崔杼)의 난' 때에 제나라 사관인 태사(太史)는 사건을 올바르게 기록하려다가 자신뿐만 아니라 동생까지도 죽었다. 『춘추좌씨전(春秋左氏傳)』을 쓴 좌구명(左丘明)은 장님이 되었고, 『사기』를 쓴 사마천은 궁형(宮刑)을 받았으며, 『한서(漢書)』를 쓴 반고(班固)는 옥사했다. 그 뒤의 역사가들도 대부분 같은 운명이 되었다. 그러니 "역사를 쓰는 자는 사람으로부터의 재난이 없으면 하늘로부터의 형벌이 있으니 어찌 두려워하지 않고 가볍게 쓰겠는가?(夫爲史者, 不有人禍, 則有天刑. 豈可不畏懼而輕爲之哉)" 게다가 당나라 초기 이후의 성군·성현과 문무(文武)의 신하들을 일일이 기록하는 것은 자신의 능력으로는 미치지 못한다.

또 인간의 사적은 전해 듣기에 따라서 달라질 수가 있고, 그것을 비평하는 것은 주관적이기 때문에 자신은 그렇게 위험하고 어려운 일에 손을 댈 수가 없다는 것이다.

이 시기의 한유는 되도록 문제를 일으키지 않으려는 소극적인 태도를 취한 것처럼 보인다. 사관에 의해서 기록되는 것, 즉 '이름을 죽백(竹帛)에 남기는' 것은 중국인으로서는 최고의 이상이었다. 거꾸로 말하면 역사 속에서 비난 받거나 역사가에게 묵살되는 것을 최대의 치욕으로 여겼던 것이다. 그러므로 역사가가 사건을 기록하고 인물을 평론할 때는 여러 가지 간섭이 뒤따르게 되었다. 시대적으로 그다지 멀지 않은 과거의 인물을 쓰게 되면 현재의 인물과 이해관계가 크게 얽혀 있기 때문에 더욱더 그러하였다.

한유는 물론 엄정하고 공평한 역사가의 입장을 고수하려고 굳은 결심을 하고 있지만, 그것을 실현하는 데는 관직을 내걸거나 때로는 생명까지도 내걸어야 할 경우를 예측해 보았을 것이다. 그러한 마찰과 위험을 피하고 게다가 자신의 결심을 굽히지 않으려면 최상의 방법은 아무런 일도 하지 않는 것이었다.

그러나 이것은 지난날의 그의 언동으로 볼 때, 방향전환이요 변절이 되는 셈이다. 자신이 옳다고 믿는 한, 어떠한 장애나 위험이 있더라도 난관을 뚫고 나아가겠다고 그는 공공연히 말해 왔고 실행해 왔던 것이다. 지금에 와서 그 일은 위험하고 곤란하므로 피하고 싶다 하는 것은 그가 지켜야 할 도리가 아닐 것이다.

그런데 한유의 이 글은 사람들에게 두루 전파되어, 다음 해 814년 초에는 영주(永州)에서 유종원이 이 글을 보게 되었다. 유종원은 왕비·왕숙문의 실각에 연좌해서 영주사마(永州司馬)로 폄적되어 현재의 호남성 남쪽 벽지에 있었다. 이 글을 읽고 화가 난 유종원은 바로 「한유에게 주는 사관을 논한 편지(與韓愈論史官書)」를 보냈다. 유종원은 먼저 이 편지의 서두에서 한유답지 않은 행동을 엄하게 꾸짖으면서 한유의 글 내용을 하나하나 반박하고 아울러 역사 기술에 대한 적극성을 띠도록 요구하고 있다.

> 지난번에 받은 그대의 편지에서는 사관의 일에 대해서 언급하셨는데, 그 구체적인 내용은 유수재에게 준 편지에 상세히 서술했다고 했습니다. 그런데 지금에야 그 편지를 보니 제 마음 매우 즐겁지가 못합니다. 그대가 왕년에 역사에 관해서 말하던 것과는 매우 달랐습니다. 편지 가운데 말씀하신 것과 같다면 그대는 하루라도 그 자리에 있어서는 안 됩니다. 어찌 재상의 뜻을 살피며 구차히 사관의 자리로서 자기 한 사람만의 영예를 누리시려 합니까? …… 또 그대가 역사를 기록하는 자에게는 형벌이나 재난이 있다고 하여 피하고 행하지 않음은 더욱 잘못된 것입니다. 사관이란 문자로써 포폄하는 것인데도 오히려 두려워하여 행하지 않는다면, 가령 그대가 어사중승이나 어사대부에 임명된다면 남을 포폄하여 복을 받게 하거나 벌을 받게

함이 더욱 두드러질 것이니 두려움도 당연히 클 것입니다…… 또 말씀하시기를 사람으로부터 재난을 입지 않으면 하늘로부터의 형벌을 입는다고 하셨는데, 만약 옛날에 역사를 쓴 사람들이 입었던 죄 때문에 그러신다면, 이는 또한 대단히 미혹되신 것입니다. 무릇 그 직위에서는 그 도를 곧게 할 것을 생각하고, 만약 곧다면 죽어도 굽혀서는 안 됩니다. 만약 굽힌다면 급히 그 직위를 떠나는 것만 못합니다.

(前獲書言史事, 云具與劉秀才書. 及今乃見書藁, 私心甚不喜. 與退之往年言史事甚大謬. 若書中言, 退之不宜一日在館下. 安有探宰相意, 以爲苟以史榮一韓退之耶. …… 且退之以爲紀錄者有刑禍, 避不肯就, 尤非也. 史以名爲褒貶, 猶且恐懼不敢爲. 設使退之爲御史中丞大夫, 其褒貶成敗人愈益顯, 其宜恐懼尤大也. …… 又言不有人禍, 則有天刑. 若以罪夫前古之爲史者, 然亦甚惑. 凡居其位, 思直其道. 道苟直, 雖死不可回也. 如回之, 莫若亟去其位.)

유종원의 주장은 당연한 것이었다. 한유보다도 더 비타협적인 성격의 유종원은 진정으로 화를 냈을 것이다. 그러나 유종원의 주장이 한유의 가슴에 얼마나 와 닿았을지는 알 수 없다. 대체로 입으로는 소극적인 말을 할지라도, 실제로는 결코 가만히 있지 못하는 것이 한유의 성품이다. 한유는 마음속으로 '내가 하고 싶은 말을 유종원 녀석이 다 하고 있구만, 틀림없는 말이긴 하지만' 하면서 아마도 쓴웃음을 지었을지도 모른다.

이 유종원의 편지에 대한 한유의 답장은 지금 전하는 한유의 문집에는 들어 있지 않다. 다만 답장을 보냈다는 것은 확실하다고 판단된다. 바로 유종원이 이 다음에 보낸 편지인 「사관인 한유에게 태위 단수실의 일사를 기록하여 준 글(與史官韓愈致段秀實太尉逸事書)」에는 한유로부터 답장을 받은 것 같은 흔적이 있기 때문이다. 한유의 답장은 유종원의 비난에 대한 반론이라기보다도, 정확한 사실을 판정하여 기록한다는 것이 지극히 어려운 일이라는 어투의 내용에 가까웠을 것이다. 유종원의 비난에 반론도 못하고, 그렇다고 전적으로 자신의 잘못을 인정하는 것도 남에게 머리 숙이기를 싫어하는 한유의 성격으로는 어려웠기 때문에 그러한 내용의 답장을 보내지 않았을까 생각된다. 그래서 한유의 문장으로는 시원스럽지 못하기 때문에 그의 문집에 싣지 않았을지도 모르겠다.

그러나 사관수찬의 직에 있었기 때문에, 국사에 기록해야 할 인물들을 사방에서 그에게 추천해 보냈다. 그 가운데 안녹산의 난 때 끝까지 절의를 지킨 진제(籧濟)라는 사람과 그 아들의 사적을 써 보낸 사람이 있었다. 얼마 전 낙양에서 교유한 원진(元稹)이었다. 원진은 백거이와 둘도 없는 친구이기도 하다. 진제 부자의 사적을 써 보낸 원진의 문장은 한유를 감동시키기에 충분하였다. 한유는 이 영재에 대하여 특별히 「시어사인 원진에게 답하는 글(答元侍御書)」이라는 답장을 보냈다.

원미지 족하! 지난해 서신을 보내 주어 받았습니다. 거기에는 진봉의 아버지 진제는 안녹산이 틀림없이 모반할 것을 알고, 곧 벙어리로 가장하여 그에게 내려 준 관직을 사양하고 떠났으며, 마침내 안녹산이 모반을 하고 스스로 천자라는 이름을 쓰고서 억지로 그를 데려가려고 했을 때, 진제는 죽기를 각오하고 자신의 생각을 지켜 그에게 벼슬하지 않음으로써 마침내 안녹산 부자에게 더럽혀지지 않았던 일을 언급하였습니다. 또 진봉은 학문을 알고 몸을 깎듯 행실을 훌륭하게 하였으며, 자신의 임무에 부지런 하면서도 욕심을 절제해 만족을 취함으로써 주·현에 관직을 구하려 하지 않았으며, 자신에게 여유 있는 것을 나누어 주어 급한 입장에 있는 사람들을 구제해 주었던 일들을 언급해 주었습니다. 족하께서는 이 때문에 그와 교제하면서 진봉 부자의 이름과 사적이 역사에 남을 수 있기를 바랐습니다. 족하는 강직하여 매사를 올바르게 행하기를 좋아하기 때문에 추방되어 조정에 있지 못하고, 지위를 잃어도 후회함 없이, 옳은 일을 좋아하는 마음 더욱 굳기만 합니다. 원미지, 그대는 진정 편안히 여길 줄 알면서 선행을 즐길 줄 아는 사람입니다.

삼가 족하가 언급해 주신 진제의 사적을 상세히 읽고, 역사를 쓰는 기준을 따져볼 때 진제와 같은 사람은 진정 역사의 전기에 써 남겨야 할 인물입니다. 지금 진봉은 또다시 그 자신의 행실을 닦아 지방 자사 같은 대신들의 눈에 들어 죽은 아버지의 일을 분명하게 밝히고, 천하 사람들의 이목으로 드러나게 하였으며, 또 천자의 귀에까지 들어가 그의 아버지에게 4품의 관위를 추증케 함으로써 사람들을 깜짝 놀라게 하였습니다. 진봉과 진제는 당연히 역사에 기록될 자격이 있습니다. 진제·진봉 부자의 일은 원미지 그대로부터 알려지게 되었습니다. 『춘추』에서는 군자가 사람의 선행을 칭찬하기 좋아하는 것에 대해 찬양하고 있습니다. 만약 남의 선행을 칭찬하기를 좋아하면 천하 사람들은 모두 악을 없애고 선을 행하여, 착한 사람이 마땅한 평가를 받게 될 것이니, 그 공적은 참으로 클 것입니다. 족하도 진제 부자와 함께 서로 연관되어 역사에 기록되어 남게 될 것입니다. 족하는 진봉을 격려하여 그의 훌륭한 행위를 시종 변치 말게 하시고, 그리고 족하께서는 아직 나이가 젊어 원기왕성하기 때문에, 이 뒤에도 계속 훌륭한 덕을 쌓을 것입니다. 그리하여 장차 대서특필하여 자주 쓰여질 것이지 한 번만 쓰여지지는 않을 것입니다. 저는 명을 받아 또 붓을 잡고 역사에 기록할 때를 기다리고 있겠습니다.

(微之足下, 前歲辱書, 論甄逢父濟識安祿山必反, 卽詐爲喑棄去. 祿山反, 有名號. 又逼致之. 濟死執不起. 卒不汚祿山父子事. 又論逢知讀書, 刻身立行, 勤己取足, 不干州縣, 斥其餘以救人之急, 足下縣是與之交, 欲令逢父子名迹存諸史氏. 足下以抗直喜立事, 斥不得立朝. 失所不自悔, 喜事益堅. 微之乎, 子眞安而樂之者. 謹詳足下所論載, 校之史法, 若濟者固當得附書. 今逢又能行身, 幸於方州大臣以標白其先人事, 載之天下耳目, 徹之天子, 追爵其父第四品, 赫然驚人. 逢與其父俱當得書矣. 濟逢父子自吾人發. 春秋美君子樂道人之善. 夫苟能樂道人之善, 則天下皆去惡爲善, 善人得其所. 其功實大. 足下與濟父子, 俱宜牽連得

書. 足下勉逢令終始其躬, 而足下年尙彊. 嗣德有繼. 將大書特書, 屢書不一書而已也. 愈旣承命, 又執筆以竢.)

진제 부자의 사적이 역사에 남게 됨과 아울러 추천자인 원진의 이름도 기록될 것이다. 그렇지만 원진은 아직 젊고 원기왕성해서 이후에도 공적을 쌓아 틀림없이 여러 차례 대서특필할 기회가 있을 것이며, 자신도 그것을 쓸 생각이라는 것이다.

한유는 단순히 아부하는 인물은 아니지만 그렇다고 전혀 아부할 줄 모르는 비타협적인 인물도 아니다. 이 시점에서 한유가 원진의 재능을 알아보고 장래를 예언한 것인지 아니면 단순히 듣기 좋은 말을 한 것인지는 정확히 알 수 없지만, 한유의 말 그대로 원진의 이름이 역사에 자주 대서특필되지는 않았더라도, 제법 많은 지면을 차지한 것은 사실이다. 이것은 9월의 일이고, 8월에 그의 둘도 없는 지기인 맹교가 죽었다.

맹교는 806년 정여경(鄭餘慶)의 초빙으로 낙양에서 하남수륙전운종사(河南水陸轉運從事)로 근무하였다. 그러나 808년에는 아들 셋을 다 잃었고, 809년에는 모친상을 당하는 등 불행한 일만 자꾸 겹쳤다. 모친상이 끝난 812년에서 814년까지 관직도 없이 곤궁하게 지내다가, 814년 3월에 정여경이 산남서도절도사(山南西道節度使)로 나가면서 맹교를 참모로 초빙하였다. 그는 부인과 함께 부임하러 가던 도중 장안 근처에서 갑자기 죽었다. 그의 나이 예순네 살이었다. 급보를 받은 한유는 비통해하며 급히 장적 등의 제자를 불러 장례준비를 하였다. 생애를 불우하게 보냈고, 후사도 없었던 맹교의 집은 장례비조차 없을 정도로 어려웠다. 그래서 한유가 장례비용을 모금하고, 번종사가 제반 일을 처리하였는데, 정여경도 원조를 하였다. 장적 등과 의논하여 '정요 선생(貞曜先生)'이란 시호를 사적으로 사용하기로 합의하고, 한유가 붓을 들어 묘지명을 썼다. 당시 사람들이 '맹시한필(孟詩韓筆)', 즉 맹교는 시요, 한유는 산문이라고 칭찬했던 그런 인물이다. 한유는 「정요 선생 맹교 묘지명(貞曜先生墓誌銘)」에서 먼저 맹교에 대해 깊이 애도를 표하고, 그의 시에 대해서 절찬했다.

> 원화 9년, 해는 갑오년 8월 기해일(25일) 정요 선생 맹교가 세상을 떠났다. 그에게는 아들이 없어 그의 처가 부고를 하였다. 나는 집에다 맹교의 빈소를 차려 놓고 빈소에 나아가 곡을 하고, 또 장적을 불러 함께 곡을 하였다. 다음날 사람을 시켜 돈을 낙양으로 보내 장례비용으로 쓰게 하였다. 일찍이 맹교와 왕래하던 여러 친구들이 다 우리 집으로 와서 곡을 하고 조문하였다…… 시를 지으면 눈을 찌르고 심장을 찌르듯 놀라게 하고, 칼날이 실을 자르듯 조리가 분명하며, 갈고리 있는 문장과 가시 있는 어구는 심장과 간장을 후벼 판다. 귀신이 지은 듯한 흔적 없는 심원한 조예는 이곳저곳 겹겹이 겹쳐 나온다. 오직 시작(詩作)에만 전념하고 세상의 명리에는 관심이 없었다. 세상

사람들은 모두 명리추구에 급급해도 선생은 홀로 유유자적했다.

(唐元和九年, 歲在甲午, 八月己亥, 貞曜先生孟氏卒. 無子, 其配鄭氏以告. 愈走位哭, 且召張籍會哭. 明日使以錢如東都供葬事, 諸嘗與往來者, 咸來哭弔韓氏…… 及其爲詩, 劌目鉥心, 刃迎縷解, 鉤章棘句, 搯擢胃腎, 神施鬼設, 間見層出. 唯其大翫於詞, 而與世抹摋, 人皆劫劫, 我獨有餘.)

한유와 맹교는 20여 년 동안 가난 속에서 동고동락한 사이였다. 한유는 「맹동야를 보내는 서(送孟東野序)」에서는 맹교를 당대의 진자앙(陳子昻)·소원명(蘇源明)·원결(元結)·이백·두보·이관의 뒤에 놓았고, 시 「천사(遷士)」에서는 맹교를 자신과 진자앙·이백·두보와 나란히 둘 정도로 높이 쳤다. 그리고 「쌍조(雙鳥)」에서는 맹교와 자신을, 짝지어 울며 멀리 나는 두 마리 새에 비유하기도 하였다. 사실 이 두 사람의 시가창작이 당시의 시단에 거대한 영향을 끼쳤기 때문에 한유의 표현이 지나친 것은 아니다. 한유는 맹교의 장례비를 마련하면서 맹교의 처를 위해서도 생계수단을 마련해 주었다.

이해 10월 한유는 고공낭중(考功郎中)으로 옮겨갔다. 고공은 이부에 속하는데, 모든 관리의 근무평가와 관련된 일들을 담당한다. 이부는 상서성의 육부 가운데 수석 부서이다. 그러므로 한유가 형부의 비부낭중에서 이부의 고공낭중으로 바뀐 것은 같은 낭중의 벼슬이지만 실제로는 승진에 해당된다. 앞에서 이미 서술했듯이 이부는 임자의 아성이다. 바로 권력핵심인 이부의 고공낭중에까지 한유가 진출한 셈이다. 12월에는 고공낭중이면서 지제고(知制誥)를 겸직했다. 이때 사관수찬은 더 이상 겸직하지 않았다. 지제고는 조칙을 초안하는 직책이다. 조칙과 같은 것은 실무적인 일이지만, 문장도 뛰어나지 않으면 안 된다. 조칙을 초안하는 임무는 중당에서 재상과 함께 자리하여 의견을 나누는 등 조정 정무의 핵심에 해당되어, 사관수찬에 비해 훨씬 무거운 직책이다. 이렇듯 한유도 처세술이 숙달되었는지 권력의 핵심으로 순조롭게 접근해가고 있었다.

최근 3년 사이에 한유는 국자박사에서 비부낭중 겸 사관수찬으로, 고공낭중 겸 지제고로 집정자들의 중시를 받으면서 승진하였다. 따라서 한유의 승진은 당시 집정자들과 밀접한 관계가 있다. 동년인 이강(李絳)은 811년(元化 6) 11월부터 이해 초까지 중서시랑 겸 동중서문하평장사에 있었고, 역시 동년인 최군(崔群)도 811년 후반부터 중서사인·예부시랑·호부시랑 등의 요직을 거쳐 817년에는 중서시랑 겸 동중서문하평장사가 된다. 이 외에 무원형(武元衡) 같은 사람도 813년 서천절도사(西川節度使)에서 조정으로 들어와 재상이 되고, 배도도 812년에서 815년까지 기거사인·중서사인·어사중승·형부시랑을 거쳐 817년에는 무원형을 대신하여 재상이 되었다. 이들 사람들은 다 한유와 밀접한 관계에 있었던 사람들이다.

이 시기 한유는 주로 장적이나 번종사와 왕래하였다. 장적은 원화초에 태상시태축(太常寺太祝)이 되었는데, 10년 동안 자리 이동이 없었다. 이 시기 그는 한유의 집에 자주 출입하여 거의 식구나 다름없을 정도였다. 장적의 「퇴지 선생을 제사하며(祭退之)」라는 시에서 이때의 이야기를 이렇게 회고하고 있다.

……

앉아서 그 아들을 절하게 하고서,
항상 어릴 때의 이름을 불렀네.
따르고 부르고 하루도 건너뛰지 않고,
계속하여 공의 마루를 밟게 되었네.
나가면 말고삐 나란히 하여 달렸고,
잘 때면 침상을 서로 마주하였네.
옛날과 지금의 책을 깊숙이 뒤지고,
일마다 서로 짐작하고 헤아려 보았네.
꽃이 있으면 반드시 함께 찾고,
달이 있으면 반드시 함께 바라보았네.
글을 지으면 먼저 초고를 보았고,
술이 익으면 같이 함께 잔을 들었네.
새로 난 과실이나 기이한 어채를,
서로 기다려 맛보지 않은 것이 없었네.

……

(……坐令其子拜, 常呼幼時名. 追招不隔日, 繼踐公之堂. 出則連轡馳, 寢則對榻床. 搜窮古今書, 事事相酌量. 有花必同尋, 有月必同望. 爲文先見草, 釀熟偕共觴. 新果及異鮭, 無不相待嘗…….)

이 시에 나오는 아들이란 한창(韓昶)이다. 이때 벌써 열일곱 살이었다. 번종사는 808년에 낙양 근무의 저작랑(著作郞)이 되었다. 얼마 뒤 상을 당하였다가 상기가 끝나도 자리를 얻지 못하여, 오랜 기간 동안 장적과 마찬가지로 한유의 집을 왕래하였다. 814년 말에 한유의 추천으로 산남절도사 정여경의 막료로 들어갔다.

이때 가도(賈島)도 장안에 있으면서 한유와 자주 왕래하였다. 한유는 가도를 낙양에서 처음 알았는데, 그때 가도는 법명이 무본(無本)이었다. 가도는 대종(代宗) 대력(大曆) 14년인 779년 태어나 무종(武宗) 회창(會昌) 3년인 843년에 죽었다. 가도는 가난한 집안 출신으로 서른 살 전에 출가하였는데, 출가한 원인도 아마 어려웠던 집안 사정과 관련이 있는 것 같다. 한유는 낙양에서 가도를 만나, 그의 시문을 보고 크게 칭찬하고 격려하였다. 이러한 인연으로 한유가 장안으로 가자 가도도 그를 따라 장안으로 갔다. 한유가 그에게 환속하여 과거시험에 응시하기를 권하자, 가도가 한유의 의견을 따랐지만 종신토록 급제하지는 못하였다.

특히 이 두 사람 사이에 있었던 '퇴고(推敲)'라는 전고는 유명하다. 이 이야기는 『당시기사(唐詩紀事)』「가도(賈島)」편에 나오는데, 한유와 가도가 처음 만난 시점은 좀 다르지만 워낙 유명한 전고여서 잠시 소개해 본다.

가도가 어느 날 당나귀를 타고 길을 가다가 문득 좋은 시상(詩想)이 떠올라서 「이응의 그윽한 거처를 노래하다(題李凝幽居)」란 제목으로 오언율시를 지었다. 일단 전고와 관련된 네 번째 구절을 소개하기 위해 앞 네 구를 옮겨 본다.

閑居少隣竝	한가로운 곳에 거주하여 이웃도 드문데,
草徑入荒園	풀숲 오솔길은 거친 뜰로 들어가네.
鳥宿池邊樹	새는 못 가의 나무에 깃들이고,
僧敲(推)月下門	스님은 달 아래 문을 두드린다(밀친다).

그런데 네 번째 구의 '僧敲(推)月下門'에서 '밀다(推)'로 해야 할지, '두드리다(敲)'로 해야 할지 몰라 당나귀를 탄 채 허공에다 손으로 밀고 두드리고 하는 동작을 하며 이리저리 궁리하다가 자신을 향해 오는 고관의 행차와 부딪혔다. 그 고관은 다름 아닌 경조윤(京兆尹) 한유였다. 가도는 먼저 길을 피하지 못한 까닭을 말하고 사과했다. 대문장가요 시인인 한유는 뜻밖에 만난 시인의 말을 듣고 꾸짖는 것은 잊어버리고 잠시 생각하더니 "내 생각

엔 고요한 밤에 친구를 방문하면 문을 두드리는 것이 예의에 맞을 것이고, 소리 내어 읽어보아도 음이 더 잘 어울리는 고(鼓) 자가 좋을 듯하네"라고 하였다. 가도도 한유의 말을 듣고 고개를 끄덕이며 크게 찬동했다고 한다. 이후 이들은 둘도 없는 시우(詩友)가 되었다고 한다. 하지만 사실 이들이 서로 알았던 시점은 한유가 경조윤이 되기 전보다 훨씬 이전이다.

'퇴(推)'자와 '고(鼓)'자는 어느 글자도 문장을 다듬는다거나 고친다는 뜻이 전혀 없는데도, 이 고사로 인해 시문을 짓거나 글을 쓸 때 글자나 구절을 정성껏 다듬고 고치는 것을 '퇴고(推敲)'라고 한다.

| 제6장 |

회서의 난과 성공

1. 회서(淮西)의 난에 공을 세우고

815년(元和 10) 한유는 마흔여덟 살이 되었다. 이해 정월 초하루 고부원외랑(庫部員外郎)인 노정(盧汀)이 궁정에서 조회를 마치고 돌아와 그의 시를 한유에게 보여 주자, 거기에 화답하여 「고부원외랑 노정이 정월초하루 조정에서 돌아와 보여 준 시에 화답하여(奉和庫部盧四兄曹長元日朝廻)」라는 시를 지었다.

 의장병은 밤부터 엄숙하게 깃발을 받들어 들고,
 봄 하늘에는 구름 찬란히 피어나고 새벽닭 우네.
 황금 향로엔 향 피어나고 대궐 계단 어두운데,
 패옥소리 들려오고 꿩깃 부채 높이 들려 있네.
 무관은 군복 입고 위로 올라 북쪽에 나열하고,

문관은 관모 갖추어 쓰고 열 지어 동쪽에 섰네.
이와 같은 태평시절은 몸소 만나기 어려우니,
낭서의 벼슬로 늙어간들 어찌 꼭 탄식하며 슬퍼하랴?

(天仗宵嚴建羽旄, 春雲送色曉雞號. 金爐香動螭頭暗, 玉佩聲來雉尾高. 戎服上趨承北極, 儒冠列侍映東曹. 太平時節難身遇, 郞署何須歎二毛.)

이 시에서 한유는 궁전의 조회 장면을 묘사하고서, 자신이 살고 있는 시대가 태평성대여서 낭서 같은 낮은 벼슬을 지내더라도 결코 원망이나 탄식을 하지 않겠다고 마음을 다지고 있다. 참으로 오랜만에 한유의 여유 있는 모습을 보는 듯하다.

그해 봄도 한창 무르익어 가던 한식날에는, 「한식일 숙직을 마치고 돌아올 때 비를 만나(寒食直歸遇雨)」라는 시를 지어 또 이렇게 노래하고 있다.

한식날 때를 몇 번이나 살펴보아도,
봄놀이 할 일은 이미 틀어져 버렸네.
풍광 좋은 날에는 연일 숙직하고,
음울한 비 오는 아침에 돌아오네.
붉은 해는 가려져 보이지 않으니
어찌 그네 뛰며 노닐 수 있으랴?
다만 새로 내리신 불을 가지고서

새벽에 그 불빛으로 조복 입으리.

(寒食時看度, 春遊事已違. 風光連日直, 陰雨半朝歸. 不見紅毯上, 那論綵索飛. 惟將新賜火, 向曙著朝衣.)

봄놀이를 계획하였다가 좋은 날은 숙직으로 보내고, 비 오는 날을 맞아 새로운 마음으로 관리로서의 직분을 다짐하는 한유의 모습을 볼 수 있다. 이 무렵의 한유는 이렇듯 예전에 볼 수 없는 여유와 한가함으로 조정의 관리 생활을 빈틈없이 수행하였다. 그러나 이해에 묵시할 수 없는 사태가 발생했다.

원화(元和) 때에 가장 흉포하여 조정에서 통제하기 어려웠던 번진으로는 평로(平盧)·위박(魏博)·성덕(成德)·창의(彰義)의 네 번진이었다. 이 네 번진 중에서 채주(蔡州)·신주(申州)·광주(光州)의 세 주를 차지하고 있던 회서 지방의 창의군은 차지한 지역은 가장 적었지만 가장 난폭하였다. 당시 이 네 번진은 서로 결탁하여 왕명에 불복하고 조정에 항거하기로 연맹을 맺었다. 812년(元和 7) 헌종은 재상 이강(李絳)의 유화책을 써서 전흥(田興)을 위박절도사에 임명하고, 홍정(弘正)이란 이름과 함께 많은 상을 내렸다. 그러자 50여 년 동안 불복하던 위박군이 피 한 방울 흘리지 않고 여섯 주를 들어 귀순하여 왔다. 이렇게 되자 네 번진들의 연맹은 깨어지고 새로운 국면이 조성되기 시작하였다.

그러다 이해 814년 윤 8월에 회서 지방을 다스리던 창의절도사(彰義節度使) 오소양(吳少陽)이 죽었다. 그러자 오소양의 아들 오원제(吳元濟)는 아버지의 죽음을 일반에게 공표하지 않고, 또 조정에는 병이라고 속인 뒤 절도사의 직무를 대행했다. 절도사직은 본래 세습제가 아니므로 아버지의 뒤를 자식이 계승할 수가 없고, 조정에서 사람을 뽑아 후임을 결정하게 된다. 그러나 앞의 네 절도사를 비롯해서 이 무렵의 절도사는 대부분이 그 자신 휘하의 병사들을 사병으로 만들어 버렸기 때문에, 조정에서 임명한 사람에게는 복종하지 않는 경우가 많았다. 이미 앞서 보았던 것처럼 절도사의 부관이라든가 그 자식 등을 후임으로 삼았을 때가 오히려 지휘가 더 원만했다. 그렇지만 절도사의 인사 문제를 그 절도사 막부 내부에서 결정하고, 조정에서 그것을 추인하는 형식만으로는 조정의 권위가 유지될 수가 없었다. 그래서 창의군 오원제의 경우, 조정에서는 그가 절도사직을 대행하는 것을 인정하지 않았다. 그런데 문제는 조정에서 인정하지 않는다고 해서 고분고분하게 따를 오원제가 아니라는 점이다. 오원제는 조정의 통지를 무시하고 절도사의 직무를 계속하였다. 이렇게 되자 조정으로서도 오원제를 체포해서 처벌하는 수밖에 없었다.

815년에 헌종은 16도(道)의 병력을 동원하여 오원제 토벌에 나섰다. 오원제 쪽에서도 물러서지 않고 이 토벌군을 맞아 싸웠다. 오원제의 군대는 평소부터 그가 지휘하던 군대여서 전투에 강하여 관군은 아무런 전과를 올릴 수가 없었다. 성덕군(成德軍)

절도사 왕승종(王承宗)과 평로군(平盧軍) 절도사 이사도(李師道)가 오원제를 용서해 줄 것을 청하였지만, 헌종이 오원제 토벌을 굽히지 않자 온갖 방법을 동원하여 방해하였다. 또 조정에서도 오원제를 지원하는 세력도 있어, 정벌을 중지하고 오원제의 지위를 승인해 주도록 로비를 펴기 시작하였다. 절도사들은 바로 이러한 때를 위하여 평소 조정의 고관들과 친분을 맺어두는 것이 통례였다.

그런데 이해 5월 칙령으로 전선을 시찰하고 온 어사중승(御使中丞) 배도(裵度)가 토벌군이 틀림없이 승리할 것이라고 보고하면서 계속 원정할 것을 진언했다. 아마 그 직후이겠지만, 한유는 「회서의 조처를 논하는 의견서(論淮西事宜狀)」를 상주(上奏)하였다. 전문의 취지는 회서의 전투에 승리할 방책을 열거한 후, 적군을 쳐부수는 것은 쉬운 일이지만 "그러나 아직 알 수 없는 것은 폐하께서 결단을 내리시느냐 그렇지 않느냐에 달려 있을 뿐(然所未可知者, 在陛下斷與不斷耳)"이라고 하여, 황제의 단호한 결심을 촉구하였다. 이 기회에 단호하게 싸워 오원제를 격파함으로써 조정의 권위를 확립해야 한다는 것이었다.

그러나 6월에 불길한 일이 발생했다. 재상 가운데 주전파였던 무원형이 새벽에 조정으로 조회 가던 도중에 자객의 피습으로 피살되었고, 배도도 습격을 받아 부상을 당하는 일이 발생했다. 배도는 다행히 자객이 배도가 죽은 것으로 착각하고 달아났기 때문에 목숨을 구할 수 있었다. 일이 여기에 이르자 주전파 사이에 동요가 일어났고, 범인에 대한 수사조차 제대로 진척되지 않았다. 이에 군정을 관장하는 병부(兵部)의 차관인 병부시랑(兵部侍郎) 허맹용(許孟容)이 황제 앞에서 "아직도 재상의 시신이 길모퉁이에 누워 있는데도 범인을 잡으려 하지 않으니, 이는 조정의 치욕입니다(自古未有宰相橫尸路隅而盜不獲者, 此朝廷之辱也)"라고 눈물로 호소하여, 겨우 현상금을 걸고 본격적으로 수사에 착수했을 정도였다. 이 암살계획은 재상을 암살함으로써 장안을 공포 분위기로 만들어 주전파에게 타격을 주어 전쟁을 중지시키고자 한 이사도의 계획이었다. 그러나 어떤 사람이 성덕군(成德軍) 진주원(進奏院)에 왕승종이 보낸 항주(恒州)의 병졸 수십 명이 숨어 있다고 고발하고, 또 왕승종의 숙부인 신책장군(神策將軍) 왕사칙(王士則) 등도 왕승종이 보낸 자객 장안(張晏) 등이 암살하였다고 고발함으로써 장안 등은 잡히고, 이사도가 보낸 자객은 달아났다가 8월에 낙양에서 잡힘으로써 모든 진상이 드러나게 되었다. 그런데 이번에는 범인 체포에 걸었던 현상금을 오랜 시간이 지나도록 지급하지 않았다. 한유는 이에 「암살자 체포에 건 상금지급을 논하여 황제께 올리는 표문(論捕賊行賞表)」을 써서 신상필벌(信賞必罰)은 신속해야 됨을 주장했다.

또 한편에서는 차제에 배도를 파면하여 혼란을 수습하려는 움직임도 일고 있었다. 그러나 여기에 대해서 황제는 결단코 반대하였다. 헌종은 배도가 부상에서 회복되기를 기다렸다가 재상으로 임용하고 더 적극적으로 회서 토벌을 추진하게 된다. 한유의 주장이 통하게 된 셈이다.

한유로서도 자신의 지위가 안정된 느낌을 가졌을 것이다. 이 해에 지은 것으로 추정되는 「아이들에게 보여 주며(示兒)」라는 시에서는 다음과 같이 노래하고 있다.

> 내가 처음 수도 장안에 왔을 때에는
> 한 묶음의 책만을 지니고 들어왔노라.
> 고생하고 노력한 지 30여 년 동안에,
> 그 대가로 이 집 한 채 갖게 되었노라.
> 이 집이 어찌 화려하다 하겠냐마는
> 나에게는 넉넉하고 여유가 있노라.
> 중당만은 높고도 또한 깨끗하니,
> 사철마다 고기와 채소로 제사지내니라.
> ……
> 문 열고 들어오는 사람 누군지 물으면,
> 경·대부 같은 높은 신분 아님이 없노라.
> 관직이 높은지 낮은지 모른다 하더라도,
> 옥 장식 띠에 황금빛 물고기 달렸느니라.
> 그 손님들 하는 일을 물어보면

관 높이 쓰고 요순의 정치 논하느니라.

술자리 끝나고 할 일 없이 무료하면,

바둑이나 장기 두며 즐기기도 하느니라.

대체로 이러한 자리에 모이는 사람들은,

십중팔구 국가의 중추적인 인물들이니라.

……

아아! 자기 스스로 수양하지 않으면,

하는 일 평범한 사람과 같을 것이니라.

어떻게 이와 같은 자리에 앉아서,

조정의 학자들과 나란히 할 수 있을까?

이 시로써 아이들에게 보여 주며,

그 처음 마음을 잊는 미혹됨이 없기를.

(始我來京師, 止攜一束書. 辛勤三十年, 以有此屋廬. 此屋豈爲華, 於我自有餘. 中堂高且新, 四時登牢蔬.……開門問誰來, 無非卿大夫. 不知官高卑, 玉帶懸金魚. 問客之所爲, 我冠講唐虞. 酒食罷無爲, 棊槊以相娛. 凡此座中人, 十九持鈞樞.……嗟我不修飾, 事與庸人俱. 安能坐如此, 比肩於朝儒. 詩以示兒曹, 其無迷厥初.)

이 시는 한유가 속물근성을 드러내 보인 것이라고 비판을 받으면서 오히려 유명해졌다. 송대 소동파 같은 사람은 이 시를 전부가 이록(利祿)의 일밖에 언급하지 않았다고 비판하기도 하였다.

그러나 한유의 입장에서 보면 이해하기 어려운 것은 아니다. 그는 어렵게 성장해서 성인이 되자마자 상경하여 마치 전쟁을 치르듯 삶을 살아왔다. 나이 마흔여덟이 되어서야 비로소 장안에다 집 한 채를 마련하였으니, 그 고생은 자신의 가족 외에는 아무도 모른다. 바로 이 시를 지은 의도도 아이들에게 지난날의 고생을 잊지 말라는 뜻에서이다.

그런데 모든 일이 한유의 생각처럼 그렇게 순탄한 것만은 아니었다. 이해에 그로서는 별 재미없는 사건이 하나 발생했다. 2년 전인 813년(元和 8) 11월 한유는 사관수찬으로서 순종의 치세를 기록한 『순종실록(順宗實錄)』의 편찬을 명령받았다. 그것이 이해에 완성되었다. 완성된 원고 5권과 「순종황제 실록을 헌상하는 표문과 보고서(進順宗皇帝實錄表狀)」를 함께 올렸다. 거기에서 그는 편찬방침을 이렇게 서술했다.

일상적인 사례들은 삭제해 버리고 정치에 관계가 있는 것만을 기록했습니다. 이것은 지난날의 실록에 비하면, 십의 육·칠이 증가한 것입니다. 충성스럽고 선량한 것과 간악하고 사특한 것을 다 갖추어 쓰지 않음이 없고 시세에 관한 것도 모두 기록하였습니다.

(削去常事, 著其繫於政者. 比之舊錄, 十益六七. 忠良奸佞, 莫不備書. 苟關於時, 無所不錄.)

한유는 여기서 옛날 공자가 저술한 춘추의 이상을 재현하려고 했을 것이다. 한유가 『순종실록』을 쓰기 전에 이미 『실록』이 있었다. 그러나 한유가 이 일을 주관하면서, 옛 『실록』에다 내용을 더 첨가하여 『순종실록』을 완성하였던 것이다. 그러나 『순종실록』이 완성된 뒤, 심한 공격을 받았다. 공격받은 명목상의 이유는 사건을 기록하는 데 번다함과 간략함의 기준이 부당하고, 사건의 취사선택도 졸렬하다는 것이었다. 그러나 실제 이유는 조정 내부의 일을 너무 자세히 쓴 점에 문제가 있었을 것이다. 사건의 표면적인 면만 썼으면 아무런 문제가 없었을 것인데, 조정의 내막까지 자세히 기록함으로써 가까운 과거의 일이라 여러 곳에서 장애가 생겼다. 가장 큰 장애는 환관들이었다. 환관들이 황제를 농락하여 정치를 좌지우지한 경위까지 기술하여, 환관을 중심으로 한유의 『순종실록』은 잘못된 것이니 폐기시켜야 한다는 움직임까지 일어났다. 결국 한유는 이후 두 차례 수정을 거쳐 『순종실록』을 완성하였다.

816년(元和 11)은 한유가 마흔아홉 살이 되는 해였다. 그는 이해 정월 중서사인(中書舍人)이 되었다. 중서사인은 황제의 곁에서 정무를 돌보는 고문역으로, 조칙이나 법령을 기초하는 중서성(中書省)의 요직이다. 중서성의 장관은 중서령(中書令)이고 차관은 중서시랑(中書侍郎)이며, 그 아래가 중서사인이다. 품계는 고공낭중과 같지만 지위는 훨씬 높다. 배도가 새로 재상이 되면서 한유를 중서사인에 천거했던 것이다. 일반적으로 중서사인을 거쳐야 중서성·상서성·문하성의 차관이나 장관이 될 수 있을 만큼 요직이다.

이해 3월에 한유는 동료들과의 연회석에서 「봄에 느낌(感春)」이란 제목으로 시 세 수를 지었다. 그 가운데 세 번째 시를 한 번 보자.

아침에 백화가 만발한 숲을 유람하니,
도처에 울긋불긋 온갖 꽃들이 피었네.
버드나무 가지는 유연하고도 가늘게,
나무에 매달려 길게 드리우고 있네.
좌우 주위에 함께 온 사람들은,
황금 인장에 자색 인끈 찬 대관들이네.
아름다운 소년이 나를 위해 노래하니,
애조 띤 소리가 쟁이나 피리보다 낫네.
농염한 무희가 연회석에서 춤을 추는데,
그 맑은 눈동자가 창칼로 찌르듯 하네.
마음속으로 평소의 친구 그리워하지만,
이 연회 자리에는 한 사람도 없구나.
죽은 사람은 영원히 다시 볼 수 없고,
살아 있는 사람도 헤어져 만나기 어렵네.
젊음이야말로 진실로 즐거워할 만한 것,

늙어 버리면 아무것도 할 수 없으니.

(晨遊百花林, 朱朱兼白白. 柳枝弱而細, 懸樹垂百尺. 左右同來人, 金紫貴顯劇. 嬌童爲我歌, 哀響跨箏笛. 艷姬蹋筵舞, 淸眸刺劒戟. 心懷平生友, 莫一在燕席. 死者長眇芒, 生者困乖隔. 少年眞可喜, 老大百無益.)

이 시는 어느 봄날의 순간적인 감상을 노래한 것인지, 아니면 각자 헤어져 있는 친구에 대한 그리움을 노래한 것인지 알 수 없지만, 어쩐지 한유의 마음이 무거워 보인다. 이때부터 그의 앞날에 어두운 그림자가 조금씩 드리우기 시작한 것은 사실이다.

이 무렵 한유의 종형(從兄)인 유(愈)의 딸이 죽었다. 사촌형 유는 한유가 낙양에서 국자박사로 근무할 때에 죽어서, 한유가 그 유족을 떠맡았다. 이번에 죽은 사촌형의 딸은 그의 큰딸인데, 원화 원년에 진사가 되었던 주황(周況)과 결혼했었다. 남편인 주황은 이때 사문박사로 있었다. 한유는 죽은 질녀를 위해 「사문박사 주황의 처 한씨 묘지명(四門博士周況妻韓氏墓地銘)」을 썼다.

이해 5월 한유는 중서사인에서 태자우서자(太子右庶子)로 옮겼다. 태자우서자는 황태자를 시종하는 자리이다. 품계로 보면 중서사인보다 조금 높지만, 실제로는 중추적인 정무에 참여하는 중서사인에서 동궁(東宮)에 속한 자리로 옮긴 것이어서 훨씬 한직으로 쫓겨난 셈이다. 한직으로 쫓겨난 이유는 다음과 같은 것이었다. 형남(荊南)절도사 배균(裵均)의 아들 배악(裵鍔)은 비리가 많은 인물이었다. 한유는 지난 강릉부 법조참군 시절에 배균에게 은혜를 입은 적이 있었다. 그 인연으로 해서 한유는 배악과 돈독한 교제를 맺어 왔다. 그것이 하나의 이유였다. 그러나 그것은 표면상의 이유에 지나지 않고, 진정한 이유는 지난해에 쓴 「회서의 조처를 논하는 의견서(論淮西事宜狀)」가 빌미가 되었다. 회서의 일은 한유가 주장한 대로 추진되었으나 그만큼 반대파의 반대도 격렬했다. 주전파인 배도(裵度)가 재상이 되기는 했지만, 동료 재상인 위관지(韋貫之) 등은 모두 온건파였다. 무원형이 암살되었을 때, 한유와 함께 범인을 빨리 체포하라고 건의한 백거이도 그 무리들로부터 미움을 받아 지난해에 엉뚱한 죄목을 뒤집어쓰고 강주(江州: 강서성江西省 구강九江) 사마(司馬)로 유배되는 신세가 되었다.

그러나 이 시기의 한유는 백거이보다는 거물이었기 때문에, 그들 마음대로 죄를 뒤집어씌울 수가 없었다. 그래서 황태자를 시종하는 한직으로 한유를 쫓아냈던 것이다. 이해에 지은 것으로 추정되는 「잡시(雜詩)」 네 수 가운데 첫 수에서 한유는 이렇게 노래하고 있다.

아침에는 파리 내쫓지 못하고,
저녁에는 모기 내칠 수가 없다.
파리 모기가 사방천지 가득 차,

그 전부와 서로 싸울 수도 없다.

그들이 때를 얻음이 얼마이겠는가?

너희들 마음대로 먹고 떠들어 보라지.

서늘한 찬바람 부는 9월이 오면

확 쓸어 버려 자취조차 없을 테니.

(朝蠅不須驅, 暮蚊不可拍. 蠅蚊滿八區, 可盡與相格. 得時能幾時, 與汝恣唼咋. 凉風九月到, 掃不見蹤跡.)

이 시에서 말하는 파리·모기는 두 말할 것도 없이 조정에 있는 소인배들을 비유한 것이다. 한유는 비분을 품고 억지로 이처럼 스스로를 위로한 것이다.

2.「회서평정 기념비(平淮西碑)」

817년(元和 12) 한유는 쉰 살이 되었다. 회서의 반란은 아직 해결되지 않고 전선은 교착상태에 빠져 있었다. 이해 7월 헌종은 재상인 배도에게 창의군(彰義軍)절도사를 겸임하여 배도 자신이 직접 출전해서 일거에 사건을 해결하라고 지시했다. 배도는 789년(貞元 5)에 진사에 급제하고 3년 뒤 792년에 박학굉사과에 합격하였다. 이해라면 바로 한유가 진사시험에 합격하고 첫 이부시험에 응시할 때이다. 배도와 한유는 오래 전 이부시험에서부터 인연이 이어져 왔던 셈이다. 배도는 한유를 태자우서자 겸 어사중승(御史中丞)으로서 자신의 부사령관인 행군사마(行軍司馬)로 임명해 줄 것을 주청하였다. 배도가 어사중승을 고집한 것은 한유가 행군사마의 직책을 수행하는 동안 군대의 제반 업무를 엄격히 감독하기 위해서였다. 행군사마는 절도사와 부절도사 다음의 중요한 군사행정 담당관의 직책이다. 배도가 이처럼 한유를 행군사마로 삼았던 것은 한유가 회서토벌의 변함없는 동맹자요 지지자였고, 또 문관이면서도 군사 실무에 대한 지식을 가지고 있었기 때문이다.

배도의 대군은 8월 3일 헌종의 전송을 받으며 출발하여, 8월 27일에 주둔지인 언성(郾城: 하남성河南省 중부에 위치한 누하시漯河市)에 도착하였다. 언성은 오원제가 주둔하고 있는 채주(蔡州: 하남성河南省 여양시汝陽市)와 180리 떨어져 있는 곳이다.

한유에게도 수완을 발휘할 수 있는 좋은 기회가 왔다. 배도의 군대가 동쪽으로 진격하여 동관(潼關 : 섬서성陝西省 위남渭南에 있는 현縣)을 나갈 때, 한유는 본대(本隊)로부터 떨어져 변주로 급행했다. 변주에서는 선무군절도사 한홍(韓弘)이 그 주변의 군대를 통솔하고 있었다. 한홍은 평로(平盧)·성덕(成德)·창의(彰義)의 세 번진과는 달리 조정에 복종하는 것 같았지만, 딴 마음을 품었는지 10여 년 동안 조회도 하지 않았다. 그런데 이번에 자신보다 위에 배도가 파견되어 오므로, 한홍이 어떻게 받아들이느냐에 따라 그의 협력을 받지 못할 수도 있고, 아니면 적으로 돌아설 수도 있는 위험이 있었다. 이 때문에 한유가 한홍과의 교섭을 위해서 먼저 변주로 들어간 것이다. 어떤 방법으로 한홍을 설득했는지는 모르지만, 한홍은 기꺼이 협력할 것을 약속했다.

이제 남은 것은 채주를 본거지로 삼고 있는 오원제를 토벌하는 일이었다. 한유가 입수한 정보로는 오원제의 정예병은 모두 전방에 배치되어 있고, 채주를 지키는 병사는 숫자도 적고 늙고 연약한 군인들만 남아 있다는 것이었다. 한유는 배도에게 병력 삼천을 나누어 주면 샛길로 재빨리 가서 채주를 빼앗아 보겠다고 진언했다.

이때 같은 정보를 입수한 사람은 당(唐)·등(鄧)·수(隨) 절도사인 이소(李愬)였다. 항복한 회서의 장수인 이우(李佑)가 이소에게 정예병은 모두 회곡(洄曲: 지금의 하남성 상수현商水縣 서남쪽)에 배치되어 있고 채주성을 지키는 사람은 늙고 연약한 병졸뿐이니, 기습을 하면 오원제를 사로잡을 수 있을 거라고 계책을 일러주었다. 이소가 은밀히 배도에게 알리니, 배도도 한유와 이소에게 같은 정보를 들어서 신빙성이 있다고 여겼는지 이소에게 허락을 하였다. 이소는 9천 명의 병사를 거느리고 은밀하게 행동을 개시하여, 10월 15일 눈보라치는 밤중에 출발하여, 어려운 행군을 계속한 끝에 17일 해질 무렵 채주를 급습했다. 허술했던 방위선은 갑자기 무너지고 오원제는 마침내 체포되었다. 18일 바로 오원제를 장안으로 압송하여 보내니 회곡에 있던 장수와 군사들도 다 항복하여, 25일 배도의 대군이 채주로 입성하였다.

이제 남은 것은 오원제의 후원자인 왕승종(王承宗)이었다. 한유는 백기(柏耆)라는 사람이 올렸던 계책을 채택해서 배도에게 권하여 왕승종에게 사자를 보냈다. 회서가 평정된 이상, 왕승종은 싸우지 않고 항복할 것이라는 계산이었다. 예상한 대로 왕승종은 봉지(封地)를 쪼개어 조정에 바치고 두 아들을 인질로 맡기고서 조정에 복종할 것을 맹세했다. 4년에 걸친 '회서의 난'은 이렇게 해서 완전히 해결되었다.

공을 세우고 개선한 한유는 형부시랑(刑部侍郎)에 임명되었다. 형부시랑은 법무를 관장하는 형부의 차관으로서 요즘으로 말하면 법무부 차관에 해당된다. 지금까지 그가 역임한 관직의 경력 가운데 가장 높은 자리에 오른 셈이다.

818년(元和 13) 한유는 희망찬 봄을 맞이했지만, 일이 순조롭다 싶으면 그 뒤에는 반드시 문제가 생기는 것이 그의 운명이었다. 회서가 평정되니 하북의 번진들은 자진해서 조정에 귀순하였고, 한홍도 이제는 완전히 조정에 복종하였다. 그야말로 중흥의 시대가 도래한 것 같았다. 신하들이 회서의 평정에 관한 공을 비문으로 새겨야 한다고 요청하자, 이해 정월 14일 헌종은 한유에게 회서를 평정한 데 대한 비문을 지어 올리라는 명을 내렸다. 한유는 칙명을 받고 70여 일 만에「회서평정 기념비(平淮西碑)」의 비문을 완성하여 3월 25일 헌종에게 올렸다. 한유의 비문은 크게 서(序)와 명(銘) 두 부분으로 나누어진다. 서는 산문의 형식을, 명은 운문의 형식을 따랐다.

하늘은 당나라가 선왕의 덕을 잘 본받고, 성스럽고 신령스러운 왕손들이 연이어 왕업을 계승하여 천만 년이 가더라도 공경하고 경계하며 태만하지 않으리라 여겨 온 천하를 전부 맡겨 다스리게 하시니, 사해와 구주의 온 중국 땅을 안과 밖으로 삼고 천하의 임금이 되어 모든 사람들을 신하로 다스리게 되었다. 고조(高祖)와 태종(太宗)께서 잘 정리하여 다스리시고, 고종(高宗)과 중종(中宗)·예종(睿宗)께서 백성을 쉬게 하고 보양하게 하시어 나라의 생산이 번성케 되었으며, 현종(玄宗)대에 이르러는 그 공과 결과를 거둬들이니 지극히 왕성하고 풍부하여졌다. 산물이 많아지고 땅이 커지자 그 사이로 혼란의 싹이 움트고 나와서, 숙종(肅宗)과 대종(代宗), 그리고 덕종(德宗)과 순종(順宗)께서 근면하고 너그러이 하시어 큰 도적[안녹산安祿山]은 제거하였으나, 논밭의 잡초[잔적殘賊]들은 다 뽑아 버리지를 못하였다. 그런데 재상이나 장수들은 문무 관료로서 편안하고 즐겁게만 지내고, 보고 듣는 일이 익숙해져 모든 것을 당연하게 여겼다.

지덕과 문무를 겸비하신 헌종(憲宗) 황제께서는 여러 신하들의 조회를 받으시고 여러 고을의 지도를 살피며 공물을 따져보신 다음 말

쏨하셨다. "아아! 하늘이 이미 온 천하를 주시고 다스리게 하시어, 지금은 차례에 따라 황제의 자리가 나에게 전하여졌다. 내가 맡은 일을 제대로 처리하지 못한다면 어떻게 천지신명과 조상을 뵐 수가 있겠는가?" 이에 여러 신하들이 떨고 두려워하여 부지런히 뛰어다니며 직책을 수행하였다. 다음 해 806년(元和 元年)에는 하주(夏州)를 평정하고, 또 그해에는 촉(蜀)땅을 평정하고, 다시 그 다음 해인 807년에는 강동(江東)을 평정하고, 또 다음 해인 810년에는 택주(澤州)와 노주(潞州)를 평정하고 마침내 역주(易州)와 정주(定州)를 평정하자, 위주(魏州)·박주(博州)·패주(貝州)·위주(衛州)·전주(澶州)·상주(相州)의 여섯 주가 항복하니 뜻을 따르지 않는 일이 없게 되었다. 이에 황제께서는 "무력을 끝까지 써서는 안 되니 나도 좀 쉬어야겠노라"고 하셨다.

원화 9년(814)에 채주(蔡州)의 장수 오소양(吳少陽)이 죽자 채주 사람들이 그의 아들 오원제(吳元濟)를 내세워 자사(刺史)로 삼고자 하여 청하였으나 허락이 나지 않자, 마침내 무양(舞陽)을 불태우고 섭(葉)과 양성(襄城)으로 침범하여 동도(東都) 낙양(洛陽)을 동요시키고 군사들을 풀어 사방을 약탈하였다. 황제께서는 조정에서 대책을 두루 물으시니, 한 두 신하 이외에는 모두가 "채주의 장수가 조정의 명령을 따르지 않은 것은 지금까지 오십 년이나 되었습니다. 그 동안 세 성(姓)의 네 장수에게 전하여지며 그 심어진 뿌리가 굳게 박혔고, 병기가 날카롭고 병졸들은 억세어 다른 지역과는 같지가 않습니다. 그러니 잘 어루만져 거느려야만 순종하게 되고 무사할 것입니다"라

하였다. 대관들이 멋대로 결단을 내리고 소리쳐 아뢰자 모든 사람들이 이에 부화뇌동하여 이구동성으로 한결같은 말만 하니 그 완고한 주장을 깨뜨릴 수가 없었다. 황제께서 말씀하셨다. "하늘과 조상님들께서 나에게 임무를 부여한 까닭이 아마도 여기에 있을 것이니, 내 어찌 감히 힘쓰지 않으리오. 하물며 한 두 명의 신하라도 동조하고 있으니 돕는 이가 없다고는 할 수 없다.

이광안(李光顔)은 들어라! 그대를 진주(陳州)와 허주(許州)를 다스리는 충무절도사(忠武節度使)로 임명하나니, 하동(河東)의 위주(魏州)·박주(博州)·합양(郃陽)의 진영(陣營)에 있는 삼군(三軍)은 그대가 모두 통솔하도록 하라!

오중윤(烏重胤)은 들어라! 그대는 하양(河陽)과 회주(懷州)를 맡고 있었으나, 지금 여주(汝州)도 그대에게 일임하나니, 북방의 의주(義州)·성주(成州)·협주(陝州)·익주(益州)·봉상(鳳翔)·연주(延州)·경주(慶州)의 진영에 있는 칠군(七軍)을 그대가 모두 통솔토록 하라!

한홍(韓弘)은 들어라! 그대는 1만 2천 명의 군사를 거느리고 그대의 아들 공무(公武)와 연락하여 반적들을 토벌토록 하라!

이문통(李文通)은 들어라! 그대는 수주(壽州)를 수비하고 있으니, 선무(宣武)·회남(淮南)·선섭(宣歙)·절서(浙西)에서 순시를 하며 수주를 지키고 있는 사군(四軍)을 그대가 모두 통솔하도록 하라!

이도고(李道古)는 들어라! 그대에게는 악주(鄂州)와 악주(岳州)의 관찰사(觀察使) 소임을 맡기노라!

이소(李愬)는 들어라! 그대는 당주(唐州)·등주(鄧州)·수주(隨主)의 절도사이니 따로 그곳 병사를 거느리고 진군토록 하라!

배도(裵度)는 들어라! 그대는 어사대의 수장인 어사중승(御史中丞)의 직책에 있으니 가서 군사들을 돌보도록 하라! 배도여! 그대는 나의 뜻에 동조하니, 나의 재상이 되어 신하들이 명을 잘 받드는지 못받드는지를 가려 상벌을 내리도록 하라!

한홍(韓弘)은 들어라! 그대는 절도사이니 모든 군사를 통괄하는 제군도통(諸軍都統)직을 겸하도록 하라!

양수겸(梁守謙)은 들어라! 그대는 나의 곁을 떠나지 않는 근신이니 가서 군사들을 선무(宣撫)토록 하라!

배도는 들어라! 그대는 가서 군사들에게 입을 것과 먹을 것을 대어 주어 헐벗고 굶주리지 않도록 하되, 그 일을 완수하여 채주의 사람들이 잘 살아가도록 하라. 그대에게 절부(節斧)와 통천어대(通天御帶)와 위졸(衛卒) 3백 명을 내리노라. 무릇 조정의 모든 신하들은 그대가 뽑아서 자신을 따르게 하되, 오직 현명하고 능력 있는 사람을 택할 것이며, 고관일지라도 꺼리지 말고 택하라. 경신(庚申) 날, 내가 문 앞에서 그대를 전송토록 하겠노라!

어사(御史)는 들어라! 나는 사대부들이 전쟁터에서 심한 고통을 겪는 것을 매우 민망하게 여기고 있나니, 지금부터는 교묘(郊廟)에 제사지내는 경우를 제외하고는 음악을 연주하는 일이 없도록 하라!"

이광안·오중윤·한공무가 힘을 합쳐 북쪽을 공격하면서 열여섯 차례나 큰 전투를 치르며 성책(城柵)과 고을 스물 세 곳을 뺏고 4만 명의 군졸을 항복시켰다. 이도고는 동남쪽을 공격하여 여덟 차례 싸워 군졸 3천 명을 항복시키고 다시 신주(申州)로 들어가 그 외성(外城)을 격파하였다. 이문통은 동쪽 방면으로 십여 차례나 싸워 1만 2천 명을 항복시켰다. 이소는 서쪽 방면으로 쳐들어가 적장들을 사로잡았으나 번번이 죽이지 않고 풀어주었는데, 그러한 계책을 써서 전쟁에 큰 공을 세웠다.

원화 12년(817) 8월에 승상 배도가 군중에 이르자, 도통(都統) 한홍은 더욱 급히 싸움을 독려하였다. 이에 이광안·오중윤·한공무가 힘을 합쳐 싸우며 더욱 명령을 충실히 수행하자, 오원제는 자신의 무리들을 모조리 모아 회곡(洄曲)에서 방비하고 있었다. 10월 임신(壬申)일에 이소는 자신이 잡은 적장을 이용하여, 문성(文城)으로부터 큰 눈이 내리는 날 120리나 질풍같이 달려가 깊은 밤을 틈타 채주에 이르러 그 성문을 깨뜨리고 오원제를 잡아 바친 뒤에 그의 부하들도 깡그리 사로잡았다. 신사(辛巳)일에 승상 배도가 채주로 들어와서 황제의 명으로 그곳 사람들을 용서하니 회서 지방은 평정되었다. 크게 잔치를 벌여 공을 세운 사람들에게 상을 내리고, 군대가 개선하는 날에는 그 당시 장만했던 음식들을 채주 사람들에게 하사하였다. 무릇 채주의 군졸 3만 5천 명 가운데 병사 노릇을 달가워하지 않고 돌아가 농부가 되기를 바라는 자들이 열에 아홉이나 되었는데, 그들은 모두 놓아주었고, 오원제는 경사(京師)에서 목을 베었다.

공로를 따져 한홍에게는 시중(侍中) 벼슬이 더해졌고, 이소는 좌복야(左僕射)에 산남동도(山南東道)의 군사를 통솔하게 되었으며, 이광안과 오중윤에게는 모두 사공(司空) 벼슬이 더해졌고, 한공무는 산기상시(散騎常侍)에 부방단연(鄜坊丹延)의 군대를 통솔하게 되었다. 이도고는 대부(大夫)로 승진하였고, 이문통은 산기상시(散騎常侍) 벼슬이 보태어졌다. 승상 배도는 경사로 돌아와 황제를 배알하였는데, 도중에 진국공(晉國公)의 봉작(封爵)을 받고 금자광록대부(金紫光祿大夫)로 승진된 뒤 옛 벼슬인 승상의 직책은 그대로 맡게 되었으며, 그의 부사(副使)였던 마총(馬摠)은 공부상서(工部尙書)가 되어 채주를 다스리는 자사(刺史)가 되었다.

돌아와 전공을 상주하고 나자, 여러 신하들이 훌륭한 공로를 쇠나 돌에 기록하여 새겨두자고 청하였다. 황제께서는 그 일을 신 한유에게 명하셨으니, 신 한유는 두 번 절하고 머리를 조아리며 글을 지어 올리며 말한다.

당나라가 하늘의 명을 받들어 마침내 온 천하를 신하로 삼았는데,
누가 가까운 땅을 점거하여 습격과 도둑질로 미쳐서 날뛴단 말인고?
지난날 현종(玄宗) 황제 시절에는 극도로 흥성하다 무너졌다네.
하북엔 독하고 교만한 자들 생기고 하남에선 덩달아 난을 일으키니,
숙종·대종·덕종·순종께선 용서치 않으시고 누차 군사 일으켜 정벌하셨지만,

다 평정하지 못한 놈들이 있어 병졸을 더욱 늘여 수비만 강화하셨네.
지아비는 농사지어도 먹지 못하고 지어미는 길쌈하여도 입지 못하며,
그것들을 수레로 날라다 병졸들이 먹을 군량(軍糧)으로 대어 주었네.
밖으로는 조회하지 않는 자 많아지고 황제께선 오랫동안 사방을 순수(巡狩)하지 않으시니,
여러 관리들도 업무에 태만하여 나라 일이 옛날과 같지 않게 되었네.
헌종(憲宗) 황제께선 이런 때 즉위하시어 예전 일들을 돌아보고 한탄하셨네.
"그대들 문무백관들이여, 그 누가 우리 왕실을 도와주겠는가?"
그리고 오(吳)·촉(蜀) 지방을 평정하시고 곧 산동(山東) 지방을 되찾으니,
위박(魏博)절도사가 맨 먼저 의기하여 여섯 주를 바치고 귀순해 왔네.
회서(淮西)의 채주(蔡州)만은 순종하지 않고 스스로 강하다 여기고서,
군사들을 이끌고 시끄러이 굴며 옛 버릇대로 버티고 있으려고 하였네.
처음 토벌하라는 명이 내리자 끝내 인근의 간사한 자들과 결탁하여,
은밀히 자객을 보내어서 나라의 재상인 무원형(武元衡)을 해쳤다네.
바야흐로 전투가 승리하지도 않았는데 장안을 놀라게 한 일이 생기니,
여러 신하들은 상주(上奏)하여 은혜로써 달래는 게 좋을 거라 하였네.
황제께선 그들의 말을 듣지 아니하시고 천지신명과 함께 의논하신 뒤,
뜻이 같은 이를 재상으로 삼으시고 하늘의 주벌(誅罰)을 내리게 하셨네.
이에 이광안·오중윤과 이소·한공무·이도고·이문통 등에게 명을 내려,

모두 한홍의 통솔을 받으며 제각기 자신의 공을 세워 상주하라 하셨네.
이들이 세 방향으로 나뉘어 공격해나가니 그 군사 모두 오만 명이었고,
대군이 또 승세를 타고 북쪽에서 가세하니 그 수가 두 배나 되었다네.
일찍이 회곡(洄曲)을 치고 나니 적병들은 두려움에 떨며 어지러워졌고,
이미 능운(陵雲)을 뺏고 나자 채주의 졸개들은 크게 궁지에 몰렸다네.
소릉(邵陵)에서도 싸워 이기니 언성의 장령들이 항복하여 왔지만,
여름에서 가을에 이르기까지 또 군대는 주둔한 채 관망하기만 하였네.
싸움이 불리하여 이겼다는 보고가 전해지지 않아,
황제께선 출정한 군대 가엾이 여겨 승상을 보내어 보살피도록 하셨네.
배불리 먹은 병사들 노래하고 말도 말구유 뛰어넘어 싸우려하자,
신성(新城)에서 싸워보니 적은 만나자마자 패하여 달아났네.
적들은 가진 병력 모두를 집결하여 우리를 방위하게 되니,
이소의 대군이 서쪽에서 기습하여도 길에는 지키는 병사 하나 없었네.
오랫동안 편안할 날이 없던 채주 성은 그 강토가 사방 천리나 되는데,
쳐들어가 점령하자 순종하며 처분을 기다리지 않는 자 없게 되었네.
황제 폐하의 은혜로운 말씀 승상 배도로 하여금 선포하게 하였는데,
처벌은 괴수에게만 그치고 그 아래 사람들은 모두 놓아준다는 것이었네.
채주의 졸개들은 갑옷을 벗어 던지고 환호하며 춤을 추고,
채주의 부녀자들은 문 앞으로 나와 서로 웃고 이야기하네.
채주 사람들이 굶주림을 알리자 배로 곡식을 날라다 먹여 주고,

채주 사람들이 헐벗음을 호소하자 비단과 무명을 나누어 주네.
이전엔 채주 사람들은 서로 간에 왕래도 못하고 지냈지만,
이제는 서로 희롱까지 하면서 마을 문을 밤에도 열어놓고 있다네.
이전엔 채주 사람들이 싸우러 나갔다가 죽어서야 돌아왔지만,
이제는 느지막이 일어나서 밥이든 죽이든 멋대로 먹는다네.
그들을 위할 장관을 뽑아 지치고 병든 자들 회복시켜 주도록 하고,
관리도 선발하고 소도 내려주어 교화하며 세금도 면제해 주었네.
채주 사람들은 말하기를 전에는 미혹에 빠져 알지를 못했으나,
지금에 와서야 크게 깨닫고 보니 전날의 행위가 부끄럽다 하네.
채주 사람들이 말하기를 천자께서 이리도 명철하고 성스러우시니,
순종치 않으면 일족이 처단되나 순종하면 생명은 온전하리라 하네.
그대들이여 내 말을 못 믿겠거든 이곳 채주 지방을 살펴보시라!
그 누가 순종을 않을꼬? 그의 목에 도끼질이 들어갈 것인데!
반란을 꾀하려는 자 아직도 몇 있어 기세로 서로 기대고 있으나,
강한 번진도 지탱치 못했는데 너처럼 약한 번진 어디에 의존할까?
어서 가서 그대들 손윗사람과 그대들 부친과 형들에게 고하여,
한시가 급하게 모두 달려와 우리들과 함께 태평을 누리세.
회서의 채주에서 난이 일어났으나 천자께서 이들을 토벌하셨고,
토벌한 뒤 이들이 배고파하자 천자께선 이들을 먹여 살리셨네.
처음 채주 토벌을 의논할 적엔 대신들 아무도 따르지 아니하였고,
토벌이 시작된 지 4년 동안이나 위아래 신하들 모두 의심만 했네.

반란 용서치 않고 토벌 의심치 않음은 천자의 명철하심 때문이라.
무릇 이번 채주 정벌의 공로는 오직 결단으로 이루어진 것일세.
회서의 채주를 평정하자 사방의 오랑캐들마저 모두 내조(來朝)하네.
이에 명당(明堂) 활짝 열어젖히고 앉아서 그들을 다스리게 되었네.

(天以唐克肖其德, 聖子神孫, 繼繼承承, 於千萬年, 敬戒不怠, 全付所覆, 四海九州, 罔有內外, 悉主悉臣. 高祖太宗, 旣除旣治, 高宗中睿, 休養生息, 至於玄宗, 受報收功, 極熾而豐. 物衆地大, 蘖牙其間, 肅宗代宗, 德祖順考, 以勤以容, 大慝適去, 稂莠不薅, 相臣將臣, 文恬武嬉, 習熟見聞, 以爲當然.

睿聖文武皇帝, 旣受群臣朝, 乃考圖數貢曰: 嗚呼! 天旣全付予有家, 今傳次在予. 予不能事事, 其何以見於郊廟? 群臣震懾, 奔走率職, 明年平夏, 又明年平蜀, 又明年平江東, 又明年平澤潞, 遂定易定, 致魏博貝衛澶相, 無不從志. 皇帝曰: 不可究武, 予其少息.

九年, 蔡將死, 蔡人立其子元濟以請, 不許, 遂燒舞陽, 犯葉襄城, 以動東都, 放兵四劫. 皇帝歷問於朝, 一二臣外, 皆曰: 蔡帥之不庭授, 於今五十年. 傳三姓四將, 其樹本堅, 兵利卒頑, 不與他等, 因撫而有, 順且無事. 大官臆決唱聲, 萬口和附, 并爲一談, 牢不可破. 皇帝曰: 惟天惟祖宗所以付任予者, 庶其在此, 予何敢不力? 況一二臣同, 不爲無助.

曰光顏! 汝爲陳許帥, 維是河東魏博郃陽三軍之在行者, 汝皆將之. 曰重胤! 汝故有河陽懷, 今益以汝, 維是朔方義成陝益鳳翔延慶七軍之在行者, 汝皆將之. 曰弘! 汝以卒萬二千, 屬而子公武往討之. 曰文通! 汝守壽, 維是宣武淮南宣歙浙西四軍之行於壽者, 汝皆將之. 曰道古! 汝其觀察鄂岳. 曰愬! 汝帥唐鄧隨, 各以

其兵進戰. 曰度! 汝長御史, 其往視師. 曰度! 惟汝予同, 汝遂相予, 以賞罰用命不用命. 曰弘! 汝其以節都統諸軍. 曰守謙! 汝出入左右, 汝惟近臣, 其往撫師. 曰度! 汝其往, 衣服飲食予士, 無寒無飢, 以既厥事, 遂生蔡人. 賜汝節斧, 通天御帶, 衛卒三百. 凡玆廷臣, 汝擇自從, 惟其賢能, 無憚大吏. 庚申, 予其臨門送汝. 曰御史! 予閔士大夫戰甚苦, 自今以往, 非郊廟祭祀, 其無用樂.

顏胤武合攻其北, 大戰十六, 得柵城縣二十三, 降人卒四萬. 道古攻其東南, 八戰降萬三千, 再入申, 破其外城. 文通戰其東, 十餘遇, 降萬二千. 愬入其西, 得賊將, 輒釋不殺, 用其策, 戰比有功. 十二年八月, 丞相度至師, 都統弘責戰益急. 顏胤武合戰益用命, 元濟盡幷其衆洄曲以備. 十月壬申, 愬用所得賊將, 自文城, 因天大雪, 疾馳百二十里, 用夜半到蔡, 破其門, 取元濟以獻, 盡得其屬人卒. 辛巳, 丞相度入蔡, 以皇帝命赦其人, 淮西平. 大饗賚功, 師還之日, 因以其食賜蔡人. 凡蔡卒三萬五千, 其不樂爲兵願歸爲農者十九, 悉縱之, 斬元濟於京師. 冊功, 弘加侍中, 愬爲左僕射, 帥山南東道, 顏胤皆加司空, 公武以散騎常侍帥鄜坊丹延, 道古進大夫, 文通加散騎常侍, 丞相度朝京師, 道封晉國公, 進階金紫光祿大夫, 以舊官相, 而以其副總爲工部尙書, 領蔡任. 既還奏, 群臣請紀聖功, 被之金石. 皇帝以命臣愈, 臣愈再拜稽首而獻文, 曰:

唐承天命, 遂臣萬方, 孰居近土, 襲盜以狂?
往在玄宗, 崇極而圮. 河北悍驕, 河南附起,
四聖不宥, 屢興師征, 有不能克, 益戍以兵.
夫耕不食, 婦織不裳, 輸之以車, 爲卒賜糧.

外多失朝, 曠不嶽狩, 百隷怠官, 事亡其舊.
帝時繼位, 顧瞻咨嗟, 惟汝文武, 孰恤予家?
旣斬吳蜀, 旋取山東, 魏將首義, 六州降從.
淮蔡不順, 自以爲强. 提兵叫讙, 欲事故常,
始命討之, 遂連姦鄰, 陰遣刺客, 來賊相臣.
方戰未利, 內驚京師, 群公上言, 莫若惠來.
帝爲不聞, 與神爲謀, 乃相同德, 以訖天誅.
乃勅顏胤, 愬武古通, 咸統於弘, 各奏汝功.
三方分攻, 五萬其師, 大軍北乘, 厥數倍之.
嘗兵洄曲, 軍士蠢蠢. 旣翦陵雲, 蔡卒大窘.
勝之邵陵, 郾城來降. 自夏及秋, 復屯相望.
兵頓不勵, 告功不時, 帝哀征夫, 命相往釐.
士飽而歌, 馬騰於槽. 試之新城, 賊遇敗逃.
盡抽其有, 聚以防我, 西師躍入, 道無留者.
頷頷蔡城, 其疆千里, 旣入而有, 莫不順俟.
帝有恩言, 相度來宣, 誅止其魁, 釋其下人.
蔡人卒夫, 投甲呼舞, 蔡之婦女, 迎門笑語.
蔡人告飢, 船粟往哺, 蔡人告寒, 賜以繒布.
始時蔡人, 禁不往來, 今相從戱, 里門夜開.
始時蔡人, 進戰退戮, 今旰而起, 左飱右粥.
爲之擇人, 以收餘憊. 選吏賜牛, 敎而不稅.

蔡人有言, 始迷不知, 今乃大覺, 羞前之爲.

蔡人有言, 天子明聖, 不順族誅, 順保性命.

汝不吾信, 視此蔡方, 孰爲不順? 往斧其吭.

凡叛有數, 聲勢相倚. 吾强不支, 汝弱奚恃?

其告而長, 而父而兄, 奔走偕來, 同我太平.

淮蔡爲亂, 天子伐之, 旣伐而飢, 天子活之.

始議伐蔡, 卿士莫隨, 旣伐四年, 小大幷疑.

不赦不疑, 由天子明. 凡此蔡功, 惟斷乃成.

旣定淮蔡, 四夷畢來. 遂開明堂, 坐以治之.)

옛 사람들은 이 「회서평정 기념비」의 서문은 『상서(尙書)』, 명문(銘文)은 『시경(詩經)』과 유사하다고 말하였다. 분명 맞는 말이다. 그러나 이 「회서평정 기념비」의 서문과 명문이 그야말로 명문(名文)이 될 수 있었던 것은 『상서』와 『시경』을 배워서 모방을 한 것이 아니라, 흘러넘치는 내용을 고박하면서도 빼어난 문체로 새롭게 창작하였기 때문이다.

그런데 이 비가 세워진 후, 한유의 비문에 대해서 불만을 표시한 사람이 있었다. 바로 이소 쪽이었다. 그는 채주로 제일 먼저 진격해서 오원제를 생포했기 때문에 자신의 공적이 제일 수훈으로 믿고 있었다. 그런데 한유는 이 비문 속에서 이소의 채주 기습작전에 관한 내용만 특별히 기록하고, 나머지는 한홍 등 여러 장군들과 똑같이 취급하였다. 냉정하게 본다면, 한유의 견해는 옳다고 하겠다. 사실 이 사건은 지금까지 전임자가 죽으면 독단적으로 후임자를 결정하던, 거의 작은 독립국과도 같았던, 번진(藩鎭)들에 대해서 이제는 조정이 단호히 간섭을 하겠다는 의지를 나타낸 것이다. 즉, 중앙집권의 강화에 목적을 둔 조정이 번진의 독립권에 대한 단호한 대처이다. 따라서 여기에 가장 큰 역할을 한 사람으로는 헌종을 지원하여 끝까지 양보하지 않고 번진 토벌을 주장하고 그 결의를 굳게 지킨 배도 이외에는 아무도 없다.

물론 이소 또한 결코 우매한 무장만은 아니었던 것 같다. 채주를 공략해 함락시킨 후 제일 먼저 성내의 치안을 회복하고 병사를 모아 총사령관인 배도가 입성할 것을 기다렸다. 또 배도가 입성하는 날에는 직접 환영하기 위해 연도로 나갔다. 배도는 이소의 신분과 전공을 깊이 헤아려 그의 영접을 사양했지만, 이소는 "채주 사람은 미련하고 어긋나서 위아래의 직분을 알지 못한 지 십수 년이나 되었습니다. 원컨대 공(公)께서 그것을 밝히시어 조정의 존엄을 알리십시오"라고 하여, 배도도 마음 깊이 그의 영접을 받았다고 한다. 이소는 원래 그런 인물이었는데, 적진으로 제일 먼저 들어간 공명이 그를 자만에 빠지게 했던 것 같다. 그러나 실제로 이소의 불만을 퍼뜨리고 다닌 사람은 이소의 처였다고 한다. 이소의 처는 당안공주(唐安公主)로, 궁중을 자유롭게 출입할 수 있는 신분을 이용해 남편의 공훈이 분명 제일 크다고 자랑하였다. 그래서 그녀는 헌종에게 한유가 지은 비문에 잘못이 있다고 직접 호소했던 것이다.

이때 헌종의 마음속에 제일 먼저 떠오른 것은 이제 겨우 수습된 오원제 반란의 화살이 또다시 절도사 이소가 말썽을 일으켜, 재미없는 정치적 문제로 날아들었다는 생각이었을 것이다. 그래서 이소의 처가 호소한 것을 받아들임으로써 비석에 새겨졌던 한유의 문장은 갈아 지워지게 되었다. 그리고는 한림학사(翰林學士) 단문창(段文昌)에게 비문을 다시 짓도록 칙명을 내렸다.

단문창의 자는 묵경(墨卿)으로 당시 비부낭중 한림학사였다. 단문창이 지은「평회서비」도『전당문(全唐文)』권 617에 남아 있다. 단문창의 글도 채주를 치고자 한 헌종의 견고한 의지를 칭송한 것을 중심으로, 배도의 지휘의 공적과 이소의 기습의 공적, 그리고 여러 장군들의 공적들을 기록한 것은 한유의 비문과 대체로 일치한다. 이소를 특별히 부각시켰다거나 이소의 공적을 으뜸으로 치지는 더더욱 않았다. 다만 당시 유행하던 변문체로 썼다는 것이 다를 뿐이다. 그래서 한유의 비문과 단문창의 비문을 서로 비교하여 우월을 매기기도 하였는데, 유우석은 단문창의 비문을 "반고의「연연비」의 모양을 본떠서, 별도로 일가의 아름다움을 이루었다(效班固燕然碑樣, 別是一家美)"라고 긍정하였으나, 이상은(李商隱)이나 소식 같은 이는 한유의 비문을 더 높이 평가하였다. 물론 평가에 가장 영향력이 컸던 사람은 소식이었다. 그는

"회서의 공덕은 당나라에서 으뜸이고, 이부(한유)의 문장은 해와 달처럼 빛났네. 갈려나간 비문은 천년토록 사람들에게 회자되지만, 세상에 단문창의 비문 있음은 알지 못한다네(淮西功德冠吾唐, 吏部文章日月光. 千載斷碑人膾炙, 不知世有段文昌)"라고 하였다.

한유는 이 사건으로 자존심에 깊은 상처를 입었지만, 그의 입지는 오원제 반란을 평정한 공으로 오히려 안정되었다. 이해 4월 정여경이 예악규정(禮樂規定)의 정리·개정을 관장하는 예악상정사(禮樂詳定使)로 임명되었을 때도 특별히 주청하여 한유를 부사(副使)로 삼기도 하였다.

이해 가을에 지은 것으로 추측되는「홀로 낚시하며(獨釣)」라는 네 수의 연작시 가운데 두 번째 시를 보면, 이 무렵 그는 매우 한가한 생활을 하고 있었음을 알 수 있다.

한 줄기 오솔길 연못 향해 구불구불,
못 둑엔 들풀이 꽃 피우고 있네.
많은 비 내려 버드나무에 버섯 자라고,
물이 불어 향포 부들 싹 잠기네.
공연스레 형부의 권력 싫증이 나서
몰래 나와 낚시 수레 곁에 앉았네.
나라는 태평하여 공사가 적으니,
은자 같은 관리와 어찌 멀겠는가?

(一徑向池斜, 池塘野草化. 雨多添柳耳, 水長減蒲芽. 坐厭親刑柄, 偸來傍釣車. 太平公事少, 吏隱詎相賖.)

이 시에서처럼 한유의 벼슬 생활은 은자의 생활처럼 한가로웠다. 그러나 대관(大官)으로서의 생활이 겨우 안정되려고 할 때 그의 일생에 최대의 사건이 돌발했다.

|제7장|
시련의 조주 팔천 리

1.「불골을 논하는 표(論佛骨表)」

819년(元和 14) 한유의 나이 쉰두 살, 장안 서쪽의 봉상(鳳翔)에 법문사(法門寺)라는 절이 있는데, 그곳 탑에는 부처의 손가락뼈[指骨] 하나가 봉안되어 있었다. 그런데 그 뼈는 30년마다 한 번씩 신도들에게 공개되곤 했는데, 공개되는 해에는 천하가 무사하고 오곡이 풍성하다는 말이 전해지고 있었다. 바로 819년이 그 뼈를 볼 수 있는 해였다. 정월, 헌종은 칙사를 보내 부처님 손가락뼈를 궁중으로 맞아들여 3일간 머무르게 한 뒤 장안에 있는 각 사찰로 돌릴 것을 명령했다.* 왕공(王公)에서 일반 서민에 이르기까지 빠짐없이 그 불골(佛骨)에 내세의 복을 빌었으며, 어떤 사람은 분수 넘친 시주로 집안이 파산하기도 했다.

한유는 사람들의 이러한 행태를 보고 몹시 괴로워했다. 유가의 도를 지키려고 애썼던 그가 황제를 비롯하여 많은 일반 백성들이 집안이 파산하고 심지어는 머리카락을 태우고 손을 지지는 공양으로 불교를 떠받드는 것을 그냥 보고 지나칠 수 없었다. 그는 즉시 장문의 건의서「불골을 논하는 표(論佛骨表)」를 써서 황제에게 올렸다.

신 한유는 아뢰옵니다. 엎드려 생각하옵건대 불교는 오랑캐의 한 법도일 뿐이옵니다. 후한시대에 중국에 들어왔던 것이옵고, 상고시대에는 존재하지 않았사옵니다.

옛날 황제께서는 재위 100년에 나이가 101세였고, 소호께서는 재위 80년에 나이가 100세였으며, 전욱께서는 재위 79년에 나이가 98세이셨고, 제곡께서는 재위 70년에 나이가 105세였으며, 요임금은 재위 98년에 나이가 118세이셨고, 순임금과 우임금은 같이 100세를

---

*『구당서』에서 말한 30년에 한 번씩 불골(佛骨)을 공개하였다는 내용은 좀 다르다. 가만성(柯萬成)『문사연구논집(文史硏究論集)』「봉상법문사불골고(鳳翔法門寺佛骨考) 종한문간영불골표설기(從韓文諫迎佛骨表說起)」를 보면, 법문사 불골이 공개된 것은 당대(唐代) 전체를 통해 정관(貞觀) 5년(631년)·현경(顯慶) 5년(660년)·장안(長安) 4년(704년)·지덕(至德) 2년(757년)·정원(貞元) 4년(788년)·원화(元和) 14년(819년)·함통(咸通) 14년(873년)으로 모두 일곱 차례이고, 공개된 연도를 잘 살펴보면 30년마다 한 번씩 일정하게 공개되지 않았음을 알 수 있다. 그리고 정관 5년(631년)의 첫 공개를 제외하고 나머지 여섯 차례는 다 궁중에 안치되어 공양되었으며, 짧게는 2·3일, 길게는 2·3년 동안 궁중에 안치되어 공양되기도 하였다.

사셨나이다. 이 분들 때에는 천하가 태평하고 백성이 안락하여 장수를 누렸나이다. 그러나 중국에는 불도란 있지를 않았사옵니다.

그 후 은나라 탕왕께서도 또한 100세를 사셨고, 탕왕의 손자 태무께서는 재위 75년이었고, 무정께서는 재위 59년이었던바, 역사책에는 그 분들의 생존한 나이를 적지 않았사오나 그 햇수를 추측하옵건대 역시 100세 이하는 아닌 것 같사옵니다. 그리고 주나라 문왕께서는 나이 97세에 세상을 마치시고, 무왕께서는 93세의 연세를 누리셨으며, 목왕께서는 임금 자리에 100년을 계셨던바, 이 분들 시대에도 또한 중국에는 불교가 들어와 있지를 않았사오니 선왕들께서 장수하신 것은 불도를 섬기셔서가 아니었던 것이옵니다.

한나라 명제 때에서야 비로소 불법이 있게 되었던 것이온데, 명제가 임금 자리에 계신 것은 겨우 18년뿐이었사옵니다. 그 뒤 나라의 어지러움과 망함이 서로 계속되어 국가의 운명이 길지 못했사오며, 송·제·양·진·북위 등의 나라 이후에는 점점 더 깊이 불교를 받들었음에도 천자의 재위 연수와 세대가 극히 짧았사옵니다. 오직 양나라 무제만은 재위의 연한이 길어 48년이나 되었는데, 무제는 생애에 전후 세 번이나 불문에 들어가 불도가 되어 종묘의 제사에는 희생을 쓰지 않고 종일토록 한 번의 식사를 하면서 야채와 과일만을 취하였지만 끝내는 후경에게 몰려 대성에서 굶어죽었고, 나라 또한 얼마 뒤 멸망하였으니 불교를 섬겨 복을 빌었다가 도리어 화를 당했던 것이옵니다. 이로 말미암아 본다면 불교는 섬길 것이 못 됨을 알겠나이다.

당나라 고조께서 수나라로부터 황위를 물려받으신 초기에 불교를 제거할 것을 의논하였사오나, 고조의 뭇 신하들이 재능과 식견이 원대하지 못하여 옛 어진 임금님들의 도와 고금의 마땅한 일을 깊이 알고서 고조의 밝으신 주장을 관철하여 불교의 폐단을 구제하여야 하였으나 그렇게 하지 못하였나이다. 그 후에 이 논의는 결국 중지되어 버렸으니 신은 언제나 이 일을 한탄스럽게 여기나이다.

엎드려 생각하옵건대 예성문무황제 폐하의 신성하고 영민하고 용맹스러움은 수천 수백 년 이래 비교할 데가 없사옵니다. 폐하는 천자의 자리에 오르신 처음에 도첩을 발급하여 중이나 도사가 되는 것을 허락하지 않으시고, 또 사찰과 도교의 사원의 창립을 불허하시어 신은 항상 고조께서 지니셨던 뜻이 폐하의 손에 의해 행해지는 것이라 여겼사옵니다. 이제 비록 원래의 뜻을 실행하시지 못하실지언정 어찌하여 불교를 더더욱 흥성하게 하시옵니까? 폐하께서는 뭇 중에게 명하여 불골을 봉상에서 맞아오게 하고 누각에 오르시어 궁중으로 떠메어들어 오는 것을 바라보신다 하오며, 또 모든 사찰로 하여금 번갈아 맞이하여 공양을 드리게 한다고 들었나이다. 신은 비록 지극히 어리석으나 폐하께서 불교에 미혹되시어 이렇게 부처를 높이 받들어 복을 비시는 것이 아니옴을 진정 알고 있나이다. 폐하께서는 단지 풍년이 들어 백성이 화락하므로 백성의 마음을 즐겁게 해주고자, 장안의 선비와 백성들을 위하여 색다른 구경거리를 마련하시와 즐거운 여흥거리가 되도록 하자는 뜻일 따름이지, 어찌 성스럽고 밝으심이 이와 같사온데 즐겨 이런 것을 믿으시겠사옵니까?

그러하오나 백성들은 우매하여 미혹되기 쉽고 깨우치기는 어렵사옵니다. 진실로 폐하께서 이렇게 하시는 것을 보고서는 장차 폐하께서 진심으로 불교를 섬기심이라 여기고서, 모두 "천자의 큰 어지심도 일심으로 공경하고 믿으시는데 백성이 무엇이라고 목숨을 아낀단 말이냐?" 하면서 정수리에 향을 불사르고 손바닥에 기름을 부어 불을 붙이는 등 불교 신자의 온갖 고행을 행할 것이고, 수백 수십이 떼를 지어 의복을 벗어 주고 돈을 시주하며 아침부터 저녁까지 오직 서로 본받음이 뒤질세라 걱정하며 늙은이 젊은이 가릴 것 없이 밀물처럼 뛰어들 것이니, 그렇게 되면 백성들이 자신들의 생업을 버리고 말 것이옵니다. 만일 불골을 메고 다니는 것을 금하여 그치게 하지 않으시고 여러 사찰을 지나가게 하신다면 팔을 끊고 몸의 살을 베어 공양하는 자도 있게 될 것이오니, 좋은 풍속을 깨고 사방의 웃음거리가 되게 하는 것은 작은 일이 아니옵니다.

무릇 부처란 본시 오랑캐 땅의 사람으로 중국과는 언어가 통하지 않고, 의복의 제도가 다르며 옛 어진 임금들이 마련한 어진 말을 한 일이 없고, 몸에는 옛 어진 임금들이 마련한 옷을 걸치지도 않았으며, 임금과 신하의 의리나 부자간의 정을 몰랐던 것이옵니다.

설령 그가 오늘날에 살아서 국명을 받들고 우리의 서울에 왔다면 폐하께서는 그를 접견하시되 단지 선정전에서 한 번 만나보시고, 예빈원에서 잔치를 한번 베풀어 대접한 뒤 옷 한 벌을 하사하시고 호위하여 국경까지 보내 주어서 우리의 백성을 현혹시키지 않도록 할 뿐이옵니다.

그러하온대 하물며 죽은 지 오래되어 그 썩은 뼈의 더러운 한끝을 어찌하여 신성한 궁중 안으로 들게 한단 말씀이옵니까?

공자께서 말씀하시기를 "귀신을 공경스럽게 대하되 멀리할지니라"고 하였사옵니다. 옛날의 제후가 그 나라의 조상을 조문할 때에도 오히려 무당으로 하여금 먼저 복숭아 가지로 만든 빗자루로 부정한 것을 털어 깨끗하게 하고 난 뒤에야 조문을 했던 것이옵니다. 그러하옵거늘 이제 아무 이유도 없이 썩고 더러운 것을 취하여 폐하께서 친히 임하여 이를 관람하심에 무당은 먼저 가지도 않고, 또 복숭아 빗자루로 쓸지도 않으며, 뭇 신하들은 그 잘못됨을 말하지 아니하고 어사도 그 실책을 들어 말하지 않으니, 신은 실로 이를 부끄러워하나이다.

비옵건대 이 불골을 맡아 보는 관리에게 분부하시와 물이나 불속에 던져서 근본을 영원히 끊고, 천하의 의심을 끊으며, 후대의 의혹을 끊어 천하의 사람들로 하여금 성스런 폐하의 하시는 바가 아주 심상치 않다는 것을 알려주옵소서. 그리 하오면 어찌 훌륭하지 않으며, 어찌 통쾌하지 않으오리까?

부처가 만일 신령스러움이 있어 재앙을 지을 것 같으면 닥쳐오는 재앙은 모조리 신의 몸에 받겠나이다. 하늘이 굽어보고 있으니 신은 조금도 원망하거나 후회하지 않겠사옵니다. 성심으로 감개 분격함을 견딜 수 없사와 삼가 이를 받들어 올리옵나이다. 신 한유 황공하옵니다.

(臣某言. 伏以佛者, 夷狄之一法耳, 自後漢時流入中國, 上古未嘗有也. 昔者黃帝在位百年, 年百一十歲. 少昊在位八十年, 年百歲. 顓頊在位七十九年, 年九十八歲. 帝嚳在位七十年, 年百五歲, 帝堯在位九十八年, 年百一十八歲. 帝舜及禹, 年皆百歲. 此時天下太平, 百姓安樂壽考, 然而中國未有佛也. 其後殷湯亦年百歲. 湯孫太戊在位七十五年, 武丁在位五十九年, 書史不言其年壽所極, 推其年數, 蓋亦俱不減百歲. 周文王年九十七歲, 武王年九十三歲, 穆王在位百年. 此時佛法亦未入中國, 非因事佛而致然也. 漢明帝時, 始有佛法, 明帝在位纔十八年耳. 其後亂亡相繼, 運祚不長. 宋齊梁陳元魏已下, 事佛漸謹, 年代尤促. 惟梁武帝在位四十八年, 前後三度捨身施佛, 宗廟之祭, 不用牲牢, 晝日一食, 止於菜果. 其後竟爲侯景所逼, 餓死臺城, 國亦尋滅. 事佛求福, 乃更得禍. 由此觀之, 佛不足事, 亦可知矣. 高祖始受隋禪, 則議除之, 當時羣臣材識不遠, 不能深知先王之道古今之宜, 推闡聖明, 以救時弊, 其事遂止. 臣常恨焉. 伏惟睿聖文武皇帝陛下, 神聖英武, 數千百年以來, 未有倫比. 卽位之初, 卽不許度人爲僧尼道士, 又不許創立寺觀. 臣常以爲高祖之志, 必行於陛下之手, 今縱未能卽行, 豈可恣之轉令盛也. 今聞陛下令羣僧迎佛骨於鳳翔, 御樓以觀, 舁入大內, 又令諸寺遞迎供養. 臣雖至愚, 必知陛下不惑於佛, 作此崇奉以祈福祥也. 直以年豐人樂, 徇人之心, 爲京都士庶設詭異之觀, 戲玩之具耳. 安有聖明若此而肯信此等事哉. 然百姓愚冥, 易惑難曉. 苟見陛下如此, 將謂眞心事佛. 皆云. 天子大聖, 猶一心敬信, 百姓何人, 豈合更惜身命. 焚頂燒指, 百十爲羣, 解衣散錢, 自朝至暮, 轉相倣效, 惟恐

後時, 老少奔波, 棄其業次. 若不卽加禁遏, 更歷諸寺, 必有斷臂臠身以爲供養者, 傷風敗俗, 傳笑四方, 非細事也. 夫佛本夷狄之人, 與中國言語不通, 衣服殊製, 口不言先王之法言, 身不服先王之法服, 不知君臣之義父子之情, 假如其身至今尙在, 奉其國命來朝京師, 陛下容而接之, 不過宣政一見, 禮賓一設, 賜衣一襲, 衛而出之於境, 不令惑衆也, 況其身死已久, 枯朽之骨, 凶穢之餘, 豈宜令入宮禁. 孔子曰, 敬鬼神而遠之, 古之諸侯行弔于其國, 尙令巫祝先以桃茢祓除其不祥, 然後進弔. 今無故取朽穢之物, 親臨觀之, 巫祝不先, 桃茢不用, 羣臣不言其非, 御史不擧其失, 臣實恥之. 乞以此骨付之有司, 投諸水火, 永絶根本, 斷天下之疑, 絶後代之惑. 使天下之人知大聖人之所作爲, 出於尋常萬萬也. 豈不盛哉. 豈不快哉. 佛如有靈, 能作禍祟, 凡有殃咎, 宜加臣身, 上天鑒臨, 臣不怨悔. 無任感激懇悃之至, 謹奉表以聞. 臣某誠惶誠恐.)

이 글의 요점은 두 가지로 정리할 수 있다. 첫째, 불교가 중국으로 들어오기 이전인 상고시대의 제왕들은 모두 장수했다.(신화의 시대를 포함하고 있어 그렇게 장수했다는 것은 어쩌면 당연한 것이지만, 한유가 살았던 시대에는 신화에 대한 관념이 희박하여 사실로 믿었던 것 같음.) 그런데 한나라 명제(明帝) 때 불교가 전래되고 나서는 어떠했는가?(한나라 명제 때 불교가 전래되었다는 것도 지금에 와서는 부정되고 있지만 한유의 시대에는 사실로 믿고 있었음) 명제는 임금 자리에 겨우 18년간 있었을 뿐이었다. 또 육조시대에는 불교를 널리 믿었지만 왕조나 제왕의 수명은 짧았다. 양나라 무제는 세 번이나 불문에 들어가 불도가 되었지만 최후에는 반역자 후경(侯景)으로 인해 굶어죽었고, 나라 또한 망했다. 이것으로 보면 불교는 섬길 것이 못 된다.

둘째, 부처란 본래 오랑캐 땅 사람으로 중국과는 언어가 통하지 않고, 의복의 제도가 다르며, 옛 선왕들의 훌륭한 말을 하지 않고, 몸에는 옛 선왕들의 옷을 입지 않으며, 임금과 신하의 의리나 부자 간의 정을 모른다. 그런데 가령 부처라는 사람이 오늘에 이르도록 생존하여 중국에 와서 조회를 한다면, 폐하께서는 한 번 접견하시고 하사품을 주어 본국으로 돌려보내는 조치를 취해야만 할 것이다. 그런데 하물며 부처가 죽은 지 이미 오래 전인데 썩은 뼈 따위를 궁중으로 들이는 것은 어찌된 것인가? 폐하께서 그와 같은 불골을 믿기 때문에 일반 백성도 불골의 뒤를 따르며 큰 소란을 일으키고 있는 것이다. 이 불골을 물이나 불 속에 던져서 미신의 근본을 영원히 끊어 버려야 한다.

사실 당대(唐代)에 불교가 유행하면서 황제와 권신들이 불교를 신봉한 사례가 특히 심하였는데, 이러한 사실은 『전당문(全唐文)』 속에 불교를 배척한 표(表)와 소(疏)를 보면 알 수가 있다. 『전당문』 속에는 불교를 배척한 표와 소가 30여 편이나 실려 있는데, 이 표들은 당시 황제나 권신들의 불교 신봉을 반대하는 것이 주요 내용임을 감안할 때, 당대에 불교가 흥성한 데는 황제를 비롯한 상류층의 적극적인 지지가 있었던 것이다.

불골을 궁정에까지 맞이하여 융성한 예불 활동을 한 헌종도 예외는 아니었다. 그런데 헌종이 불골을 궁중까지 맞이해 온 진정한 의도는 무엇이었을까? 천하가 무사하고 오곡이 풍성해져서 백성들이 살기 좋기를 바랬기 때문일까?

헌종은 회서 지방을 평정한 뒤, 날로 마음이 교만해져서 아첨꾼과 같은 신하를 임용하고 신선 방술 같은 사상을 좋아하기 시작하였다. 이때 재상으로 임용된 사람이 황보박(皇甫鎛)과 정이(程異)였다. 이들을 재상으로 임용할 때에, 배도와 최군(崔群)이 극력 반대하였지만 헌종은 받아들이지 않았다. 배도는 이런 소인들과는 같은 자리에 있을 수 없다 하여 퇴직을 원했지만 그것도 허락되지 않았다. 헌종은 황보박의 소개로 산인(山人) 유필(柳泌)을 등용하여 장생불로의 약을 만든다거나 천태산으로 신선의 약을 캐러 보내는 등의 일에 빠져 있었다. 따라서 헌종이 불골을 궁정으로 맞이한 것도 바로 예불을 통하여 장수를 빌고자 하는 것이 그의 본의였다. 그런데 한유가 「불골을 논하는 표」를 올려 불교를 믿은 제왕들은 다 단명하였다고 마치 저주를 하듯이 말을 하였으니, 표를 읽은 헌종이 격노하지 않을 수 없었던 것이다.

헌종은 재상들에게 한유가 올린 표를 돌려보게 한 뒤, 한유를 사형에 처할 것을 명령했다. 그러자 재상이었던 배도와 최군은 한유를 위해 "한유의 말은 확실히 비위에 거슬리는 무례한 말이오니 죄를 줌이 마땅하옵니다. 그러나 지극한 충성심에서 나오지 않았다면 어찌 여기에까지 이르렀겠습니까? 바라옵건대 관용을 조금 베푸시어 간언하는 사람이 나오게 하소서(愈言訐牾, 罪之誠宜. 然非內懷至忠, 安能及此? 願少寬假, 以來諫爭)"라고 적극 변론하였다. 그러자 헌종은, "내가 불교를 너무 지나치게 믿는다는 의견만 제기했다면 그래도 좋다. 그런데 동한에서 불교를 받든 이후부터 천자들이 다 요절하였다 하니 말이 너무 지나치지 않소. 한유는 신하로서 그렇게 망령되이 굴었으니 도저히 용서할 수 없소(愈言我奉佛太過, 猶可容, 至謂東漢奉佛以後, 天子咸夭促, 言何乖剌邪? 愈人臣, 狂妄敢爾, 固不可赦)"라고 하였다.

이처럼 헌종의 마음은 단호하였으나, 배도와 심지어 황제의 여러 친척과 귀인들의 적극적인 구명운동에 힘입어 한유는 사형에서 겨우 벗어나 조주자사(潮州刺史)로 좌천되었다.

조주는 지금의 산두(汕頭)에 가까운데, 광동성(廣東省) 동단과 복건성(福建省) 경계의 해안에 있는 조안(潮安)이라는 곳이다. 지금이야 중국에서도 손꼽히는 번화한 도시이지만, 당시엔 개척되지 않은 야만족의 땅으로 역대로 관리들이 폄적되어 가는 장소였다. 자사는 한 주의 수령이지만, 개척되지 않은 지역의 자사로 전출을 명령받았다는 것은 유배를 의미한다. 처음엔 사형에서 다시 먼 변방으로의 좌천은 헌종의 노여움이 아직 풀리지 않았음을 의미한다.

그런데 이렇게 된 데는 황보박의 역할도 있었다. 비부낭중 풍숙(馮宿)은 한유와 동년이면서 배도와도 가까웠다. 그런데『구당서(舊唐書)』「풍숙전(馮宿傳)」을 보면, "마침 한유가 불골을 논함에, 당시 재상은 풍숙이 초안을 작성한 것으로 의심하여 흡주자사로 내보냈다(會韓愈論佛骨, 時宰疑宿草疏, 出爲歙州刺史)"라는 말이 있다. 여기에서 말한 당시 재상이란 바로 황보박을 지칭한 것이다. 황보박이 재상이 될 때 배도와 최군이 극력 반대했기 때문에 한유와 풍숙을 배도의 일파로 여겨, 이 기회를 이용하여 두 사람을 다 폄적시켜 버린 것이다.

한유는 정월 14일 「불골을 논하는 표」를 올렸고, 그리고 며칠 뒤 조주로 폄적명령이 떨어졌다. 죄인의 일이었기 때문에 출발을 머뭇거릴 수 없었다. 호송원들에 둘러싸여 그는 황급히 머나먼 유배길에 올랐다. 그 뒤에, 그의 가족도 추방이라는 처분을 받아 병석에 있던 열두 살 된 한유의 넷째 딸까지 모두 먼 길을 올라야 했다. 가족은 한유의 뒤를 따라 같은 길로 남쪽으로 여행하게 되었다. 사실 한유가 유배와 다름없기는 했으나 관직은 유지하고 있었으므로 가족은 장안에 남아 있을 수도 있었는데, 황보박이 가족도 함께 보냈을 것으로 추측된다.

이때 한유의 직계 가족으로는 장남 창(昶)과 네 딸이 있었다. 창은 이해 스무 살이었다. 그리고 한유의 사촌형 한급(韓岌)·한엄(韓弇)·한유(韓愈)의 유족들도 다 한유가 거두어 기르고 있었다. 여기에다 시종들을 합치면 한유 가정의 식솔은 거의 100여 명은 되었을 것이다. 한유는 창망히 길을 떠났기 때문에 전 가족이 추방된 사실도 몰랐다.

길은 장안에서 동남으로 성당(盛唐)의 시인 왕유가 살았던 망천장(輞川莊)이 있는 남전(藍田: 섬서성陝西省 서안시西安市 동남쪽에 있음)을 지나면 진령(秦嶺)의 깊은 산 속으로 들어가게 된다. 거기에서 남전·무관(武關: 섬서성 상락현商洛縣)의 두 관문을 넘어 하남평야로 내려가게 되는 것이다. 그런데 일천 미터 높이의 진령산이 눈에 덮인 채 그 앞에 우뚝 솟아 있었다.

한유가 이 남관(藍關)에 다다랐을 때, 한유의 뒤를 좇아온 사람이 있었다. 젊은 나이에 죽은 조카 한노성의 아들 한상(韓湘)이었다. 아마 한유의 가족과 함께 뒤따라오다가 여기에서 만난 것이라 생각되지만, 전해 오는 말로는 남관의 눈 속에서 표연히 나타났다고 한다. 한상의 사적에는 신비적인 이야기들이 많이 전해 오는데, 후세에는 한상자(韓湘子)라고 부르며 중국의 선인(仙人)들 가운데 한 사람으로 꼽고 있다. 그리고 『한상자전전(韓湘子全傳)』이라는 소설까지 나왔다. 한상은 할아버지인 한유의 좌천에 대해서도 이미 예언하였다는 말이 있다.

한상은 여기서부터 한유와 동행하여 조주에 이르렀다. 한유는 종손자인 한상에게 「좌천길에 남관 땅에 이르러 종손자인 상에게 보이노라(左遷至藍關示姪孫湘)」는 시를 지어 보여 주었다.

아침에 한 통의 상소문을 궁궐에 올렸더니,

저녁에는 머나먼 조주 팔천 리 길 귀양이라네.

임금님 위해 잘못된 일 제거하려 한 것이니,

쇠잔한 늙은 이 몸 어찌 여생을 아까워하리오.

구름이 진령을 가로막으니 돌아갈 집 어디인가?

눈이 남전관을 막으니 말이 나아가지 못하네.

네 멀리서 찾아옴은 마땅히 뜻이 있음 알겠구나.

저 독기서린 강변에서 나의 유골 잘 거두어다오.

(一封朝奏九重天, 夕貶潮州路八千. 欲爲聖明除弊事, 肯將衰朽惜殘年. 雲橫秦嶺家何在, 雪擁藍關馬不前. 知汝遠來應有意, 好收吾骨瘴江邊.)

　한유가 유배의 몸이 된 것은 지난날 양산 때의 일과 합쳐 이번이 두 번째다. 두 번 다 한겨울이었고 또 같은 방향의 길이어서 십오륙 년 전의 일이 눈에 선하게 떠올랐을 것이다. 그러나 양산은 조주보다 수도에 가까웠고 죄도 그다지 무거운 것이 아니었다. 게다가 무엇보다도 그 당시 그는 아직 서른여섯의 젊은 나이였고, 좌천은 되었더라도 일시의 실패로 생각하며 재기할 수 있는 희망을 가질 수가 있었다. 하지만 이번 유배는 이미 노년에 접어든 쉰두 살의 몸이었다. 날마저 한겨울인데다, 늙은이는 부축하고 어린애는 끌고서 전 가족이 옮겨가야 했으니 참으로 처참한 상황이었다. 게다가 조주는 독기가 가득 찬 지역인데다 사형에서 한 등급 감면된 유배이기 때문에, 쉽게 사면을 받으리라고는 생각도 할 수 없었다. 그래서 그는 진실로 남해 끝에 뼈를 묻을 각오를 했을 것이다.

남관을 지나 다시 무관을 넘으려 할 때 한유는 토번인(吐蕃人)을 만나 함께 가게 되었다. 그 사람도 호남 지방으로 귀양 가는 도중이라 했다. 한유는 그 사람이 마음에 끌려 칠언절구 한 수「무관 서쪽에서 유배가는 토번인을 만나(武關西逢配流吐蕃)」를 지었다.

> 아아! 토번인이여, 슬픈 모습 짓지 마오
> 호남 땅 가깝고 생명도 보존할 수 있으니.
> 난 지금 죄 무거워 돌아올 희망마저 없이
> 곧장 장안에서 팔천 리 길이나 가야 한다오.
> (嗟爾戎人莫慘然, 湖南地近保生全. 我今罪重無歸望, 直去長安路八千)

무관(武關)에서 하남평야로 내려오는 도중, 층봉(層峰)이라는 작은 역사까지 왔을 때 넷째 딸 나(挐)가 죽었다. 당시의 상황을「딸 나 묘지명(女挐壙銘)」에서 이렇게 언급하고 있다.

…… 나는 이미 조주로 출발을 하였는데, 관련부처 관리들이 죄인의 가족은 경성에 머물러 있을 수 없다 하여, 가족들에게 빨리 경성을 떠나라고 독촉하였다. 당시 딸 나는 겨우 열두 살로 병상에 있었

다. 그 아이는 놀라기도 하고 또 아비와의 이별로 매우 슬퍼하였다. 게다가 또 쫓기듯 수레를 타고 길을 나섰다. 수레가 어지럽게 흔들리고 음식마저 조절할 수 없어서 상현(商縣) 남쪽의 층봉역에서 죽었다. 곧 바로 길가 남쪽 산기슭에 묻었다.

(…… 愈旣行 有司以罪人家不可留京師, 迫遣之. 女挐年十二, 病在席. 旣驚, 痛與其父訣, 又輿致走道. 撼頓, 失食飮節, 死於商南層峰驛, 卽瘞道南山下.)

병든 몸으로 눈 덮인 산을 넘어야 하는 일은 감당할 수 없었을 것이다. 물론 장례의식을 거행할 여유도 없어 길가에다 가매장을 하고 일행은 또다시 여행을 계속했다. 하남평야를 지나 지금의 호북성에 들어가서 배를 타고 한강(漢江)을 내려가 양양(襄陽)에서 의성(宜城)에 도착한 것이 2월 2일이었다. 의성은 옛날 초(楚) 소왕(昭王)이 천도했던 곳이다. 산남동도절도사 우적이 의성현으로 와서 마침내 역참을 만들었는데, 역참 안에는 소왕정(昭王井)이라는 우물과 소왕묘(昭王廟)라는 묘당이 있었다. 소왕묘는 원래 규모도 크고 웅장했지만 지금은 단 한 칸짜리 초가였다. 한유는 여기에서 「기의성역(記宜城驛)」·「제초소왕묘(題楚昭王廟)」를 지었다. 한유는 여기에서 다시 현재의 무한시(武漢市)로 나와 형주(衡州)와 침주(郴州) 지역에 이르렀을 때, 계관관찰사(桂管觀察使) 배행립(裴行立)이 자신의 참모 원집허(元集虛)를 시켜 책과 약을 보내 주며 한유를 위로하였다. 원집허는 자가 극기(克己)이며, 하남

사람이다. 학문도 있었지만 세속의 일을 좋아하지 않아 자칭 산인(山人)이라 하면서 유종원·백거이 등과 교유하였다. 그는 유배길의 한유와 10여 일을 함께 숙식하고 동행하면서 학문을 논하였다. 한유는 헤어질 때「원씨 댁 열여덟 째 협률 벼슬에 있는 집허에게 준 여섯 수(贈元十八協律六首)」를 지어 그의 학문에 대해 진심으로 심복하였다. 원집허는 도가나 불교 등 모든 학문의 핵심인 도(道)는 유가의 도와 대체로 같아서 단점을 버리고 장점을 취하면 서로 융합할 수 있다고 보았던 것 같다. 한유는 잠시 동안이지만 원집허와의 만남을 통해 불교에 대해 조금은 이해하였던 것으로 보인다.

한유가 상강(湘江) 일대를 거슬러 올라가 광동성으로 들어갔을 때는 3월 중순이었다. 광동으로 들어가면 바로 낙창(樂昌)이라는 현이 있고, 창락(昌樂)이라는 급류가 있다. 이 급류에는 큰 바위들이 여기저기 솟아 있어 배와 부딪히는 사고가 자주 일어났으므로, 급류 건널목에 늘 관리가 지키고 있었다. 한유는 이 관리와 대화하는 형식으로 장편의 오언고시「급류를 관리하는 관리(瀧吏)」를 지었다.

급류를 타고 내려가던 배에서 한유가 급류를 지키는 관리에게 "조주까지 몇 리나 되며 며칠이나 걸리는지, 그리고 그곳 자연이나 풍속은 어떠한지"를 질문함으로써 이 시는 시작된다. 한유의 이 질문에 급류를 지키는 관리는 웃으며 다음과 같이 대답한다.

조주는 어떤 곳인가?

죄가 있으면 바로 유배가는 곳.

나는 다행히 죄 지은 일 없어,

그곳에 가본 일도 없으며 알지도 못합니다.

당신이 지금 가시면 자연히 도착할 텐데,

왜 그토록 황급히 물어보시오?

(潮州底處所. 有罪乃竄流. 儂幸無負犯. 何由到而知. 官今行自到, 那邊妄問爲.)

그 지방 관리로부터 뜻밖의 질문을 받아 멍하니 있는 한유에게 그 관리는 지금 한 말은 농담이고, 사실 자신도 조주에 출장 갔던 일이 한 번 있다고 하면서 말을 이었다.

이곳에서 강을 따라 삼천리 내려가면,

비로소 조라고 하는 주가 있습니다.

더러운 냇물에는 독기가 서려 있고,

천둥이 늘 꽝꽝하고 무섭게 치지요.

악어라는 놈은 배보다도 더 크고,

이빨과 눈은 나를 벌벌 떨게 했지요.

조주의 남쪽 수십 리에는

바다만 있을 뿐, 하늘과 땅은 없답니다.

태풍이 때때로 일어나 불어오면,

만물을 뒤흔들어 정말 기이한 모습이랍니다.

(下此三千里, 有州始名潮. 惡溪瘴毒聚, 雷電常洶洶. 鱷魚大於船, 牙眼怖殺儂. 州南數十里, 有海無天地, 颶風有時作, 掀簸眞差事.)

이러한 지역도 천자께서 통치하는 땅임에는 틀림없으며, 또 이곳으로 귀양 온 죄인 가운데 살아서 돌아간 사람도 있다고 한다. 그러니 당신도 죄를 지은 이상 불만을 토하지 말고 조주로 가라고 하면서 다시 말을 계속한다.

당신은 스스로 신중하지 못하여 죄를 범했으니,
마땅히 그 처분에 따라 유배지로 가야 할 것입니다.
어찌하여 이 강가에서,
오랫동안 실의에 찬 모습을 짓고만 있겠습니까?
물독은 크고 물병은 작지만
각각 쓰이는 곳이 적당한 데가 있습니다.
그런데 당신은 어찌 자신의 적당한 양을 헤아리지 않고
넘치도록 채우다가 이곳으로 쫓겨났습니까?
공인이나 농부는 신분은 낮지만,
각자 자신의 직분을 지키고 있답니다.
하지만 알지 못하겠습니다. 당신이 조정에 계실 때,
국가에 유익한 일을 하였는지 않았는지를.

조정에 뒤섞여,

무예도 없고 학문도 없으면서,

인의도덕으로 자신의 몸을 위장하고,

간교함으로 동료를 해치고 도덕을 무너뜨린 일은 없었는지요?

(官不自謹愼, 宜卽引分往. 胡爲此水邊, 神色久懽慌. 頑大餠罌小, 所任自有宜. 官何不自量, 滿溢以取斯. 工農雖小人, 事業各有守. 不知官在朝, 有益國家不. 得無虱其間, 不武亦不文. 仁義飾其躬, 巧姦敗群倫.)

이 말에 대해 한유는 머리를 숙이고 처음에는 당황했으나 지금은 오히려 부끄럽다고 하면서 다음과 같이 대답한다.

이십여 년 관직을 역임해 왔지만,

나라의 은택에 아직 한 번도 보답하지 못했네.

그대가 꾸짖는 이 모든 것,

아! 진실로 상당히 그런 점이 있었네.

참수나 곤장의 처벌을 받지 않고도,

감히 조정의 은혜 알지 못했구나!

조주가 비록 멀다고 하고,

살 수 없는 나쁜 곳이라 하더라도,

나에게는 실로 분에 넘친 은혜이니,

감히 나 스스로 축하하지 않으랴!

(歷官二十餘, 國恩並未酬. 凡吏之所訶, 嗟實頗有之, 不卽金木誅, 敢不識恩私. 潮州雖云遠, 雖惡不可過. 於身實已多, 敢不持自賀.)

 이 시 가운데 나오는 급류를 지키는 관리의 '리(吏)'는 고급관료인 관(官)에 대한 하급관료의 총칭으로, 과거시험 같은 것은 거칠 필요가 없고, 대신에 일생 동안 같은 업무만을 하는 관리이다. 그러나 세습제로 자식에게 물려줄 수도 있고, 때로는 일종의 주식처럼 팔 수도 있다. 지방관청의 리(吏)는 현지 사람을 채용하는 사례가 많았고, 게다가 대대로 같은 일만을 해왔으므로 이른바 '관청의 만물박사'이기도 하였다. 이 시에서의 경우는, 창락의 급류에서 사고가 많이 발생했기 때문에 부근의 주민 한 사람을 뽑아 월급을 주면서 강 관리를 맡게 한 것이 '급류를 관리하는 관리(瀧吏)'일 것이다.

 창락의 급류에서, 한유가 거기에 있는 관리에게 소리를 질러 길을 물었던 것은 사실이겠지만, 그 밖의 문답은 모두 가공의 대화일 것이다. 급류를 관리하는 관리가 한유에게 강렬한 어조로 비판하고 있는 것도 사실은 한유 자신이 자신을 책망하는 말이다. 즉, 이 시는 자기비판과 자기반성을 기록한 것이라 하겠다. 따라서 이 시는 남관에서 지은 「좌천 길에 남관 땅에 이르러 종손자 상에게 보이노라(左遷至藍關示姪孫湘)」에서 "임금님 위해 잘못된 일 제거하려 한 것(聖明除弊事)"이라고 큰소리치던 태도에서 상당히 후퇴한 인상을 준다.

낙창을 지나면 이윽고 곡강(曲江)에 이른다. 이 곡강은 한유에게 사연이 있는 땅이다. 41년 전 형 한회가 죄를 지어 소주자사(韶州刺史)로서 귀양 온 곳이 바로 이 곡강이었다. 당시 열한 살이었던 한유도 형을 따라와 짧은 기간이기는 하지만, 이 곡강 땅에서 살았었다. 소주 부근에 시흥강(始興江)이라는 개울이 흐르는데, 한유는 그 합류점에 서서 어슴푸레한 추억을 더듬고 있었다. 그는 칠언절구 「시흥강 어귀를 지나는 감회(過始興江口感懷)」 한 수를 지어 그 감개를 기록했다.

> 생각이 나네, 어린 시절 형님을 따라왔던 일.
> 지금은 남으로 귀양 온 이 몸만 살아 있구나.
> 눈앞엔 많은 사람들이 나를 따라오고 있지만,
> 지난 일 함께 이야기할 사람은 아무도 없네.
>
> (憶作兒童隨伯氏, 南來今只一身存. 目前百口還相逐, 舊事無人可共論.)

배는 북강(北江) 유역을 따라 내려가 현재의 광주(廣州)로 나왔다. 풍경은 점점 삭막하고 기이했다. 그는 오언고시 두 수를 지어 여행길에서 본 모습들을 묘사했는데, 그 첫째 수에서는 저녁때에 민가에 숙박해 보니 집들은 모두 물 위에 지어져 있는데, 물이 문 중간 정도까지 잠겨 있는 집도 있다고 서술하고 있다. 북방에 살았던 한유로서는 참으로 기이한 장면들이었을 것이다. 그리고 「증강 어귀에 묵으면서 종손자 상에게 주노라(宿曾江口示姪孫湘)」라는 두 번째 시에서는 다음과 같이 읊고 있다.

> 뱃길은 이제 정해진 길이 없어
> 높은 나무 숲 사이를 이리저리 나아간다.
> 나무 숲 속엔 아무것도 없고,
> 다만 급히 흘러가는 세찬 물길뿐.
> 아아, 나는 또 졸렬한 계책을 내었다가
> 몸이 남만 땅에까지 떨어지게 되었구나.
> 망연히 행선지도 잃어버리고,
> 길조차 없으니 어떻게 도성으로 돌아갈 수 있을까?
> (舟行亡故道, 屈曲高林間. 林間無所有, 奔流但㶁㶁. 嗟我亦拙謀, 致身落南蠻. 茫然失所詣, 無路何能還.)

2. 조주자사(潮州刺史)로 유배

한유 일행이 조주에 도착한 것은 819년(元和 14) 3월 25일이었다. 장안을 출발한 지 거의 3개월이 걸린 셈이었다. 유배라고는 하지만 형식상은 조주자사라는 사령을 받아 부임한 것이므로 도착했다는 보고서를 조정에 올리지 않으면 안 되었다. 그는 신속히 「조주자사가 임금님께 감사하는 표(潮州刺史謝上表)」라는 장문의 보고서를 장안으로 보냈다.

> 신 한유는 아뢰옵니다. 저는 분별없고 도리에 어긋난 어리석은 놈이어서 예의를 차리지 않고 표를 올려 불골의 일을 말씀드렸던바, 말이 참으로 불경하였습니다. 죄명에 따라 처벌을 받는다면 만 번 죽어도 오히려 가볍습니다. 하지만 폐하께서는 저의 어리석은 충성심을 가엾게 여기시고 저의 미친 직언을 용서하시며, 저의 말에 대해서는 처벌을 해야 마땅하지만 마음 씀이 다른 저의가 없었다 하시면서, 특별히 형법조문을 굽혀 저를 조주자사로 임명하셨습니다. 처형을 면제 받은 데에다 봉급까지 받게 해주시니, 성은이 망극함은 천지로도 헤아릴 수가 없습니다. 머리를 깨고 심장을 도려내더라도 어찌 감사를 다 할 수 있겠습니까?
> (臣某言. 臣以狂妄戇愚, 不識禮度, 上表陳佛骨事, 言涉不敬. 正名定罪, 萬死猶輕. 陛下哀臣愚忠, 恕臣狂直, 謂臣言雖可罪, 心亦無他. 特屈刑章, 以臣爲潮州刺史. 旣免刑誅, 又獲祿食, 聖恩弘大, 天地莫量. 破腦刳心, 豈足爲謝.)

이렇게 시작되는 표문(表文)은 다음으로 조주의 백성들에게 천자의 은덕을 알리고 기꺼이 복종하겠다는 뜻을 보고하면서, 다음과 같이 애절하게 호소하는 어투로 변한다. 이 조주 땅은 편벽

된 곳인데다가 기후마저 나빠서 병이 많고 정신적 타격까지 받은 자신으로서는 생존조차 자신이 없다. 게다가 자신은 조정 안의 어떤 당파에도 속해 있지 않아서 도와줄 사람마저 없으므로, 천자께서 가엾게 여겨 보살펴 주시지 않는 한 살아날 길이 없다. 그렇지만 "저는 타고난 성품이 우매하여 세상일에 능통하지 못한 곳이 많습니다. 그러나 오직 학문과 문장만을 좋아하여 하루라도 그만둔 적이 없었습니다. 그리하여 실제로 지금의 사람들에게 높은 평가를 받고 있습니다(臣受性愚陋, 人事多所不通. 惟酷好學問文章, 未嘗一日暫廢. 實爲時輩所見推許)"라고 하여 달리 취할 것이 없는 자신이지만, 학문과 문학에는 노력을 기울여 세상 사람으로부터 인정을 받고 있다고 썼다. 그래서 자신은 이 학문과 문학으로써 폐하께 봉사하고 싶다. "폐하의 공덕을 논술하고(論述陛下功德)" 다시금 시를 지어 칭송한다면 폐하의 위대한 업적은 온 천지에 퍼져 후세에 까지 남게 될 것이다. 이것이 자신이 힘쓰고 싶은 것이다. 게다가 지금 폐하는 천보(天寶)의 난 이후, 당(唐) 천하를 중흥시킨 큰 업적을 이루셨다. 이 업적을 시로 지어 종묘에 고하고 신들에게도 알려야 될 것이다. 이 "이른바 천재일우의 더없이 좋은 기회(所謂千載一時, 不可逢之嘉會)"에 자신은 죄인으로서 남해의 한 모퉁이에 있다. 그래서 죽어도 눈을 감지 못할 것 같으니, 어떻게 하든지 구원을 받았으면 하는 것이 이 글의 요지이다.

한유의 이 글은 후세 사람들에게 많은 비난을 받았다. 그 대표적인 사람이 송대의 구양수였다. 그는 「윤사로에게 준 편지(與尹師魯書)」에서 "전대의 이름난 사람들이 당시의 일을 논할 때에는 격동하여 죽음도 피하려 하지 않아, 마치 의를 아는 사람 같았다. 그러나 그들이 폄적된 곳에 이르면 근심하고 슬퍼하여, 곤궁함과 근심을 견디지 못하고 글로 나타내고 있는 것을 보았다. 그들 마음속의 기뻐함과 슬퍼함이 보통 사람과 다름이 없었으니, 한문공조차도 이러한 잘못에서 벗어나지 못하였다(每見前世有名人, 當論事時, 感激不避誅死, 眞若知義者. 及到貶所, 則戚戚怨嗟, 有不堪之窮愁形於文字. 其心歡戚, 無異庸人, 雖韓文公不免此累)"라 하였다.

이 표문과 이미 앞에서 인용한 시의 공통점은 한유가 불골의 사건을 완전히 자신의 잘못으로 인정하고 있다. 물론 그는 자신의 문학에 대해서 여전히 절대적인 자신감을 가지고 있으며, 불골을 논한 것 자체에 대해서는 잘못되었다고 생각지 않았다. 그러나 지난날의 그였더라면 한 치의 죄도 없는데 자신을 처벌했으므로 자신이 억울한 희생자라도 된 듯한 태도를 취했을 것이다.

이 글에서는 그러한 점이 보이지 않는다. 그것은 늙음이 불러온 연약함 때문이었는지, 아니면 그 곤궁한 땅에서 일각이라도 빨리 탈출하려는 초조감 때문이었는지 모른다. 그러나 가장 큰 원인은 무엇보다도 이번의 처벌이 황제의 의지에 의해 이루어졌다는 점일 것이다. 지금까지 한유에게 내려진 몇 번의 처벌은 형식적으로는 칙명에 의한 것이라 하더라도, 실제로는 재상 등의 상관들에게 비위를 거슬렸던 것이 원인이었다. 그러나 지금은 달랐다. 그는 바로 황제를 노하게 한 것이었다. 그것은 한유에게 치명적인 타격이었다.

여기에서 다시 한 번 당시의 진사(進士)시험을 통하여 관리가 된 사람들의 신분지위에 대해서 살펴보자. 진사제도, 즉 문벌을 가리지 않고 선발시험에 의해서 유능한 선비를 채용한다는 것은 이미 서술했다. 진사제도의 또 하나의 목적은 당나라 황실이 문벌귀족에 대항하는 하나의 수단으로써 채택했다는 것이다. 따라서 진사는 황제의 이름으로 선발되어 황제로부터 직접 직위와 명예를 받는 대신 황제에 대한 절대적인 충성이 요구되었다. 문벌귀족의 경우는 이와는 입장이 달랐다. 그들은 세습적으로 조정의 고관이 되는 기득권을 가지고 있어 왕조나 황제와는 관계가 없었다. 그들은 이 기득권을 승인만 받는다면 황제가 누가 되든 상관이 없었다.

하나의 왕조가 무너졌을 때, 심한 경우 한 사람의 황제가 죽었을 때라도 진사는 그 지위를 박탈당한다. 부끄러움을 참고 두 임금을 섬기지 않는 한 실업자로 전락하고 만다. 그렇지만 문벌귀족은 광대한 장원을 사유하고 있어 그들의 생활은 늘 보장된다. 그들의 경제력을 무시할 수 없기 때문에 새로운 주권자는 반드시 그들에게 타협을 청해 왔다. 육조 때의 송·제·양·진, 그리고 수·당으로 왕조가 교체될 때마다 문벌귀족들은 왕조에 대해서 전송과 환영을 하면서 그들의 지위를 계속 보장해 왔던 것이다.

물론 개개의 사정은 그렇게 단순한 것만은 아니다. 문벌귀족들 가운데에 몰락한 사람도 있고, 또 진사 가운데서도 황제와 운명을 같이하지 않고 귀족·절도사·환관 등의 다른 실력자들과 결탁하여 자신의 지위를 보전하려고 한 사람도 있었다. 그러나 한유는 왕실이 요구하는 진정한 의미의 진사가 되려고 염원해 온 사람이다. 그것은 당시의 풍조로 본다면 드문 일이었고 처세를 위해서는 졸렬한 방법이기도 했을 것이다. 바로 황제의 권력이 점점 유명무실해져 갔기 때문이다. 그러나 당나라 초기처럼 황제의 절대 권력을 회복하려고 마음먹었던 헌종으로서는 사실 한유 같은 인물을 찾기 어려웠다.

그런데 헌종과 한유의 밀접한 관계가 이 불골 사건을 계기로 완전히 붕괴되어 버린 것이다. 한유에게는 이 사건으로 인해 자신이 설 정치적 기반이 무너져버린 것과 마찬가지였다. 경제적으로도 위기에 빠진 것은 두말할 필요조차 없다. 이런 지경에 이른 한유가 계속 자신의 주장이 옳고, 그것을 인정하지 않는 황제가 잘못되었다고 말할 수는 없었을 것이다. 그가 헌종에게 간절히 호소하고 애원하여 가련함을 구걸했던 것도 이러한 이유 때문이다.

헌종도 화가 가라앉자 이 충실한 신하를 추방해 버린 일을 후회하기 시작하였다. 「조주자사가 임금님께 감사하는 표」가 도착했을 때, 헌종은 그것을 재상들에게 보이면서, 한유가 나의 몸을 위해 간언해 준 성의는 잘 알고 있지만, 그러나 천자가 불교를 믿게 되면서 수명이 짧아졌다는 것은 역시 신하의 입으로 해야 할 말이 못 된다고 말했다. 헌종은 속으로 한유를 사면하려 마음먹고 있었지만, 자신의 입으로 금방 추방해 놓고 곧바로 사면한다는 말을 하기가 어려웠을 것이다. 그래서 재상들에게 말을 걸어 마음을 한 번 떠보고 싶었을 것이다. 그런데 재상 가운데 한유와 사이가 나빴던 황보박이 헌종의 생각을 꿰뚫어보고 먼저 입을 열었다. 한유를 사면하는 것은 좋은 일이지만 저토록 방자한 사람을 도성으로 불러들이는 것은 좀 생각해 볼 일이다. 그러니 조주보다 좀더 도성 가까운 곳의 지방관으로 전임시키는 것이 좋지 않을까 하였다. 황보박에게 선수를 빼앗긴 다른 재상들은 무어라고 입을 열지 않았던 것으로 보인다.

한유가 조주에 있을 때, 조주를 포함하여 광주를 다스리는 사람은 영남절도사(嶺南節度使) 공규(孔戣)였다. 공규는 공자의 38세손으로, 강직하고 청렴한 관리였다. 원화초 한유가 도관원외랑으로 있을 때 그와 왕래가 있었다. 한유가 조주에 도착하자, 공규는 조주는 땅 자체가 작고 월급도 적어서 생활하기 어려울 것이라 여겨, 매월 별도의 생활비를 한유에게 지원해 주고 싶어 했지만 한유는 완곡히 거절하였다.

한유는 조주에서 자신의 직분을 충실히 수행하였다. 그는 백성들의 고통을 깊이 이해하고, 백성들에게 끼치는 해악과 폐단을 힘써 제거하였으며, 농사와 양잠에 관심을 기울여 백성들의 생활을 안정시키고자 노력하였다. 악계(惡溪)에 사는 악어가 수시로 나와 가축과 농산물을 먹어치워 백성들이 살 수 없다고 호소하자, 한유는 곧 양과 돼지 한 마리씩을 잡아 악계에 던져 주어 악어에게 먹게 하고는, 「악어를 쫓아내는 글(祭鰐魚文)」을 지어 악어의 해를 없앴다고 하는 전설 같은 이야기는 특히 유명하다.

옛날 선왕께서는 천하를 다스리심에 산과 연못의 초목을 불태우고 그물과 올가미와 작살과 칼로 벌레와 뱀 같은 백성들에게 해를 끼치는 악한 물건들을 없애거나, 그것들을 이 세상 밖으로 몰아내었다. 후세의 임금에 이르러 덕이 엷어져 멀리까지 통치할 수가 없자, 곧 장강(長江)과 한수(漢水) 지방조차 모두 포기하고 남쪽 오랑캐인 초(楚)나라와 월(越)나라에게 넘겨주었는데, 하물며 조주(潮州)는 영남(嶺南)과 남해 일대에 있고 장안(長安)으로부터 만 리나 떨어져 있었으니 어떠하였겠는가?

악어들이 여기에 잠복하여 알을 낳고 새끼를 기르기에 정말로 적당한 장소라 할 것이다. 지금 천자께서는 당나라 제위(帝位)를 계승하시어 신령스럽고 성인다우시며 자애롭고 용맹스러우시니, 온 세상 밖과 온 천하를 모두 달래어 잘 다스리고 계시는데, 하물며 조주는 우(禹)임금의 발자국이 닿았던 곳이고 양주(揚州)에 가까운 고장으로 자사(刺史)와 현령(縣令)이 이곳을 다스려 공물(貢物)과 세금을 바쳐서 천지와 종묘(宗廟) 그리고 온갖 신들에게 제사를 받드는 땅임에야? 그러니 악어는 자사와 함께 이 땅에 섞여 지낼 수가 없다.

자사는 천자의 명을 받들어 이 땅을 지키고 이곳 백성을 다스리는 사람이다. 그런데 악어가 눈을 부릅뜨고 계곡과 호수를 불안하게 하며, 그곳을 근거로 백성들의 가축과 곰·멧돼지·사슴·노루 등을 잡아먹고 그의 몸을 살찌우며 그의 자손들을 불리면서 자사에게 항거하여 우두머리 자리를 다투고 있다. 자사가 비록 우둔하고 연약하다 하나 또한 어찌 악어에게 머리를 숙이고 기가 죽어서 두려워하며 똑바로 쳐다보지도 못하여 관리나 백성들의 웃음거리가 되면서까지 구차하게 살겠는가? 게다가 나는 천자의 명을 받들어 이 곳 관리로 부임해 온 것이니, 그 형세상 악어와 그 시비를 따지지 않을 수가 없다. 악어도 지각이 있다면 자사의 말을 잘 듣도록 하라!

조주는 남쪽에 큰 바다가 있어 고래나 붕(鵬)새 같은 큰 동물과 새우나 게 같은 작은 생물도 모두 받아들여 생활하고 먹여 준다. 그런데 악어가 아침에 출발하면 저녁이면 도착할 수 있다. 지금 악어에게 엄명하나니, 삼 일이 다하기 전에 추악한 너의 무리들을 이끌고 남쪽바다로 옮겨가서 천자의 명을 받은 관리를 피하도록 하라. 삼 일 안에 못하겠다면 오 일이 되도록 참아 주마. 오 일 안에 못하겠다면 칠 일까지는 참아 주마. 그러나 칠 일 안에도 못하겠다면 이는 끝내 옮겨가려 들지 않는 것이며, 이는 자사를 무시하고 그의 말을 따르지 않으려는 것이다. 그렇지 않다면 악어가 어리석고 완고하며 신령스럽지 못하여 자사가 말을 해도 듣지도 못하고 알지도 못하는 것일 것이다. 천자의 명을 받은 관리에게 오만하게 굴며 그의 말을 듣지 않고 옮겨 피해 가지 않는 것과 우매하고 완고하며 신령스럽지 못해서 백성들과 만물에 해를 끼치는 것은 모두 죽여야만 된다. 자사는 곧 능력 있는 관리와 백성들을 골라 억센 활과 독화살로써 악어를 공격하여 반드시 모두 죽여 버리고야 말 것이니, 후회하는 일이 없도록 하라!

(昔先王旣有天下, 列山澤, 罔繩擉刃, 以除蟲蛇惡物爲民害者, 驅而出之四海之外. 及後王德薄不能遠有, 則江漢之間, 尙皆棄之, 以與蠻夷楚越, 況潮嶺海之間, 去京師萬里哉? 鰐魚之涵淹卵育於此, 亦固其所. 今天子嗣唐位, 神聖慈武, 四海之外, 六合之內, 皆撫而有之. 況禹跡所揜, 揚州之近地, 刺史縣令之所治, 出貢賦以供天地宗廟百神之祀之壤者哉? 鰐魚其不可與刺史雜處此土也. 刺史受天子命, 守此土, 治此民, 而鰐魚睅然不安溪潭, 據處食民畜熊豕鹿獐麖, 以肥其身, 以種其子孫, 與刺史亢拒, 爭爲長雄. 刺史雖駑弱, 亦安肯爲鰐魚低首下心, 伈伈睍睍, 爲民吏羞, 以偸活於此邪? 且承天子命以來爲吏, 固其勢不得不與鰐魚辨. 鰐魚有知, 其聽刺史言. 潮之州, 大海在其南, 鯨鵬之大, 蝦蟹之細, 無不容歸, 以生以食. 鰐魚朝發而夕至也. 今與鰐魚約, 盡三日, 其率醜類南徙於海, 以避天子之命吏. 三日不能, 至五日, 五日不能, 至七日. 七日不能, 是終不肯徙也, 是不有刺史, 聽從其言也. 不然, 則是鰐魚冥頑不靈, 刺史雖有言, 不聞不知也. 夫傲天子之命吏, 不聽其言, 不徙以避之, 與冥頑不靈而爲民物害者, 皆可殺. 刺史則選材技吏民, 操强弓毒矢, 以與鰐魚從事, 必盡殺乃止, 其無悔.)

이 글을 지어 물에 던지자, 그 결과 "그날 저녁 폭풍이 불고 우레가 악계 가운데서 치더니, 며칠이 지나자 물이 모두 말라버려서 악어는 서쪽 육십 리 밖으로 옮겨갔다. 이로부터 악어의 해가 없어졌다(祝之夕, 暴風震雷起溪中, 數日水盡涸, 西徙六十里, 自是潮無鱷魚患)"고 『신당서(新唐書)』에서는 기록하고 있다. 『구당서(舊唐書)』에서도 거의 같은 내용이 실려 있다. 분명 이 이야기는 기이한 색채를 많이 띠고 있다. 그래서 역대로 비판을 받아 왔는데, 특히 송대의 왕안석(王安石) 같은 사람은 「조주 여(呂) 자사를 송별하며(送潮州呂使君)」에서 "괴이한 이야기로 백성을 의혹스럽게 하였다(詭怪以疑民)"고 비판하기도 하였다.

한유가 조주에서 반년 남짓 머물면서 남긴 업적 가운데 또 하나는 학교를 세워 인재를 양성한 일이다. 당대에는 중앙의 국자감 이외에, 지방에는 부학(府學)·주학(州學)·현학(縣學)이 있었고, 현학 밑에는 또 향교가 있었다. 그러나 조주 같은 이런 편벽된 곳에는 사실 학교라는 것이 없었다. 한유는 누구보다도 교육을 중시하였고, 또 몇 번이나 당대 최고의 교육기관인 국자감에 근무하였던 사람이어서 어디를 가든 교육에 관심이 많았다. 소식은 「조주 한문공의 사당에 세운 비문(潮州韓文公廟碑)」에서 교육 방면에서의 한유의 업적을 "처음 조주 사람들은 배움을 알지 못하니, 공께서 진사 조덕(趙德)을 시켜 그들의 선생이 되게 하였다. 이로부터 조주의 선비들은 모두 학문과 덕행에 전념하여 그 영향이

백성들에게까지 미치게 되니, 지금에 이르러서는 다스리기 쉬운 곳으로 불리고 있다(始潮人未知學. 公命進士趙德爲之師, 自是潮之士, 皆篤於文行, 延及齊民, 至于今, 號稱易治)"라고 간략히 소개하고 있다. 즉 조덕이란 사람을 선생으로 채용하여 조주 백성을 교육시켰다는 내용이다. 조덕이란 사람은 학문도 있었지만 바닷가의 어패류에 관심이 많아서, 이 방면에 깊이 연구하였던 것으로 보인다. 또 그는 특히 한유를 존경하여 한유 문장 72편을 묶어 『문록(文錄)』이란 이름으로 세상에 내놓았다. 이것이 한유의 문장 선집 중에서 제일 먼저 세상에 나온 것이며, 송대까지 유행하였다 한다.

한유는 조주에 머무는 동안 조주의 기이한 생활 풍습에 적응하기가 어려웠던 것 같다. 이때 지은 시 「유주자사 유종원의 '하마를 먹다' 시에 화답하여(答柳柳州食蝦蟆)」에서는 이렇게 읊고 있다.

> 하마라는 개구리는 비록 물에 사나
> 물에 사는 동물로는 아주 색다른 모습이네.
> 억지로 개구리라 부르기도 하는데,
> 사실은 별 차이가 없네.
> 두 다리는 길지만,
> 등 위의 주름과 반점은 어쩌할 수 없네.
> 뛰어오르는 것은 높다 하겠지만,

마음은 진창에서 떠나지 않는다네.

우는 소리는 서로 호응하여 합창해서,

지켜야 할 도리라곤 없이 요란스러울 뿐이네.

주공도 그 요란스러운 소리에 견디지 못했던지,

재를 뿌렸던 일 늘 지켜야 할 가르침으로 전하였네.*

난 버림받아 이 해변에서 근심에 잠겼으니,

늘 바라는 것이라면 깊은 잠에서 깨어나지 않는 것.

하지만 하마는 무리들이 많아

귓가에다 폭죽처럼 울어대니 견딜 수 없구나.

분명 이들 소리는 오묘한 음악소리 망쳐 버리고,

교묘히 학교에서 책 읽는 소리를 어지럽히네.

월나라 왕 구천의 예를 입었지만,**

그 은혜 갚으려고 했다는 소리는 결국 듣지 못했네.

원정 연간에 큰 싸움이 있었다 하지만,***

어느 쪽이 이기고 어느 쪽이 졌는지?

---

* 주공이 지은 『주례(周禮)』 속에는, 씨앗이 없는 국화를 태워 그 재를 뿌리면 개구리를 퇴치할 수 있다고 함.

** 『한비자(韓非子)』에 월왕(越王) 구천(句踐)이 오(吳)나라와 전쟁하러 나갔을 때 성난 개구리가 있었으므로 그 개구리에게 인사를 했다. 이유를 물었더니 구천은 개구리의 용감함을 존경해서였다고 대답했다. 이 말을 들은 월나라 병사들은 모두 용감하게 싸웠다고 한다.

*** 『한서(漢書)』에는 "무제(武帝) 원정(元鼎) 5년, 개구리의 대전쟁이 있었다"는 기사가 있다

뜻밖에도 그것이 요리로 되고 있으니

이는 고기 잡는 도구를 더럽히는 것이 아닐까?

나는 처음에는 목에 넘기지 못하였으나,

근래에는 조금 습관이 되었네.

항상 두렵기는 오랑캐 풍속에 젖어

평소에 좋아함을 잃어버릴까 함이라네.

그런데 그대는 또 어떠한가?

사육한 표범 요리처럼 달게 먹고 있으니.

사냥 경쟁을 하는 것도 그곳 풍속에 동화하려 힘쓰는 것이고,****

몸을 온전히 보존하는 것은 효행이라네.

아! 슬프구나, 그대의 생각 깊지만,

도성으로 돌아갈 배를 타는 것은 아직 허락되지 않았구나.

(蝦蟆雖水居, 水特變形貌. 强號爲蛙蛤, 於實無所校. 雖然兩股長, 其奈脊皺皰. 跳躑雖云高, 意不離潭淖. 鳴聲相呼和, 無理祇取鬧. 周公所不堪, 灑灰垂典敎. 我棄愁海濱, 恒願眠不覺. 叵堪朋類多, 沸耳作驚爆. 端能敗笙磬, 仍工亂學校. 雖蒙句踐禮, 竟不聞報效. 大戰元鼎年, 孰强孰敗橈. 居然當鼎味, 豈不辱釣罩. 余初不下喉, 近亦能稍稍. 常懼染蠻夷, 失平生好樂. 而君復何爲, 甘食比豢豹. 獵較務同俗, 全身斯爲孝. 哀哉思慮深, 未見許廻櫂.)

**** 『맹자(孟子)』에는 사냥 경쟁을 한 것이 기록되어 있는데, 이것은 노나라의 풍속이었던 것 같다. 공자도 그 풍속을 중히 여겨 사냥을 경쟁했다고 한다.

유종원은 이때 유주자사(柳州刺史)로 있었다. 왕비·왕숙문 집단의 개혁정치에 참여하였다가 영주(永州)로 유배되었지만, 사면이 되었다는 말이 있어 한때는 도성으로 소환된 일도 있었다. 그러나 결국 도성에 남는 것이 허락되지 않아 유주자사로 사령을 받아 부임하였던 것이다. 유종원은 하동(河東) 사람이었으므로 한유와 마찬가지로 북방 출신이다. 북방 출신이 남방지역으로 유배되어 왔기 때문에 풍속이 달라서 당혹스런 점이 많았을 것이다.

개구리를 먹는 습관도 그 하나였을 것이다. 이러한 습관은 북방에는 없는 것이다. 하마라는 것은 실제로는 식용 개구리와 같은 것으로 영남 지방에서는 그것을 즐겨 잡아먹어서 그렇게 기이한 풍습은 아니다. 그러나 북방 사람이 그것을 처음부터 아무 거리낌 없이 먹을 수 있다면 대단한 사람이다. 유종원의 「하마를 먹다(食蝦蟆)」라는 시가 지금은 남아 있지 않지만, 아마도 식탁에 개구리 요리가 나오자 깜짝 놀라면서도 그것을 운명으로 여기고 먹었다는 내용일 것이다. 유종원은 한유가 조주로 유배된 사실을 알고, 같은 북방인의 입장에서 이 시를 지어 주었을 것이다. 한유 역시 개구리를 먹고 있었으므로 다소 해학적인 면을 섞어가면서 이 시로 답했을 것이다.

이해 7월에 신하들이 헌종에게 '원화성문신무법천응도황제(元和聖文神武法天應道皇帝)'라는 존호를 올린 것을 기념하여 대사면령이 내려졌다. 한유도 그 혜택을 받아 10월에 원주자사(袁州刺史)로 임명한다는 사령을 받았다. 원주는 현재의 강서성(江西省) 의춘현(宜春縣)으로, 조주보다는 분명 수도에 가까운 곳이지만, 당시로서는 여전히 멀리 떨어진 외진 곳이었다. 그렇지만 한유로서는 '독기서린 강변(瘴江邊)'에 뼈를 묻겠다고 각오한 곳에서 구출된 것이니, 어느 정도는 안심이 되었을 것이다. 장서(張曙)같은 사람은 이번 대사면으로 사지에서 구출된 한유에게 축하의 글을 보내기도 했다. 한유도 「원주로 옮겨가자, 어사중승(御史中丞)을 지낸 소주자사 장서(張曙)가 시를 지어 축하해 준 데 답하여(量移袁州張韶州端公以詩相賀因酬之)」란 시를 지어 보내기도 했다.

이 태평성대에 멀리 귀양 온 것은 어떤 사정이 있었던가?
사면되어 임지가 바뀌었지만 죄가 면죄된 것은 아닐세.
북쪽 바라보지만 북으로 돌아가는 기러기 뒤따를 수 없고,
남쪽으로 좌천되었다가 겨우 고기밥은 면했네.
그대 다스리는 군을 지날 때 나그네 묵어 폐만 끼칠 터인데,
먼저 높은 글을 주어 나를 일으켜주니 감사를 드린다네.
잠시 소석이라는 유적지 아래에 배 매어두고,
순임금 묘당에 참배하고자 의관을 바로잡는다네.
(明時遠逐事何如. 遇赦移官罪未除. 北望詎令隨塞雁, 南遷纔免葬江魚. 將經貴郡煩留客, 先惠高文謝起予. 暫欲繫船韶石下, 上賓虞舜整冠裾.)

소주(韶州)는 조주에서 원주로 가는 길목이어서 반드시 거쳐야 하는 곳이고, 또 가족들도 여기에 있었다. 지난 조주로 폄적되어 가면서 한유와 종손자 한상만 조주로 가고, 나머지 가족들은 조주까지 오지 않고 소주에서 머물렀던 것이다. 시 제목에 있는 '양이(量移)'라는 말은 죄인에 은전(恩典)을 베풀어 유배지를 어느 정도 수도 가까운 곳으로 옮겨 주는 것을 말한다. 이 시는 한유가 사면을 받아 보다 장안에 가까운 원주로 발령을 받자, 이 소식을 들은 소주자사 장서가 축하의 시를 지어 보냈으므로 한유가 여기에 답한 것이다.

3. 원주자사(袁州刺史)로 이동

한유가 10월 말에 조주를 출발하여 소주를 거쳐서 원주로 갔다. 원주에 도착한 것은 820년(元和 15) 정월 8일이었다. 원주에 도착한 날짜가 2월 8일이라는 이야기도 있다. 원주 또한 조주와 마찬가지로 아주 작은 주였지만 비교적 안정되어 있었던 것 같다. 그는 곧 「원주자사가 임금님께 감사하는 표(袁州刺史謝上表)」를 도성으로 보냈다. 그러나 이 표는 아마 헌종에게는 들어가지 않았을 것이다. 정월 27일 헌종이 급사해 버렸기 때문이다.

헌종은 본래 성미가 급하고 시의심이 많은 황제였다. 특히 방사(方士) 유필(柳泌)과 승려 대통(大通) 같은 간사한 무리들을 신임하면서 불로사상에 깊이 빠져들어 불사약이라는 것을 복용하기 시작하면서 한층 더 성질이 거칠어졌다. 조금이라도 비위에 거슬리면 아무리 고관이라도 파면시켜 버렸고, 환관에게는 사형까지 처하는 형편이었다. 그런데 27일 저녁 황제가 불사약의 부작용으로 갑자기 사망했다고 가까이에서 시중들던 환관이 발표했다. 세간에서는 환관 진홍지(陳弘志) 등이 암살하였다는 소문이 퍼지고 있었다. 그렇지만 누구 한 사람 앞장서서 환관에게 따지려 하지 않았다. 진홍지를 비롯한 환관들은 다음 황제로 목종(穆宗)을 옹립하여 다음 달 윤 정월에 즉위식을 거행하고, 2월에는 대사면령을 발표했다. 목종이 즉위하고 나서 한유와 사이가 나빴던 재상 황보박은 애주사마(崖州司馬)로 폄적되었고, 방사 유필과 승려 대통은 경조부로 보내어져 사형선고를 받았다. 조정에는 큰 변화가 생겨, 한유의 죄도 다시 경감되었다. 그는 「사면에 하례하는 표(賀赦表)」를 올리며 감사의 말을 썼다. 이때 한유는 좀 더 장안 가까운 곳이나 중앙관직으로 전근발령을 기대했을 것이다.

이 무렵 그의 신변에는 두 가지 나쁜 일이 있었다. 하나는 자신을 잘 알아주었던 친구 유종원이 죽은 것이다. 죽은 날이 전년 10월 15일이라고도 하고 10월 8일이라고도 했다. 장소는 유종원이 자사로 근무하고 있던 유주였다. 정치개혁에 참가하였다가 영주·유주 같은 벽지의 지방관으로 유배 다니다 결국 불행한 일생을 마친 것이다. 병이 위독했을 때 유종은 간략하게 유서를 써서 유우석을 중심으로 한유·이정(李程)·한태(韓泰) 등의 여러 친구들에게 뒷일을 부탁하였다. 부고는 한유가 조주에서 원주로 오고 있을 때 도착한 것 같다. 뒤늦게 도착한 한유는 죽은 친구를 애도하며 「유자후에게 올리는 제문(祭柳子厚文)」을 지어, "아아! 자후여, 그대도 그렇게 갔구려! 옛날부터 죽지 않은 사람 없었으니, 나 또한 슬퍼한들 무엇하리요? 사람이 한 세상 살아가는 것은 마치 꿈 한 번 꾸고 깨어나는 것 같으니, 이 세상의 이해(利害)를 비교해서 무엇하리요? 꿈을 꿀 때에는 즐거운 일도 있고 슬픈 일도 있지만, 꿈에서 깨어나면 다시 생각할 필요가 있을까?(嗟嗟子厚, 而至然邪. 自古莫不然. 我又何嗟. 人之生世, 如夢一覺. 其間利害, 竟亦何校. 當其夢時, 有樂有悲. 及其旣覺, 豈足追惟)"라며 비운의 생애를 마친 친구의 영혼을 위로하였고, 선조들이 묻혀 있는 만년현의 선영에다 유종원을 장례할 무렵에는 또 그의 묘지명을 썼다. 그리고 다시 2년이 지난 823년(長慶 3)에 한유는 「유주 나지에 있는 유종원 사당비(柳州羅池廟碑)」라는 비문(碑文)을 지어 그의 생전의 업적을 기리는 한편, 죽어서도 신이 되어 영험하기를 바랐다.

나지묘란 작고한 자사(刺史) 유종원의 사당이다. 유종원은 유주자사(柳州刺史)가 되어 그곳 백성들을 무지하다 얕보지 않고 예법으로 대하였다. 삼 년이 되자 백성들은 각자 긍지를 갖고 분발하여 말하였다. "이 고장은 비록 장안으로부터 멀리 떨어져 있으나 우리도 역시 천자의 백성이다. 지금 하늘에서 다행스럽게도 어진 자사를 보내 주셨으니, 만약 잘 교화되고 복종하지 않는다면 우리는 사람이 아니라 할 것이다." 이에 늙은이와 젊은이들이 서로 가르치고 알려주어 자사의 명령을 어기지 않았다. 그 고장이나 그들 집안에 어떤 행사가 있을 때에는 모두들 말하기를, "우리 자사께서 들으시면, 그 분 뜻에 맞지 않는 점은 없겠는가?"라고 하면서, 모든 일을 잘 헤아린 연후에야 일을 행하였다. 명령한 기한은 백성들이 서로 지키고자 하여 선후를 가릴 것 없이 반드시 그 기한을 지켰다. 이에 백성들이 하는 일에는 일정함이 있고 관청에는 밀린 조세가 없었으며, 떠돌아다니던 사람들도 사방에서 돌아와 생활을 즐기며 생업을 발전시켰다. 거주지에는 새로운 집들이 세워지고 나루터에는 배가 떠 있게 되었으며, 연못과 정원들은 깨끗이 수리되었다. 돼지·소·오리와 닭도 살찌고 잘 번식하였다. 자식은 아버지의 훈도를 엄격히 따르고, 부인은 남편의 뜻에 순종하였다. 시집가고 장가들고 장사지내는 일들은 모두 법식이 있게 되었고, 나가서는 친구와 우애 있고 어른을 공경하며 들어와서는 자식을 사랑하고 부모께 효도하였다.

이전에는 백성들이 가난하여 아들딸들을 저당 잡혔다가 오래도록 돈을 갚지 못하면 모두 몰수되어 종이 되었다. 우리 자사께서 부임하시자, 나라의 법도에 따라 일해 준 삯으로 원금을 공제하고 주인으로부터 모두 **빼앗아** 돌려보내 주었다. 공자묘를 크게 수리하고 성곽과 도로를 모두 잘 다듬어 반듯하게 만들고, 거기에 진귀한 나무들을 심게 하니 유주의 백성들이 모두 즐거워하고 기뻐하였다. 일찍이 그의 부장(部將) 위충(魏忠)·사영(謝寧)·구양익(歐陽翼)과 함께 역정(驛亭)에서 술을 마시다가 말하였다. "나는 시국에 버림받아 이곳에 기착(寄着)하여 그대들과 잘 지내게 되었소. 내년에는 내가 죽을 것이고 죽은 뒤에 신(神)이 될 것이니, 삼 년 뒤에 사당[廟]을 짓고 나를 제사지내 주시오." 기일이 되자 그는 과연 죽었다. 삼 년 뒤 이른 가을 신묘(辛卯) 날에 유종원의 신이 유주자사 관청의 후당(後堂)에 내리자, 구양익 등이 보고 그에게 절을 하였다. 그날 저녁 구양익의 꿈에 나타나 말하였다. "나의 사당을 나지(羅池)에 지어 주시오!" 그 달 병진(丙辰) 날 사당이 완성되어 제사를 크게 지냈다. 과객인 이의(李儀)라는 사람이 술에 취하여 사당에서 함부로 굴다가 병이 났는데, 사당문 밖으로 메어내자마자 죽어 버렸다. 그 이듬해 봄 위충과 구양익이 사영을 장안으로 보내, 나에게 돌에 새길 자사의 사적을 써 달라고 청했다.

나는 말한다. 유종원은 살아서 그곳 백성들에게 은택을 베풀고, 죽어서는 사람들에게 화와 복을 내려주어 그들을 놀라게 해서 그 땅에서 제사를 받게 되었으니 신령스럽다 할 수 있다. 신을 마중하고 전송하는 시를 지어 유주 백성들에게 주면서, 노래하며 제사지내도록 하고 아울러 이를 비석에 새기도록 하는 바이다. 유종원은 하동(河東) 사람이고, 이름은 종원이며, 자는 자후(子厚)이다. 현명하고 글을 잘 지었으며, 일찍이 조정에 벼슬하여 빛나는 위치에 있었으나 뒤에는 버림받아 등용되지 않았다. 돌에 새길 그 시는 다음과 같다.

여지(荔支)는 빨갛고 바나나는 노란데,
안주와 채소 음식 섞어 자사의 사당에 올리네.
자사 모시고 오는 배엔 두 폭 깃발 꽂혀 있는데,
물 한가운데까지 건너와서는 바람 때문에 멈추어버렸네.
자사님 기다려도 오시지 않으니
우리 슬픔을 아시지 못하는 듯하네.
자사님께서 목마 타고 묘 안으로 들어오시니
우리 백성들 위로 되어 상 찡그리지 않고 모두 웃네.
아산(鵝山)과 유수(柳水)에는,
계수나무 가지와 잎 무성하고 흰 돌들은 가지런히 줄섰네.
자사께서 아침에 나가 노시다가 저녁에 돌아오시고,
봄엔 원숭이와 시 읊고 가을엔 학과 함께 날아다니시네.
북쪽 조정의 사람들은 자사에 대한 시비가 많으나,
자사께서 천년만년 우리를 버리지 않으시기를!
우리에게 복을 주고 우리를 오래 살게 하시며,
악한 귀신들은 산 저쪽으로 쫓아내시네.
낮은 논엔 침수 없고 높은 논엔 가뭄 없어,
메벼와 찰벼가 들에 가득 차고 뱀과 교룡은 몸을 사려 숨네.

우리 백성들 제사지내 보답하는 일 게을리 하지 않으리니,

지금 이 일 시작되었지만,

대대로 후세들도 계속 공경하리라.

(羅池廟者, 故刺史柳侯廟也. 柳侯爲州, 不鄙夷其民, 動以禮法. 三年, 民各自矜奮曰: 玆土雖遠京師, 吾等亦天氓. 今天幸惠仁侯, 若不化服, 我則非人. 於是老少相敎語, 莫違侯令. 凡有所爲於其鄕閭及於其家, 皆曰: 吾侯聞之, 得無不可於意否, 莫不忖度而後從事. 凡令之期, 民勸趨之, 無有後先, 必以其時. 於是民業有經, 公無負租, 流逋四歸, 樂生興事. 宅有新屋, 步有新船, 池園潔脩, 豬牛鴨鷄, 肥大蕃息, 子嚴父詔, 婦順夫指. 嫁娶葬祭, 各有條法, 出相弟長, 入相慈孝. 先時民貧, 以男女相質, 久不得贖, 盡沒爲隸. 我侯之至, 按國之故, 以傭除本, 悉奪歸之. 大修孔子廟, 城郭巷道, 皆治使端正, 樹以名木, 柳民旣皆悅喜. 嘗與其部將魏忠·謝寧·歐陽翼飮酒驛亭, 謂曰: 吾棄於時而寄於此, 與若等好也, 明年吾將死. 死而爲神, 後三年, 爲廟祀我. 及期而死, 三年孟秋辛卯, 侯降於州之後堂, 歐陽翼等見而拜之, 其夕夢翼而告之曰: 館我於羅池. 其月景辰, 廟成. 大祭, 過客李儀醉酒, 慢侮堂上, 得疾, 扶出廟門卽死. 明年春, 魏忠歐陽翼使謝寧來京師, 請書其事於石. 余謂柳侯生能澤其民, 死能驚動禍福之, 以食其土, 可謂靈也已. 作迎享送神詩遺柳民, 俾歌以祀焉, 而幷刻之.

　柳侯河東人, 諱宗元, 字子厚. 賢而有文章, 嘗位於朝, 光顯矣, 已而擯不用. 其辭曰: 荔子丹兮蕉黃, 雜肴蔬兮進侯堂. 侯之船兮兩旗, 度中流兮風泊之. 待侯不來兮, 不知我悲. 侯乘駒兮入廟, 慰我民兮不嚬以笑. 鵝之山兮柳之水, 桂樹團團兮白石齒齒. 侯朝出遊兮暮來歸, 春與猿吟兮秋鶴與飛. 北方之人兮爲侯是非,

千秋萬歲兮侯無我違, 福我兮壽我, 驅厲鬼兮山之左, 下無若濕兮高無乾, 秔稻充羨兮蛇蛟結蟠. 我民報事兮無怠, 其始自今兮, 欽於世世.)

유종원은 유주의 자사로서 훌륭한 정치를 하여, 그가 죽은 뒤 유주 사람들은 나지(羅池)라는 곳에 그의 사당[廟]을 세우고 그를 제사지냈다. 유종원은 죽기 전에 사람들에게 자신의 죽음을 예언하고 자신의 사당을 나지에 짓고 제사지내 줄 것을 부탁했다 한다.

이 글에서 유종원의 업적 가운데 하나로 "이전에는 백성들이 가난하여 아들딸들을 저당 잡혔다가 오래도록 돈을 갚지 못하면 모두 몰수되어 종이 되었다. 우리 자사께서 부임하시자, 나라의 법도에 따라 일해 준 삯으로 원금을 공제하고 주인으로부터 모두 빼앗아 돌려보내 주었다(先時民貧, 以男女相質, 久不得贖, 盡沒爲隷. 我侯之至, 按國之故, 以傭除本, 悉奪歸之)"라는 이야기를 소개하고 있다. 그 당시 사람을 저당 잡고 돈을 빌려주었다가 돈을 갚지 못하면 종으로 삼는 나쁜 풍속이 남방 지방에는 비일비재하였다.

『신당서』 「한유전」에도 "원주 사람들은 빚 때문에 남의 집 아들딸들을 종으로 삼는데, 빚 갚을 기한이 지나서도 갚지 못하면 그들을 완전히 종으로 삼아 버린다. 한유가 원주자사로 부임하여 그들이 주인집에 일해 준 품삯을 모두 계산하여 그 빚만큼 된 사람 칠백여 명을 그들의 부모에게 돌려보냈다. 그리고 그곳 사람들과 약속하여 종으로 삼는 풍속을 금지하였다(袁人以男女爲隸, 過期不贖, 則沒入之. 愈至, 悉計庸得贖所沒, 歸之父母七百餘人. 因與約. 禁其爲隸)"라는 기록이 있다. 한유도 똑같은 일을 하였음을 알 수 있다. 한유와 유종원뿐만 아니라 위주(魏州)에서는 장만복(張萬福), 도주(道州)에서는 양성(陽城), 용주(容州)에서는 위단(韋丹), 검남(劍南)에서는 이덕유(李德裕)가 각각 관청의 권한으로 이와 유사한 일들을 해결하였다고 한다.

두 번째의 흉사로는 한노성의 아들 한방(韓滂)이 죽은 것이다. 그때 한방의 나이 열아홉 살이었다. 한방은 형 한상(韓湘)과 함께 한유가 거두어 기르고 있었는데, 원주에 와서 급사했다. 죽을 무렵에 애타게 어머니를 찾다가 머리맡에 있던 형 한상의 손을 꼭 잡고 너무 슬퍼 말라며 위로하고 숨을 거두었다 한다. 할아버지인 한개(韓介), 아버지인 한노성, 그리고 아들 한방, 이 3대가 모두 단명하였으니 어쩌면 유전적인 것인지도 모른다. 앞서 한노성을 위해 제문을 지었던 한유는 17년이 지난 지금, 그 아들을 위해 다시 제문「방을 조문하는 글(祭滂文)」을 쓰지 않을 수 없었다. 시신은 먼 변방에서 고향까지 운반할 수 없었기 때문에 원주 교외에 가매장하고, 한유는 또 「한방묘지명(韓滂墓地銘)」을 써서 자신으로 인해 이 남방까지 와서 죽은 한방에게 슬픔을 표하고, 그 아버지 한노성에게도 미안함을 표하였다.

그리고 이번에는 그가 그토록 비난했던 불교의 냄새가 그에게서 느껴진다는 이야기가 나돌았다. 그가 조주에 있을 때 특별히 친했던 사람은 대전(大顚)이라는 스님이었다. 조주의 선원(禪院) 주지로 있었던 사람이다.『조주부지(潮州府誌)』에는 대전스님에 대해서 이렇게 소개하고 있다.

> 속세의 성은 진(陳)씨인데, 어떤 사람은 양(楊)씨라고도 한다. 그의 선조는 영천(潁川) 사람이고, 그는 개원(開元) 말에 태어나 대력(大曆) 연간 중에 약산의 유엄스님과 함께 서산에서 혜조(惠照)스님에게 사사하였다…… 정원(貞元) 6년에 우암(牛岩)에 터를 닦아 정사(精舍)를 세우니 뱀과 호랑이들이 다 달아나 숨었다. 7년에 또 읍 서쪽의 깊은 산자락 아래에 선원(禪院)을 창건하여 영산(靈山)이라 하였다…… 수련생들이 천여 명이나 되었고 스스로 대전화상(大顚和尙)이라 하였다. 원화 14년 자사 한유가 조주로 폄적되어 왔는데, 멀고 외진 곳이라 말이 통하는 사람이 없었다. 대전의 이름을 듣고 그를 불러왔다. 10여 일을 머물렀는데, 자신의 육신을 도외시하고 이치로 자신을 극복하여, 얻기 어려운 사람이라 여겼다. 그리고 이로 인해서 서로 왕래하였다. 해신(海神)에게 제사지내러 조양(潮陽)으로 갔다가 마침 그의 초막을 방문하였다. 얼마 뒤 원주로 떠나면서 또 의복을 남겨 놓고 이별하였다. 장경(長慶) 4년 어느 날 대전스님은 대중들에게 작별인사를 남기고 세상을 떠나니, 나이 아흔세 살이었다.
>
> (俗姓陳氏, 或曰楊姓, 先世爲潁川人, 生於開元末, 大曆中, 與藥山惟儼幷師事惠

照於西山 …… 貞元六年, 開闢牛岩, 立精舍, 蛇虎皆遠遁. 七年又於邑西幽嶺下創建禪院, 名曰靈山 …… 門人傳法者千餘人, 自號大顚和尙. 元和十四年, 刺史韓愈貶潮州, 遠地無可與語, 聞大顚名, 召至. 留十餘日, 謂其能外形骸, 以理自勝爲難得, 因與往來. 及祭海神, 至潮陽, 遂造其廬. 未幾移袁州, 復留衣服爲別. 長慶四年, 一日告辭大衆而逝, 年九十三.)

 옛날 한유가 양산으로 폄적되었을 때에도 말이 통하지 않아 땅에다 글씨를 써가면서 의사소통을 한 적이 있다. 조주는 양산보다 훨씬 더 외진 곳이다. 그러니 말이 통할 리가 없었을 것이다. 그런데 천여 명의 수련생을 거느린 대전스님의 이야기를 듣게 되었다. 게다가 원래 영천 사람이라고 하였다. 영천이라면 한유의 고향과도 그렇게 멀지 않으니, 넓게 보면 고향 사람이기도 하였다. 그래서 대전스님을 만나 이런저런 이야기를 나누고, 또 해신에게 제사하는 기회에 대전스님이 사는 선원을 방문하기도 하였으며, 조주를 떠날 때 인정상 옷도 한 벌 두고 왔었다. 한유는 불교를 배척했어도 스님들과는 많이 내왕하였다. 지금까지 징관(澄觀)·문창(文暢)·혜사(惠師)·영사(靈師)·고한(高閑)·영상(盈上) 같은 스님들과 교왕하였고, 심지어 가도(賈島) 같은 사람은 환속시키기도 하였다.

 위의 글에 의하면, 원화 14년 한유가 대전스님을 만났을 때, 대전은 나이가 거의 아흔에 가까웠고, 조양(潮陽)에 선원을 창건

하고 불교를 전파한 지도 이미 30년 가까이 되었다. 조주에 거주하고 있던 한유가 대전스님에게 보낸 「대전스님께 준 편지(與大顚師書)」가 지금 『한문외집(韓文外集)』에 세 통 남아 있다. 이 편지들은 주로 대전이 자신에게 방문해 줄 것을 재촉하는 내용이지만, 그 문맥을 살펴보면 대전이 불교의 요지를 적어 한유에게 보낸 일도 있는 듯하다. 대전스님을 몇 번 만나고 선원을 방문하고 선물로 옷을 준 이 정도를 가지고 한유가 자신의 지론을 바꾸어 불교를 믿게 되었다고는 볼 수 없다. 그러나 부처를 오랑캐라고 꾸짖고 승려를 인의(仁義)의 도를 파괴하는 무위도식의 무리들이라고 매도했던 그로서는 분명 큰 변화이다.

그런데 한유가 근래 불교를 믿기 시작했다는 소문이 돌더니, 마침내는 풍문이 장안에까지 전해졌다. 그 소문을 듣고 그의 변절을 좋아하는 사람, 탄식하는 사람, 그리고 헌종의 노함을 풀기 위한 하나의 방편이라 의심하는 사람들이 있었다.

전부터 한유의 친구로 맹간(孟簡)이라는 사람이 있었다. 불교경전에도 밝았고 불교에 깊이 귀의하였던 사람이다. 물론 승려는 아니다. 그가 한유에게 편지를 보내 근래 도성에서 퍼지고 있는 소문을 알려주었다. 맹간이 보낸 그 편지는 지금 전하지 않지만, 한유가 불교를 믿는다는 소문을 듣고 기뻐하면서 그를 격려하는 내용이었을 것이다. 그러나 한유는 원주에서 장문의 「공부상서(工部尙書) 맹간님께 올리는 글(與孟簡尙書書)」을 보내 자신의 입장을 해명했다.

> 보내 주신 편지를 보니, 어떤 사람이 제가 근래에 불교를 좀 신봉하게 되었더라 한다고 말씀하셨는데, 이것은 말을 전한 사람의 황당한 말입니다. 조주(潮州)에 있을 적에 태전(太顚)이라는 한 늙은 중이 있었는데, 매우 총명하고 도리를 알고 있었습니다. 먼 객지에 더불어 얘기할 만한 사람도 없었던 터라 산에서 조주 외성(外城)으로 오도록 하여 수십 일을 머물게 한 일이 있었습니다. 실로 그는 육체를 남의 물건인 양 도외시하고 이치로 자신을 극복하여 다른 일이나 사물에 마음이 흔들리지 않았고, 그와 더불어 얘기를 할 때 비록 그의 말을 다 이해하지는 못하였으나 요컨대 가슴속에 걸리고 막히는 것이 없었으니 얻기 어려운 상대라 여겼습니다. 그래서 서로 왕래를 하게 되었고, 바닷가로 가서 해신(海神)에게 제사지낼 때 마침내는 그의 움막을 방문하기도 하였습니다. 그리고 원주(袁州)로 오게 되면서 의복을 남겨 놓고 작별을 하였는데, 그것은 바로 인정이었습니다. 불교를 믿어 복을 빌고자 한 것이 아니었습니다.
> 공자께서도 말씀하시기를 "내가 기도한 지 오래되었다"고 하셨습니다. 모든 군자들의 행동과 몸가짐에는 자연히 법도가 있게 마련이고, 성인과 현인들의 하신 업적이 모두 책에 적혀 있어서 본받을 수도 있고 배울 수도 있습니다. 우러러 하늘에 부끄러워할 일이 없고, 굽혀 사람들에게 부끄러워할 일이 없으며, 안으로는 제 마음에

부끄러워할 일이 없습니다. 선(善)을 쌓거나 악을 쌓으면 화복(禍福)이 각기 한 일에 따라 자연스레 오게 될 것입니다. 어찌 성인의 도리를 떠나고 선왕들의 법도를 버리고서 오랑캐들의 가르침을 좇아 복을 추구할 리가 있겠습니까? 『시경(詩經)』에 말하지 않았습니까? "의젓하신 군자께서는 복을 추구하심에 그릇됨 없네!"라고. 『좌전(左傳)』에 또 말하기를, "위협 때문에 두려워하지 아니하고, 이익 때문에 나쁜 마음먹지 않는다" 하였습니다. 설사 부처가 사람에게 재앙이나 복을 가져다줄 수 있다 하더라도 도(道)를 지키는 군자로서는 두려워 할 바가 아닌데, 하물며 절대로 그럴 리 없는데 말이겠습니까?

또한 그 부처란 과연 어떤 사람입니까? 그가 한 일이 군자와 비슷합니까? 소인과 비슷합니까? 만약 군자와 비슷하다면 반드시 도를 지키는 사람에게는 함부로 재앙을 내리지 않을 것입니다. 만약 소인과 비슷하다면 그의 몸은 이미 죽었고 그 귀신은 신령스럽지 않을 것입니다. 천지신명이 곳곳에서 밝게 빈틈없이 살피고 계시니 속일 수도 없을 것이고, 그리고 또 그 귀신이 마음대로 이 세상에서 재앙과 복을 짓도록 허락하겠습니까? 나아가고 물러나며 생각해 보아도 아무 근거가 없거늘 그를 믿고 받든다 하니 또한 참으로 의혹스럽다 할 것입니다.

또한 저는 불교를 찬성하지 않고 배척한 사람이며, 그렇게 한 데는 나름대로의 이유가 있습니다. 『맹자(孟子)』에 이르기를, "지금 천하는 양자(揚子)에게로 기울지 않으면 묵자(墨子)에게로 기울고 있다"하였습니다. 양자와 묵자가 함께 어지럽혀 성현(聖賢)의 도가 분명치 않게 되었고, 성현의 도가 분명치 않으면 윤리가 어지러워지고 법도가 무너지게 될 것이며, 예악(禮樂)이 무너지면 오랑캐들이 횡행하게 될 것이니, 어떻게 새나 짐승처럼 되지 않을 수 있겠습니까? 그러므로 양자와 묵자를 막아야 한다고 말할 수 있는 자는 성인의 무리라고 할 것입니다. 양웅(揚雄)이 말하기를, "옛날에 양자와 묵자가 길을 막았었는데, 맹자께서 물리치고 길을 열어 훤하게 하셨다"하였습니다. 그러나 양자와 묵자의 이론이 행해지면서 왕도(王道)를 무너뜨린 것이 거의 수백 년이었고, 진(秦)나라에 이르러는 마침내 선왕(先王)들의 법도를 망치고 경서들을 태워 없애고 선비들을 땅에 묻어 죽이게 되었으니 천하가 마침내 크게 어지러워졌던 것입니다. 진나라가 망하고 한(漢)나라가 일어나서도 백 년이 지나도록 여전히 선왕의 도를 닦고 밝힐 줄 모르다가, 그 뒤에야 비로소 책을 끼고 다니는 것을 금하던 법률을 해제하고 없어진 책들을 구하고 학자들을 불러들이니, 경서들은 약간 구하기는 하였으나 모두가 없어지고 빠진 것들이어서 열 가운데 두 셋은 없었습니다. 옛 유학자들은 대부분 늙어 죽었고 새로운 유학자들은 온전한 경서들을 보지 못하여 선왕들의 일을 완전히 알 수가 없었습니다. 그래서 각자가 본 경서만을 고수하여 서로 학설이 나눠지고 어긋나게 되어 맞지도 않고 공정하지도 않아서 요(堯)·순(舜)과 삼대(三代) 임금들 같은 여러 성인들의 도가 이에 크게 무너져버렸습니다. 후세의 학자들로서는 다시 찾아볼 길이 없어 지금에 이르러서는 형적이 아주 없어져 버렸습니다. 이러한 화는 양자와 묵자의 이론이 멋대로 행해지고 있어도 그것을 전혀 금하지 않았던 까닭으로 생겨난 것입니다.

맹자가 비록 성현이라 하더라도 그만한 지위를 얻지 못하였기 때문에 공공연히 말만 하였지 실천을 할 수 없는 처지였으니, 비록 말이 절실하다 하나 무슨 보탬이 되었겠습니까? 그렇지만 그 분의 말씀 덕분에 지금의 학자들은 여전히 공자(孔子)를 높이고 인의(仁義)를 존중하며 왕도(王道)를 귀히 여기고 패도(覇道)를 천히 여길 줄 알게 되었을 따름입니다. 그 위대한 경전과 위대한 법도는 모두 없어져서 찾아볼 수 없게 되고, 부서지고 썩어서 거둬들일 수 없게 되어 이른바 남은 것이라고는 백 분의 일 정도이니, 어찌 환히 밝힐 수 있었겠습니까?

그렇지만 만약에 맹자가 없었다면 우리는 모두가 오랑캐들처럼 옷깃을 왼편으로 여미고, 말도 오랑캐의 말을 하게 되었을 것입니다. 그래서 제가 늘 맹자를 존중하며 그 분의 공로가 우(禹)임금 못지않다고 여기고 있는 것도 이 때문입니다. 한(漢)나라 이래로 여러 유학자(儒學者)들이 조금씩 수정하고 보충하였지만, 선왕의 도는 백 군데에 뚫린 구멍과 천 군데에 난 종기와 같아서 고치기도 하고 잃어버리기도 하여, 그 위태로움이 마치 한 가닥 머리카락에 수천 근의 무게가 매달린 것처럼 길게 이어져 점점 가늘어져서 끊어져버릴 형세입니다. 이러한 때에 이 세상에 불교와 도교를 제창하면서 천하의 백성들을 충동하여 믿도록 하고 있습니다. 아아, 그 또한 어질지 않음이 심합니다. 불교와 도교의 해악은 양자와 묵자보다 더한데 이 한유의 현명함은 맹자에 미치지를 못합니다. 맹자는 선왕의 도가 아직 완전히 망실되기 전인데도 구할 수가 없었는데, 나는 이미 무너진 뒤인데도 온전하게 돌려놓아야 합니다. 아아! 그만한 역량도 없는데다 몸은 또한 위태로운 곳에 처해 있으니 구하지도 못하고 죽을 것입니다. 그렇지만 그 올바른 도(道)가 저로 말미암아 조금이라도 전해지게 된다면 비록 죽는다 하더라도 절대로 한이 되지 않을 것입니다. 하늘과 땅의 귀신이 위에서 내려다보고 곁에서 따지고 계시거늘, 또한 어찌 한 때의 좌절로 말미암아 제 스스로 그 올바른 도를 훼손하여 사악(邪惡)함을 따를 수가 있겠습니까? 장적(張籍)·황보식(皇甫湜) 등은 제가 비록 여러 번 가르침을 주었으나 과연 저버리지 않을 수 있을 지의 여부는 알지 못하겠습니다. 황송스럽게도 어진 형께서 두터이 돌보아주셨는데도 말씀대로 따르지 못하여 오직 부끄러움과 두려움만이 더해질 따름입니다. 죽을죄를 지었습니다. 죽을죄를 지었습니다!

(來示云, 有人傳愈近少奉釋氏, 此傳之者妄也. 潮州時, 有一老僧, 號太顚, 頗聰明, 識道理, 遠地無可與語者. 故自山召至州郭, 留十數日, 實能外形骸, 以理自勝, 不爲事物侵亂, 與之語, 雖不盡解, 要自胸中無滯礙, 以爲難得, 因與往來, 及祭神至海上, 遂造其廬, 及來袁州, 留衣服爲別, 乃人之情, 非崇信其法, 求福田利益也. 孔子云, 丘之禱久矣, 凡君子行己立身, 自有法度, 聖賢事業, 具在方冊, 可

效可師. 仰不愧天, 俯不愧人, 內不愧心, 積善積惡, 殃慶自各以其類至, 何有去聖人之道, 捨先王之法, 而從夷狄之教, 以求福利也. 詩不云乎. 愷悌君子, 求福不回, 傳又曰, 不爲威惕, 不爲利疚, 假如釋氏能與人爲禍福, 非守道君子之所懼也, 況萬萬無此理. 且彼佛者, 果何人哉. 其行事類君子邪. 小人邪. 若君子也, 必不妄加禍於守道之人, 如小人也, 其身已死, 其鬼不靈. 天地神祇, 昭布森列, 非可誣也. 又肯令其鬼行胸臆, 作威福於其間哉. 進退無所據, 而信奉之, 亦且惑矣. 且愈不助釋氏而排之者, 其亦有說. 孟子云, 今天下不之楊則之墨, 楊墨交亂而聖賢之道不明, 聖賢之道不明, 則三綱淪而九法斁, 禮樂崩而夷狄橫, 幾何其不爲禽獸也. 故曰, 能言距楊墨者, 皆聖人之徒也. 揚子雲曰, 古者楊墨塞路, 孟子辭而闢之廓如也. 夫楊墨行, 王道廢, 且將數百年, 以至於秦, 卒滅先王之法, 燒除其經, 坑殺學士, 天下遂大亂. 及秦滅漢興, 且百年, 尚未知修明先王之道, 其後始除挾書之律, 稍求亡書, 招學士, 經雖少得, 尚皆殘缺, 十七二三. 故學士多老死, 新者不見全經, 不能盡知先王之事, 各以所見爲守, 分離乖隔, 不合不公, 二帝三王群聖人之道, 於是大壞. 後之學者無所尋逐, 以至於今泯泯也, 其禍出於楊墨肆行而莫之禁故也. 孟子雖聖賢, 不得位, 空言無施, 雖切何補. 然賴其言, 而今學者尚知宗孔氏, 崇仁義, 貴王賤霸而已. 其大經大法, 皆亡滅而不救, 壞爛而不收, 所謂存十一於千百, 安在其能廓如也. 然向無孟氏, 則皆服左衽而言侏離矣. 故愈常推尊孟氏, 以爲功不在禹下者, 爲此也. 漢氏以來, 群儒區區修補, 百孔千瘡, 隨亂隨失, 其危如一髮引千鈞, 緜緜延延, 寖以微滅, 於是時也, 而唱釋老於其間, 鼓天下之衆而從之, 嗚呼, 其亦不仁甚矣. 釋老之害, 過於楊墨, 韓愈之賢, 不及孟子. 孟子不能救之於未亡之前, 而韓愈乃欲全之於已壞之後, 嗚呼,

其亦不量其力. 且見其身之危, 莫之救以死也. 雖然使其道由愈而粗傳, 雖減死, 萬萬無恨. 天地鬼神, 臨之在上, 質之在傍, 又安得因一摧折, 自毁其道而從於邪也. 籍湜輩, 雖屢指敎, 不知果能不叛去否. 辱吾兄眷厚, 而不獲承命, 唯增慚懼. 死罪死罪.)

이상의 문맥으로 보아 명확하지는 않지만 한유는 불교의 교리와 화복의 설을 구별해서 생각하고자 한 것 같다. 부처의 가르침이 근본적으로 성인의 도와 선왕의 법에 배치되는 것은 아니다. 그러나 부처를 믿으면 복을 받고 믿지 않으면 화가 내린다는 것은 사리에 맞지 않는 망상이다. 그러므로 한유는 당시의 승려들이 이러한 설법으로 신자를 모으고, 또 신자들이 화를 피하고 복을 받기 위해 사원에 재물을 희사하는 것은 다 잘못되었다고 생각했던 것이다.

당시 사원이 모두 다 부패했다는 것은 아니다. 다만 장안을 중심으로 각지의 사원에서 신자를 많이 모으려고 한 것은 사실이다. 여기에는 부처님의 법을 널리 전파하기 위해서라는 대의명분이 있었음은 말할 필요가 없지만, 한편으로는 선남선녀가 바치는 돈이 사원과 승려의 경제를 윤택하게 한 것도 부정할 수는 없다.

한유에게 편지를 보낸 맹간의 친구로 이공좌(李公佐 : 한유와는 교제가 없었던 것 같음)라는 사람이 있다. 이공좌는 당대(唐代)의 소설가로 유명하다. 그런데 그의 대표작 가운데 하나인 『남가태수전(南

柯太守傳)』(당나라 순우분淳于棼이라는 사람이 자기 집 남쪽에 있는 늙은 회화나무[槐] 밑에서 술에 취하여 자고 있었는데, 꿈에 괴안국槐安國에 이르러 국왕의 딸을 아내로 맞이하고 남가군南柯郡의 태수가 되어 그 군을 다스리며 20년간이나 부귀영화를 누리다가 깨어났다는 내용. 한때의 부질없는 부귀영화를 비유하는 남가일몽南柯一夢이라는 말이 여기에서 생겨남)에는 꿈속 나라 임금의 시녀가 "7월 16일 효감사(孝感寺)에서 상진자(上眞子)를 모시고 계현법사(契玄法師)의 관음경(觀音經) 강술을 듣고, 그 자리에서 '저는 봉황새 무늬의 금비녀 두 개를 희사하였고, 상진자께서는 무소뿔로 만든 작은 상자 하나를 희사하였지요'(七月十六日, 吾於孝感寺悟上眞子, 聽契玄法師講觀音經. 吾於講下捨金鳳釵兩隻, 上眞子捨水犀合子一校)"라는 말이 나온다.

물론 소설 속의 말이다. 그러나 여기에서 설법을 들은 사람들이 감동하여 부처에게 물건을 희사하는 풍습이 있었음을 알 수 있다. 사원 측에서도 이에 응하여 강술을 잘하는 승려를 두었을 것이다. 이렇게 해서 '속강(俗講)'이라 불리는 중국의 강창(講唱)문학이 생겨났고, 그 교본의 일부가 돈황석굴에서 발견되어 학계를 놀라게 하기도 하였다.

어쨌든 불교가 많은 선남선녀를 모으자면 화복의 설법을 쓰는 것이 가장 유효했던 것이다. 한유가 강하게 반발했던 것도 거기에 있었다. 다만 화복의 설법은 불교를 전파하는 하나의 방편일 뿐이고 교리는 그 위에 있었지만, 한유의 공격이 교리에 미칠 정도로 이론적인 것은 아니었다. 물론 불교의 교리를 대전스님이 아무리 설명해 보아도 유학에 굳어진 한유의 머리로는 이해할 수가 없었을 것이다. 따라서 한유의 문장 가운데 불교의 냄새가 풍기고 있더라도 진심으로 불교를 이해했다거나 귀의했다고는 볼 수가 없다. 그러나 당시의 사람들은 한유가 모순을 드러낸 것으로밖에 이해되지 않았을 것이다.

|제8장|
화려한 부활과 만년

1. 사면되어 다시 장안으로

이윽고 기다리고 바랐던 전임명령이 났다. 국자좨주(國子祭酒)에 임명한다는 사령이었다. 목종이 태자였을 때, 한유는 동궁의 속관인 태자우서자를 지낸 적이 있다. 이번 국자좨주로 승진한 것도 한유에 대한 목종의 은총이었을 것이다. 국자좨주란 이미 앞에서 살펴본 대로 국자학·태학·사문학 등 모든 국립학교를 총괄하는 국자감의 총장이다. 발령은 9월에 났지만, 그 소식이 원주로 전해진 것은 10월인 것 같다. 한유의 마음은 비로소 구름 한 점 없는 푸른 하늘과 같았다.

지난해 조주로 귀양 가던 도중, 지명은 분명하지 않지만 동정호 근처의 상군(湘君)과 상부인(湘夫人) 두 신을 제사하던 사당 아래에 배를 멈추고 밤을 새운 적이 있었다.

상군과 상부인은 아황(娥皇)과 여영(女英)으로, 요임금의 딸이자 순임금의 처였다. 두 딸이 한 사람에게 시집을 간 셈이므로 지금으로 보면 이상하게 여겨지겠지만, 그 시대에는 질제(姪娣)니 잉첩(媵妾)이니 하여 귀한 집 딸을 시집보낼 때면, 같은 성의 여성을 여럿 함께 딸려 보내는 묘한 다처주의 풍습이 있어 별 문제될 게 없었다. 그런데 이 두 여인은 순임금이 창오(蒼梧 : 호남성 영원현 寧遠縣에 있는 산 이름)의 들에서 죽자 상강까지 쫓아와 강물에 몸을 던져 죽었다. 그리하여 상강의 여신이 되었다고 한다. 한유는 비록 황폐해진 사당이지만 참례하여 기도하고 신의 뜻을 물었다. 점괘는 길했다. "너의 뜻대로 하라. 신의 복을 받아 황제의 마음을 열리라"라고 적혀 있었다. 그 예언대로 죄를 벗고 도성에 돌아온 한유는 사람을 시켜 돈 10만 전을 주어 사당을 다시 수리하게 하고,「상군부인을 조상하는 글(祭湘君夫人文)」을 지어 올렸다.

사원이나 승려들에게 희사하기를 싫어했던 그도 신에게 참배하는 것은 빠뜨리지 않았던 것이다. 특별히 상군의 신에게 복을 기원했던 것은 아니지만, 이런 유별스러운 태도를 보면 그의 행동에는 분명 모순이 있다 해도 어쩔 수 없을 것이다.

원주를 뒤로 한 한유 일행은 감강(贛江) 유역을 따라 파양호(鄱陽湖)로 들어가 강주(江州 : 강서성江西省 구강九江)를 통해 양자강에 도착했다. 이곳은 지난날 백거이가 유배되어「비파행(琵琶行)」을 지었던 곳이다. 지금은 한유의 옛 친구 이정(李程)이 악악관찰사(鄂岳觀察使)로 있었다. 한유는 그에게 오언고시「새로운 벼슬을 받고 조정에 취임하러 가는 길에 강주에 이르러 악악관찰사 이정 대부님께 띄운다(除官赴闕至江州寄鄂岳李大夫)」라는 시 한 수를 지어 주었다. 일부를 옮겨 보면 이러하다.

내 치아는 바야흐로 다 빠지려 하는데,
그대 귀밑머리는 얼마나 희어졌나요?
우리들 나이가 다 오십이 넘었으니,
살아갈 내일이 슬프게도 많지 않으리.
젊을 때에는 새 친구 사귐이 즐겁지만,
늙어 노쇠해지면 옛 친구 그립답니다.
비유컨대 아무리 친한 골육이라 해도,
어찌 서로 어긋나는 일 없지 않으리?
나는 지난날 진실로 어리석고 우둔해서,
낮추어 사양하는 모습 보이질 않았구려.
춘추시대 자범이란 사람도 또한 말했지요,
자신조차도 오히려 자신의 죄를 안다고.
청컨대 공께서 너그러이 나의 죄 용서해 주시고,
나 또한 태도를 고치겠습니다.
만년에 지금까지의 잘못을 거둬 줄 수 있다면,
날 생각하는 편지라도 보내 주시구려.

(我齒落且盡, 君鬢白幾何. 年皆過半百, 來日苦無多. 少年樂新知, 衰暮思故友. 譬如親骨肉, 寧免相可否. 我昔實愚蠢, 不能降色辭. 子犯亦有言, 臣猶自知之. 公其務貰過, 我亦請改事. 桑楡儻可收, 願寄相思字.)

이 시에서 보면 한유와 이정은 옛 친구 사이이지만 무엇인가 의견이 맞지 않아 소원하였던 것 같다. 그래서 한유는 그것을 자신의 잘못으로 돌리고 교우관계를 다시 회복하기를 바랐던 것이다.

배는 양자강을 거슬러 올라가 지금의 무한시(武漢市)에서 북쪽으로 갔다. 조금만 더 가면 안육(安陸)이라는 도시가 있다. 이백이 젊었을 때에 결혼하고 잠시 살던 곳이기도 하다. 이 근처에도 한유의 친구가 있었다. 수주자사(隨州刺史)로 있는 주군소(周君巢)라는 사람이었다. 한유는 이 사람에게도 「원주에서 소환되어 도성으로 돌아가다 안육에 머물면서 먼저 수주자사인 주군소에게 부치며(自遠州還京行次安陸先寄隨州周員外)」라는 오언율시 한 수를 지어 보냈다.

> 걷고 또 걸어 한수 동쪽을 향해 와서는,
> 잠시 기뻐하네, 웃음과 말투가 나와 같음을.
> 눈은 내려 한수 가에 쌓여 있고,
> 갈대는 운몽 못 습지에 솟아 있네.
> 얼굴엔 아직 열병의 병색이 완연하지만,

눈앞엔 이미 중원의 풍속이 보인다네.
늙으면 친구와 서로 만나기도 어려우니
취하고 노래함을 아직은 그만둘 수 없지.

(行行指漢東, 暫喜笑言同. 雨雪離江上, 兼葭出夢中. 面猶含瘴色, 眼已見華風. 歲暮難相値, 酣歌未可終.)

한유는 이때 이미 노년인데다 유배지 생활에 지쳐 장도의 여행을 감당하기가 어려웠을 것이다. 그러나 장안이 가까워짐에 따라 마주치는 사람들의 웃음뿐만 아니라 말투도 점점 같아지니 분명 고향으로 돌아오는 느낌이 들었을 것이다. 게다가 눈에 익은 풍경이 눈앞에 펼쳐지니 지난날의 고통은 잊혀지고 발걸음도 한결 가벼워졌을 것이다. 그가 서둘러 장안에 도착한 것은 12월도 저물어갈 무렵이었다.

2. 국자감 총장

해가 바뀌자 연호도 원화(元和)에서 장경(長慶)으로 바뀌어 목종 장경 원년, 한유는 쉰네 살이 되었다. 언동을 좀 조심해야겠다고 몇 번이고 다짐하고 그는 도성으로 돌아왔지만, 본성은 숨길 수가 없었다. 그것은 지난해 국자좨주로 있을 때부터 나타났다.

국자감에 『예기(禮記)』에 유능한 한 직강(直講: 박사의 강의를 도와주는 조교)이 있었는데, 가난해서 매우 볼품없는 사람이었다. 국자감의 대다수를 차지하고 있는 호족 자제들의 학관(學官)들은 이 사람을 천시하며 사귀려 하지 않았다. 심지어 같은 자리에서 식사하는 것조차 달가워하지 않을 정도였다. 그러자 한유는 일부러 그 사람을 불러 함께 식사를 했다. 국자좨주를 모시고 함께 식사를 한다는 것은 일개 직강으로서는 대단한 명예였다. 이후 그 직강은 동료 학관(學官)들로부터 멸시 받지 않았다고 한다.

3월에는 큰 정치적 문제가 발생했다. 이해 3월에 거행된 과거에는 배도의 아들과 중서사인(中書舍人) 이종민(李宗閔)의 사위 소소(蘇巢), 간의대부 정담(鄭覃)의 동생 정랑(鄭朗) 등 열네 명이 급제했다. 시험 전에 고관의 알선으로 수험생의 이름을 시험관에게 알려주는 것은 이미 앞에서도 서술했지만, 이것은 당시의 관례였다. 한림학사인 이신(李紳) 등도 시험관에게 귀띔을 해준 수험생들이 있었다. 그런데 그 사람들은 모두 낙제해 버렸다. 겉으로 드러난 사건은 단지 이것뿐이다. 그러나 배경 깊은 곳에는 인간관계가 서로 얽혀 있었기 때문에 큰 사건으로 번졌던 것이다.

단문창(段文昌)과 이신, 그리고 그의 동료이면서 한림학사로 있던 이덕유(李德裕)와 원진(元稹)이 지공거(知貢擧)였던 전휘(錢徽)가 사람을 선발함에 공정치 못했다고 탄핵하는 글을 올렸다. 이덕유는 헌종 때 재상을 지냈던 이길보의 아들로 아버지의 공훈 덕분으로 과거를 거치지 않고 관리가 되었다. 이덕유는 진사시험을 통하여 갑자기 출세한 거자들이 여기저기 당파를 조직하여 세력을 휘두르자 속으로 분개하고 있었다. 그런데 이종민은 거자 출신인데다 지난날 아버지 이길보를 비난한 일까지 있었다. 이덕유는 이종민의 사위를 비롯해 거자 관련자들이 대거 합격한 이번 시험에 대해 참을 수가 없었다. 이덕유 외에 또 한림학사의 한 사람인 원진도 이종민을 경쟁자로 보고 있었다. 원진은 거자이지만 환관의 힘을 이용해 여기까지 진급하였다.

한림학사는 학문에 대한 황제의 상담역이다. 학문이 없어서는 당연히 안 되고, 또 학문과 관련된 시사를 논하는 데 지장이 없어야만 했다. 특히 당시에는 이것이 중시되었다. 과거시험에 문제가 있었다는 것은 당연히 학문과 관련된 시사문제이므로 단문창·이신·이덕유·원진 네 사람은 황제 앞으로 나아가 이번 시험에는 부정이 있으며, 이종민 등이 시험관과 결탁하여 자신들의 이익을 추구했다고 읍소했던 것이다. 목종은 환관의 힘에 의해 즉위한 황제였으므로 학사들의 호소를 물리칠 힘이 없었다. 4월, 이종민과 시험관들은 모두 유배되고 시험은 처음부터 다시 치르도록 결정되었다. 시험관도 다시 임명되었다. 새로 임명된 시험관 가운데 백거이가 있었다. 친구 원진이 추천한 것임에 틀림없었다. 물론 백거이도 거자 출신이지만, 원진만큼 정치성을 띠지 않은 사람이어서 이번 임명을 받고 딜레마에 빠져 괴로워했던 것 같다. 이번의 이 과거시험에 대한 탄핵사건은 훗날 문종(文宗)·선종(宣宗) 때에 격렬하게 벌어졌던 당쟁의 원인이 된다.

과거시험은 예부에서 시행하므로, 국자감 졸업생들도 예부시험에 참여한다는 점에서 본다면 국자감도 이 사건과 관련이 있을 수 있지만, 사실 국자감은 예부와 상관없는 독립된 기관이다. 따라서 이 사건은 한유와는 직접적인 관계가 없다. 그러나 그는 거자당의 선배이며, 또 이종민은 이전에 배도를 따라 회서의 난을 평정하러 갔을 때 동료로서 남다른 친분이 있었다. 그렇다면 이전의 그였더라면 이런 상황에서 도저히 묵과할 수 없었을 것이다.

게다가 대체로 이번의 결정은 불공평하였다. 시험관에게 로비를 한 점은 임자도 마찬가지였다. 지공거였던 전휘(錢徽)의 수중에는 이신 등이 보낸 증거물이 남아 있었다. 그것을 황제에게 보여, 거꾸로 이신 등의 부정을 호소해 보자고 전휘에게 권유하는 사람도 있었다. 그러나 전휘는 승낙하지 않고, 남의 사신을 황제의 앞까지 가져간다는 것은 군자의 행동이 아니라면서, 추천을 의뢰해 보냈던 증거물을 불태워 버리고 깨끗이 처벌을 받았다.

이와 같은 사태를 보고 한유는 물론 분개했다. 하지만 함부로 말할 수는 없었다. 관할부서도 아니고, 또 이종민과 같이 전휘의 일당으로 비쳐진다면 애써 얻은 국자좨주의 지위도 또다시 물거품이 될지 모를 일이었다. 물론 옛날의 한유라면 자리에 연연하지 않고 당당히 발언했을 테지만, 지금은 이러저러한 사정을 고려할 만큼 평범한 지혜만 생겼다. 그렇다고 완전히 침묵만 지키고 있을 수도 없었다. 그래서 분노를 매우 완곡하게 표현한 오언고시 「남산에 있는 높은 나무에 부쳐 이종민에게 주다(南山有高樹行贈李宗閔)」 한 수를 지었다.

> 남산에 높은 나무 있는데,
> 꽃과 잎이 얼마나 무성한지.
> 나무 위엔 봉황의 둥지 있어,
> 봉황이 새끼를 치며 깃들고 있네.
> 사방으로 길게 뻗은 가지 많아
> 뭇 새들이 거기에 몸을 의탁하였네.
> 누런 고니가 높은 곳을 차지하고,
> 다른 새들은 낮은 곳에 자리 잡았네.
> 어느 산의 새인지 알 수 없지만,
> 깃털이 찬란하고 아름다운 새가,
> 날아와 머물 곳을 가리다가
> 뭇 새들 바라던 곳 차지하게 되었네.
> 위로는 봉황의 은혜를 입으니,
> 스스로 영원히 쇠하지 않을 거라 믿었네.
> 중간에는 누런 고니와 친구로 여겨,
> 사사로운 비밀 숨기지도 않았네.

아래로는 새들의 무리를 내려다보면서,
이들에게 무엇을 해줄 수 있을까 생각했네.
그런데 생각지도 않게 탄환을 가진 사람이,
마음속 묵묵히 계략을 꾸미고 있다가,
그대(새)를 가지와 잎 사이에 노려 쏘니,
그대의 날개 자신도 모르게 부러져 버렸네.
어떤 사람은 누런 고니 때문이라 하지만,
누런 고니가 어찌 그렇게 했으리.
신중히 아래에 있는 새들은 의심하지 말게.
그 새들은 의심하기에 족하지 못한 존재이니.
이 일 봉황에게 알리는 사람 없으니,
봉황이 그대의 굴욕을 어떻게 알리.
누런 고니는 그대가 사라졌으므로,
너울너울 날갯짓하며 춤을 추고,
전에 그대가 내려다보던 새들은,
각각 그대의 결점을 이야기하고 있네.
그대에게 어찌 친구가 없으랴마는,
입이 있어도 열수가 없는 위치라네.
그대는 쑥 덤불 속에 떨어져
그 어느 때에 다시 날 수 있을까?
마음 아파하는 옛 산의 친구,

한밤중에 그대 생각하며 슬퍼하지만,

길은 멀고 날개는 짧으니

그대를 데리고 돌아올 수가 없구나.

(南山有高樹, 花葉何衰衰. 上有鳳凰巢, 鳳凰乳且棲. 四旁多長枝, 群鳥所托依. 黃鵠據其高, 衆鳥接其卑. 不知何山鳥, 羽毛有光輝. 飛飛擇所處, 正得衆所希. 上承鳳凰恩, 自期永不衰. 中與黃鵠群, 不自隱其私. 下視衆鳥群, 汝徒竟何爲. 不知挾丸子, 心黙有所規. 彈汝枝葉間, 汝翅不覺摧. 或言由黃鵠, 黃鵠豈有之. 愼勿猜衆鳥, 衆鳥不足猜. 無人語鳳凰, 汝屈安得知. 黃鵠得汝去, 婆娑弄毛衣. 前汝下視鳥, 各議汝瑕疵, 汝豈無朋匹, 有口莫肯開. 汝落蒿艾間, 幾時復能飛. 哀哀故山友, 中夜思汝悲. 路遠翅翎短, 不得持汝歸.)

이 시의 뜻은 거의 명료하다. 그러나 표현이 너무 완곡하여 무엇이 누구를 지칭하는지는 잘 알 수가 없다. 아름다운 새는 분명히 이종민을 가리키고, 봉황은 목종 황제나 배도를 가리키겠지만 누런 고니와 탄환을 가진 사람은 누구를 지칭한 것일까? 분명 여기엔 이신·이덕유·원진이 감추어져 있음은 틀림없지만, 그 밖의 새들에 대해서는 정해진 해석이 없다. 결국 한유의 동료들은 도성에서 추방되었고, 한유의 지위만은 그런대로 확고하였다.

한유가 국자좨주로 있으면서 조정에 연달아 세 가지를 건의하였다. 첫 번째가 줄어든 국자감 학생수를 회복시키자는 것이었고, 두 번째가 국자감의 각 전공 과정의 교수를 엄선하자는 것이었으며, 세 번째가 장적(張籍)을 국자박사로 임명하여 국자감의 관리의 질과 교학수준을 높이자는 것이었다. 이때 장적은 비서성(秘書省) 비서랑(秘書郞)을 지내면서 오랫동안 빈곤한 생활을 하고 있었다.

중당 이후로 접어들면서 국자감은 점점 쇠락하는 국면으로 가고 있었다. 입학생은 점점 줄고 재학생들도 점점 빠져나가서 원화 연간(元和年間)의 학생수는 개원 연간(開元年間) 이전의 삼분의 일도 안 되었다. 개원 전에는 국자관(國子館) 300명·태학관(太學館) 500명·사문관(四門館) 1,300명 모두 2,000여 명 이상이었던 것이 원화 초에는 장안에 있는 국자감의 국자 80명·태학 70명·사문 300명이고, 낙양에 있는 국자감의 국자 10명·태학 15명·사문 50명으로 장안과 낙양을 합쳐 겨우 500여 명에 불과하였다. 이렇게 학생수가 급감한 원인은 학생이 줄기 시작하면서 점차 입학자격도 완화하여 나중에는 국자관만 제외하고 태학관 이하는 과거시험의 자격도 없는 공(工)·상(商)인의 자제까지 입학하게 되었다. 이렇게 되자 사대부들의 자제들이 태학에서 공부하는 것 자체를 부끄럽게 여겨서 입학조차 하지 않자 아예 정원을 줄여 버렸던 것이다. 그래서 한유는 태학관을 8품 이상의 자제들만 받아들이도록 새로 규정을 정하여 국자감의 학생수를 회복시켜 보려 하였던 것이다.

이 무렵에 그가 올렸던 몇 통의 의견서는 조정의 대강에 특별히 이의를 제기한 것은 없다. 경제문제를 논한 「화폐의 가치가 높고 물가가 낮은 것에 대한 의견서(錢重物輕狀)」도 이 무렵에 지은 것이다.(어쩌면 이보다 조금 뒤에 지은 것인지도 모른다.) 덕종(德宗)의 치세에 새로운 세법인 '양세법(兩稅法)'이 도입되었다. 이 세법은 종래의 조(租)·용(庸)·조(調)의 제도를 폐지하고, 좀 더 경제실정에 맞는 징세법을 도모한 것이다. 그러나 불편한 점이 한 가지 있었다. 양세법은 지금까지의 물납제(物納制)를 고쳐 원칙적으로 금납(金納)의 방침을 취하고 있었다. 그것을 단숨에 시행했기 때문에 화폐의 절대량이 부족했다. 그러자 당연히 화폐가치가 올라 통화 수축현상이 생겼다. 이 무렵에는 물가가 이전의 삼분의 일까지 떨어졌다 한다. 그러자 상인들은 화폐를 모아 투기를 하였고, 그로 인해 농민은 상대적으로 무거운 세금을 부담하게 되었다. 그래서 한유는 첫째로 물납제를 부활하고, 둘째로 동(銅)의 사유를 금지하여 화폐량을 늘리며, 셋째로 품격이 떨어지는 새로운 돈을 주조하여 화폐가치를 낮추고, 넷째로 감봉을 단행하여 새로 주조한 돈으로 봉급을 지급하자고 주장하였다.

　이것은 그렇게 독창적인 의견은 아니다. 통화 수축현상은 덕종시대부터 이미 시작되어 그 대책이 여러 방도로 논의되어 왔다. 한유의 스승이기도 한 재상 육지도 의견서를 내어 한유보다 상세하게 양세법 개정을 논한 일이 있었다. 양세법은 '조종(祖宗)의 유제(遺制)'인 조·용·조의 제도를 부정하는 것이기 때문에 보수적인 사람들에게는 평판이 나빴다. 또 '선왕의 법'도 아니기 때문에 유학에 굳어 있는 사람들에게는 환영을 받지 못했다. 그러나 경제적 대세에는 적합한 것이어서 폐지하면 더욱 큰 혼란이 예상되었다. 결국 신법의 대강을 지키면서 시행과정에서 재량을 더할 수밖에 없었다. 한유의 의견도 그 선에 따른 것이어서 경제 관료들의 생각과 대립되는 점은 없었다.

이해쯤부터 한유의 문장에는 다시 비명과 묘지류가 많아지고 있다. 그렇다고 그가 주장해 온 고문이 세상 사람들에게 인식되었기 때문이라고는 단언할 수가 없다. 국자좨주라는 직함을 보고 의뢰해 온 사람들이 많았을 것이라 생각되기 때문이다.

3. 병권과 인사권을 쥐고

한유는 이해 7월 26일 군정을 관장하는 병부의 차관인 병부시랑(兵部侍郎)에 임명되었다. 한유가 병부시랑에 임명된 데는 몇 가지 요인이 있지만, 가장 중요한 요인은 회서정벌의 경력이었다. 국자좨주도 요직이기는 하지만 아무래도 권력의 중심부라기보다는 명예직에 더 가깝다. 이와 달리 병부시랑은 국가권력과 군사업무를 장악한 요직이기 때문에 누가 뭐래도 권력 핵심의 하나이다.

822년(長慶 2) 한유의 나이 쉰다섯 살 때였다. 지난해 진주(鎭州 : 하북성河北省 정안正安)에 근거지를 둔 성덕군(成德軍) 절도사 전홍정(田弘正)이 살해되었다. 전홍정은 병사들의 사정에는 아랑곳 없이 사치한 생활에 빠져 있었기 때문에 병사들의 불만이 심하였다. 그러자 부하 장수인 왕정주(王庭湊)가 병사들을 선동하여 반란을 일으켰다. 왕정주는 위구르인의 자손으로 용맹한 장수였다. 전홍정을 살해한 후 자신을 그 후임으로 임명해 줄 것을 조정에 요구하는 한편, 무력으로 이웃 기주자사(冀州刺史)를 죽이고 그 영토를 점거하였으며, 또 심주(深州)의 우원익(牛元翼)을 포위하였다. 위박(魏博)절도사 이소(李愬)가 전홍전을 조문하고자 싸울 것을 결의하고 부장 우원익(牛元翼)을 보냈지만 왕정주에게 거꾸로 포위되고 말았다. 이렇게 되자 하북(河北)·하동(河東)의 여러 군(軍)도 혼란 속에 빠지게 되었다. 조정은 놀라 하동절도사로 나가 있던 배도를 총사령관[鎭州四面行營都招討使]으로 삼아 왕정주를 토벌토록 하였지만 뚜렷한 결과 없이 여전히 심주는 포위되어 있었다.

이해 2월 2일 조정은 끝내 굴복하여 왕정주를 성덕군 절도사로 임명하고 반란군인 병사들에게도 원래의 직책을 주어 왕정주의 요구를 전면적으로 들어주기로 결정했다. 그 뜻을 전하고 전쟁중지를 교섭할 사자로 선발된 사람이 한유였다.

진주로 가는 길은 장안에서 북쪽으로 태원(太原: 산서성山西省)을 통과하여 동쪽의 태행산맥(太行山脈)을 넘어가야 한다. 한유는 태원에서 「사명을 받들어 상산으로 가는 도중 태원에 묵었다가 일찍 일어나 시를 지어 부사인 하부낭중(賀部郎中) 오단(吳丹)에게 보여 주며(奉使常山早次太原呈副使吳郎中)」라는 오언율시 한 수를 지어 부사에게 보여 주었다.

> 낭랑하게 시간을 알리는 북소리 듣고서,
> 새벽에 일어나니 조회 가는 시간과 같네.
> 달리고 달려 날듯이 역마를 달려왔지만,
> 이 봄날이 다 가야 돌아갈 수 있겠지.
> 벼를 발견하였다던 가화란 곳은 사라지고,
> 『시경·국풍』의「실솔」시만 남았네.
> 늙으면 진실로 다감해지는 법인지라,
> 일도 없이 눈물은 턱까지 흘러내리네.
> (朗朗聞街鼓, 晨起似朝時. 翻翻走驛馬, 春盡是歸期. 地失嘉禾處, 風存蟋蟀辭. 暮齒良多感, 無事涕垂頤.)

정전(停戰) 교섭을 하러 가는 사자로서는 위세를 느낄 수 없는 시다. 자신이 시에서 말한 대로 이미 노경에 접어들어 마음이 약해졌는지도 모른다.

태원에서 다시 동쪽으로 백여 리를 가자 승천군(承天軍)에 이르렀다. 여기에는 총사령관[鎭州四面行營都招討使] 배도의 본부가 있었다. 한유는 원화(元和) 말, 조주로 유배간 뒤 삼 년 동안 배도를 보지 못하였다. 한유가 조주로 떠난 얼마 뒤, 배도도 황보박(皇甫鎛)에게 밀려 오랜 기간 외직에 나가 있었다. 그런데 이곳에서 오랜 친구를 만나니 그 감개가 말할 수 없었다. 그러나 한 사람은 정전교섭의 사자이고 한 사람은 토벌 총사령관이니, 이렇게 만난 두 사람의 입장도 사실 난감하였다. 두 사람은 서로의 마음을 시로 화답하며 안타까움을 나타낸 뒤, 한유는 다시 총총히 길을 떠났다.

배도는 떠나는 한유에게 위험하면 들어가지 말라고 타일렀지만, 그러나 일단 유사시였기에 옛날의 고집이 여전히 남아 있었다. 왕정주의 요구를 조정에서 받아들이기는 하였으나 상대는 정평이 나있는 난폭자여서 칙사라 해도 어떻게 대할지 알 수 없었다. 도성에서도 한유 일행의 생명을 걱정하는 사람이 많았다. 그 가운데 원진은 황제에게 한유를 죽게 하는 것은 애석한 일이라고 진언을 했다. 그래서 다시 사자를 뒤쫓아 보내, 위험할 것 같으면 진주까지 갈 필요가 없다는 조칙을 전했다. 그런데 이 소식을 들은 한유는 정색을 하고 "칙사로 가면서 일신의 안위 때문에 되돌아가란 말인가!"라고 말을 하면서 말을 몰아 진주로 들어갔다.

왕정주는 과연 무장한 병사를 좌우로 거느리고 한유를 맞이했다. 이때의 상황을 『신당서(新唐書)』「한유전」에 생생하게 기록하고 있다.

(한유가 당도하자) 왕정주는 삼엄하게 무장한 군대를 거느리고 그를 마중하고, 또 병사들을 뜰에 정렬시켰다. 자리에 앉자 왕정주는 "분란을 일으킨 자들은 바로 이 병사들이오"라고 말했다. 한유는 큰 소리로 "천자께서는 귀하를 장수의 재질이 있다 하여 절도사 직을 내리셨는데 어찌 도적처럼 반란을 일으키려 하오?"라고 하자, 말도 채 끝나기도 전에 이번엔 병사들이 격분하여 앞으로 나오며 "전번 태사께서 나라를 위해 주도(朱滔)를 칠 때, 옷에 묻은 피가 아직도 이렇게 있는데 이러한 군대를 어찌 저버리고 도적이라 하시오?"라고 소리쳤다. 한유는 "그래, 자네들이 전번 태사를 기억하고 있지 않은 줄 알았는데, 아직도 기억하고 있다니 참으로 다행한 일이다. 천보 이래 안녹산(安祿山)·사사명(史思明)·이희열(李希烈)·양숭의(梁崇義)·주도(朱滔)·주차(朱泚)·오원제(吳元濟)·이사도(李師道) 등의 자식이나 손자 중에 생존하고 있는 자가 있는가? 또 관직에 있는 자가 있는가?"라고 묻자, 군사들은 "없습니다"라고 대답하였다. 한유는 "전홍정(田弘正) 공은 위·박 등의 6주를 조정에 바쳤고, 중서령의 관직을 지냈으며 부자가 절도사 직을 받기도 했다. 그리고 유오(劉悟)·이우(李祐)도 크게 안정시켰다. 이것은 너희 군대가 다 듣고 있는 바이다"라고 하자, 군중들은 "전홍정은 각박하게 대하였기 때문에 우리 군대가 편안치 않았습니다"라 말했다. 이에 한유는 "그러나 너희들이 전공(田公)을 죽였고, 또 그 가족을 살해했으니, 더 이상 무엇을 말할 수 있단 말인가?"라고 다시 물으니, 군중들은 큰 소리로 "옳소"라고

화답하였다. 왕정주가 군사들이 마음이 변할까 걱정하여 재빨리 물러가라고 손을 내젓고서, "지금 내가 어떻게 하기를 바랍니까?"라고 물으니, 한유는 "금군(禁軍) 6군에 우원익 같은 자야 적지 않지만 조정에서는 원칙을 생각하여 그를 버릴 수가 없는데, 귀하가 오랫동안 그를 포위하고 있으니 어찌된 것이오?"라고 하였다. 왕정주가 "곧 풀어 주겠소이다"라고 하자, 한유도 "그렇게만 한다면 아무 일이 없을 것이오"라고 했다. 그때 마침 우원익도 포위를 풀고 탈출하였는데, 왕정주는 더 이상 추격하지 않았다. 한유가 조정으로 돌아와 사실을 황제께 알리자 황제도 크게 기뻐하였다.

(廷湊嚴兵迓之, 甲士陳庭. 卽坐, 廷湊曰: "所以紛紛者, 乃此士卒也." 愈大聲曰: "天子以公爲有將帥材, 故賜以節, 豈意同賊反邪?" 語未終, 士前奮曰: "先太師爲國擊朱滔, 血衣猶在, 此軍何負朝廷. 乃以爲賊乎?" 愈曰: "以爲爾不記先太師也, 若猶記之, 固善. 且爲逆與順利害. 不能遠引古事. 但以天寶來禍福爲爾等明之. 安祿山史思明李希烈梁崇義朱滔朱泚吳元濟李師道. 有若子若孫在乎? 亦有居官者乎?" 衆曰: "無" 愈曰: "田公以魏博六州歸朝廷, 官中書令, 父子受旗節, 劉悟李祐皆大鎭, 此爾軍所共聞也. 衆曰弘正刻. 故此軍不安." 愈曰: "然爾曹害田公, 又殘其家矣, 復何道?" 衆乃讙曰: 侍郞語是. 廷湊恐衆心動. 遽麾使去. 因泣謂愈曰: "今欲廷湊何所爲?" 愈曰: "神策第六軍之將. 如牛元翼比者不乏少. 但朝廷顧大體. 不可棄之. 公久圍之. 何也?" 廷湊曰: "卽出之." 愈曰: "若爾, 則無事矣." 會元翼亦潰圍出, 廷湊不追. 愈歸奏其語, 帝大悅.)

한유는 임무를 완수하고 조정으로 돌아왔다. 목종이 기뻐한 것은 두말할 필요도 없다.

진주(鎭州)의 사건이 해결됨으로써, 배도는 태원에서 조정으로 돌아와 사공(司空) 겸 문하시랑(門下侍郞)·동평장사(同平章事), 원진은 공부시랑·동평장사가 되어 두 사람 다 재상이 되었다. 그러나 배도가 왕정주를 토벌하기 위해서 총사령관으로 있을 때 원진의 방해를 많이 받았기 때문에 두 사람 사이에는 틈이 있었다. 그런데 배도가 조정으로 돌아왔을 때, 산남동도(山南東道) 절도사 이봉길(李逢吉)도 양양(襄陽)에서 장안으로 돌아와 병부상서(兵部尙書)가 되었다. 이봉길은 타고난 본성이 음험하여 선량한 사람들을 모함에 잘 빠뜨렸다. 이봉길은 배도와 원진 두 사람 사이의 틈을 이용하여 둘 다 제거하려고 마음을 먹었다. 그는 마침내 원진이 배도를 암살하려 했다는 사건을 조작해냄으로써 이해 6월 두 사람은 결국 재상에서 파직되었다. 배도는 좌복야(左僕射)로 원진은 동주자사(同州刺史)로 강등되고, 이봉길 자신은 배도를 대신하여 문하시랑·동평장사가 되었다. 이렇게 되니 한유의 처신이 쉽지 않았다. 한유가 유배에서 벗어나 원주에서 장안으로 돌아오면서 양양을 지날 때, 이봉길에게 극진한 대접을 받은 적이 있다. 한유도 이봉길의 사람됨을 알고 있었기 때문에 이봉길에 대해서 고마워하면서도 늘 경계를 풀지 않았다. 배도가 재상에서 해임되었을 때에, 한유는 배도를 동정하면서도 이봉길에 대해서 어떤 태도도 취하지 않았다. 그러나 멀지 않아 한유 또한 이봉길이 친 그물에서 벗어날 수 없었다.

9월, 한유는 이부시랑으로 임명되었다. 이부시랑은 모든 관리의 인사를 관장하는 이부의 차관이다. 행정관청인 상서성(尙書省)은 이(吏)·호(戶)·예(禮)·병(兵)·형(刑)·공(工)의 여섯 부(部)로 이루어져 있지만, 그 가운데서 이부는 다른 다섯 부에 비해서 격이 높다. 각 부의 차관인 시랑은 정4품하(正四品下)이지만 이부시랑만은 정4품상이다. 그리고 이부에 문벌귀족의 자제가 많이 채용되었다는 것은 앞에서 이미 서술했다. 한유는 젊은 시절 몇 번이나 고배를 마셨던 이 문벌귀족의 아성에 시랑으로 근무하게 된 것이다. 두말할 것도 없이 그 한 사람만의 힘은 아니었다. 진사 출신, 이른바 거자들의 세력이 임자의 반발을 받아가면서도 서서히 확대되고 있었던 것이다.

이부에 근무하는 관리의 사무실은 타인의 출입을 금지하였고, 사무실에 없을 때에는 자물쇠를 잠그는 것이 관습이었다. 관리임용과 근무평가를 취급하므로 비밀을 지키고 부정을 방지하기 위해서일 것이다. 그러나 한유는 부임하자마자 곧 각 사무실을 개방하여 외부인의 출입을 허락하고 자물쇠도 잠그지 않았다. 그 이유를 물었을 때 그는 이렇게 대답했다. 인간이 유령을 무서워하는 것은 유령이 보이지 않기 때문이다. 유령이 보일 것 같으면 아무도 무서워하지 않을 것이다.

이부의 관리들은 다른 부서의 관리나 수험생들을 만나지 않았기 때문에 위엄을 지닌 두려운 존재로 인식되고 있었다. 그런데 그 사무실을 마음대로 출입할 수 있게 되면 특별히 두려워할 것이 없게 될 것이다. 인사권을 독점하여 다른 모든 관리를 실질적으로 지배했던 이부의 특권을 한유가 내부에서 타파하기 시작한 것이다.

한유가 이부로 옮기기 전, 아마 4월에서 8월 사이의 일이라고 생각되지만, 그는 소금 전매에 관한 장문의 의견서인 「소금 전매법 개정의 처리를 논한 의견서(論變鹽法事宜狀)」를 올렸다. 이것은 호부시랑 장평숙(張平叔)이라는 사람이 황제에게 헌책한 소금 전매법 개정안에 반대의견을 편 것이다. 장평숙의 안은 요컨대 소금판매를 관영화하여 각 가정의 소금 배급량을 강제적으로 정하여 배급하고, 대금회수의 책임은 자사·현령 등의 지방관에게 우선적으로 지우고 최종적으로 재상에게 지우자는 것이었다.

종래에 소금제조는 국가가 관리하고 판매권은 면허를 받은 상인이 독점하고 있었다. 그래서 소금상인은 관리와 결탁하여 거액의 이윤을 남겼다. 이러한 소금사업을 국가 전매사업으로 하면 분명 큰 재원이 될 것이다. 그러나 소비자 보호라는 점은 전혀 고려하지 않았기 때문에 시행되면 틀림없이 무리가 생길 것이고 소금대금의 회수를 근무평가의 하나로 삼아 책임을 지우는 것은 지방장관으로서도 참을 수 없는 일이 될 것이다. 한유가 반대한 것도 바로 이러한 점을 염려한 것이었다. 그런데 이러한 주장은 한유 한 사람만의 주장이 아니었다. 그 밖에도 같은 의견들이 쏟아져 나와 결국 장평숙의 안은 수용되지 않았다.

4. 수도를 총괄하는 경조윤

823년(長慶 3), 한유의 나이 쉰여섯 살 때였다. 그는 이해 6월 경조윤(京兆尹)에 임명되었다. 이부시랑을 일 년도 채우지 못하였는데, 경조윤으로 발령이 났다. 경조윤은 수도 장안의 행정·치안과 물자공급·부역 같은 모든 업무를 담당하는 경조부(京兆府)의 장관이다. 하남부(河南府)·태원부(太原府)·하중부(河中府)·강릉부(江陵府) 등의 여러 부(府)와 비교해서 경조부는 책임과 권한이 훨씬 크고, 지위도 중앙의 대성(臺省: 상서성·문하성·중서성의 삼성三省)의 장관보다 낮지 않다. 이부시랑의 자리에 비해서 권한이 좀 약할지는 몰라도 결코 강등은 아니다.

당시 장안에 있는 금군(禁軍), 즉 황제를 직접 호위하는 군대의 병사들은 군의 위광을 믿고 제멋대로 나쁜 짓을 하고 있었다. 한유는 경조윤에 부임하자마자 그 무리들을 모조리 잡아다 감옥으로 보내 버렸다. 병사들은 움츠러들 수밖에 없었다. "지금의 경조윤은 황제 앞에서 불골을 태워 버리자고 말을 한 사람이야. 그가 노하면 어떤 눈으로 대할지 알 수 없어"라며 급히 평온한 자세로 돌아갔던 것이다.

그런데 한유가 경조윤으로 임명된 이면에는 이봉길의 책략이 숨어 있었다. 이봉길은 재상이었지만, 목종의 신임을 받고 있었던 사람은 앞에서 잠시 언급했던 이신(李紳)이었다. 이신의 헌책(獻策)에 의해 모든 일이 사실상 결정되고 있었다. 재상 이봉길은 분노를 참을 수 없었지만, 황제의 신임이 두터운 이신을 어떻게 할 수가 없었다. 그런데 마침 감찰기관인 어사대(御史臺)의 차관 자리인 어사중승(御使中丞)이 비어 있었다. 이봉길은 바로 이것을 기회로 그 자리에 이신을 추천하고, 한유를 경조윤에 임명한 것이다. 경조윤은 수도의 경찰권을 가지고 있고, 또 어사대와 협조해야 할 업무가 많기 때문에 새로 임명되었을 때에는 어사대로 인사하러 가는 것이 관례였다. 그런데 한유의 경우에는 경조윤이 어사대의 장관인 어사대부(御史大夫)를 겸직하라는 사령이 내려왔고 아울러 어사대로 인사하러 갈 필요가 없다는 칙명이 첨가되어 있었다. 이신은 고집이 세고 성질이 급한 사람이었다. 고집으로 말할 것 같으면 한유도 남에게 뒤지지 않는데, 바로 이러한 두 사람의 성격을 이봉길은 계산에 넣었던 것 같다.

어사대에 인사하러 가는 것을 '대참(臺參)' 혹은 '대알(臺謁)'이라고 하는데, 당대(唐代)에는 문무백관(경조윤도 포함)과 어사대의 관리 사이에 정해진 예절상의 규정이었다. 당대의 문무백관이 새로운 관직을 받게 되면 반드시 어사대로 가서 어사대 관원[臺官]에게 인사를 해야 하고, 외직에 있던 절도사가 입조하거나 진영으로 갈 때도 대관(臺官)에게 인사하여야 한다. 또 삼원(三院:어사대에 소속된 대원臺院·전원殿院·찰원察院)에 새로 임명된 어사가 있으면 경조부의 소속관원들이 어사대로 가서 인사를 해야 한다. 경조부의 관원이 삼원의 어사보다 품계가 높고, 경조윤도 어사중승보다 높지만, 직무가 서로 중복되는 것이 많고 경조부 관리들이 어사대의 관리들에게 특히 제약을 많이 받기 때문에 어사대로 인사가는 '대참'의 예를 면할 수 없었다. 그런데 한유의 경우만은 특별히 조서로 '대참'의 예를 면제시켜 준 것이다.

예상한 대로 이신은 신임 경조윤이 인사하러 오지 않은 데 대해 화가 났고, 한유도 칙명에 따라 가지 않았다. 더 나아가서는 같은 감찰과 경찰의 업무에 대해서도 사사건건 충돌을 하게 되었다. 두 사람은 상대방의 근무지로 찾아가는 것조차 불쾌하게 여겼으므로, 문서로 응답하면서 싸움은 점점 더 격렬해졌다.

이봉길은 즉시 황제에게 두 사람의 불화를 보고하면서 시비를 불문하고 쌍방을 똑같이 처벌하도록 진언했다. 적절한 의견이었으므로 10월에 한유는 다시 병부시랑으로 되돌아갔고, 이신은 강서(江西)관찰사로서 도성을 떠나가게 되었다. 물론 두 사람은 불만이었고, 전출인사를 하기 위해 조정에 들어갔을 때 두 사람은 각각 자신의 주장을 황제에게 호소했다. 그것을 들은 목종은 이봉길의 계략을 눈치 챈 것 같다. 다음날 다시 칙명이 내려져 한유는 다시 이부시랑으로, 이신은 호부시랑으로 각각 임명되었다.

822년 9월에서 이듬해 10월까지 1년여 동안 한유는 무려 네 번이나 관직의 변동이 있었다. 장경 2년 9월 병부시랑에서 이부시랑으로, 장경 3년 8월 이부시랑에서 경조윤 겸 어사대부, 10월 5일에는 경조윤에서 다시 병부시랑으로, 6일 뒤인 10월 11일에는 다시 이부시랑으로 바뀌었다. 이렇게 자주 바뀌었다는 것은 조정에서 서로 간에 암투가 많았다는 것을 의미한다고 보아야 할 것이다.

지난날 한유가 조주로 유배갈 때, 층봉(層峰)이란 곳에서 그의 딸이 죽었던 일은 이미 앞에서 서술했다. 국자좨주로 소환되어 오던 도중 한유는 다시 층봉을 지나다가 딸의 무덤 앞에서 통곡을 했다. 그때 지은 「지난해 형부시랑으로 죄를 지어 조주자사로 좌천되어 역참의 말을 타고 부임하였다. 그 뒤 가족도 문책을 받아 쫓겨남에 어린 딸이 길에서 죽어 층봉역 옆 산 아래에다 임시로 매장하였다. 이번에 은택을 입어 조정으로 돌아가다 그 아이의 무덤을 지나면서 이 시를 지어 역 정자의 들보 위에 제목을 붙여 남긴다(去歲, 自刑部侍郎, 以罪貶潮州刺史, 乘驛赴任. 其後, 家亦譴逐, 小女道死, 殯之層峯驛旁山下, 蒙恩還朝, 過其墓, 留題驛梁)」라는 시가 한 수 있다.

몇 가닥 등나무 덩굴로 나무껍질 그대로인 관을 묶어서,
거친 산에 묻었으니 백골은 차가움에 견디지 못했으리.
마음속 놀라움과 두려움 생겨 병 더욱 깊어져서,
가마 태워 길 떠나매 모두들 그 위중함 알았으리.
묻고 나서 무덤을 돌면서 세 번 곡할 틈도 없었고,
제사지낼 때에는 밥 한 그릇뿐이었다 들었네.
죄 없이 죽게 된 너는 이 아비 죄 때문이었으니,
백 년이 지난들 부끄러움과 슬픔에 눈물 끊어지랴?
(數條藤束木皮棺, 草殯荒山白骨寒. 驚恐入心身已病, 扶舁沿路衆知難. 繞墳不暇號三匝, 設祭惟聞飯一盤. 致汝無辜由我罪, 百年慙痛淚闌干.)

한유는 경조윤이 되고 나서야 비로소 유모를 보내어 딸의 유골을 선조의 산소가 있는 하양(河陽)으로 옮기게 했다. 층봉의 무덤을 판 것은 이신과 한참 불화가 심했던 10월 초이고, 고향으로 이장한 것은 이부시랑으로 되돌아간 11월이었다. 층봉으로 가는 사람들에게 한유는 「딸 나를 조상하는 글(祭女挐女文)」 한 편을 지어 주어 가져가게 했다. 이 글에는 괴로웠던 지난날의 여행을 회상하며 다음과 같이 끝맺고 있다.

네 눈 네 얼굴 내 눈가에 있다. 네 마음 네 뜻 뚜렷이 잊을 수 없구나. 이해 좋은 때를 맞아 너를 선조의 묘지로 옮긴다. 놀라거나 두려워

하지 말고 편안히 길을 가거라. 음식은 향기롭고 달며 관과 상여는 아름답단다. 선조의 묘지가 있는 그 언덕으로 돌아가면 언제까지라도 걱정 없을게다. 상향.

(汝目汝面, 在吾眼傍. 汝心汝意, 宛宛可忘. 逢歲之吉, 致汝先墓. 無驚無恐, 安以卽路. 飮食芳甘, 棺輿華好. 歸於其丘, 萬古是保. 尙饗.)

5. 만년(晩年)

824년(長慶 4), 한유가 쉰일곱 살이 되었다. 이해 장남 창(昶)이 진사에 급제했다. 한창의 나이 이때 스물여섯으로 아버지 한유가 진사에 급제한 나이보다 한 살 늦은 셈이다.

이해 정월 목종이 죽었다. 목종도 불사약을 복용하였기 때문에 그 부작용으로 일찍 죽었다. 제위를 이은 경종(敬宗)은 나이 아직 열여섯 살이었다. 이봉길의 세력은 더욱 커졌고 이신은 힘을 잃었다.

2월, 이신이 좌천되었다. 젊은 황제는 환관들과 격구(擊毬)와 수렵에 빠져서 정무를 돌보지 않았다.

4월에는 궁정 안에 근무하는 염색공들이 점쟁이의 꼬임에 빠져 무기를 들고 난입한 사건이 발생했다. 격구에 흥이 나 있던 경종은 당황하여 달아나고 염색공들은 궁전을 점거하여 연회를 베풀었다. 실없는 반란이었지만 한때는 큰 소란이어서 금군의 병사가 출동하여 밤이 되어서야 겨우 진압을 했다.

그러나 이러한 일련의 사건도 이제는 한유와 별 관계가 없었다. 그의 건강이 완전히 쇠하였던 것이다. 이부시랑을 휴직하고 장안성 남쪽의 별장에서 조용히 요양하기 시작했다. 이 달에 쓴 「정의대부·상서좌승 공규(孔戣) 묘지명(正議大夫尙書左丞孔君墓誌銘)」이 그의 산문 가운데 창작 시기를 알 수 있는 마지막 작품이다. 공규는 조주로 유배갔을 때 그에게 생활비를 지원해 주었던 바로 그 사람이다.

일생 동안 세속에 반대하며 누군가와 다투어 왔던 그는 지금에서야 비로소 평온한 만년을 맛볼 기회를 가졌다. 이 무렵 한유의 생활은 장적이 쓴 시 「퇴지를 조문하며(祭退之)」에 상세히 기록되어 있다.

> 지난 여름에 공은 휴가를 청하고,
> 성남 별장에서 병을 치료하고 있었네.
> 나 장적도 이때 관직을 쉬고서,
> 두 달 동안을 공과 함께 놀았네.
> 별장이 있는 황자파의 언덕은 굽고,
> 땅은 넓고 공기와 물색은 맑았네.
> 새로운 못은 사방이 평평하게 넘치고,

가운데는 부들과 마름이 향기롭네.

북대(北臺)는 벼논에 접하여 있고,

무성한 버드나무 그늘 드리워 시원하네.

판자로 지은 정자에 앉아 낚시 드리우니,

번거로운 고민 조금씩 그쳐서 평온하네.

함께 못 가의 아름다움을 아끼면서,

연구시를 지으며 원대한 마음을 푸네.

이따금 가(賈) 수재(秀才)도 있어,

여기로 와서 또한 함께 어울렸네.

배를 옮겨서 남계(南溪)에 들어오니,

동쪽 서쪽 삿대를 풀어놓았네.

갈라진 물결은 뱃전에 부딪치고,

앞뒤에는 갈매기와 창경새가 나네.

못 여울 아래로 돌아 들어와서,

그물 던져 잉어와 방어를 잡았네.

모래를 밟으며 수초를 따고,

나무 밑에서 새 쌀을 찌네.

날마다 서로 더불어 즐기니,

여름날이 긴 줄을 몰랐네.

늙은 나무꾼 어린 아이를 데리고,

언덕 곁에 모여서 구경하네.

달 속에 높은 여울을 오르니,

별들이 번갈아 꼬리를 드리우네.

낚싯줄 도르래로 긴 줄을 던지고,

잡히면 일제히 환호하고 놀라네.

밤이 깊어 말을 타고 돌아가니,

옷 위에 풀 이슬이 빛나네.

공이 남계에서 노닌 일을 시로 지으니,

노래하고 읊음에 강개함이 많구나.

스스로 기약하였네, 여기서 늙을 수 있어,

이 고을에서 모임 만들 수 있기를.

(去夏公請告, 養疾城南莊. 籍時官休罷, 兩月同游翔. 黃子陂岸曲, 地曠氣色淸. 新池四平漲, 中有蒲荇香. 北台臨稻疇, 茂柳多陰涼. 板亭坐垂釣, 煩苦稍已平. 共愛池上佳, 聯句舒遲情. 偶有賈秀才, 來玆亦同幷. 移船入南溪, 東西縱篙撐. 劃波激船舷, 前後飛鷗鷁. 回入潭瀨下, 網截鯉與魴. 踏沙掇水蔬, 樹下蒸新粳. 日來相與嬉, 不知暑日長. 柴翁携童兒, 聚觀于岸傍. 月中登高灘, 星漢交垂芒. 釣車擲長線, 有獲齊歡驚. 夜闌乘馬歸, 衣上草露光. 公爲游谿詩, 唱咏多慨慷. 自期此可老, 結社于其鄕.)

한유는 성남 별장에서 요양을 하였다. 이 별장은 한유가 원화 연간에 마련한 것으로 원화 11년 한유는 아들 창을 이곳에 독서하도록 보낸 적이 있다. 맹교가 쓴 「성남 한씨 별장에서 노닐며

(游城南韓氏庄)」라는 시의 '한씨 별장'이라는 것도 이곳이다. 위치는 장안 남쪽 종남산 아래의 황자파라는 곳이었다. 이때 장적은 수부원외랑(水部員外郞)의 직을 휴직하고, 한유와 함께 성남 별장에서 두 달 정도를 보냈다. 이때는 한유의 병이 그렇게 위중하지 않았다. 장적의 시에서처럼 함께 배를 타고 남계를 유람하기도 하고, 그물을 쳐서 고기를 잡거나 낚시를 하는 등 밤늦게까지 놀다가 말을 타고 돌아오기도 하였다.

특히 이 무렵 장적·가도·요합(姚合)과 함께 남계에 배를 띄우고 놀면서 지은 「남계에 처음 배를 띄우고(南溪始泛)」라는 세 수의 오언고시는 그가 만년에 남긴 명작이기도 하다. 세 수 중에 두 번째 시를 옮겨 본다.

남계의 물 맑고도 빠르지만,
지금까지 이곳에 배 띄운 적 없었네.
산촌의 농부 배 보고 놀라,
나를 따라 끊임없이 바라보네.
구경하는 사람은 아이들뿐만 아니라,
지팡이 짚은 백발노인도 있네.
그들은 대바구니 속에서 오이 꺼내 주며,
날더러 이곳에 머물라 권하네.
나는 대답했네. "병 때문에 이곳에 와

이미 상당히 자유로웠다네.

다행히 쓸, 남은 봉급이 있어

서쪽 밭에다 거주할 집을 마련하였네.

창고에는 쌀이 가득하여

아침저녁 생활 걱정 없다네.

높은 벼슬에 올랐다고 으스대지 않고

물러나 한가히 살아도 마음 편안하네.

다만 걱정스러운 것은 이웃 마을에 폐를 끼치거나,

때로는 급한 일로 신세 지지 않을까 하는 것이네.

바라는 것은 마을 사람들과 함께,

봄가을 닭과 돼지 잡아 토지 신에 제사하고 잔치하는 것이라고."

(南溪亦淸駛, 而無機與舟. 山農驚見之, 隨我觀不休. 不惟兒童輩, 或有杖白頭. 饋我籠中瓜, 勸我此淹留. 我云以病歸, 此已頗自由. 幸有用餘俸, 置居在西疇. 困倉米穀滿, 未有旦夕憂, 上去無得得, 下來亦悠悠. 但恐煩里閭, 時有緩急投. 願爲同社人, 鷄豚燕春秋.)

이 세 수의 시가 한유의 시 가운데 최후의 작품으로 알려져 왔지만, 근래에 한유시를 연구하는 사람들에 의하면 이후의 시도 있다고 한다. 이 이후 한유의 생활에 대해서, 장적은 「퇴지를 조문하며(祭退之)」에서 또 이렇게 쓰고 있다.

난 새로운 벼슬 내린다는 조칙 받고,
사례하러 성에 들어가야만 했네.
공도 이 때문에 함께 되돌아와서,
한 마을을 떨어져 거처하였네.
8월 열엿샛날 밤에,
달은 둥글고 하늘은 거의 개어 있었네.
공은 나를 불러다 머물게 하고서,
계단 기둥에 앉아서 이야기하였네.
이때에 두 시녀를 불러내어,
비파와 쟁을 함께 타게 하였네.
바람소리 마주하여 연주 소리 들으니,
홀연히 멈추었다가 다시 이어지네.
나를 돌아보고 자주 찾아 달라 하여,
이날 밤 기원함은 잊기가 어렵네.
공의 병환이 날마다 점점 더하여지니,
부인께서 약을 끓이는 것을 돌보셨네.
문안을 드리러 와서는 머물지 못하고,
문을 나서서는 늘 서성거렸네.
이때부터 더욱 위독해지자,
수레와 말들이 여기저기서 기다렸네.
문지기 종들이 모두 되돌려 보냈으나,

유독 나만은 침실까지 들어갔네.

공은 넓게 통달한 식견이 있어,

삶과 죽음을 한 끈으로 보았네.

임종하는 날 새벽을 맞아서도,

기색 역시 흐트러지지 않았네.

나에게 진중한 말씀을 하시려고,

우뚝하게 이불을 걷어차셨네.

공은 마치 글을 적고 싶은 듯,

남길 약속을 문장으로 만들려 하였네.

나로 하여금 그 글 끝에 서명케 하고,

뒷일을 규정하려고 하였네.

집안사람들이 앞에서 부르짖어서,

그 글은 끝내 이루지는 못하였네.

아들 부(符)가 그 말을 받들기를,

친히 시키기보다도 더 열심일세.

『노론(魯論)』의 주를 끝내지 못하셨는데,

필적을 찾기가 이제는 아득히 되었네.

새 정자를 이루어 놓고도 오르지 못하고,

장원 서쪽 행랑방 앞에 버려두었네.

서찰과 시문들이,

나의 상자에 가득 첩첩이 포개어 있네.

순식간에 만사가 끝나니,

창자와 마음 꺾여 아프기 말할 수 없네.

(籍受新官詔, 拜恩當入城. 公因同歸還, 居處隔一坊. 中秋十六夜, 魄圓天差晴. 公旣相邀留, 坐語于堦楹. 乃出二侍女, 合彈琵琶箏. 臨風聽繁絲, 忽遽聞再更. 顧我數來過, 是夜涼難忘. 公疾浸日加, 孺人視藥湯. 來候不得宿, 出門每廻遑. 自是將重危, 車馬候縱橫. 門僕皆逆遣, 獨我到寢房. 公有曠達識, 生死爲一綱. 及當臨終晨, 意色亦不荒. 贈我珍重言, 傲然委衾裳. 公比欲爲書, 遺約有修章. 令我署其末, 以爲後事程. 家人號于前, 其書不果成. 子符奉其言, 甚于親使令. 魯論未訖註, 手跡今微茫. 新亭成未登, 閉在莊西廂. 書札與詩文, 重疊我笥盈. 頃息萬事盡, 腸情多摧傷.)

7월 말에서 8월 초에, 장적이 주객낭중(主客郎中)으로 관직이 바뀌었기 때문에, 한유와 장적은 장안으로 돌아왔다. 한유의 집은 장안 성안의 정안리(靖安里)에 있었다. 황성(皇城)의 정남문(正南門)인 주작문(朱雀門)의 대로를 따라 남쪽으로 내려가다 다시 조금 동쪽으로 들어가면 된다. 원진의 집도 그 부근에 있었던 것 같다. 장적의 집은 마을 하나를 사이에 두고 있었다. 이때만 해도 한유의 병은 좀 심해지기는 했어도 일어나지 못할 정도는 아닌 것 같다. 8월 15일 밤 한유는 장적과 달구경을 하였고, 또 다음날도 달구경을 하면서 장적에게 「달을 감상하며 수부원외랑(水部員外郎) 장적이 왕육 비서를 데려옴을 기뻐함(翫月喜張十八員外以王六秘

書至)」이라는 시를 지었다.

어젯밤은 보름밤이었지만,
달은 아직 완전히 차지 않았었네.
그대가 나를 만나러 왔을 때,
바람 이슬이 끝없이 아득했었네.
뜬 구름은 흰 돌을 뿌린 듯하고
하늘은 푸른 연못을 펴놓은 것 같았네.
달은 그 고독한 모습을 꺼려하지 않고
중천에 떠서 그대 위해 비추었네.
마음껏 감상하다 어느덧 밤은 깊어
하늘 높이 동이 트려 했었네.
하물며 오늘밤은 달도 둥근데다,
또 좋은 손님까지 데려왔었네.
아쉽게도 술과 안주의 즐거움 나눌 수 없고,
다만 노래와 담소로만 대할 뿐일세.

(前夕雖十五, 月長未滿規. 君來晤我時, 風露渺無涯. 浮雲散白石, 天宇開靑池. 孤質不自憚, 中天爲君施. 翫翫夜遂久, 亭亭曙將披. 況當今夕圓, 又以嘉客隨. 惜無酒食樂, 但用歌嘲爲.)

이날 장적이 데려온 손님인 '왕육 비서(王六秘書)'가 누구인지 확실히 알 수는 없지만 당시 장적과 병칭되었던 시인 왕건(王建)이라는 설이 있다. 장적과 왕건은 서로 교제가 있었던 것 같으며, 장적의 시집에 왕건을 비서(秘書: 궁중의 서고를 관리하는 직)라고 불렀던 곳도 있으므로 가능성은 크다.

이 시와 장적이 남긴 자료로써 판단해 보면 이해 8월 보름은 달력상으로는 15일이었지만, 달이 완전히 차지 않았고 16일에야 완전한 만월(滿月)이 되었다. 이날 장적은 왕건을 데리고 한유를 찾아온 것이다. 손님이 찾아오는 것을 좋아하는 한유였으므로 전날에 이어 다시 달구경을 즐겼을 것이다. 시 끝에 '술과 안주[酒肴]'의 즐거움을 나눌 수 없다고 한 것으로 보면 한유의 건강은 술을 마실 수 없을 정도로 악화되었던 것 같다. 그런 건강상태로도 문인이 찾아오자 연이틀 함께 달구경을 하였던 점에서 한유다운 면모를 찾아볼 수 있다. 그런데 건강은 9월과 10월 사이에 갑자기 위독해졌다. 한유는 죽음을 앞두고 주변 사람에게 이렇게 말했다고 한다.

> 자신의 큰형은 인격도 높았고 약학에도 밝아서 반드시 의학서인 『본초(本草)』를 보면서 음식물에 조심했는데도 마흔두 살에 죽었다. 하지만 자신은 모자라고 우둔하며, 음식물을 가리거나 꺼리는 것 없이 먹었다. 그렇지만 지위는 시랑[차관]에까지 이르렀고 형보다 15년을 더 살았다. 이래도 부족하다면 어떻게 해야 족하겠는가? 게다가

집에서 편안히 죽게 되었고, 다행스럽게도 큰 죄과 없이 몸을 온전히 보존한 채 조상을 뵙게 되었으니 영예롭다 할 수 있다.

(某伯兄德行高, 曉方藥, 食必視本草, 年止於四十二. 某疎愚, 食不擇禁忌, 位爲侍郞, 年出伯兄十五歲矣, 如又不足, 於何而足? 且獲終於牖下, 幸不至失大節, 以下見先人. 可謂榮矣.)

한유는 건강이 나날이 나빠져 824년(長慶 4) 12월 2일 장안 정안리(靖安里) 사저에서 쉰일곱 살의 나이로 눈을 감았다. 죽기 전 한유는 사후의 일을 유서로 남겨 장적에게 서명하도록 하려 하였으나, 가족들의 우는 소리가 끊이지 않아 결국 유서는 남기지 못하였다. 다만 『논어』에 주석 작업을 마치지 못한 것을 유감스럽게 여겼다. 장적은 「퇴지를 조문하며」에서 이렇게 끝맺고 있다.

선영은 맹진 북쪽에 있는데,
들판에 무덤을 파는데 북소리 징소리 울리네.
상여 한 번 문밖을 나가니,
영원히 수레 타신 분 돌아오시지 않네.
나는 가난하여 조의금이 없으니,
무엇으로 구슬픈 성의를 표시할 수 있겠는가?
명의(明衣)와 명기(明器)를 휘장 아래 늘어놓았고,
술과 엿을 마루에서 바치고 있네.

밝은 신령이시어, 두루 비추어 아시거든,

여기 와서 받아 주시는 척이나 하소서.

(舊塋明津北, 野窆動鼓鉦. 柳車一出門, 終天無廻箱. 籍貧無贈賵, 曷用申哀誠. 衣器陳下帳, 醪餌奠堂皇. 明靈庶鑒知, 髣髴斯來饗.)

경종(敬宗)은 한유의 죽음을 듣고 예부상서(禮部尙書)의 관직을 추증했다. 상서는 각 부의 장관이어서 예부상서라면 지금의 교육부장관에 상당한다. 품계는 정3품, 그의 이력 가운데 최고의 벼슬임은 말할 것도 없다. 그리고 칙명으로 '문(文)'이라는 시호(諡號)를 내려 주었다. 그래서 한유를 존경하는 후세 사람들은 그를 한문공(韓文公)이라고 부르고 있는 것이다.

그런데 숨을 거두기 전, 그가 남긴 이상한 말이 『당어림(唐語林)』에 적혀 있다. "한유가 병으로 장차 숨을 거두려 할 때에 여러 승려를 불러놓고 말하였다. 나는 약물을 복용하지 않았소. 나는 곧 죽을 것이니, 내 손발과 몸을 잘 보아두시오. 미친놈들이 한유가 문둥병으로 죽었다는 말은 하지 않도록(韓愈病將卒, 召群僧曰吾不藥, 今將病死矣. 汝詳視吾手足支體, 無誑人云韓愈癩死也)." 이것은 아마 누군가 지어낸 말에 불과하여 믿을 것은 못될 것이다. 『당어림』은 북송 초기 왕당(王讜)이 50여 종의 당송 필기를 분류하여 편찬한 책인데, 주훈초(周勛初)는 『당어림교정(唐語林校証)』에서 『당어림』의 제재는 당대(當代) 사람이 당대의 일을 기록한 것이어서 비교적 믿을 만하다고 하였다. 『당어림』에 적힌 이야기가 믿을 수 있든 없든, 한유가 문둥병이 아니었다는 것은 확실하다. 그런데도 승려를 불러놓고 문둥병이 아니라는 것을 확인시키려 하였다는 이 이야기를 통해서, 한유의 죽음과 관련한 어떤 의혹이 있음을 어렴풋이 알 수 있다. 한유는 일생 동안 불교와 도가를 철저히 배척하였음은 다 잘 아는 이야기이다. 그래서 훗날 자신에 대한 이상한 이야기가 돌아다니지 않을까 미리 대비하였는지도 모른다.

한유가 죽고 난 뒤, 과연 그가 죽은 원인을 두고서 후세에 이상한 소문이 퍼졌다. 한유 또한 만년에 불로장생의 약에 빠졌다가 약의 부작용으로 죽었다는 것이다. 이것은 아무래도 백거이가 만년에, 죽은 친구들을 추모하여 지은 시 「친구를 그리워하며(思舊)」 가운데 "퇴지는 유황을 복용하여, 한 번 병이 들자 끝내 고치지 못했네(退之服硫黃, 一病訖不痊)"라고 한 것에서 나온 것 같다. 유황(硫黃)은 불사약을 만드는 데 중요한 원료로써 자주 쓰이는 것이다. 한유가 정말 유황을 복용했다면, 그가 그토록 불교와 도교를 반대하면서 한편으로는 도교의 장생술을 믿고 몰래 불사약을 복용했다는 비난을 면치 못할 것이다. 이것은 결국 그의 인격과 관련된 문제가 된다. 그러면 먼저 한유의 유황 복용설을 언급해 놓은 자료부터 잠시 살펴보자. 먼저 송나라 사람 공평중(孔平仲)이 쓴 『공씨잡설(孔氏雜說)』에서는 이렇게 이야기하고 있다.

퇴지는 만년에 노래하는 기녀가 있었으며 불사약을 먹었다. 장적이 「퇴지를 조문하며」라는 시에서 "이에 두 시녀를 불러내어, 비파와 아쟁을 합주하게 하였네"라고 하였다. 이윽고 마침내는 "공의 병환이 날마다 점점 더하여지니, 부인께서 약을 끓이는 일을 돌보셨네"라고 하였다. 백거이의 「친구를 그리워하며」라는 시에서는 "퇴지는 유황을 복용하다가, 한번 병이 들자 끝내 고치지 못했네. 원진은 '추석(秋石: 아이의 오줌을 모아 다려서 정제한 결정체)'을 먹었지만, 늙기도 전에 몸은 홀연히 가버렸구나"라는 말이 있다. 한퇴지는 일찍이 술을 마시며 시 한 편도 짓지 못한다고 다른 사람을 놀렸으면서, 자신은 기녀에게서 몸을 망쳤단 말인가? 「이박사묘지」에서는 다른 사람에게 불사약을 복용하지 말라고 그토록 철저히 경계시켰으면서도 자기 자신은 유황을 먹었단 말인가?

(韓退之晚年, 遂有聲樂而服金石藥. 張籍祭文云: 乃出二侍女, 合彈琵琶箏. 旣而遂曰: 公疾日浸加, 孺人侍湯藥. 白樂天思舊詩云: 退之服硫黃, 一病訖不痊. 微之鍊秋石, 未老身溘然. 退之嘗譏人不解文字飮, 而自敗於女妓乎? 作李博士墓誌, 切戒人勿服金石藥, 而自餌硫黃乎?)

그리고 진사도(陳師道)의 『후산시화(后山詩話)』에서도 유사한 이야기가 씌어져 있다.

한퇴지의 시에는 "장안에는 부자 자식들 많고, 상 위의 반찬들은 고

기요리라네. 술을 마시면 시 한 편도 지을 줄 모르면서, 오직 붉은 비단 치맛자락에 취할 줄만 아네"라고 하였다. 그러나 이 늙은이에게도 두 기녀가 있었으니, 강도(絳桃)와 유지(柳枝)라는 기녀였다. 그래서 장문창(장적)이 "그를 위해 두 시녀 불러내어, 비파와 아쟁을 합주하게 하였네"라고 하였다. 또 이우의 묘지명을 지으면서, 당시의 이름난 귀족들로 불사약을 복용하여 오래 살려다가 죽게 된 자가 여러 명을 서술하여 (이들의 이름도) 돌에 새겨 땅속에 묻었으니 어찌 일세만의 경계가 되겠는가! 그러나 그도 끝내 불사약으로 죽었기에, 백낙천은 "퇴지는 유황을 복용하였으나, 한번 병이 들자 끝내 고치지 못하였다"라고 하였던 것이다.

(退之詩云: "長安衆富兒, 盤饌羅羶膻. 不解文字飮, 惟能醉紅裙". 然此老有二妓, 號絳桃柳枝, 故張文昌云: "爲出二侍女. 合彈琵琶箏"也. 又爲李于誌, 叙當世名貴服金石藥欲生而死者數輩, 著之石, 藏之地下, 豈爲一世戒耶! 而竟以藥死. 故白傳云"退之服硫黃, 一病竟不痊"也.)

위의 기록처럼 한유가 정말 유황을 복용하다 죽었다면 비난받아 마땅하다. 그리고 한유가 장생의 약으로써 유황을 복용하였다면, 이것은 한유가 죽기 한 해 전에, 형의 손녀사위인 이우(李于)를 위해 쓴 「전 태학박사 이우군 묘지명(故太學博士李君墓誌銘)」의 내용과 모순된 행동이다. 이 묘지명은 이우의 생전의 업적이나 덕행에 대해서 일언반구도 없고 고인을 칭찬한 말이라곤 전혀 보이지 않는 극히 파격적인 글이다.

이우는 불사약을 먹고 그 부작용으로 죽었다. 한유는 그 사실을 기록한 후, 불사약 때문에 죽은 당대의 명사들 일곱 명[귀등(歸登)·이허중(李虛中)·이손(李遜)·이건(李建)·맹간(孟簡)·노탄(盧坦)·이도고(李道古)]을 예로 들면서, 약의 해독을 두려워하면서도 불로장생을 추구하다가 끝내 죽음에 이른 어리석음을 지적하고 있다. 이것이 묘지명의 전부이다. 형의 손녀사위라고는 하지만 죽은 사람을 위한 묘지명으로서는 지극히 비정하다 해도 좋을 것이다.

그런 한유가 불사약을 먹었다고 하는 것은 한유를 싫어하는 사람들에게는 절호의 공격 목표가 되었을 것이다. 한유는 호언장담을 자주한 사람이었으므로 언행이 일치하지 않은 점을 찾으려면 얼마든지 찾을 수 있다. 결정적인 사례로 이 불사약 사건을 들고 있는 것이다.

그러나 여기에 대해 방숭경(方崧卿)은 『한집거정(韓集擧正)』에서 백거이가 말한 퇴지는 한유가 아닌 다른 사람이라고 주장하고 있다. 방숭경이 말한 요지를 보면, 한유가 쓴 「당나라 전 감찰어사 위부군 묘지명(唐故監察御使衛府君墓誌銘)」이 있는데, 이 묘지명의 주인공 위부군(衛府君)은 불사의 약을 찾아 남해 끝까지 갔다가 그곳에서 죽었다고 서술되어 있다. 그런데 위부군이란 사람을 고증해 보니, 이름이 위중립(衛中立), 자가 퇴지(退之)였다. 즉 우연히 한유의 자와 같은 위중립이란 사람이 불사약을 구하다 죽었다. 따라서 백거이 시에 나오는 '퇴지'란 사람은 위중립이며, 한유와는 아무런 관련이 없다는 것이다.

그런데 여기에 대한 반론도 있다. 바로 근대 사람 진인각(陳寅恪)이 쓴 『원백시전증고(元白詩箋證稿)』에 보이는 설이다. 진인각에 의하면 백거이의 시「친구를 그리워하며」에 등장하는 옛 친구들이란 원진 등을 비롯한 고위관직에 있었던 사람들이며 문학에도 이름이 있었던 사람들뿐이다. 그 가운데 퇴지가 한유라면 어울리겠지만 무명이나 다름없는 위중립이라고 한다면 이상하다. 게다가 오대(五代) 송초(宋初)의 도곡(陶穀, ?~970)이 지은 『청이록(淸異錄)』에는 한유가 죽에 유황 가루를 섞어 수탉에게 먹이며 교미를 시키지 않고 천 일 동안 길러서, 삶아 약으로 만든 것을 화령고(火靈庫)라 하여 이틀에 한 번씩 먹었는데, 처음에는 효과가 있는 듯하다가 끝내는 죽게 되었다는 기록도 있다. 도곡은 한유가 죽었던 때로부터 그리 멀지 않은 시대의 사람이므로 무엇인가 근거가 있었을 것이다. 요컨대 한유는 확실히 유황을 복용한 것이며 백거이가 말한 퇴지란 분명 한유를 가리킨다는 것이다.

그러나 백거이의「친구를 그리워하며」에 불사약을 먹다가 죽었다고 언급된 친구들은 모두 네 사람인데, 원진(元稹)·두원영(杜元穎)·최현량(崔玄亮) 그리고 퇴지란 사람이다. 원진·두원영·최현량 세 사람은 다 백거이와 과거시험에 함께 합격한 동년으로 깊은 관계가 있어 친구라 해도 아무런 문제가 없고, 또 이들은 실제로 불사약을 먹었던 것으로 전해진다. 특히 원진 같은 경우는 불사약의 부작용으로 하루 만에 급사하였다고 『구당서』 본전(本傳)에까지 기록되어 있다. 그러나 백거이가 한유를 친구라고 할 만큼 친밀한 관계였는지에 대해서는 의심의 여지가 있다. 그리고 한유가 죽었을 때, 백거이는 멀리 항주자사(杭州刺史)로 나가 있었고, 그 뒤에도 소주자사(蘇州刺史) 등을 거치면서 오랫동안 외직에 있다가 한유가 죽고 난 3년 뒤에야 장안으로 돌아왔다. 따라서 백거이가 한유 가까이에서 시중든 적도 없고 임종을 지켜본 것도 아니었으므로 퇴지가 유황을 복용했다고 쓴 것은 소문으로만 듣고 글로 옮겼을 것으로 추측된다.

물론 어느 쪽의 설이 정확한지는 아마 영원히 가려지지 않을 것이다. 『청이록』의 기술은 어쩌면 백거이 시에서 나온 설일지도 모른다. 그러나 수탉을 유황으로 길러 불사약을 얻으려고 시도해 보았으리라는 것은 호기심 많은 한유로서는 있을 법한 이야기일 수도 있다.

그렇다면 여기에서 마지막으로 도교의 장생불사의 약과 관련된 복식(服食: 도교에서 장생불사의 약을 복용하는 것)에 대해서 잠깐 살펴보도록 하자. 복식은 원래 도교의 방사(方士: 우리나라에서는 흔히 도사라고 함)들의 양생술(養生術)이다. 이것은 대략 한말(漢末)에 생겨나서 위진남북조(魏晋南北朝)에 크게 성행하였다. 위진남북조의 귀족이나 고관, 그리고 이름난 문인들이 복식한 이야기는 사서(史書)에 많이 기록되어 있다. 이러한 풍습이 당대(唐代)에 이르면 더욱 유행하게 된다. 즉, 당대에는 위진남북조 때와는 달리 장생불사의 약을 복용하는 복식의 습관이 중하층 관리와 일반 문인들에게까지 널리 보급되어서 완전히 보편화되었다고 보아야 한다. 그래서 복식과 관련된 일 혹은 사건은 황제나 소수의 고위관리에 한해서만 역사에 기록되었고, 나머지는 아예 역사서에서 취급조차 되지 않을 정도로 보편화되었다. 물론 복식의 방법 또한 세월이 갈수록 다양해졌다. 그래서 복식은 불로장생을 추구하던 방법인 동시에, 차츰 병을 치료하는 방법으로도 발전하였을 것이다. 요즘으로 본다면 병을 치료하는 민간요법 정도라고 보면 되지 않을까 싶다. 그렇다면 한유의 경우도 어떤 방법으로든 복식과 연관시키고자 한다면 얼마든지 연관시킬 수 있을 것이다.

그러나 분명한 사실은 한유 자신뿐만 아니라 가장 가까이 있었던 한문(韓門) 제자들 가운데 어느 누구도 한유가 만년에 불사약으로 유황을 복용했다는 말은 하지 않았다. 특히 한유의 말년을 함께 지내면서 임종까지 지킨 장적(張籍)조차도 여기에 대해서 일언반구도 언급하지 않았다.

한유가 죽은 뒤, 그의 사위이자 제자이기도 한 이한(李漢)이 그의 시문을 모아 『창려선생집(昌黎先生集)』 40권을 간행하였다.

|제9장|
한유의 문학적 성취

한유는 당대의 정치가요 사상가이기도 하지만, 시인이자 문장가로 더 유명하다. 소식(蘇軾, 1037~1101)은 한유를 "문장은 팔대(八代: 동한東漢·위魏·진晉·송宋·제齊·양梁·진陳·수隋)의 쇠미한 문풍을 일으켜 세웠고, 도(道)는 천하 사람들이 빠져 허우적거리는 이단에서 건져내었다(文起八代之衰, 道濟天下之溺)"라고 일컬어 그 업적을 간략하면서도 정확하게 평가하였다. 소식이 "문장은 팔대의 쇠미한 문풍을 일으켜 세웠다"라고 한 것은 한유의 고문운동을 평가한 말이고, "도는 천하 사람들이 빠져 허우적거리는 이단에서 건져내었다"라고 한 것은 한유의 유학부흥을 평가한 말이다. 한유의 문학적 성취에 대해서는 본문을 서술하면서 이미 부분적으로 언급하였지만, 여기에서는 그 요점만을 정리해 본다.

1. 고문운동과 유학부흥

한유는 문벌귀족이 독점하였던 권력을 신진사대부에게까지 확대하기 위해 힘을 기울였고, 중앙관료나 지방관으로서도 나름의 훌륭한 치적을 남긴 정치가이기도 하지만, 그의 업적 가운데 가장 중요한 것은 뭐니뭐니 해도 문학 분야이다. 시가 영역에서는 전대 시인들과 다른 길을 개척하여 시단의 일파를 열어 송시(宋詩) 발전에도 중요한 작용을 하였지만, 가장 두드러진 업적은 당대 중기 고문운동을 이끌면서 당시 유행하던 화려한 문풍의 변려문(駢儷文)의 폐습을 극복하였다는 점이다.

중국문학은 육조시대에서 성당시대까지 오백여 년 동안 유미주의를 추구하는 변려문이 문단을 지배하였는데, 이러한 경향은 순수문학이라는 문학의 독립적인 지위를 얻는 데는 성공하였지만, 내용보다는 형식미만을 추구하는 폐단이 생겨났다.

변려문이란 형식미를 추구하는 문장이다. 육조시대에는 4자와 6자를 기본으로 한 대구(對句)를 이루어 자구의 아름다움과 리듬을 중시한 문장을 즐겨 썼는데, 이것을 변려문(駢儷文)·변려체(駢儷體)·사륙문(四六文)·사륙변려문(四六駢儷文)이라 하였다. 변려문은 그 후 격식이 더욱 엄정해져서 대구와 전고의 교묘한 운용, 음률의 조화, 표현의 화려함 등 외적인 표현미를 더욱 중시하여 내용은 갈수록 공허해졌다.

육조의 귀족사회에 의해 완성된 이 변려문은 한유가 살았던 중당에 이르러서도 여전히 문장의 주류적 지위를 차지하여, 임금의 조칙(詔勅)이나 신하가 임금에게 올린 상주문(上奏文)은 화려한 변려문으로 작성되었고, 그 밖에 자신의 소감을 서술하여 타인에게 보낸 증서(贈序)의 문장이나 죽은 이의 덕(德)과 공로를 후세에 전하고자 쓴 묘지명(墓誌銘) 같은 문장까지도 변려문으로 쓰는 경우가 많았다. 당시 문학작품으로 여겨진 문장은 대부분 변려문으로 지어져 육조시대의 유풍이 그대로 남아 있었다.

한유는 이처럼 지나친 수사와 기교, 형식적인 것만을 추구한 변려문을 반대하고 내용이 충실하고 순박한 한나라 이전의 문체로 돌아가자는 운동을 전개하였는데, 이를 '고문운동(古文運動)'이라고 부른다. 여기에서의 '고문'이란 선진(先秦)·양한(兩漢)시대의 문장을 말하기도 하고, 한유가 제창한 산문체를 말하기도 한다. 이 '고문운동'은 한유와 유종원(柳宗元)을 중심으로 주도되었고, 지향 목표는 선진 제자(諸子)의 글과 양한의 경사(經史)의 글처럼 내용 전달을 중시한 고대의 문체로 복귀하고, 아울러 유교사상을 밝히는 내용의 글을 짓는 데 있었으니, 문학 발전상 필연적인 추세였다고 볼 수 있다.

그러나 이러한 고문운동은 한유의 고문운동이 있기 전부터 그 싹을 틔웠고, 그 이후에도 끊임없이 계승되었다. 그러면 잠시 고문운동의 발전과정을 살펴보고 넘어가자.

문학에 있어 유미주의가 성행하던 육조시대에도 양(梁)의 배자야(裵子野)와 서위(西魏)의 소작(蘇綽)은 화려한 변려문에 반대하고 전아한 고문을 써야 한다고 주장하였고, 수(隋)나라에 들어와서는 이악(李諤)이 상서(上書)하여 변려문의 폐단을 바로잡아야 한다고 주장하였으며, 문제(文帝)는 모든 공문서는 '문장이 겉만 화려하고 아름다운 것(文表華艶)'을 금지하고 질박한 문체를 써야 한다는 조칙을 내려 변려문을 반대하기도 하였다. 그러나 이러한 주장들은 주장으로만 그치고, 대체할 새로운 문체를 제시하지 못하였다. 그러다 수나라 말기 왕통(王通)은 문학은 화려한 문체의 예술적인 면에 치중하기보다 의리·도덕 등의 내용을 위주로 써야 한다고 주장하면서, 직접 고문체로 쓴 『중설(中說)』을 지어 그 이론을 실천하였다. 당대(唐代)에 들어와 진자앙(陳子昻)이 한(漢)·위(魏)의 문학으로 돌아갈 것을 주장하며 진(晉)·송(宋) 이후의 부미한 문학을 배척하였으나 주로 시가(詩歌)에만 국한되어 그 영향이 널리 미치지 못하였다. 그 뒤에 소영사(蕭穎士)·이화(李華)·원결(元結)·독고급(獨孤及)·유면(柳冕)·양숙(梁肅) 등이 계속적으로 복고운동을 주장하였는데, 이 가운데 독고급·유면·양숙 등은 한유·유종원의 고문운동에 직접적인 영향을 끼쳤다. 이러한 시대적 조류 속에서 한유와 유종원이 등장하여 고문운동은 절정에 이르렀고, 이후 황보식(皇甫湜)·이고(李翶)·이한(李漢) 등이 이를 계승하였지만 적극적인 호응을 받지 못하고 만당(晚唐) 때에 다시 유미주의 문풍이 불면서 쇠퇴하였다. 그러나 송대에 들어와 다시 유개(柳開)·왕우칭(王禹偁)·구양수(歐陽脩) 등에 힘입어 고문운동은 확고히 뿌리를 내렸고, 소순(蘇洵)·소식(蘇軾)·소철(蘇轍)·왕안석(王安石)·증공(曾鞏) 같은 뛰어난 고문가들이 나와 많은 작품을 남겼다.

한유의 고문운동은 먼저 변려문에 대한 비판에서 찾아야 할 것이다.『구당서』「한유전」에는 "(한유는) 늘 위·진 이후 글을 쓰는 사람들이 대부분 대우(對偶)에 얽매여 유가 경전의 뜻과 사마천·양웅의 풍격이 더 이상 떨쳐 일어나지 못하였다고 여겼다. 때문에 한유는 문장을 쓸 때 힘써 위·진 이후 유행한 변려체의 문풍을 반대하였다(常以爲自魏晉已還, 爲文者多拘偶對, 而經誥之指歸, 遷雄之氣格, 不復振起矣. 故愈所爲文, 務反近體)"라고 하여, 육조의 문풍에 대한 한유의 견해가 잘 나타나 있다.

한유 자신도 예부의 진사과 시험과 이부의 박학굉사과 시험에 각기 세 번씩이나 떨어졌던 가장 중요한 원인이 바로 자신이 주장하는 고문과 시험에 응시할 때에 쓰는 변려문과의 충돌이었다고 생각하였다. 그래서 한유는 「최립지에게 답한 편지(答崔立之書)」에서 당시의 심경을 "시험에 참가하였다가 물러나 내 자신이 쓴 시험 문장을 꺼내어 읽어보니, 바로 (춤·노래·해학을 전업하는) 배우들의 말과 같아서 부끄러워 얼굴이 달아오르고 마음이 편치 못한 것이 수개월이나 되었습니다(退自取所試讀之, 乃類於俳優者之辭,

顔忸怩而心不寧者數月)"라고 고백하였다. 이 고백은 시험응시를 위해서 어쩔 수 없이 자신이 지향하던 고문을 버리고 변려문을 써야 했던 자신의 부끄러운 행동을 그대로 드러낸 표현이다. 이러한 관점은 그의 「풍숙에게 문학을 논하여 준 글(與馮宿論文書)」에서도 찾아볼 수 있다.

> 저는 오랫동안 문장을 지어 왔는데, 언제나 스스로 생각해 보면 훌륭한 문장인데 다른 사람은 그때마다 꼭 시원찮다 하였고, 어느 정도 마음에 든다고 생각하면 다른 사람은 그만큼 시원찮다고 하였으며, 또 아주 잘되었다고 생각하면 다른 사람은 아주 시원찮다고 하였습니다. 때로는 세속의 유행에 응해서 세속적인 문장을 지어놓고 보면 자신에게는 부끄러운 것인데, 다른 사람에게 보이면 훌륭하다고 칭찬하였습니다. 스스로 조금 부끄럽다고 생각하면 다른 사람은 조금 칭찬하고, 크게 부끄럽다고 생각하면 크게 칭찬하였습니다. 모르겠습니다. 고문이 진실로 현세에 어떻게 유용한 것인지를. 그러나 알아주는 사람이 나타나 알아주기를 기다릴 뿐입니다(僕爲文久, 每自則意中以爲好, 則人必以爲惡矣. 小稱意, 人亦小怪之, 大稱意, 卽人必大怪之也, 時時應事作俗下文字, 下筆令人慙, 及示人, 則人以爲好矣. 小慙者亦蒙謂之小好, 大慙者卽必以爲大好矣, 不知古文直何用於今世也. 然以竢知者知耳).

이 글 속에 "때로는 세속의 유행에 응해서 세속적인 문장을 지어놓고 보면(時時應事作俗下文字)"이란 말의 '세속적인 문장(俗下文字)'도 바로 당시까지 널리 유행하고 있던 변려문을 지칭한 것이다. 즉 자신에게는 변려문으로 지은 문장이 부끄러운 것인데, 다른 사람에게 보이면 훌륭하다고 칭찬하고, 스스로 조금 부끄럽다고 생각하면 다른 사람은 조금 칭찬하고, 크게 부끄럽다고 생각하면 크게 칭찬하였다는 것이다. 한유가 당시 유행하던 변려문의 문풍을 얼마나 강하게 비판하였는지 알 수 있는 대목이다. 이처럼 한유는 육조시대에 유행한 변려문을 철저히 반대하였기 때문에 「맹동야를 보내는 서(送孟東野序)」에서 각 시대를 대표하는 뛰어난 문인들을 소개하면서 육조시대의 문인에 대해서는 한 사람도 거론하지 않았고, 「선비를 추천하며(薦士)」라는 시에서도 육조시대와 수대의 시를 이렇게 평가하였다.

逶迤抵晉宋	오랫동안 이어져 동진·유송 시기에 와서,
氣象日凋耗	그 기상이 나날이 시들어 갔다.
……	
齊梁及陳隋	제와 양 그리고 진과 수의 시기에는
衆作等蟬噪	뭇 작품들이 매미가 시끄럽게 우는 것과 같았다.

이 「선비를 추천하며(薦士)」란 시는 806년(元和 원년) 한유가 정여경(鄭餘慶)에게 맹교(孟郊)를 추천하기 위해 쓴 시이다. 한유는

이 시에서 중국 역대 시에 대한 역사를 개괄적으로 서술해 놓고 있어, 중국 시사(詩史)에 대한 한유의 견해를 파악할 수가 있다. 위에서 인용한 부분은 위진(魏晉)에서 수(隋)에 이르기까지의 시사에 대한 평가이다. 한유는 변려문이 유행하였던 "제(齊)·양(梁) 그리고 진(陳)·수(隋) 시기에는", "뭇 작품들이 매미가 시끄럽게 우는 것과 같았다"라고 하여 강한 불만을 드러내었고, 진(晉)·송(宋)의 시에 대해서도 "그 기상이 나날이 시들어 갔다"고 비판하여 육조시대의 시에 대해서 철저히 부정하고 있음을 알 수 있다.

한유는 이처럼 변려문에 대한 철저한 비판에서 시작하여 고문을 제창하는 고문운동을 적극적으로 추진하였다. 그는 먼저 고문운동의 이론을 체계화하고 구체화하면서 많은 훌륭한 작품을 남겼는데, 그 중에서도 자신의 고문이론, 즉 문학 이론을 피력한 문장으로는 「답이익서(答李翊書)」·「답이수재서(答李秀才書)」·「답진생서(答陳生書)」·「중답장적서(重答張籍書)」·「송맹동야서(送孟東野序)」·「여풍숙논문서(與馮宿論文書)」·「제애사후(題哀辭后)」·「형담창화시서(荊潭唱和詩序)」·「답유정부서(答劉正夫書)」·「남양번소술묘지명(南陽樊紹述墓誌銘)」 등 많은 작품이 있다.

한유는 이 작품들을 통해 '문(文 : 형식)과 도(道: 내용)의 관계', '문과 수양의 관계', '문기설(文氣說)', '언어의 독창성 문제', '작가와 환경의 관계' 등 문학 전반에 관한 자신의 견해를 피력하였다.

그는 '문과 도의 관계'에서 문풍과 문체를 개혁하기 위해 복고의 관점에서 "문으로 도를 담아야 한다(文以載道)"라는 유가의 전통 관점에 따라 육조시대의 화려한 변려문의 문풍을 개혁하고 유가의 도를 부흥시켜야 한다고 주장하였다.

'문과 수양의 관계'에 대해서는 「이익에게 답하는 편지(答李翊書)」에서 "그 뿌리를 길러 열매를 기다리고, 기름을 더하여 불빛이 밝기를 바라야 합니다. 뿌리가 무성하면 그 열매도 풍성하고, 기름이 넉넉하면 그 빛도 밝습니다. 인의를 갖춘 사람은 그 문장이 매끄럽고 부드럽습니다(養其根而竢其實, 加其膏而希其光. 根之茂者其實遂, 膏之沃者其光曄, 仁義之人, 其言藹如也)"라고 하여 훌륭한 작품을 쓰기 위해서는 내면적 수양에 힘써야 한다고 강조하였다. 물론 여기에서의 내면적 수양도 인의(仁義), 즉 유가의 도를 수양하는 것을 말한다.

한유는 또 맹자의 '호연지기'와 조비(曹丕)의 '문은 기세를 위주로 한다(文以氣爲主)'는 이론을 바탕으로 "문장의 기세는 물과 같고, 문사는 물에 뜨는 물건과 같습니다. 물이 많으면 물 위에 뜨는 것이 크든 적든 모두 뜨게 됩니다. 문장의 기세와 문사도 이와 같아서 기세가 성하면 어구의 장단(長短)과 성운(聲韻)의 고저(高低)가 모두 적절하게 됩니다(氣, 水也. 言, 浮物也. 水大而物之浮者大小畢浮. 氣之與言猶是也, 氣盛則言之短長與聲之高下者皆宜)"라고 하여, '문기설(文氣說)'을 주장하였다. 물론 이 문기설은 '문과 수양의 관계'

와도 관계가 깊다.

언어의 운용 방면에서 그는 또 문장을 짓는 데는 "진부한 표현은 힘써 없애야 한다(陳言務去)", "문사는 반드시 자신에게서 나와야 한다(詞必己出)"라 하여 '언어의 독창성'을 강조하였으며, 언어의 표현 방면에서는 "문장은 문맥이 순통하도록 글자를 운용해야 한다(文從字順)"라 하여 문장의 자연스런 표현을 중시하기도 하였다.

'작가와 환경의 관계'에 대해서는 '평온한 상태를 얻지 못하면 운다(不平則鳴)'라는 이론을 제기하여, 작가는 현실생활에서 쌓여 온 '불평한 것(不平者)'을 드러내어 쓸 때에 훌륭한 작품이 될 수 있다고 하여 '문으로 도를 담아야 한다(文以載道)'는 이론을 보완하였다.

한유는 「이 수재에게 답한 편지(答李秀才書)」에서 "내가 옛 것에 뜻을 둔 것은 단지 그 문사가 훌륭해서일 뿐 아니라 그 도를 좋아했을 따름입니다(愈之所志於古者, 不惟其辭之好, 好其道焉爾)"라고 하였고, 「진생에게 답한 편지(答陳生書)」에서는 "나는 옛 도에 뜻을 두었으며 또한 그 언사를 몹시 좋아하였다(愈之志在古道 又甚好其言辭)"고 하였으며, 「구양첨을 애도한 뒤에 쓰다(題哀辭後)」에서는 "옛 도를 배우려면 그 문체에 통달해야 합니다. 문체에 통달함은 근본적으로 옛 도에 뜻을 두어서입니다(學古道而欲兼通其辭. 通其辭者, 本志乎古道者也)"라고 하였는데, 한유가 여기에서 언급한 '옛 도'

란 모두 유가의 도를 말한다. 한유는 「이익에게 답하는 편지(答李翊書)」에서 "삼대·양한의 글이 아니면 감히 보지 않았고, 성인의 가르침이 아니면 감히 마음에 두지 않았다(非三代兩漢之書不敢觀, 非聖人之志不敢存)"라 하였고, 「유정부에게 답하는 편지(答劉正夫書)」에서는 "어떤 사람이 '문장을 쓸 때에는 누구를 본받아야 합니까?'라고 물으면, 반드시 '마땅히 고대의 성현을 본받아야 합니다(或問, 爲文宜何師? 必謹對曰, 宜師古聖賢人)'"라 하여, 한유의 고문 이론은 선진시대의 문장으로 유가의 도를 밝히는 일을 가장 우선시하여 유학의 부흥을 꾀하였음을 알 수 있다.

한유가 살았던 사회는 안사의 난 이후 모든 면에서 심각한 퇴조를 보였다. 지방군벌의 할거 등 정치적 위기뿐만 아니라, 사상적으로도 불교와 노장사상이 성행하여 상대적으로 유교사상은 쇠미하였다. 이에 위기의식을 가진 한유는 불교·노장사상을 배격하고 유교를 제창하여 당시의 사회질서와 사상을 바로 잡으려 하였던 것이다.

2. 한유의 시

한유는 시와 문장 두 분야에 걸쳐 뛰어난 작가였지만, 그의 시명(詩名)은 오히려 문명(文名)에 가려져 왔다고 할 수 있다. 역대 사람들이 한유 시를 평가한 내용들을 살펴보아도 대체로 두 갈래로 나누어져 있음을 알 수 있다. 한유 시를 이백과 두보에 견줄 만하다고 칭찬하는 사람들이 있는가 하면, 그를 시인의 대열에서 탈락시켜야 한다고까지 깎아내리는 사람도 있다. 이처럼 상반된 평가를 받게 된 이유는 한유가 추구한 '변화[變]' 때문으로 보아야 할 것이다. 호자(胡仔, 1095 ~ 1170)의 『초계어은총화(苕溪漁隱叢話)』에서는 여기에 대한 소동파의 말을 이렇게 기록하고 있다.

> 글씨의 아름다움은 안진경(顏眞卿, 709 ~ 785) 만한 사람이 없지만, 그러나 서법이 파괴된 것도 안진경에서부터 시작되었다. 시의 아름다움은 한퇴지 만한 사람이 없지만, 그러나 시법의 변화는 한퇴지로부터 시작되었다.(書之美者, 莫如顏魯公, 然書法之壞, 自魯公始; 詩之美者, 莫如韓退之, 然詩法之變, 自退之始)

분명 한유 시에 나타나는 변화의 추구는 전대에서 찾아보지 못한 것이었고, 어떤 의미에서는 전대 시가전통에 대한 전복(顚覆)이었다 해도 과언이 아니다. 따라서 이러한 새로운 시도에 대해 자연히 극구 찬성하는 사람이 있는가 하면 반대하는 사람도 있었던 것이다.

그런데 한유가 추구한 변화에는 두 가지 의미가 담겨져 있다. 하나는 당시(唐詩)를 변혁하고 시가전통을 변혁한 시사(詩史)적인 의미이고, 다른 하나는 한유 시 자체의 변화이다. 한유가 이러한 변화를 추구하게 된 것은 그의 삶의 과정과 무관하지 않다. 한유의 삶은 4단계로 비교적 분명하게 나누어진다.

첫 번째 단계는 한유가 태어난 768년(大曆 3)에서 796년(貞元 12) 변주(汴州)의 막료로 들어가기 전까지의 29년간의 시기이고, 두 번째 단계는 797년(貞元 13)부터 803년(貞元 19) 양산(陽山)으로 폄적되기 전까지이며, 세 번째 단계는 804년(貞元 20)에서 813년(元和 8)까지, 즉 양산령(陽山令)에서 비부낭중(比部郎中)·사관수찬(史館修撰)을 지내기까지의 10년의 시기이고, 네 번째 단계는 814년(元和 9)에서 824년(長慶 4) 생을 마치기까지의 12년의 기간이다. 이 삶의 단계마다 한유가 처한 사정, 즉 관직이라든가 사회적 지위, 교우 환경들이 다 달랐으며, 거기에 따라 사상·감정들도 달라졌으므로 그의 시도 그것과 상응한 변화와 특징을 갖게 되었다.

과거시험에 참가한 기간 동안과 그 이전에 지어진 한유 시들은 초기단계에 해당된다. 한유는 당시 전도가 불투명한 선비에 불과하였지만, 오히려 당시 사람들이 추구하던 것과 달리 복고의 길을 택하여 한위(漢魏)시기의 시가를 모범으로 삼아 고고(高古)한 풍격의 시가를 추구하였다.

한유가 막부를 전전하던 시기와 하급관료로서 전전하던 8년간의 한유 시는 계승에서 창조로 가는 단계이다. 이 시기의 한유

시는 첫 단계의 고고한 풍격을 유지한 채, '기험(奇險)'이라는 새로운 시의 세계를 시도한 시기이며, 이후 기험이라는 풍격이 한유시의 가장 독특한 특징이 된다.

양산(陽山)에서 수도로 돌아온 이후 813년까지, 한유의 벼슬길은 비교적 순탄하였고, 한유 시 또한 화려하게 꽃피운 시기이기도 하다. 이 시기의 한유 시는 내용과 형식 전반에 걸쳐 확장되고 성숙되어 그만의 독특한 풍모를 확립하였다.

끝으로 814년에서 824년 생을 마치기까지의 12년간은 관직이나 사회적 지위가 최고조에 이르렀던 시기이다. 그러나 이 시기 그의 시는 전통으로 회귀하는 경향을 보이고 있다. 즉 개혁을 추구하던 이전의 자세를 수정한 것으로 볼 수 있다.

한유 연보(韓愈年譜)
......

768 대종(代宗) 대력(大曆) 3년 | 1세 | 장안(長安: 현재의 서안西安)
한유가 태어난 곳은 아버지 한중경(韓仲卿)이 비서랑으로 근무하고 있던 수도 장안이 유력. *본관은 '창려(昌黎)', '남양(南陽)'이라는 설도 있으나 '하양(河陽)'이 유력함.

769 대력(大曆) 4년 | 2세 | 장안

770 대력(大曆) 5년 | 3세 | 낙양(洛陽)
아버지 사망. 형 한회(韓會)와 형수 정씨(鄭氏)가 양육.

774 대력(大曆) 9년 | 7세 | 장안
형 한회가 기거사인(起居舍人)의 벼슬로 장안으로 옮김. 한회를 따라 장안으로 돌아옴. 이 무렵부터 본격적인 공부 시작.

777 대력(大曆) 12년 | 10세 | 소주(韶州: 광동성廣東省 소관시韶關市)
한회가 영남(嶺南)의 소주자사(韶州刺史)로 유배되어 함께 따라감.

779 대력(大曆) 14년 | 12세 | 하양(河陽: 하남성河南省 맹주시孟州市)
영남의 소주(韶州) 임지에서 한회 사망. 형수를 따라 형의 시신을 운구하여 하양으로 돌아옴.

782 덕종(德宗) 건중(建中) 3년 | 15세 | 선주(宣州: 안휘성安徽省 선성宣城)
북방의 변란으로 형수를 따라 강남 선주(宣州)로 피난.

786 정원(貞元) 2년 | 19세 | 장안
과거시험 응시를 위해 장안으로 상경.
「條山蒼」

790 정원(貞元) 6년 | 23세 | 선주
진사시험 두 번째 낙방. 선주로 돌아가 노씨(盧氏)와 결혼.
「河中府連理木頌」

791 정원(貞元) 7년 | 24세 | 장안
진사시험 세 번째 낙방.
「落葉一首送陳羽」

792 정원(貞元) 8년 | 25세 | 장안
양숙(梁肅)의 도움과 재상 육지(陸贄)의 천거로 진사시험 급제.
「明水賦」·「爭臣論」·「孟生詩」 등

793 정원(貞元) 9년 | 26세 | 장안
이부(吏部)의 박학굉사(博學宏辭)에 응시하였으나 낙방. 봉상(鳳翔) 유람.
「顏子不貳過論」·「青青水中蒲」3수 등

795 정원(貞元) 11년 | 28세 | 낙양·하양
5월, 장안을 떠남.
「上宰相書」3편 등

797 정원(貞元) 13년 | 30세 | 변주(汴州: 하남성河南省 개봉開封)
변주자사(汴州刺史) 동진(董晉)의 막료로 관찰추관(觀察推官)을 지냄.
「答張籍」2편 등

798 정원(貞元) 14년 | 31세 | 변주
시인 맹교(孟郊) 등과 교유.
「遠游聯句」·「醉留東野」·「知音者誠希」·「與馮宿論文書」 등

799 정원(貞元) 15년 | 32세 | 변주·낙양·서주(徐州: 강소성江蘇省 북서쪽) 등
2월, 동진(董晉)의 죽음으로 하중(河中) 우향(虞鄕)으로 동진의 시신을 운구하던 중에 변주에 변란이 일어나 서주로 피난. 서주에서 가족과 재회.
가을, 서주 무령군절도사(武寧軍節度使) 장건봉(張建封)의 막료.

「齪齪」·「忽忽」·「鳴雁」·「雉帶箭」·「與李翶書」·「祭董相公文」등

800 **정원(貞元) 16년 | 33세 | 서주·낙양**

봄, 장안의 조회에 참여하였다 서주로 돌아옴.

5월, 서주를 떠나 낙양에 기거하다 겨울에 다시 상경.

「歸彭城」·「與孟東野書」·「題李生壁」등

801 **정원(貞元) 17년 | 34세 | 장안·낙양**

이부시험에 낙방. 낙양으로 돌아와 가을까지 기거하다 겨울에 다시 상경.

「答尉遲生書」·「送李愿歸盤谷序」·「獲麟解」·「圬者王承福傳」등

802 **정원(貞元) 18년 | 35세 | 장안**

사문박사(四門博士)에 임용.

「夜歌」·「歐陽生哀辭」·「行難」·「師說」·「答李秀才書」등

803 **정원(貞元) 19년 | 36세 | 장안**

겨울, 감찰어사(監察御史)로 승진. 관중(關中) 지역의 한발로 백성들이 아사함에 이르자 상소하였다가 이실(李實)에게 죄를 얻어 양산현령(陽山縣令)으로 유배.

「落齒」·「利劍」·「送董邵南序」·「祭十二郎文」·「送許郢州序」·「送浮屠文暢師序」등

804 **정원(貞元) 20년 | 37세 | 양산(陽山: 광동성廣東省 양산현陽山縣)**

봄, 양산에 이르러 선정을 베풂.

「湘中」·「答張十一功曹」·「貞女峽」·「縣齋讀書」·「燕喜亭記」·5「原」, 즉 「原道」·「原性」·「原毀」·「原人」·「原鬼」등

805 **정원(貞元) 21년 | 38세 | 양산에서 침주(郴州: 호남성과 광동성 접경지역에 있는 도시), 침주에서 강릉(江陵: 호북성 중남부에 있는 도시)으로**

정월, 순종(順宗)이 즉위하여 사면령을 내림에 따라 양산을 떠나 침주에서 명을 기다림.

8월, 헌종(憲宗)이 즉위하고 강릉(江陵) 법조참군(府法曹參軍)으로 발령.

9월, 침주에서 강릉으로 부임.

「梨花下贈劉師命」·「劉生詩」·「八月十五夜贈張功曹署」·「湘中酬張十一功曹」·「謁衡嶽廟遂宿嶽寺題門樓」·「峋嶁山」·「洞庭阻風贈張十一署」·「岳陽樓別竇司直」등

806 헌종(憲宗) 원화(元和) 원년 | 39세 | 강릉에서 장안으로

6월, 장안으로 소환되어 국자박사(國子博士)가 됨.

재상 정인(鄭絪)이 한유를 문학과 관련된 직책에 두려 하자 시기하는 자들이 유언비어로 중상 모략하여 장안을 떠나기로 결심.

「杏花」·「李花贈張十一署」·「感春」4수·「鄭羣贈簟」·「秋懷詩」11수·「送區弘南歸」·「南山」·「薦士」·「祭十二兄文」등

807 원화(元和) 2년 | 40세 | 장안에서 낙양으로

늦여름, 낙양 동도분사(東都分司)의 국자박사로 전출.

「三星行」·「嘲鼾睡二首」·「釋言」·「答馮宿書」·「張中丞傳後敍」·「送董邵南序」등

808 원화(元和) 3년 | 41세 | 낙양

국자박사로 동도(東都)의 학생을 가르침.

「祖席」2수 등

809 원화(元和) 4년 | 42세 | 낙양

동도분사의 도관원외랑(都官員外郎)이 됨.

「毛穎傳」등

810 원화(元和) 5년 | 43세 | 낙양

겨울, 하남현령(河南縣令)으로 자리를 옮겨 호족세력을 단속함.

「送石處士赴河陽幕」·「送湖南李正字歸」·「送石處士序」·「送溫處士赴河陽軍序」등

811 원화(元和) 6년 | 44세 | 낙양에서 장안으로

가을, 장안으로 돌아와 직방원외랑(職方員外郎)이 됨.

「李花」2수·「石鼓歌」·「盧郎中雲夫寄示送盤谷子詩兩章歌以和之」·「諱辯」등

812 원화(元和) 7년 | 45세 | 장안

유간(柳澗)의 일을 잘못 논하여 국자박사로 강등.

「石鼎聯句幷序」·「雙鳥詩」 등

813 원화(元和) 8년 | 46세 | 장안

4월, 비부낭중(比部郞中)·사관수찬(史館修撰)으로 옮김.

11월, 『순종실록(順宗實錄)』을 지음.

「江漢一首答孟郊」·「奉和虢州劉給事使君三堂新題二十一詠」·「進學解」·「答劉秀才論史書」 등

815 원화(元和) 10년 | 48세 | 장안

고공낭중(考功郞中)·지제고(知制誥)에 임명.

「盆池」 5수·「進順宗皇帝實錄表狀」 등

816 원화(元和) 11년 | 49세 | 장안

정월 중서사인(中書舍人)으로 승진하였으나, 5월에 태자우서자(太子右庶子)로 옮김.

「感春」 3수·「調張籍」·「奉酬盧給事雲夫四兄曲江荷花行見寄幷呈上錢七兄閣老張十八助敎」·「聽穎師彈琴」·「曹成王碑」 등

817 원화(元和) 12년 | 50세 | 장안

재상 배도(裴度)의 행군사마(行軍司馬)가 되어 회서(淮西)에서 반란을 일으킨 오원제(吳元濟)를 토벌한 공로로 형부시랑(刑部侍郞)으로 승진.

「和李司勳過連昌宮」·「次潼關先寄張十二閣老使君」 등

819 원화(元和) 14년 | 52세 | 장안에서 조주(潮州: 광동성廣東省 동단과 복건성福建省 경계의 해안에 있는 조안潮安)로 유배. 다시 원주(袁州: 강서성江西省 의춘현宜春縣)로

정월, 헌종(憲宗)이 불골을 궁중으로 맞아들이자 백성들이 불교에 광분하니 「불골을 논하는 표(論佛骨表)」를 올려 간언. 헌종이 대로하여 사형에 처하려 하였으나 군신들의 적극적인 구명운동에 힘입어 조주자사(潮州刺使)로 유배.

겨울, 원주자사(袁州刺使)로 옮김.

「路傍堠」·「題楚昭王廟」·「宿曾江口示姪孫湘」2수·「琴操」10수·「祭鱷魚文」·「論佛骨表」 등

820 원화(元和) 15년 | 53세 | 조주에서 원주(袁州), 원주에서 장안으로

조주에서 소주(韶州)·길주(吉州) 등지를 거쳐 봄에 원주(袁州)에 도착.

9월에 국자좨주(國子祭酒)의 벼슬을 받고 소환됨. 11월에 장안 도착.

「新修滕王閣序」·「祭柳子厚文」·「柳子厚墓誌銘」 등

821 목종(穆宗) 장경(長慶) 원년 | 54세 | 장안

7월, 병부시랑(兵部侍郞)으로 승진.

「南山有高樹行贈李宗閔」·「猛虎行」·「黃陵廟碑」 등

822 장경(長慶) 2년 | 55세 | 장안

2월, 진주(鎭州)에서 반란을 일으킨 왕정주(王庭湊)와의 정전교섭에 성공.

9월에 이부시랑(吏部侍郞)으로 전임.

「同水部張員外籍曲江春遊寄白二十二舍人」 등

823 장경(長慶) 3년 | 56세 | 장안

6월, 경조윤(京兆尹) 겸 어사대부(御史大夫)에 임명.

10월, 병부시랑이 되었다가 곧이어 다시 이부시랑으로 옮김.

「早春呈水部張十八員外」2수·「柳州羅池廟碑」 등

824 장경(長慶) 4년 | 57세 | 장안

6월, 병가를 내었다가 8월에 이부시랑에서 사직.

12월 2일, 정안리(靖安里) 자택에서 별세.

예부상서(禮部尙書)로 추증하고, 문(文)이란 시호를 내림.

이듬해 3월. 한씨 선영에 장례.

「南溪始泛」3수 「唐正議大夫尙書左丞孔公墓誌銘」 등

참고문헌

韓愈 著, 馬其昶 校注, 『韓昌黎文集校注』, 臺北, 世界書局, 1982

錢仲聯 集釋, 『韓昌黎詩繫年集釋』, 臺北, 世界書局, 1977

劉昫 等, 『舊唐書』, 서울, 景仁文化社 編

歐陽修·宋祁, 『新唐書』, 서울, 景仁文化社 編

朱熹, 『昌黎先生集考異』, 上海, 上海古籍, 1985

童第德, 『韓集校詮』上·下, 北京, 中華書局, 1986

吳文治 編, 『韓愈資料彙編』, 北京, 中華書局, 1983

羅聯添, 『韓愈』, 臺北, 河洛出版社, 1977

羅聯添, 『韓愈研究』, 臺北, 學生書局, 1977

馬起華, 『韓文公年譜』, 臺北, 商務, 1980

成復旺, 『韓愈評傳』, 廣西敎育出版社, 1997

鐘林斌, 『韓愈傳』, 遼海出版社, 1998

閻琦, 『韓詩論稿』, 陝西人民出版社, 1984

閻琦·周敏, 『韓昌黎文學傳論』, 三秦出版社, 2003

畢寶魁, 『韓孟詩派硏究』, 遼寧大學出版社, 2000

孫昌武, 『韓愈詩文選評』, 上海古籍出版社, 2002

曾子魯, 『韓歐文探勝』, 北京, 中國文學出版社, 1993

柯萬成, 『文史硏究論集』, 「鳳翔法門寺佛骨考」-從韓文諫迎佛骨表說起, 1989

湯一介,『中國傳統文化中的儒道釋』, 中國和平出版社, 1988

周啓成·周維德 注譯,『新譯昌黎先生文集』, 臺北, 三民書局, 1999

錢伯城,『韓愈文集』, 巴蜀書社, 1993

苟復國외5,『韓愈故里傳奇』, 1992

陳茂同,『歷代職官沿革史』, 華東師範大學出版社, 1988

徐柏容·鄭法淸 主編,『韓愈散文選集』, 百花文藝出版社, 1997

前野直彬,『韓愈の生涯』, 秋山書店, 1976

前野直彬·齋藤茂,『韓退之』

久保天隨 釋解,『韓退之詩集』上·下, 東洋文化協會文學部

淸水茂,『韓愈』, 東京, 岩波書店, 1958

原田憲雄,『韓愈』, 集英社, 1965

筧文生,『韓愈·柳宗元』, 東京, 筑摩書房, 1973

沈炳巽 著, 李章佑 譯,『韓愈詩 이야기』, 대한교과서주식회사, 1988

李章佑,『韓愈의 古詩用韻』, 嶺南大學校出版部, 1982

李鍾漢,『韓愈 散文의 分析的 硏究』, 서울대학교 박사학위논문, 1992

魯長時 編譯,『韓退之評傳』, 지식산업사, 1994

韓武熙 編譯,『中國歷代散文選』, 檀大出版部, 1982

沈德潛編, 金喆洙譯,『唐宋八家文』, 博英社, 1974

황견 엮음, 이장우·우재호·박세욱 옮김,『고문진보(후집)』, 을유문화사, 2003

찾아보기

……

(ㄱ)

가도(賈島) 6, 272, 313, 314, 399
「가을에 느낌(秋懷)」 257
가탐(賈耽) 77, 78, 80, 81, 111, 140
간의대부(諫議大夫) 41, 91, 416
감강(贛江) 412
감숙성(甘肅省) 49, 187
감찰어사(監察御使) 26, 204, 207, 208, 212, 214, 217-220, 222, 223, 227, 228, 285, 290, 454
「강릉으로 부임하여 가는 도중 왕씨 집 스무째 보궐 벼슬하는 왕애(王涯), 이씨 집 열두째 습유 벼슬하는 이건(李健), 이씨 집 스물여섯째 원외랑 벼슬하는 이정(李程) 등 한림원의 세 학사에게 띄우노라(赴江陵途中寄贈王二十補闕李十二拾遺李二十六員外翰林三學士)」 220, 245, 246
강서성(江西省) 43, 329, 388, 412
강주(江州) 329, 412, 413
강창(講唱)문학 408

개봉위(開封尉) 39
개주사마(開州司馬) 240
「거사송비(去思頌碑)」 16, 23, 26, 29, 30
거자(擧子) 88, 417, 418, 431
「검교우복야(檢校右僕射)를 지낸 장 건봉 님께 올리는 글(上張僕射書)」 157, 161
검남(劍南) 397
「견흥연구(遣興聯句)」 255
「겹겹으로 쌓인 구름이란 시를 지어 병상에 있는 이관에게 주며(重雲李觀疾贈之)」 104
경양현령(涇陽縣令) 26
경의(經義) 56, 62, 106
경조 두씨(京兆杜氏) 15
경조 왕씨(京兆王氏) 13
경조 위씨(京兆韋氏) 15, 69
경조부(京兆府) 15, 24, 26, 216-218, 222, 390, 433, 435
경조부사록참군(京兆府司錄參軍) 24, 26
경조부윤(京兆府尹) 216-218
경조윤(京兆尹) 237, 314, 315, 433-437

경조흥평위(京兆興平尉) 182
계경(季卿) 23, 24
계관관찰사(桂管觀察使) 366
계림(桂林) 22
계주(桂州) 22, 25
계주장사(桂州長史) 21, 23
「고공낭중 최우부에게 올린 글(上考功崔虞部書)」 99
고공낭중(考功郎中) 99, 310, 311, 326
고도(古道) 146
고문(古文) 5, 83, 134, 143-146, 151, 152, 169, 189, 198, 202, 222, 223, 265, 270, 424, 461, 462, 464, 466, 469
고문운동(古文運動) 5, 54, 76, 84, 86, 151, 223, 264, 265, 459-463, 466
고문체 80, 83, 111, 462
「고부원외랑 노정이 정월 초하루 조정에서 돌아와 보여준 시에 화답하여(奉和庫部盧四兄曹長元日朝廻)」 367
고부원외랑(庫部員外郎) 317
고시위원[부고副考] 84
고시위원장[주고主考] 83-85, 197
고신씨(高辛氏) 285
고한(高閑) 399
고황(顧況) 67
곡강(曲江) 42, 43, 45, 46, 194, 372

공규(孔戣) 379, 439
공부상서(工部尙書) 208, 216, 339
공부상서 겸 산남동도절도사(工部尙書兼山南東道節度使) 194
「공부상서(工部尙書) 맹간님께 올리는 글(與孟簡尙書書)」 400
공부시랑 430
『공씨잡설(孔氏雜說)』 451
공자 146-148, 150, 165, 176, 198, 202, 213, 280-283, 296, 301, 326, 356, 379, 392, 401, 404
공조(功曹) 247
공조참군 241
공평중(孔平仲) 451
과거시험 12, 13, 55, 56, 58, 59, 63, 64, 72, 74-76, 78-81, 83, 94, 96, 103, 104, 117, 134, 157, 182, 190, 191, 196, 280, 313, 371, 417, 418, 422, 455, 471
과거제도 12, 60-62, 75, 86, 87, 123
「과두서후기(科斗書後記)」 28
「관리 임용시험에 응시할 때, 사람에게 준 편지(應科目時與人書)」 93
「관문으로 들어오며 말을 노래한다(入關詠馬)」 254
관찰추관(觀察推官) 142
광동성(廣東省) 42, 219, 229, 361, 367

광서(廣西) 22
광주(廣州) 235, 372, 379
괵주사호참군(虢州司戶參軍) 39
「괵주사호한부군묘지명(虢州司戶韓府君墓誌銘)」22, 23
교서랑(校書郞) 39, 290
『구당서(舊唐書)』6, 299, 352, 383, 456, 463
구문진(俱文珍) 140
구양수(歐陽修) 179, 272, 375, 463
구양첨(歐陽詹) 86, 90, 159, 160, 189, 468
「구양첨을 애도하며(歐陽生哀辭)」189
「구장(九章)」231
국사보(國史補) 192
국자감(國子監) 59, 159, 160, 189-191, 259, 270, 273, 383, 411, 415, 416, 418, 421, 422
국자박사 160, 189, 253, 259, 260, 273, 288, 290, 291, 293, 299, 311, 328, 422
국자사업(國子司業) 92
국자좨주(國子祭酒) 46, 274, 411, 415, 416, 418, 421, 424, 436
국자학(國子學) 190-192, 411
군망(郡望) 13, 17
굴원(屈原) 109, 229, 231, 232

궁고후(弓高侯) 19, 20
궁시(宮市) 227, 228
권덕여(權德輿) 291
권지국자박사(權知國子博士) 253, 260
「그 뒤 19일을 다시 재상께 올린 글(後十九日復上書)」123
금군(禁軍) 429, 433, 439
급류를 관리하는 관리(瀧吏) 367, 371
「급사 진경님께 올리는 편지(與陳給事書)」210
급사중(給事中) 39, 42
기거랑(起居郞) 34
기거사인(起居舍人) 39
기복(期服) 136, 137
기산(箕山) 181, 182
기주자사(冀州刺史) 22, 425

(ㄴ)

나지(羅池) 391, 393, 396
낙수(洛水) 183
낙양(洛陽) 39, 44, 49, 91, 134, 135, 137-140, 145, 153, 156, 167-169, 171, 172, 181, 188, 192, 211, 212, 222, 253, 259, 270, 273, 274, 275, 278, 285, 305, 308, 309, 313, 322, 328, 335, 422

「낙양으로 돌아가며 맹동야·방촉객에게 주며(將歸贈孟東野房蜀客)」181
낙창(樂昌) 367, 372
『남가태수전(南柯太守傳)』408
남계(南溪) 184, 440-442
「남계에 처음 배를 띄우고(南溪始泛)」442
「남산시(南山詩)」255
「남산에 있는 높은 나무에 부쳐 이종민에게 주다(南山有高樹行贈李宗閔)」419
남양(南陽) 16-18, 20, 161
남양시(南陽市) 17, 161
남전위(藍田尉) 222
남해(南海) 93, 95, 97, 235, 365, 375, 380, 454
「납량연구(納涼聯句)」255
낭야 왕씨(琅邪王氏) 13
낭중 26, 300, 310
「노는 것을 경계함(遊箴)」249
노동(盧仝) 6, 262, 270, 271
노동미(盧東美) 40, 261
「노둔한 말과 천리마(駑驥)」160
노매(盧邁) 111
노이(盧貽) 91, 214
노정(盧汀) 317
농서(隴西) 106, 187

농서 이씨(隴西李氏) 14, 15
「높은 분들이 찾아 주시어(高軒過)」278
「눈을 반기며 상서 배균께 바침(喜雪獻裴尙書)」248
능극언직간과(能極言直諫科) 270

(ㄷ)

「다시 장적에게 답한 글(重答張籍書)」146
단문창(段文昌) 348, 349, 416, 417
「달을 감상하며 수부원외랑(水部員外郎) 장적이 왕육 비서를 데려옴을 기뻐함(翫月嘉張十八員外以王六秘書至)」446
담주(潭州) 244, 245
「답객난(答客難)」292
「당나라 전 감찰어사 위부군 묘지명(唐故監察御使衛府君墓誌銘)」454
당도현령(當塗縣令) 11
당도현승(當塗縣丞) 25
『당서(唐書)』12, 20, 105, 225
당안공주(唐安公主) 347
『당어림(唐語林)』450, 451
『당어림교정(唐語林校証)』450
대알(臺謁) 434

「대전스님께 준 편지(與大顚師書)」400
대전(大顚) 398-400, 409
대참(臺參) 434, 435
대통(大通) 390
도가 114, 146-152, 222, 273, 367, 451
도곡(陶穀) 455
도관원외랑(都官員外郎) 273, 275, 278, 379
도독(都督) 22
도주(道州) 397
도주자사(道州刺史) 92, 237
돈황석굴 408
「동 상공께 올리는 제문(祭董相公文)」 159
동관(潼關) 133, 331
동관협(同冠峽) 230
「동관협에 머물며(次同冠峽)」 230
동년(同年) 83, 90, 143, 189, 193, 222, 246, 291, 311, 361, 455
「동도에서 봄을 만남(東都遇春)」 260
「동도유수 정여경 상공께 올리는 글(上留守鄭相公啓)」 276
동도유수(東都留守) 137, 139, 140, 270, 274-277
동방삭(東方朔) 292
동수(董秀) 41
「동숙연구(同宿聯句)」 255

동야(東野) 103, 157, 165, 174, 181, 266, 267, 269, 310, 465, 466
동자과(童子科) 56
동정호(洞庭湖) 44, 229, 231, 242, 245, 246, 411
동제현위(銅鞮縣尉) 29
동주사법참군(同州司法參軍) 23
동주자사(同州刺史) 430
동중서문하평장사(同中書門下平章事) 237
동진(董晉) 137-142, 145, 146, 152, 153, 155, 157-159
동평장사(同平章事) 430
「두 새에게 느낀 감정을 쓴 부(感二鳥賦)」 133, 134
두보(杜甫) 12, 15, 44, 45, 47, 49, 74, 176, 194, 310, 470
두상(竇庠) 245, 246
두우(杜佑) 36
두원영(杜元穎) 455
두존량(竇存亮) 234-236
「두존량竇存亮 후배에게 답한 편지(答竇季才書)」 234
두종무(杜宗武) 44, 45
등유공(鄧惟恭) 140, 141
등주 남양(鄧州南陽) 161
「딸 나 묘지명(女拏壙銘)」 17, 365

찾아보기 485

「딸 나를 조상하는 글(祭女拏女文)」437

(ㅁ)

마수(馬燧) 67-72, 75, 77
막부(幕府) 78, 79, 81, 139, 140, 142, 157, 163-165, 244, 276, 320, 471
만년현(萬年縣) 216, 391
망천장(輞川莊) 49, 50, 363
맹가 109, 296
맹간(孟簡) 400, 401, 407, 454
맹교(孟郊) 6, 102, 103, 145, 146, 157, 165, 174, 177, 179-182, 215, 254-256, 262, 263, 266, 270-272, 308-310, 441, 465
「맹교 선생을 노래함(孟生)」157
「맹동야가 아들을 잃다(孟東野失子)」266
「맹동야를 보내는 서(送孟東野序)」174, 310, 465
「맹동야에게 보내는 편지(與孟東野書)」157, 165
맹시한필(孟詩韓筆) 309
맹자 113, 114, 118, 146-148, 165, 198, 213, 298, 402, 404, 405, 467
맹주시(孟州市) 16, 17, 20
「멍하니(忽忽)」164

멱라(汨羅) 230-232
명경과(明經科) 56, 57, 75
명법과(明法科) 56
「명수부(明水賦)」85
명안(鳴雁) 165
「모행하제상(暮行河堤上)」165
무공(武功) 328
「무관 서쪽에서 유배가는 토번인을 만나(武關西逢配流吐蕃)」365
무령군 절도사(武寧軍節度使) 157
무본(無本) 313
무원형(武元衡) 299, 311, 321, 329, 340
「무창재한군거사송비서(武昌宰韓君去思頌碑序)」16, 23
무창현령(武昌縣令) 25, 29
「무창현령 한중경이 전출간 뒤 그를 기리는 송덕비(武昌宰韓君去思頌碑)」29
『묵객휘서(墨客揮犀)』173
묵자 403-405
『문록(文錄)』384
『문선(文選)』51
문언박(文彦博) 280
「문을 나서며(出門)」75
문창(文昌) 146
문창(文暢) 399
문하성(門下省) 39, 210, 300, 327, 433

문하시랑(門下侍郎) 430
문학 이론 174, 180, 466
『문헌통고(文獻通考)』 87

(ㅂ)

박사 190, 295, 416
「박탁행(剝啄行)」 258
박학굉사 90, 109-111
박학굉사과(博學宏辭科) 55, 89-93, 96, 104, 106, 108, 110, 111, 191, 192, 330, 463
박학홍사(博學鴻辭) 90
반고(班固) 301, 348
반곡(盤谷) 185-187
방사(方士) 390, 456
방숭경(方崧卿) 454
「방을 조문하는 글(祭滂文)」 397
방주사마(房州司馬) 289
방차경(房次卿) 182
방촉객(房蜀客) 181, 182
배균(裴均) 248, 328, 329
배도(裴度) 21, 270, 311, 321-323, 326, 329-332, 337-339, 341, 347, 348, 360-362, 416, 418, 421, 425-427, 430
배악(裴鍔) 328, 329

배연령(裴延齡) 91, 92, 223
배행립(裴行立) 366
백거이(白居易) 12, 67, 218, 219, 228, 254, 305, 329, 367, 412, 417, 451, 452, 454-456
백기(柏耆) 333
백락(伯樂) 97-99
백천(百川) 43
번종사(樊宗師) 263, 270, 271, 285, 309, 312, 313
법문사(法門寺) 351
법조(法曹) 247
법조참군 91, 214, 220, 237, 241, 243, 246-248, 251, 329
변려문 5, 83, 111, 122, 265, 460-467
변려체 411, 460, 463
변문(駢文) 80, 109, 110, 223
변문체(駢文體) 80, 81, 110, 348
변주(汴州) 139, 141, 142, 144-146, 153-156, 158, 165, 166, 168, 196, 214, 255, 331, 332, 471
변주의 난(汴州亂) 153-155, 165, 166
별가(別賀) 22
별업(別業) 50
병부(兵部) 288, 322, 424
병부상서(兵部尚書) 137, 430
병부시랑(兵部侍郎) 46, 248, 322, 424,

435, 436
「병부시랑 이손께 올리는 편지(上兵部李侍郞書)」 248
병조(兵曹) 247
「복지부(復志賦)」 48, 54, 72, 137, 142
「봄눈 사이에 핀 이른 매화(春雪間早梅)」 248
「봄에 느낌(感春)」 250, 327
봉계위(封溪尉) 290
봉상(鳳翔) 336, 351, 354
부창(富昌) 278
부학(府學) 383
북강(北江) 372
「북극이란 시를 지어 이관에게 주며(北極贈李觀)」 81, 104
북평왕(北平王) 67-71, 133
「불골을 논하는 표(論佛骨表)」 351, 352, 360, 362
불교 5, 114, 146-152, 222, 273, 352-355, 358-361, 367-402, 405, 407-409, 451, 469
비부(比部) 300
비부낭중 300, 310, 311, 348, 361, 471
비서(秘書) 446, 448
비서랑(秘書郎) 39
비서성(秘書省) 39, 422
비지문(碑誌文) 36, 264, 265

「비파행(琵琶行)」 412
「빠지는 이(落齒)」 204

(ㅅ)

사공(司空) 221, 339, 430
사공참군(司功參軍) 49
사관수찬 261, 300, 301, 305, 311, 325, 471
「사관인 한유에게 태위 단수실의 일사를 기록하여 준 글(與史官韓愈致段秀實太尉逸事書)」 305
『사기(史記)』 265, 294, 298, 301
사기(四夔) 40
사농경(司農卿) 216
사록참군(司錄參軍) 26
사마상여 109, 294, 298
사마천 109, 265, 294, 301, 463
「사명을 받들어 상산으로 가는 도중 태원에 묵었다가 일찍 일어나 시를 지어 부사인 하부낭중(賀部郞中) 오단(吳丹)에게 보여 주며(奉使常山早次太原呈副使嗚郞中)」 425
사문박사(四門博士) 188-192, 194-197, 207-209, 211, 212, 253, 274, 328
「사문박사 주황의 처 한씨 묘지명(四門

博士周況妻韓氏墓地銘)」328
사문조교(四門助教) 159
사문학(四門學) 190-192, 197, 411
사부원외랑(祠部員外郎) 189, 196, 273
「사부원외랑 육참께 올리는 편지(與祠部陸員外書)」196
사업(司業) 190
사조(士曹) 247
사조(謝朓) 51
삭방절도사(朔方節度使) 68, 77
산남서도절도사(山南西道節度使) 308
산동 이씨(山東李氏) 15
「산의 돌(山石)」183
산학(算學) 56, 190
산해관(山海關) 16
삼원(三院) 435
삼원어사(三院御史) 207
삼전과(三傳科) 56
상강(湘江) 12, 228-230, 367, 412
「상강에서(湘中)」230
상구(商丘) 169
「상군부인을 조상하는 글(祭湘君夫人文)」412
『상서(尙書)』294, 346
상서령(尙書令) 21
상서성(尙書省) 86, 300, 310, 327, 431, 433

상서좌승(尙書左丞) 237, 439
「상에게 보임(示爽)」50
『서경』115, 118, 298
서주(徐州) 144, 156-160, 167-169, 196
서학(書學) 190
석갈(釋褐) 87
「석언(釋言)」256
「석정연구(石鼎聯句)」290
「선군석표음선우기(先君石表陰先友記)」42
선무군절도사(宣武軍節度使) 139, 140, 244, 331
선주(宣州) 50, 51, 60, 61, 81
섬부공조참군(陝府功曹參軍) 23
「성남 한씨 별장에서 노닐며(游城南韓氏庄)」441
「성남연구(城南聯句)」255
성덕(成德) 319, 331
성덕군(成德軍) 320, 322, 424, 425
성보단(成輔端) 219
소경(少卿) 23, 25, 26, 39
소공(小功) 137
「소금 전매법 개정의 처리를 논한 의견서(論變鹽法事宜狀)」432
소릉(少陵) 15
소소(蘇巢) 416

소식(蘇軾) 184, 187, 348, 383, 424, 459, 463, 470
「소씨문견후록(邵氏聞見後錄)」 173
소왕묘(昭王廟) 366
소왕정(昭王井) 366
소원명(蘇源明) 176, 310
소주(韶州) 372, 389
소주자사(韶州刺史) 42, 372, 388, 389, 456
속강(俗講) 408
솔부군좌(率府軍佐) 43
송궁문(送窮文) 286
「송맹동야서(送孟東野序)」 466
「송이원귀반곡서(送李愿歸盤谷序)」 16
「송한유종군(送韓愈從軍)」 145
수무현(修武縣) 17
수부원외랑(水部員外郎) 442, 446
수재과(秀才科) 56, 57
숙종(肅宗) 30, 40, 68, 334, 339
『순종실록(順宗實錄)』 300, 325, 326
「숯 파는 늙은이(賣炭翁)」 228
「스승에 대한 해설(師說)」 199, 200
승경(升卿) 24
『시경(詩經)』 35, 112, 114, 118, 256, 294, 298, 346, 402, 426
시부(詩賦) 62, 85
시어사(侍御史) 207, 305

「시어사인 원진에게 답하는 글(答元侍御書)」 305
시향(尸鄕) 135
시흥강(始興江) 372
「시흥강 어귀를 지나는 감회(過始興江口感懷)」 372
신경(紳卿) 23, 24, 26, 39, 137, 257
『신당서(新唐書)』 6, 23, 24, 26, 290, 383, 396, 427
『신당서(新唐書)·한유전』 290, 396, 427
신언서판과(身言書判科) 171, 172
심기(沈杞) 196
심주(深州) 425
「새로운 벼슬을 받고 조정에 취임하러 가는 길에 강주에 이르러 악악관찰사 이정 대부님께 띄운다(除官赴闕至江州寄鄂岳李大夫)」 413
「쌍조(雙鳥)」 310

(ㅇ)

「아이들에게 보여 주며(示兒)」 323
아주자사(雅州刺史) 22
아황(娥皇) 230, 412
악공(樂工) 219
악악관찰사(鄂岳觀察使) 413
악양(岳陽) 12, 44, 245-247

「악양루에서 대리사직(代理司直) 두상을 이별하며(岳陽樓別竇司直)」 245, 246

「악어를 쫓아내는 글(祭鱷魚文)」 380

악주(岳州) 44, 245, 336

안녹산(安祿山) 30, 48, 49, 79, 305, 306, 334, 428

안정왕(安定王) 21

안정환왕(安定桓王) 21-23

「암살자 체포에 건 상금지급을 논하여 황제께 올리는 표문(論捕賊行賞表)」 322

애주사마(崖州司馬) 240, 390

야랑(夜郎) 31

양감(兩監) 259

양빙(楊憑) 244, 245

양산 216, 219, 229, 230, 233-241, 246, 364, 399, 471, 472

양산현(陽山縣) 219, 229, 236

『양산현지(陽山縣誌)』 236

양성(陽城) 91, 92, 237, 397

양세법(兩稅法) 423

양숙(梁肅) 84-86, 145, 462

양양(襄陽) 366, 430

양양 두씨(襄陽杜氏) 15

「양양에 계신 우절도사께 드리는 편지(與于襄陽書)」 195

양염(楊炎) 41, 47

양웅(揚雄) 109, 110, 146, 147, 293, 294, 298, 403, 463

양응(楊凝) 244

양자 403-405

양자강 412, 414

양주록사참군(揚州錄事參軍) 26

「어구신유시(御溝新柳詩)」 85

「어부(漁父)」 231

어사대(御史臺) 207, 224, 227, 337, 434, 435

어사대부(御史大夫) 207, 222, 303, 434, 436

「어사대에서 가뭄과 기근을 논하여 올리는 의견서(御史臺上論天旱人饑狀)」 207, 217, 227

어사중승(御使中丞) 207, 303, 311, 321, 331, 337, 388, 434, 435

언사(偃師) 44, 135, 153

언성(郾城) 331, 341

여영(女英) 230, 412

『역경』 114, 294, 298

「역사를 논하여 유수재에게 답함(答劉秀才論史書)」 301

역주사법참군(易州司法參軍) 24

연구시(聯句詩) 145, 255, 440

「연연비」 348

연주(連州) 229, 230, 236
「열두 번째인 노성을 조상하는 글(祭十二郎文)」 180
염제미(閻濟美) 289
영남(嶺南) 43, 234, 380, 387
영남절도사(嶺南節度使) 379
영사(靈師) 236, 399
영상(盈上) 389
영수(穎水) 181, 182, 193, 215
영왕(永王) 30, 31
「영정시대를 노래함(永貞行)」 245, 247
영주(永州) 303, 387, 390
영주사마(永州司馬) 303
『예기(禮記)』 56, 284, 416
예부(禮部) 26, 57-59, 63, 84, 86, 88-90, 117, 121, 141, 273, 418, 463
예부낭중(禮部郎中) 24, 26, 28
예부상서(禮部尙書) 26, 84, 450
예부시랑(禮部侍郎) 26, 83, 84, 311
예부시험 88, 114, 121, 418
예악상정사(禮樂詳定使) 349
『오경정의(五經正義)』 54
「오늘은 슬퍼할 만하다(此日足可惜)」 153, 155, 159
오령(五領) 43
오소양(吳少陽) 320, 335
오원제(吳元濟) 320, 321, 331-333, 335, 338, 346, 348, 349, 428
오잠(五箴) 248
오초 7국의 난(吳楚七國亂) 19
「오행지(五行志)」 105
온권(溫卷) 66, 67
왕건(王建) 448
왕당(王讜) 450
왕비(王伾) 224-226, 237, 239, 240, 303, 387
왕사칙(王士則) 322
왕세충(王世充) 279
왕소(王紹) 223
왕숙문(王叔文) 224-227, 237, 239, 240, 244-248, 303, 387
왕승종(王承宗) 321, 322, 333
왕안석(王安石) 383, 463
왕애(王涯) 86, 145, 167, 220, 245, 246, 248, 271
왕유(王維) 49, 50, 363
왕정주(王庭湊) 425, 427-430
요합(姚合) 442
「용궁여울에 묵으며(宿龍宮灘)」 238
용궁탄(龍宮灘) 238
용주(容州) 397
우원익(牛元翼) 425, 429
우적(于頔) 195, 196, 366
「우중기맹형부기도연구(雨中寄孟刑部

幾道聯句)」 255
우책(區册) 233, 235
「우책을 송별하는 글의 서(送區册序)」 233
우홍(區弘) 235
운경(雲卿) 23, 24, 26, 28, 39, 68
원결(元結) 176, 310, 462
「원귀(原鬼)」 151
「원도(原道)」 150, 151
『원백시전증고(元白詩箋證稿)』 455
「원성(原性)」 150, 151
「원씨 댁 열여덟 째 협률 벼슬에 있는 집허에게 준 여섯 수(贈元十八協律六首)」 367
원외랑 220, 241, 245, 273, 300
「원외랑 이백강께서 종이와 붓을 부쳐 주시어(李員外寄紙筆)」 241
「원유연구(遠游聯句)」 145, 255
「원인(原人)」 150, 151
원재(元載) 40, 41, 45, 46
원주(袁州) 388, 389, 391, 396-398, 400, 401, 411, 412, 414, 430
「원주로 옮겨가자, 어사중승(御史中丞)을 지낸 소주자사 장서(張曙)가 시를 지어 축하해 준 데에 답하여(量移袁州張韶州端公以詩相賀因酬之)」 388

「원주에서 소환되어 도성으로 돌아가다 안육에 머물면서 먼저 수주자사인 주군소에게 부치며(自遠州還京行次安陸先寄隨州周員外)」 414
원주자사(袁州剌史) 387, 389
「원주자사가 임금님께 감사하는 표(袁州剌史謝上表)」 389
원진(元稹) 254, 285, 305, 308, 416, 417
원집허(元集虛) 366, 367
『원화군현지(元和郡縣誌)』 243
원화성덕(元和聖德) 256
「원훼(原毀)」 150, 151
위거모(韋渠牟) 223
위관지(韋貫之) 329
위군옥(韋群玉) 196
위남주부(渭南主簿) 222
위단(韋丹) 397
위박(魏博) 319
위박절도사 319, 340, 425
위부군(衛府君) 454
위사인(韋舍人) 95, 96
위주(魏州) 335, 336, 397
위중립 198, 454, 455
「위중립에게 사도를 논하여 답한 편지(答韋中立論師道書)」 198
위중서사인(韋中書舍人) 93

위중행(衛中行) 168
「위중행에게 보내는 편지(與衛中行書)」 168, 196
위지분(尉遲汾) 169, 196
위집의(韋執誼) 223-227, 237, 240, 245, 246
위징(魏徵) 137
유가(劉軻) 301
유간(柳澗) 289, 290
유모 이씨(李氏) 34
「유모묘명(乳母墓銘)」 35
유방 135
유사령(劉士寧) 139, 140
유사명(劉師命) 235, 236
유사복(劉師服) 290
「유사복에게 주며(贈劉師服)」 291
「유소사연구(有所思聯句)」 255
유술고(劉述古) 196
유신(庾信) 27
유우석(劉禹錫) 216, 221-227, 237, 240, 246, 247, 348, 399,
「유자후에게 올리는 제문(祭柳子厚文)」 391
유종원(柳宗元) 42, 198, 216, 221-227, 237, 240, 244, 247, 303-305, 367, 384, 387, 399, 391, 393, 396, 397, 461, 462

「유주 나지에 있는 유종원 사당비(柳州羅池廟碑)」 391
유주사호(渝州司戶) 240
「유주자사 유종원의 '하마를 먹다' 시에 화답하여(答柳州食蝦蟆)」 384
유진(柳鎭) 222, 244
유차(劉叉) 262, 270
유필(柳泌) 360, 390
유현좌(劉玄佐) 139
육선공(陸宣公) 83
「육일시화(六一詩話)」 271
육장원(陸長源) 145, 153-155
육지(陸贄) 83, 92, 223, 237
육참(陸傪) 189, 196
육혼위(陸渾尉) 270
「윤사로에게 준 편지(與尹師魯書)」 375
율양(溧陽) 174, 179, 180
율학(律學) 190, 191
의성(宜城) 366
의왕부주조참군(義王府冑曹參軍) 23
이강(李絳) 86, 87, 291, 299, 311, 319
이건(李健) 220, 245, 246, 248, 454
이경흥(李景興) 169
이고(李翺) 6, 34, 37, 144, 236, 270, 462
이공좌(李公佐) 407
이관(李觀) 82, 86

이관아(李管兒) 285
이길보(李吉甫) 291, 299
이내(李逎) 140
이덕유(李德裕) 397, 416
「이른 봄 눈 속에서 꾀꼬리 소리를 듣고(早春雪中聞鶯)」 248
이만영(李萬榮) 139
이방숙(李方叔) 222, 228
이백(李白) 11, 15, 16, 22-26, 28-31, 37, 51, 57, 176, 310, 470
이백강(李伯康) 240, 241
이보국(李輔國) 40, 41
이봉길(李逢吉) 430, 431, 434-436, 438
이부(吏部) 79, 86, 171
이부시랑(吏部侍郎) 41, 431, 433, 436, 437, 439
이부시험 87, 89, 92, 108, 110, 121, 136, 141, 174, 330, 331
이사도(李師道) 321, 322, 428
이상은(李商隱) 262-264, 348
「이생의 벽에 적어 줌(題李生壁)」 167
이성(李晟) 187
이세민(李世民) 279
이소(李愬) 332, 337, 425
이소(離騷) 231
이손(李巽) 248, 454

이신(李紳) 196, 416, 434
이실(李實) 208, 209, 223
「이실 상서님께 올리는 편지(上李尙書書)」 209
「29일 뒤 다시 재상께 올린 글(後廿九日復上書)」 127
이양빙(李陽氷) 11
『이와전(李娃傳)』 62
이우(李于) 453
이우(李佑) 332
이원(李愿) 185
「이원빈묘명(李元賓墓銘)」 106
「이원을 반곡으로 돌려보내며(送李愿歸盤谷序)」 185
이익(李翊) 196
「이익에게 답한 편지(答李翊書)」 151
이정(李程) 230, 240, 246, 391, 412
이제운(李齊運) 223
이조(李肇) 192
이종민(李宗閔) 416
『이태백집(李太白集)』 29
이평(李平) 167
이하(李賀) 6, 278, 280, 281
이행(裵行) 222
이화(李華) 104, 462
임무(臨武) 228, 229
임자(任子) 88, 173

(ㅈ)

자경(子卿) 23
『자치통감(自治通鑒)·당기(唐紀)』141
「잡설(雜說)」97
「잡시(雜詩)」329
「장간행(長干行)」37
장건봉(張建封) 157-161, 163-165, 167, 168, 188
장기(瘴氣) 235
장려기(瘴癘氣) 235
장만복(張萬福) 397
장사(長史) 22
장사(長沙) 12, 231
장서(張署) 222, 228
장서(張曙) 388
「장씨 댁 열한 번째 서(署)에 화답하여(答張十一功曹)」230, 232
장안(張晏) 322
장안(長安) 11, 380
「장안에서 교유하는 사람이란 시를 지어 맹교에게 주며(長安交遊者贈孟郊)」102
장안현(長安縣) 216
장원(莊園) 32
장자 206, 294, 298
장적(張籍) 6, 144, 146, 405, 422, 457

「장적에게 답장함(答張籍書)」147
장정칙(張正則) 40
장철(張徹) 254
장평숙(張平叔) 432
「장한가(長恨歌)」12
장홍(張弘) 196
장후여(張後餘) 196
「재상께 올리는 글(上宰相書)」112
「재상세계표(宰相世系表)」12, 20
「재상표(宰相表)」23, 26
「쟁신론(爭臣論)」91, 92
「전 태학박사 이우군 묘지명(故太學博士李君墓誌銘)」453
전담(田儋) 135
『전당문(全唐文)』348, 359
「전중소감마군묘지(殿中少監馬君墓誌)」67
전중시어사(殿中侍御史) 207
전홍정(田弘正) 424, 425, 428
전횡(田橫) 135
「전횡의 무덤 앞에서 전횡을 조문하는 글(祭田橫墓文)」135
전휘(錢徽) 416, 418
전흥(田興) 319
정군(鄭群) 250
「정군이 대자리를 보내 주어(鄭群贈簟)」250

정담(鄭覃) 416
정랑(鄭朗) 416
「정부인을 조상하는 글(祭鄭夫人文)」 47, 136
정씨 부인 45, 46
정여경(鄭餘慶) 237, 270,, 274, 308, 465
정여협(貞女峽) 230
「정요 선생 맹교 묘지명(貞曜先生墓誌銘)」 309
정요 선생(貞曜先生) 309
「정의대부·상서좌승 공규(孔戣) 묘지명(正議大夫尙書左丞孔君墓誌銘)」 439
정이(程異) 360
정인(鄭絪) 256
정주(鄭州) 77
「정촉연구(征蜀聯句)」 255
제갈공명(諸葛孔明) 17
제거(制擧) 55, 90
「제노이생(齊魯二生)」 262
제도전운사(諸道轉運使) 40
「제십이랑문(祭十二郎文)」 38
제초소왕묘(題楚昭王廟) 366
조경(趙憬) 111
조교 190, 270, 416
조덕(趙德) 383

조안(潮安) 361
조양(潮陽) 398, 400
조정(朝正) 159, 188
조주 351, 361-365, 367-370, 373, 374, 379, 380-384, 387-389, 391, 398-401, 411, 426, 427, 436, 439
「조주 한문공의 사당에 세운 비문(潮州韓文公廟碑)」 383
조주부지(潮州府誌) 398
조주사마(曹州司馬) 22
조주자사(潮州刺史) 263, 361, 373, 374, 436
「조주자사 한유에게 부치며(寄韓潮州)」 263
「조주자사가 임금님께 감사하는 표(潮州刺史謝上表)」 374, 378
조창(趙昌) 289
종남산(終南山) 49, 442
종사(從仕) 165
좌구명(左丘明) 301
좌복야(左僕射) 339, 430
좌사(座師) 85
좌상기상시(左散騎常侍) 237
좌습유(左拾遺) 194
「좌천길에 남관 땅에 이르러 종손자인 상에게 보이노라(左遷至藍關示姪孫湘)」 363

좨주(祭酒) 190
주객낭중(主客郎中) 446
주군소(周君巢) 414
주의문(奏議文) 83
주학(州學) 383
주황(周況) 328
주훈초(周勛初) 450
주희(朱熹) 17
중경(仲卿) 23
중도독부(中都督府) 22
중서령(中書令) 326, 428
중서사인(中書舍人) 311, 326-328, 416
중서성(中書省) 39, 326, 327, 433
중서시랑(中書侍郎) 311, 326
「증강 어귀에 묵으면서 종손자 상에게 주노라(宿曾江口示姪孫湘)」 373
「증검객이원연구(贈劍客李園聯句)」 255
「증장동자서(贈張童子序)」 57
지공거(知貢擧) 416, 418
지제고(知制誥) 311
직강(直講) 190
직방원외랑(職方員外郎) 288, 289
진경(晋卿) 23
진경(陳京) 210
진관(秦觀) 256

진령산 363
진류(陳留) 144, 169
진사(進士) 279, 281, 377
진사과(進士科) 57
진사시험 67, 72, 73, 79, 81, 87, 103, 106, 110, 145, 157, 211, 246, 270, 278, 279, 281, 283, 330, 417
진시황(秦始皇) 279
진인각(陳寅恪) 455
진자앙(陳子昂) 176, 310, 462
진제(籛濟) 305
진주(鎭州) 424, 430
진주원(進奏院) 322
진홍지(陳弘志) 390
징관(澄觀) 399

(ㅊ)

찰원(察院) 207
창려 한씨(昌黎韓氏) 16, 18, 20, 21, 27
창려 한유(昌黎韓愈) 16, 186
창려(昌黎) 16, 17, 20, 21, 27
『창려선생집(昌黎先生集)』 264, 457
창용령(蒼龍嶺) 193
창의(彰義) 319, 331
창의군(彰義軍) 330
창의군절도사(彰義軍節度使) 330

창조(倉曹) 247

채주(蔡州) 319, 331-333, 335, 337-343, 346-348

책론(策論) 62

천리마(千里馬) 97-99, 160

천보(天寶) 300, 375

천사(遷士) 310

천주(泉州) 189

천태산 360

『청이록(淸異錄)』 455, 456

청주자사(靑州刺史) 22

『초사(楚辭)』 231, 298

최군(崔群) 86, 189, 311, 360

「최군에게 보내는 편지(與崔群書)」 193

「최립지에게 답한 편지(答崔立之書)」 58, 89, 108, 463

최원(崔圓) 138

최원한(崔元翰) 99

최저(崔杼) 301

최조(崔造) 40

최현량(崔玄亮) 455

「추우연구(秋雨聯句)」 255

추유립(鄒儒立) 244

「춘설(春雪)」 248

『춘추(春秋)』 56, 114, 282, 294, 298, 301, 307, 326

『춘추좌씨전(春秋左氏傳)』 301

충주별가(忠州別駕) 237

층봉(層峰) 365, 366, 436, 437

「친구를 그리워하며(思舊)」 451, 452, 455

침주(郴州) 229, 235, 237, 366

침주별가(郴州別駕) 237

침주자사(郴州刺史) 240, 241, 243, 244

「침주자사 이강백에게 올리는 제문(祭郴州李使君文)」 240, 241

(ㅌ)

탁지사(度支使) 40

「태부로 추서된 동진 공의 행장(贈太傅董公行狀)」 159

태상시태축(太常寺太祝) 312

태원 왕씨(太原王氏) 13, 21

태원(太原) 425

태자교서(太子校書) 104, 106

태자우서자(太子右庶子) 328, 331, 411

태학(太學) 190-192, 293, 411, 422

「태학생 하번전(太學生何蕃傳)」 160

태행산맥(太行山脈) 425

『통감(通鑒)·당기(唐紀)』 141, 239

『통전(通典)』 36

통주장사(通州長史) 237

「퇴지를 조문하며(祭退之)」 439, 443, 444, 452
「투계연구(鬪鷄聯句)」 255

(ㅍ)

파양현령(鄱陽縣令) 25, 29, 32
파양호(鄱陽湖) 412
판사(判司) 247
「8월 15일 밤 장서에게 주며(八月十伍日夜贈張功曹)」 241
평로(平盧) 319, 331
평로군(平盧軍) 321
「평회서비(平淮西碑)」 256, 348
포길(包佶) 41, 46
풍숙(馮宿) 86, 143, 144, 361, 362
「풍숙에게 답한 편지(答馮宿書)」 257, 260
「풍숙에게 문학을 논하여 준 글(與馮宿論文書)」 143, 151, 152, 464
「풍숙전(馮宿傳)」 362
피휘(避諱) 90, 279, 280, 283
피휘법 279

(ㅎ)

하남법조참군(河南法曹參軍) 91, 214
하남부(河南府) 16, 20, 60, 270, 275, 278, 433
하남성(河南省) 16, 17, 20, 139, 144, 161, 169, 187, 278, 331, 332
「하남소윤배복묘지명(河南少尹裵復墓誌銘)」 261
하남수륙전운종사(河南水陸轉運從事) 308
「하남현령 형부원외랑 장서에게 올리는 제문(祭河南張員外文)」 214, 229
「하마를 먹다(食蝦蟆)」 384, 387
하번(何蕃) 160
하북성(河北省) 16, 424
하비(下邳) 167, 169
하양(河陽) 16, 32, 39, 336, 437
하양현(河陽縣) 16, 20, 60, 133
「하중부연리목송(河中府連理木頌)」 77
「학문 증진에 대한 해명(進學解)」 291, 292
한강(漢江) 366
한개(韓介) 11, 29, 43, 397
한고(韓皐) 237
한균(韓均) 22
한급(韓岌) 39, 257, 362
한노성(韓老成) 43, 50, 134, 180, 193, 214, 215, 363, 397
한림학사(翰林學士) 237, 348, 416,

417
한무(韓茂) 20, 21
한문(韓門) 103, 145, 152, 270, 285, 457
『한문외집(韓文外集)』 400
한문제자(韓門弟子) 227
한방(韓滂) 397
「한방묘지명(韓滂墓地銘)」 397
한비(韓備) 22
한상(韓湘) 20, 363, 397
한상자(韓湘子) 363
「한상자전전(韓湘子全傳)」 363
『한서(漢書)』 20, 301
「한식일 숙직을 마치고 돌아올 때 비를 만나(寒食直歸遇雨)」 318
한신(韓信) 18
한신경(韓紳卿) 257
한엄(韓弇) 37, 39, 68, 166, 362
한열(韓說) 19
한영(韓穎) 20
한예소(韓叡素) 22-26, 50, 257
한왕신(韓王信) 18
「한왕신전(漢王信傳)」 20
한유(韓愈) 38, 362
「한유에게 주는 사관을 논한 편지(與韓愈論史官書)」 303
한인태(韓仁泰) 22

한준(韓晙) 22
한중경(韓仲卿) 11, 16, 17, 24, 29, 31, 34, 37, 38, 50, 198
『한집거정(韓集擧正)』 454
한창(韓昶) 20, 313
「한창려에게 올리는 두 번째 편지(上韓昌黎第二書)」 149
한태(韓泰) 391
한퇴당(韓頹當) 18-20
한홍(韓弘) 331, 336, 337
한회(韓會) 11, 29, 36, 41, 84, 222, 244
한회(韓洄) 41, 46
한휴(韓休) 27
항우(項羽) 18
항주자사(杭州刺史) 237, 456
해조(解嘲) 293
행군사마(行軍司馬) 145, 331
행장(行狀) 34, 236
향공진사(鄕貢進士) 61, 62, 68, 71, 79, 112, 124, 127, 141
향교 383
허맹용(許孟容) 322
허유(許由) 182
헌원미명(軒轅彌明) 290
「현당에서 감회가 있어(縣齋有懷)」 172
현량방정(賢良方正) 270
현승(縣丞) 32, 174, 233, 234

찾아보기 501

현위(縣尉) 174, 233, 234
현종(玄宗) 30, 334, 339
현학(縣學) 383
형부 273, 300, 310, 333, 349
형부시랑(刑部侍郎) 46, 311, 333, 436
형산(衡山) 244, 290
형주(衡州) 244, 366
혜림사(惠林寺) 183
혜사(惠師) 236, 399
호남성(湖南省) 12, 43, 228, 229, 231, 245, 303, 412
호부시랑(戶部侍郎) 40, 311, 432, 436
호북성(湖北省) 12, 44, 244, 366
호조(戶曹) 247
호주 무강(湖州武康) 103
혹리(酷吏) 216
혼감(渾瑊) 68, 77
「홀로 낚시하며(獨釣)」 349
홍정(弘正) 319
「화기(畵記)」 134
화산(華山) 192
화음현(華陰縣) 289
화주(和州) 146, 158
화주(華州) 49
화주자사(華州刺史) 289
「화폐의 가치가 높고 물가가 낮은 것에 대한 의견서(錢重物輕狀)」 422

환관(宦官) 40, 227, 228, 271, 273-275, 278, 283, 288, 326, 378, 390, 417, 438
환왕(桓王) 21
활주(滑州) 77
「활주 절도사 가탐에게 올리는 글(上賈耽州書)」 77
황보박(皇甫鎛) 360-362, 379, 390, 427
황보식(皇甫湜) 6, 34, 36, 53, 270, 278, 281, 405, 462
회곡(洄曲) 332, 338, 341
회남절도사(淮南節度使) 138
회맹사(會盟使) 69
회서절도사(淮西節度使) 48
회서(淮西) 22, 317, 340
회서의 난 317, 333, 418
「회서의 조처를 논하는 의견서(論淮西事宜狀)」 321, 329
「회서평정 기념비(平淮西碑)」 330, 334, 346
「회주응굉사시편언소옥론(懷州應宏詞試片言折獄論)」 90
「회합연구(會合聯句)」 254, 255
후경(侯景) 359
후운장(侯雲長) 196
후희(侯喜) 145, 167, 169, 183, 196,

502

197, 270, 290
「후희에게 주다(贈侯喜)」 184
휘변(諱辯) 280
흡주자사 362